知识管理背景下的档案管理模式

曾祯　金瑞　王聪颖　著

辽海出版社

图书在版编目（CIP）数据

知识管理背景下的档案管理模式 / 曾祯，金瑞，王聪颖著. -- 沈阳：辽海出版社，2017.12
ISBN 978-7-5451-4542-7

Ⅰ. ①知… Ⅱ. ①曾… ②金… ③王… Ⅲ. ①档案管理－知识管理－研究 Ⅳ. ①G271

中国版本图书馆 CIP 数据核字(2017)第 286907 号

责任编辑：丁　凡　高东妮
封面设计：刊　易
责任印制：李　坤
责任校对：贾　霞

北方联合出版传媒（集团）股份有限公司
辽海出版社出版发行

（辽宁省沈阳市和平区 11 纬路 25 号沈阳市辽海出版社　　邮政编码：110003）
廊坊市国彩印刷有限公司　　　　全国新华书店经销
开本：710mm×1000mm 1/16　　印张：25.5　　字数：310 千字
2019 年 1 月第 1 版　　　2022 年 8 月第 3 次印刷
定价：88.00 元

前　言

知识是人们在社会实践活动中所获得的认识和经验的总和，是社会实践经验和智慧的结晶。人类社会发展到今天，已经步入知识经济社会，知识成为最重要的资源，谁拥有知识，谁就能创造财富、拥有财富。在知识经济的大背景下，明确提出把知识管理的基本理念和方法更全面系统运用到档案管理中，解决档案管理中的一些问题，更好地满足档案保管和利用的需求，是档案界顺应时代潮流，推动自身发展的需要。

在传统档案管理中，档案管理人员忠实地保管着档案，被动地为用户提供档案，而把如何从数量庞大的档案卷宗中搜寻、获取所需的信息、知识的难题留给用户自己去解决。在利用信息、知识，创造价值的这个过程中，档案管理者只做出了极少的贡献，因而也就只能"坐在凄凉冷清的文件办公室或是静寂的档案架前"。而知识服务要求档案人员"停止扮演保管员的角色，而成为概念、知识的提供者"，"把着眼点从信息转移到知识上（探寻、传播、理解），从建立数据库到建立知识库上"，"引导利用者从泛滥的具体信息过渡到知识甚至智慧"。这样，档案人员真正满足了用户的信息、知识需求，为信息、知识价值的实现做出巨大的贡献。在知识管理中，档案的整理更倾向于以档案所蕴含的信息、知识为标准，进行分类整理。知识组织是以知识单元为加工单位的，而知识单元是经过专家精心评价、筛选、提取和测试之后获得的"浓缩"的知识。对于数字化档案信息和电子文件的整理来说，由于计算机存储技术、数据库技术和搜索引擎的应用，采用以知识单元为基础的知识组织方式更能满足用户需要，这也是当前知识组织的主流和方向。知识单元具有不确定性，我们可以根据不同的信息需求制定多种分类方案。

实现档案"藏"和"用"的平衡，是把知识管理应用于档案管理的目标之一。尽量长久地保存有价值的档案和保存档案的效益之间需要一个平衡点，怎样以更经济的方法实现档案的长久保管是档案保管中需要解决的实际问题。在知识管理中，可以运用已有的经验和现代分配理论合理分配有限的资源，争取实现档案保管效益的最大化。

"以用户为中心"不只是一句口号，它应该贯穿于档案实体管理的全过程中，并最终由档案利用者的评价来体现；提供知识服务是更高层次的档案利用方式，它强调的是档案馆是否提供了利用者需要的信息，这些信息能否解决利用者的问题。为了实现这一目标，一方面，要深入挖掘档案信息中的显性知识和隐性知识，丰富档案知识的检索途径，使用户能够获取信息；另一方面，还要收集和分析档案利用者的相关信息，为知识服务提供导向性、针对性依据，为用户提供创造新知识的可能性。

现代信息技术是知识管理技术产生的基础，因此可以把知识管理技术理解为以计算机技术为核心的现代信息技术集合。在信息技术无孔不入的时代，档案管理也受其影响，特别是纸质档案的数字化、电子文件、多媒体档案的产生和管理，都是以信息技术为支撑的，对这些档案的管理必然离不开信息技术的应用。可见，对档案实体管理流程的调整和完善中，对知识管理技术的应用不可或缺：知识管理技术中的数据库技术、分布式管理技术、网络技术、人工智能技术等能够使档案知识的获取、分类、存储、检索、传递、共享、更新变得更加容易。现代信息技术不仅在档案实体管理中发挥着重要作用，在档案机构的管理中也是如此。无论是实体档案机构还是虚拟档案机构，信息技术都是其实施知识管理必不可少的基本条件（尤其是对于数字档案馆和档案网络联盟本身就是依仗着计算机技术和网络技术的发展才出现的新生事物来说，信息技术甚至是其生存之本）。举例来说，办公自动化系统在档案机构的应用，可以提高其工作效率，节省资源消耗；知识管理系统能对海量数据进行存储和提供利用，为实现知识共享提供了技术支持。同时，也使档案机构更具知识创新能力。

本书共计十一章，合计31万字，由国网江西省电力公司曾祯、哈尔滨医科大学图书馆金瑞、江苏经贸职业技术学院王聪颖撰写。由于时间比较仓促，加上作者水平有限，在撰写的过程中难免出现纰漏之处，敬请读者谅解。

目　录

第一章 知识管理概论

第一节 知识的复杂性

知识是知识经济的基础，知识是什么？这是讨论知识管理需要回答的第一个问题。然而，知识具有高度的复杂性，不同角度对知识的理解不同，知识的分类也多种多样。

一、不同时代的知识观

人类对于知识这一概念的认识，也有一个不断发展的过程，这里介绍有关知识概念与分类的几种观点。

（一）知识是自我经验的认识与感知

早在工业社会出现以前，知识就被视为是对自我的认识，往往与个人的反思与内省能力有关。当时的哲学家认为，所有的知识来源于个人的经验，知识仅仅是相对于个人而言的，没有绝对意义的知识。

例如，柏拉图认为，知识是经过证实的正确认识。希腊时代亚里士多德（Aristotle）曾经将人类的知识分为三大类：纯粹理性、实践理性和技艺。纯粹理性，是指这个时代的几何、代数、逻辑等可以精密研究的学科中产生的认识；实践理性，则是指人们在实际活动中用来做选择的方法，用来确定命题之真假、对错，如伦理学、政治学等的原理和规则；技艺，则是指那些无法或几乎无法用言辞传达的，只有通过实践才可能把握的知识，如木匠的好手艺就无法通过书本知识来传授。在他看来，知识主要是通过直觉来把握。

（二）知识包括理性知识和实践知识

随着社会生产力的发展，知识的实用性受到了知识学研究者的重视，知识更多地与实用技能联系在一起。因此，对知识的描述，常常走向两个方向：一个是指哲学意义上的"理性知识";另一方面,也指生活实践中林林总总的实用性知识。

（三）知识由显性知识和隐性知识构成

对知识概念认识的"第三次飞跃",则是源于"二战"以后科学技术,特别是信息技术的发展,知识开始被视为促进社会经济进步的根本动力。于是,"显性—隐性知识"两分类的观点,成为了当代知识学研究的重要观点。

1.显性知识与隐性知识。1966 年,英国哲学家波兰尼（Michael Polanyi）对显性（explicit）知识与隐性（tacit）知识进行了明确的区分,从而使隐性知识成为了现代知识论研究的一个热点问题。他认为,显性知识是可以通过书本、语言等方式来传播的知识;隐性知识是通过个人或组织经过长期积累而拥有的知识,通常是嵌在具体的情境之中,不可言传的知识。为了说明隐性知识的存在,波兰尼举例说明:"我们知道的多于我们所说的。"

2.知识的四分类。经济合作组织（OECD）将"知识"分成 know—what（是什么）、know—why（为什么）、know—how（怎么样）和 know—who（谁知道）四类。该报告还将第一类和第二类知识归结为"可编码的知识"（即显性知识）,将第三类和第四类知识归结为"可意会的知识"（即隐性知识）。将知识与经济发展有机地联系在一起,强调"可意会知识"在整个知识体系中的地位,这是对知识经济时代知识重要性的一个很好的描述。

揭示难于言传的隐性知识是知识研究历史上的进步,复杂的隐性知识在知识经济时代起着关键作用,但由于隐性知识无法系统地归类,隐性知识根据拥有者的最新经验,始终处于不断的变化、发展和重塑之中,这就增加了知识具有的复杂性。

对组织内复杂的隐性知识进行共享,从而增强对隐性知识的获取能力,被认为是知识管理的核心目标之一,也被认为是最具挑战性的任务之一。

（四）知识包括个人知识与组织知识

随着学习型组织与组织学习理论研究的展开,研究者从个人与组织两个层面对知识进行分析,将知识分为员工个人的知识（Employee Knowledge）与内含于组织实体系统的知识（Knowledge Employee in Physical System）,也就是组织知识。

1.员工个人知识。是指员工自己的知识，包含技能、经验、习惯、直觉、价值观等，属于员工可以带走的东西。例如，某些员工的计算机维修能力，员工在软件开发方面有独到的经验。这些知识都是属于员工自身的，它可以随着员工的流失而被带走。

2.组织知识。指内含于组织实体系统的知识。例如，组织内优秀的作业流程、信息系统、组织文化与团队协调合作，这些都是员工无法带走的知识。员工虽然离职了，但组织优秀的作业流程依然存在，并不会因此而消失。

个人知识是组织知识的基础，经过组织的学习与知识分享，员工的个体知识可以转化和升华为组织知识，组织知识是核心竞争力的重要来源。

二、隐性知识

1958 年，波兰尼在其《人的研究》（*The Study of Man*）一书中，首次明确提出了两种知识的分类。他认为"人类有两种知识。通常说的知识是书面或地图、数学公式表述的，这只是知识的一种形式，还有一种知识是不能系统表述的。"例如，我们可以认出任何一张脸上的表情，但是我们一般情况下说不出我们究竟是根据什么符号来认识的。如果非说不可，那也是含糊其辞，我们就可以将后一种知识称为隐性知识。

（一）隐性知识的定义

可以认为，显性知识是可以表达的，容易用数据、科学公式、编码过程和普遍规则来传播和共享的知识；隐性知识则是高度个人化的、难以形式化的知识。例如，直觉、预感就是隐性知识的直接表现。

后来的研究学者，如野中郁次郎认为，隐性知识是高度个人化的知识，有其自身的特殊含义，因此很难规范化，也不易传递给他人。他还认为，隐性知识不仅隐含在个人经验中，同时也涉及个人信念、世界观、价值体系等因素。

综合来看，隐性知识指人类知识体系中，难以言传的这一部分知识；与之相反，显性知识通常意义上是指已经过编码或格式化，可以用公式、定理、规律、原则、制度、法规、软件编制程序和说明书等类型的知识。形象地，显性知识可以说只是"冰山的一角"，而隐性知识则是隐藏在冰山底部的大部分；隐性知识是给大树提供营养的树根，显性知识不过是树上的果实。形象地来看，组织中显性知识大约只占 10％，另外 90％则是隐性知识。

（二）隐性知识的特性

综合来看，隐性知识具有这样几个特性：

1.环境依赖性。隐性知识在产生过程中，对个体的性格、经历、价值观和组织文化、环境具有依赖性。隐性知识作为一种积累下来的带经验性质的知识，是个体和组织在工作、学习和科研过程中，通过反复纠正错误总结出来的具有规律性的行为倾向或习惯。

2.模糊性。隐性知识以一种非格式化的、未编码的形式存在于人的脑海或一定的组织形态之中，由于它非结构式的表达，它难于与人交流与共享。

3.个体性。它是个体的心智感悟与判断，反映了个体的价值观与心智模式。

（三）隐性知识研究的意义

波兰尼认为，对隐性知识的研究，是对原有知识理论的"决定性变革"。他认为，长期被我们忽视的隐性知识，在人类知识系统中极为重要，隐性知识事实上支配着我们的整个认识活动，是获得显性知识的"向导"。

美国心理学家斯腾伯格（Robert J．Sternberg）进一步的研究表明，在显性知识的获得方面，隐性知识既可以起到一种基础的、辅助性的向导作用，也可以干扰和阻碍与之不一致或冲突的显性知识的获得。

隐性知识与显性知识的研究，加深了我们对知识的认识，知识管理所研究的知识，应是显性知识和隐性知识的总和。正如达文波特（Davenport）对知识的界定：知识是一种流动性质的综合体，其中包括结构化的信息及未结构化的经验、价值，以及专家独特的见解、新经验的评估和整合等。

三、知识概念的文化差异

野中郁次郎（Ikujiro Nonaka）在《知识创造公司》一书中，认为知识概念的认识，存在着文化的差异。他比较日本人和西方人进行创新的不同方法，对东、西方有关知识的概念进行分析，得出如下结论：东、西方经理人对于知识的认识存在着差异，如果从单一的文化角度定义知识，就不会领会知识这一概念的丰富内涵。

（一）西方人的知识观

野中郁次郎等认为，西方哲学家一般都遵循希腊传统，认为知识就是"经过证实的正确的认识"。"证实"的意思是：只要个人认为是正确的，都能被称作"知识"（只要这种观点有足够的证据）。对知识的这个定义，来源于柏拉图和苏格拉底的教学方法，而且即使在当今社会中仍然存在这种现象。比如，突然有一种冲动，想组建一个由各界名人组成的"专家小组"调查，并解决法律、技术或社会道德等领域的复杂问题。在野中郁次郎看来，为自己的信仰辩护是一种心灵活动，以使自己的认知合理化，并形成体系。

与此相对应，他认为西方经理人对于知识的定义，以及如何利用知识这两方面的观点都太狭隘。西方经理人相信唯一有用的知识是"硬性"（意即可量化）的资料，即显性的知识，他们把企业当作处理信息的机器。

（二）东方人的知识观

与西方观点形成对照的是，日本人不像西方人那样主要强调思想活动，而是注重把人的思想、身体和灵魂综合成一个整体看待。例如，在西方人看来，一位推销员对于是否能赢得新的商业机会的知识，就等同于推销员头脑里的想法。日本人考虑的远不止是推销的几个步骤、随后的过程，以及通常采用的程序等，他们还强调推销员本人从体力、道德和精神方面是否愿意接受这项任务。主观信仰也是个体隐性知识的构成部分。

东方的经理人习惯从另一个角度，用另一种方式来思考和评价知识在商业组织内的角色。成功的日本企业普遍采用这种观点，如本田、佳能、松下、夏普等世界著名的公司。这些公司的经理人懂得，创造新知识不只是机械性地处理客观的信息，更要掌握员工中潜藏着的，且往往是高度主观性的见解、直觉和理想。运用这些知识的方法往往是"软性"的，即隐性的知识。例如，透过口号、暗喻、象征等，这些都是持续创新必备的工具。

（三）完整的知识观

整合东、西方对知识的认识，包括显性知识和隐性知识的知识概念才算完整。野中郁次郎认为，日本公司似乎特别擅长这种整体性的知识创造，尽管原因很复杂，不过对于经理人最重要的启示却很简单：全球各地的制造业向日本学习制造技术，获益良多，同样地，想要靠知识来竞争的公司，也必须学习日本式的创造知识技巧。

综合来看，在知识概念跨文化比较的基础上，野中郁次郎对波兰尼的知识观作了深入探讨和发挥，以日本企业管理中引入人文关怀的事例为证据，强调了隐性知识的重要性，强调让企业重视科学研究和技术开发中的"知识整体"，从哲学的观点即人与世界的"合一"，在西方管理学界引起了很大的轰动。

第二节　知识管理的含义

知识管理产生于知识经济时代。由于组织对于知识资源、人力资源及智力资本的需求不断增加，人类管理方式也从管理劳力向管理脑力改变，拥有知识与专业技能的知识员工不断增加，脑力管理成为了一个重要的领域，这要求传统的管理方式随之变化。

知识经济时代知识的爆炸性增长催生了知识管理，如前所述，"摩尔定律"说明了芯片密度不断地飞速增长，在它的后面，意味着电脑、科学研究、电信等科技的不断结合，这种结合也导致了大量知识的成长，怎样管理这些知识成为知识经济时代管理学的重要课题。

一、知识管理的定义

知识管理是什么？从不同的研究角度出发，研究者提出了数百种知识管理定义的不同"版本"。许多定义围绕着知识管理的目标、流程、对象和方法展开。

（一）从知识管理的目标来定义

这类定义认为，知识管理是有利于组织发展及改进组织绩效的活动，知识管理的目标是改进组织的绩效，提高组织的知识创新能力。以下是几种具有代表性的描述：

巴什（Bassi）认为，知识管理是增强组织的绩效而创造、获取和使用知识的过程。

达文波特（Davenport）认为，知识管理最显著的方面，表现为知识的创造与知识的应用。

卡尔·弗拉保罗（Carl Frappaolo）认为，知识管理是运用集体的智能提高应变和创新能力，为企业实现显性知识与隐性知识共享提供的新途径。

IBM 公司认为，知识管理是对 know—how 知识（隐性知识）的管理、共享及应用，目的在于全面提升企业的生产力、应变力工作职能及创造力。

Delphi 咨询公司认为，"知识管理是一项技术实践活动，它以提高决策质量为目的，协助在整个组织范围内提高知识创新和交流的效率"。

（二）从知识管理的流程来定义

这些定义认为，知识管理是对知识的创造、获取、储存、共享等知识流程的管理，而这些知识流程可以和组织的运行流程整合。有以下几种描述：

戴维·沙凯米（David J. Skyrme）认为，"知识管理是对重要知识（vital knowledge）的创造、收集、组织、使用等一系列流程的科学的、系统化的管理"。

迈勒（Millar）等人认为，知识管理包括四个相互依赖的活动：知识的识别、知识的编辑、知识的交流与知识的产生。

萨拉维（Saravaryy）认为，知识管理是组织成员经由创造与使用共有知识的程序，包括知识的获得、组织学习与知识的扩散。

（三）从知识管理的对象来定义

这些定义认为，知识管理是对知识员工或知识资产的管理。有以下几种描述：

卡尔·什维认为，知识管理是利用组织的无形资产创造价值的艺术。

罗赛特等人认为，知识管理是确认，文件化和分类化存在于组织员工和顾客中的显性与隐性知识。

德鲁克认为，知识是知识经济社会的基础资源，知识管理是对知识工作者的管理。

（四）从知识管理的方法来定义

这些定义基本认为，知识管理呈现为提升企业竞争力的有效的策略。例如，美国生产力质量中心（APQC）对知识管理的定义，较为全面地反映了这种观点：

"知识管理是一种有意义的策略，它保证在最需要的时间将最需要的知识传授给最需要的人，并帮助人们分享这些知识，以能改进组织行为的方式将信息付诸行动。"

不同的知识管理定义中，存在着一些共同的因素，这些共识包括：知识管理与组织的知识创新、组织的绩效有着密切关系；知识管理融入了组织的知识创造、确认、收集、组织、共享、使用等过程之中；知识管理需要由拥有专业知识的知识员工、具体的知识管理的策略、技术、文化、领导等强有力的促动因素来支持。因此，我们认为，知识管理这一概念至少包含这样几层含义：

1.知识管理是一个过程。是创造、储存与分享、应用知识，以促进组织绩效的过程。

2.知识管理的重心是促进显性知识和隐性知识的转化，并由此实现组织内隐性知识的分享，促进组织的知识创新。从这个角度来看，知识管理是促进组织或个人隐性知识外显化的过程。

3.知识管理包括对知识员工及智力资本的管理。知识员工是创造组织和个人的主体，是组织智力资本载体；组织智力资本是其竞争优势的重要来源。

因此，知识管理是一个动态、持续的知识获取、储存与创新过程：由知识员工不断地把个人显性与隐性知识转变成组织知识，并不断扩大组织的智力资本以增加组织竞争力的过程。

二、知识管理的公式

在知识管理的过程中，强调共享是其最重要的特点。由安达信公司（Arthur Anderson）所提出的著名的知识管理公式，表明了人、信息、技术与共享之间的关系为：

$$K=（P+I）S$$

公式中，K=Knowledge（知识），P=People（人员），I=Information（信息），而 S=Share（共享）。

这个公式所要表达的主要意义是：知识管理必须通过将人与技术充分结合，而在共享的组织文化下达到乘数的效果。

信息积累、信息技术和组织人员是知识管理的基础，而只有知识共享才可以使知识管理达到乘数效果，才能使知识创造价值。由此可见，知识共享在知识管理中有着重要的作用。知识管理的精华就是"分享"的程度。知识分享程度越高，员工越容易取得其所需要的知识，这样知识的价值就越高。

正是由于分享的重要性，知识型组织在管理过程中无不将知识共享作为追求的目标。例如，世界银行为了促进知识共享，建立了许多知识社区，它们是由拥有共同兴趣专长及技术的员工组成，社区的成员通过电话、电子邮件、在线留言板等方式保持联系。世界银行知识管理项目官员邓宁谈到：世界银行一直注重新的通讯技术的使用，但员工们通常只与他们认识的人共享知识。当建立了社区后，组织扩大了每个员工与其他同事共享知识的范围，即使他们之间并未见过面。目前该组织已建立了一个由 250 个人组成的委员会来对不同兴趣主题的社区提出议案，这对组织共享起到了极大的作用，而知识共享的结果促进了世界银行知识应用与创新的水平。

三、知识管理的运行系统

知识管理的运行是一个复杂的过程，一个企业要有效实施知识管理，除了建立合理的知识管理流程之外，还需要构筑一个知识管理的软环境。

（一）知识管理运行系统的构成

知识管理的流程离不开环境的支持，因此，企业知识管理的运行系统至少要包括几个部分：

1.组织机构。由特定的知识管理机构和人员来负责组织的知识管理工作。知识管理的运行，首先需要特定的机构与人员支持。以企业为例，除了需要建立企业知识管理部门外，还需要招募专门的知识管理人员，包括知识主管（CKO）、知识经理、知识编辑等。

知识主管必须为组织规划知识管理系统与制度，建立起组织知识的持续运作机制，促使组织知识的搜集、分类储存、分享扩散，以及创新与运用，使知识得以发挥最大效能。这在后续内容中将深入讨论。

2.流程系统。界定知识管理的实施范围、步骤。这种过程涉及以下步骤：搜集知识、组织知识、分享知识、调适知识、使用知识、创造知识及确认知识，而此过程系一循环过程。

3.操作系统。选择适当的知识管理方法来进行知识管理。

4.支持系统。为知识管理提供良好的运行环境。

（二）知识管理运行系统模型

安达信公司与美国生产力和质量中心开发了一个组织知识管理的系统模型。这个模型可以帮助我们很好地理解知识管理的运行系统。为了理解知识管理这一复杂系统，这个模型描述了这样三个方面的内容：

1.知识的实体（静态知识）。是在知识管理的背景下生成的组织知识，也是组织核心竞争力的来源。

2.过程（动态知识）。知识管理的流程里，知识处于动态的过程，在知识管理过程中被存贮、共享和创新。

3.组织性。指在知识管理过程中，知识与环境相结合。

这一模型将支持组织创造知识的各种因素，表示为两个动态的轨道，即外轨道和内轨道，相互关联的三部分是：

（1）知识管理的支持系统。外轨道的内容是知识管理所要求的、关键的组织可行条件，这些条件也是知识管理的促动因子，各种因子交互作用，共同构成知识管理的支持系统。主要包括促进知识管理的文化、技术、领导和评估测度。就外轨道的作用而言，它实现了知识管理与环境的结合，是知识管理运行的保护层。

（2）知识管理的关键流程。内轨道是包括了知识管理的主要流程，包含企业在管理过程中适应、搜集、识别、创造、共享、运用和组织知识的过程。通过内轨道的运行，组织内部各种有价值的动态知识得以管理。而知识的分享、应用和创新等重要活动，是发生在内轨道的流程里的。

（3）内核是知识管理过程中组织静态的知识。通过知识管理流程，个人和企业的知识得以积累和创新，这是知识组织核心竞争力的重要来源。知识管理的目标，就是要不断地积累、创新这些静态的知识，并且让这些知识得以更富有成效的应用。

（三）营造知识管理环境

实施知识管理，不仅要建立对知识流程的管理，更重要的是要营造适合知识管理的环境，以文化、信息、领导等促动因素，支持有效的知识管理活动。也就是说，一个组织要实践知识管理，必须营造或做好下列的准备工作：

信息科技：虽然信息科技只是知识管理的工具，但却是非常重要的工具，唯有充分运用信息科技，方能让知识管理发挥事半功倍的成效。

领导愿景：推行及实践知识管理，组织的领导者必须凝聚共同愿景，营造知识管理的环境，让组织逐渐从学习型组织转化为知识型组织。

组织文化：知识管理主要是透过知识的流通、分享、运用和创新，改变组织的学习与创新能力。因此，营造开放的组织沟通气氛，建设有利于创新的组织文化，是实践知识管理的基础工程。

激励策略：促进知识的转化、流通、分享、累积、运用和创新，均需建立有效的激励策略，尤其知识创新更要有严谨的知识产权的保障措施，否则将难以落实及实践知识管理。

第三节　知识管理的基本方法

在知识管理活动中，有两个因素至关重要：一个因素是人；另一个因素是技术。人之所以是知识管理的关键因素之一，是因为人（的大脑）不仅是隐性知识的载体，而且是知识创造和传播的内生力量。在知识创造和传播的各个阶段都离不开人的参与，可以说，人是知识创造与传播的决定性因素，也是知识管理的重要维度之一。认识到人的重要性，可以避免知识管理过程的"技术决定论"。

技术主要是在知识创造与传播过程中起作用。例如，知识的编码、存取需要依赖于信息技术，电视会议系统、电话、E-mail 等通讯和信息技术能够强化和方便人们的沟通和交流。随着信息技术的发展，技术越来越成为知识管理的重要维度。但也要看到，与人相比，技术始终是一种使用工具，并不能取代人在知识管理中的作用。我们从这两个因素出发，讨论知识管理的基本策略维度，并介绍三种知识管理的基本方法。

一、知识管理的基本策略

汉森（Hansen）等在研究企业知识管理过程中，提出了两种基本的知识管理的策略：编码化策略（codification）和个人化策略（personalization）。

11

（一）编码化策略

所谓编码化策略，主要是透过电脑的运用，将知识周密地编码与储存在资料库中，促使组织成员能取得，并轻易地使用这些知识。编码化策略处理的是标准化的知识，可格式化的显性知识。例如，应用这样的策略，在客户关系管理中，不断将客户的资料写入知识库，以利于在管理过程中方便、快速地调用。

例如，安达信咨询公司（Andersen Consulting）和安永公司（Ernst&Young）等一些大型咨询公司，在知识管理方面遵循的是编码化战略。它们开发了多种方法来进行知识的编码、存储和调用。知识的编码是通过"人员到文档"的方式实现的，即知识首先从开发者那里提取出来，使之与开发者分离，再被广泛用于各种用途。基于编码化战略，安永公司商务知识中心主任普尔（Ralph Poole）指出："我们删除那些只适用于特定客户的信息，然后从文档中抽取面谈指南、工作日程、借鉴基准数据、细分市场分析等关键知识，把它们存储在电子数据库中以供调用，由此建立知识'对象'。"这种做法让许多人能搜寻并调用经编码的知识，而无须接触该知识的最初开发者。这样，我们就有可能通过知识再用实现规模效应，并由此使企业得以发展。

（二）个人化策略

由于隐性知识的管理常常难于采用编码化策略，常常需要人际之间的知识分享来达成，知识的分享主要透过直接的人与人接触，这种知识管理策略称为个人化策略。在这种策略之中，电脑的主要用途在于协助人们传达知识，而非储存知识。

还要看到，在个人化策略中，信息基础建设，则远不如在前项策略中的重要，个人化策略需要建立起一种制度，容许组织成员能够找寻到可以进行知识分享的同伴。

编码化策略并不能完全取代个人化策略。1998年，拉格斯（Rudy Ruggles）曾在《加州管理评论》（California Management Review）发表一份调查报告，指出大部分的美国企业推动知识管理，都导入内部网络、资料仓储等，以资讯科技来收集、储存或萃取知识。但这种将资讯编码处理的方式，功效有限，无法处理隐性知识，该文强调推动知识管理，一定要强调"人"，由产生知识的人自己来储存、传播知识才最为有效。

在知识管理过程中，组织采用编码化还是个人化策略，主要依据问题与环境的不同而决定。但是，两种策略并不是相互对立的，而是相互补充、相互配合。例如在具体的管理方法选择上，企业既需要支撑显性知识管理的知识库，也需要支持隐性知识分享的沟通网络。只有这样，知识管理的策略才会完备。

二、知识管理的基本方法

在企业知识管理的流程里，怎样存储、寻找、共享与创新知识是知识管理工作的重点，与此相对应，形成了知识管理工作的三种基本方法，即知识库（knowledge base）、知识地图（knowledge map）和知识社区（knowledge community）。

（一）基于知识库的管理

企业知识库是一种基于知识编码条件下建立的知识管理方法，是集知识的获取、分类、组织、存储、传播、维护、共享于一体的智能知识处理系统。该系统能自动或通过人工的方式获取针对某一组织主题的知识，并按一定的模式进行分类、编码，能对各种结构和类型的知识进行集中或分布存储，能为用户提供良好的知识共享环境，并能动态地对其中存储的知识进行即时的更新和维护，从而辅助企业知识管理的实施。建立知识库的目的，是将知识、经验、资源以容易取得的形式，呈现给需要的员工。

组织知识库的建设，一般有这样一些步骤：

1.分析构建目标。构建组织的知识库首先根据知识的目标，分析实现一个目标所需的知识类型、知识形态和存储情况，确定知识库的规模、类型，明确知识库要解决的问题，使组织的知识库具有针对性、结构合理、规模适度，同时应考虑经济效益，既不铺张浪费，又不影响发挥知识库的应有作用。

2.构建知识库框架。构建知识库的目的是为了实现知识共享，促进知识创新。因此，首先根据构建目标设计知识库的结构、检索界面和模型。根据目标需要选择什么样的数据模型，如层次型、网状型、关系型、面向对象型、面向主题型等，针对不同用户设计界面友好、功能全面、不同风格和用途的检索系统。用户界面主要提供产品知识、组织形象、服务内容等，而内部人员使用界面主要用于查询生产过程及项目有关的知识为主。

3.净化数据、知识去冗。是将无序有噪音的数据进行净化处理，与目标不相干的知识进行去冗处理。组织内部的知识多种多样、层出不穷，把组织内部的所有知识都存入知识库是没有必要和不经济的，应根据构建目标州区相关知识，对选区知识进行检索，除去异类（有些可保留）或缺值数据、去除重复知识，使得知识库中的知识更加精练、针对性更强、更可靠。

4.知识整序。经清理、去冗后的知识，通过知识的分类、聚类等方法，按构建目标进行重新组合，并对重新组合后的知识进行整序，对知识单元进行结构化处理。为了充分利用知识库中的知识、便于发现新知识，并对相互关联的知识用多种形式将它们联系起来。这种联系可以按项目流程，也可以按知识的内在关联性，还可以按部门或工作流程连接，以便从不同角度查询不同类型的知识。

5.实施和联网。将去冗、净化、整序后的知识，按构建的框架结构组织起来，形成有机整体，对各字段建立索引，并将数字化、有序化的知识存入数据库，接入互联网，在相应的软件支持下为用户（包括组织内部员工和外界用户）提供概念、事实、规则等知识。

在惠普公司（HP）的知识管理实践中，为了方便教育工作者实现知识共享，公司利用 Lotus notes（一个知识管理软件）曾建立三个不同的知识库供教育工作者使用：

（1）培训师讨论库：这是一个有关培训的讨论数据库；

（2）培训图书馆：主要收藏培训文献；

（3）培训评论库：收藏用户或学员对培训资源的评价。

在实际运行过程中，培训师讨论库渐渐成为三个知识库中教育工作者使用的主要媒介。为鼓励员工向知识库贡献知识，该小组采取了富有创新性的改革措施，向潜在用户免费提供 notes 使用许可；并且每当一个新的知识库建成，都会采取相应的激励措施。知识库建立不久，至少 2/3 的公司教育人员浏览过至少一个讨论库，1/3 的人员提交了材料或发表了评论，且参与人数仍在不断攀升。该小组不断通过电子信件和有声邮件等方式加强管理，但仍感到有必要继续收集各种最新知识，需要有新的"传道者"（evangelist）加入进来，工作才能长期坚持下去，知识库提高了 HP 知识管理的质量。

与文件库不同的是，知识库是面向未来的知识，文件库是面向过去的知识。

（二）基于知识地图的管理

隐性知识是不易进行编码的，特别是一些个人工作的技巧与经验，往往只有通过手把手地教才能将之传授给别人，则这种知识是不能够用知识库加以管理的，而是应该使用知识地图来进行管理。

所谓知识地图，就是提供一种人员与专家查询系统，寻找专家就像通过查阅地图寻找一些地点一样，通过知识地图，人们可以很快地找到自己所需要的专家，然后与之联系，以获取相应的知识。

知识地图是企业拥有的个人和组织知识的指南，是知识的库存目录，它告诉寻找知识的人，组织有什么知识项目，它分布在什么地方，显示的是知识来源。

知识地图实质上是利用现代技术制作的组织中知识资源的总目录，以及知识款目之间关系的综合体。也就是说，知识地图包括两个方面的内容：一是组织内部知识资源的目录；二是目录中各款目之间的关系。知识地图必须清楚地揭示组织内部或外部相关知识资源的类型、特征，以及各种知识之间的相互关系，更高级的知识地图还应揭示组织的结构及业务流程。

知识地图在企业知识管理中，能够揭示企业内部知识获取和流失的机理，描绘企业内部知识流的运行路线，进而协助企业了解员工流失如何影响企业的知识资产，帮助企业更好地建立工作团队。知识地图在企业知识管理中的作用，体现在如下九个方面：

1.有助于知识的重复利用，有效地防止知识的重复生产，节约检索和获取知识的时间；

2.发现"知识孤岛"，并在它们之间建立联系，以促进知识共享；

3.发现企业内部能有效促进学习的非正式社团；

4.为知识管理项目进程的评估提供基础；

5.协助员工快速获取所需知识；

6.通过提供知识的检索，来协助企业决策及业务问题的解决；

7.提供更好的学习、利用知识的机会；

8.有助于知识资产的创造和评价；

9.有助于建立合适的企业知识管理基础设施。

采用知识地图管理隐性知识是微软公司的成功尝试。微软的"知识地图"是 1995 年 10 月开始制作的。当时，微软的资讯系统小组开展了一项"技能规划与开发计划"。他们把每个系统开发人员的工作能力和某特定工作所需要的知识制作成地图，以便协助公司维持业界领导地位的能力，同时让员工与团队的配合更加默契。

微软的这一计划分为五个主要阶段：为知识能力的形态与程度建立起架构，明确某特定工作所需要的知识；为个别员工在特定工作中的知识能力表现评分；在线上，系统执行知识能力的搜寻；将知识模型和教育训练计划结合起来；对于员工的知识能力，微软采用了基础水准能力、地区性或独特性的知识能力、全球水准能力和普遍性能力四种知识结构形态来评估。

当管理者想为新项目建立团队时，他无须知道所有员工中谁符合工作条件，而只要向这个系统咨询就可以了。微软推动"知识地图"的做法，表现出公司管理阶层重视知识，并支持知识的交流。"知识地图"不但使员工更容易找到所需的知识，也表明企业知识属于企业全体而非个人。

综合来看，知识地图的主要功能在于，当我们需要某项专业知识时，可以透过知识地图的指引，找到所需的知识。知识地图能协助使用者快速且正确地找到所欲寻找的知识，再据此获得所需的知识。知识地图仅指出知识的所在位置或来源，并不包含知识的内容，其所联结的信息包括了人员、程序、内容，以及它们之间的关系。

（三）基于知识社区的管理

知识社区是指企业通过促进员工自发或半自发而组成的"知识分享"团体，以分享知识，特别是隐性知识的知识管理策略。知识社区对应的是个人化策略和隐性知识的转化。从知识管理的策略分类来看，知识库、知识地图采用的是编码化策略，而知识社区是一种基于人际间知识分享的个性化策略。

实践社群（communities of practice）是知识社区的基础。知识社区中的实践社群，是企业中具有相同的工作经历或共同兴趣、目标的人们所组成的一种非正式的群体。由于实践社群对知识资本的创造、分享和使用方面占有关键的地位，许多公司——从世界银行到 IBM，都开始积极鼓励和支持实践社群。

在 IBM 知识管理研究院的研究中，Lotus 研究单位和波士顿大学大量分析了不同行业的实践社群，确定出四个关键领域，在这些领域中，实践社群能够帮助公司使用知识资本为公司经营成果做出贡献。

1.使有形资产的再利用更为容易。以知识库为基础的系统建立了共享平台，在这里，社群成员可以储存，并找到明确的知识形式——工具、白皮书、过去的建议书和演示文稿等。而且 CoPs 还能确保知识库能满足实际社群的需求，如透过分类和筛选内容以确保知识库对其他人有价值。

多数社群中，其成员也是内容的服务者，他们积极劝说成员提供内容服务，并且确定出相关的基本资料，使查找和定位文件更容易。重要的是，许多这样的社群发起面对面的会议。在这种会议上，个人能够认识有相同兴趣的参与者，激发出信任感和共同责任感。面对面的会议也作为认可其他人的贡献和突出使用知识资本新用途的重要性的展示窗。

2.快速响应顾客需求。实践社群能够快速识别出有正确主题专业知识的人，以为顾客咨询或提供问题最佳答案，这样就可以降低查询时间和成本。

3.降低新员工的学习曲线及时间。在我们所研究的公司中，实践社群在透过帮助公司识别那些能回答问题、指导公司内部资源的主题专家，使人员插入（plugged in）到新职位的方法、手段和活动方面非常有价值。

4.为产品和服务产生新想法。实践社群创建论坛让个体能够分享不同主题的观点，鼓励员工在没有来自正式日常业绩的压力下，互相传递想法和寻找困难问题的答案。

企业基于实践社群的知识社区，是实现知识转移，特别是隐性知识转移的最佳场所。正如施乐公司所认为，学习是一种社交行为，只有在社区中才能有效果，知识社区通过一定的基础设施，建立知识人性化、技术化的社区环境，使企业内部、内部与外界同时达到信息互换、知识共享的目的。

对话是知识社区分享知识的方式。正如韦伯（A．Weber）认为，谈话是新经济体中最重要的工作形态，这是知识员工确定自己的知识，并进而与同事分享知识的方法，它也是组织创新知识的重要场所。

同时，知识社区为组织创造了一个知识创新的良好人际环境，使企业能不断发现新的利润增长点，在同行竞争中形成自己的经营优势。

第四节　知识管理的发展

　　赖瑞·普赛克（Dr．Larry Prusak）就知识管理的发展，提出了"第二代知识管理"的概念。他表示，第一代知识管理以架构为主，由知识地图等开始，重视文件管理、知识库，以信息技术为基础来建立知识管理系统。因此常常把信息管理等同知识管理，认为科技可以改变人的行为。但是，这样的知识管理观念后来被证明为不可行，因此普赛克等人开始探讨第二代知识管理的概念与内涵。第二代知识管理要更加重视组织内非正式的沟通，鼓励面对面的接触，强调人与人的联系，建立信赖的环境，同时提供学习的空间，以分享并创造隐性的知识。

　　依据研究者对第二代知识管理的认识，我们可以将知识管理的发展分为两个时期，即以技术为中心的阶段和以人为中心的阶段。

一、知识管理的历史

　　20 世纪 50 年代至 90 年代，知识管理以信息管理为中心。随着计算机和互联网的发展，企业界开始有意识地利用计算机技术进行内部的信息管理，出现了一些与知识管理相关的思想。

　　较早的相关论述包括《加州管理评论》，1965 年 4 月发表的赫希（Hirsch）的文章《转化新知识以实现经济增长》。20 世纪 80 年代中期，彼得·德鲁克在《哈佛商业评论》上发表的《新型组织的出现》一文中，指出："未来的典型企业应该被称为'信息型组织'。它以知识为基础，由各种各样的专家组成。这些专家在基层从事不同的工作，自主管理、自主决策……知识主要体现在基层，体现在专家的脑海里。"

　　"管理知识"一词最早于 1986 年前后，在人工智能领域采用。当时，DEC公司的一个小组，包括德布瑞·阿密顿（Debra Amidon）等人，开始研究如何通过技术来改进学习；同时，美国知识研究学会董事长兼 CEO 卡尔·维格（Karl Wiig）当时领导的另一个小组也在研究人工智能问题，该小组早在 1984 年就开始考察企业中知识的作用。卡尔·维格于 1986 年首次在苏黎世国际劳工组织会议的报告中提出"知识管理"一词。德布瑞·阿密顿于 1988 年在普渡大学的关键问题圆桌会议的技术和战略小组论文集中，发表了论文《面向 21 世纪管理知识资产：关注研究型企业集团》，这是较早明确谈及"管理知识"的文章。

随着研究者的增多，知识管理研究开始引人注目。《加州管理评论》在 1998 年 4 月出版的"知识与公司"特刊，收集了加州大学伯克莱分校举办的"知识与公司第一届年会"上来自日本、美国和欧洲各国的学者和知识实践者们的大量有关知识管理的论述，这一文集至今仍有非常重要的影响，这也成为知识管理研究历程的一个标志性事件。

在知识研究领域，野中郁次郎曾被一些学者称为"知识学之父"。1991 年 11 月，野中郁次郎在《哈佛商业评论》上发表了《知识创新型企业》一文，这是知识管理研究史上一篇很重要的文章，以野中郁次郎为主的研究队伍在 20 世纪 80 年代早期，就开始关注创新问题，以及如何加速日本大型公司的创新过程的问题，对世界理解本田、佳能、松下、夏普等成功的日本企业在知识创新方面的成功有着重要贡献。后来，野中郁次郎从波兰尼及其隐性知识概念中获得灵感，开始从认识论的角度进行知识管理研究，提出了著名的知识创新的SECI 模型，他将自己的"知识创新"概念与卡尔·维格提出的"知识管理"概念进行对比，并认为后者是在信息技术影响下创造出来的一个不太合适的术语。

瑞典学者艾瑞克·斯威比（Erik Sveiby）探讨过知识管理的起源，他认为知识管理有三个起源：美国的信息/人工智能起源、日本的知识创造/创新起源和瑞典的战略测评起源。这种观点认为，美国关于知识管理的观点，更多的受信息技术的影响，日本和瑞典更强调以人为中心的知识观。

20 世纪 90 年代中期开始，知识管理项目蓬勃发展，这部分归功于互联网。国际知识管理网络（IKMN）于 1989 年在欧洲创办，1994 年上网，很快又吸收了位于美国的"知识管理论坛"和其他与知识管理相关的团体和出版物。因为组织为取得竞争优势，开始重视管理和开发隐性和显性知识资源，所以有关知识管理的会议和研究会的数量也在不断增长。1994 年国际知识管理网络出版了对欧洲企业开展的知识管理调查的结果，1995 年欧共体开始通过 ESPRIT 计划为知识管理的相关项目提供资助。

二、第二代知识管理

相对于第一代知识管理而言,第二代知识管理理论以智力资本管理为中心,认为知识管理的重点不在于技术和计算机,而在于人与人之间的知识共享,知识管理应重视组织机构内非正式沟通的价值。第一代知识管理(FGKM)重点放在下游的现有知识编码化和共享的效果上,而第二代知识管理的重点是高性能的学习,强化能够自然产生创新和创造力的环境,加速新知识的产生。

IBM 知识管理咨询公司负责人马克·麦克艾尔乐(Mark W. McElroy),对第二代知识管理的概念进行了这样的描述:第一代知识管理力图以技术为中心解决所有问题,而第二代知识管理则更侧重于人力资源和过程的主动性。

知识管理的理论与实践正从第一代知识管理向第二代知识管理转型,两代知识管理的差异主要表现在以下四个方面:

(1)第二代知识管理强调知识生成(考虑需求方),但不否认第一代知识管理中编码化和分享的重要性(考虑供应方)。因此说,第二代知识管理是新的均衡的观点。

(2)第二代知识管理对知识生成的重视,对知识管理而言,管理重心由知识的共享传递到新知识的持续生产和创新。第一代知识管理重在集成,通过编码、存贮等手段,促进知识共享;第二代知识管理认为,知识管理包括知识生成和知识集成,因此,期望提高组织的学习效率,从而提高组织的创新效率。

(3)第二代知识管理确定了组织知识的结构(知识结构中的陈述式知识和程序规则集),以及基于过程的知识生命周期。如果要促成健康的组织学习,必须培养和关心这个生命周期。

(4)第二代知识管理把知识管理与组织学习联系起来,而且由此认识了知识管理在帮助组织(不只是个人)比竞争者更快、更有效地学习方面所发挥的作用。

三、知识管理在企业的实践

毕马威咨询公司(KPMG)从 1998 年开始,每两年进行一次知识管理调查。以 1998 年和 2000 年的调查为例,两次调查都采用了许多相同的指标,对比这两次调查的结果，研究者发现知识管理不断被企业接受和认同。

这两次调查的样本不完全相同，1998 年的样本是 100 家年营业额超过 2 亿英镑的英国公司，2000 年调查的样本是 423 家年营业额超过 2 亿英镑的世界范围内选取的公司，包括了美国、英国、法国和德国等国家的公司。调查的样本基本上能够代表世界知识管理的现状。调查结果表明：

（一）关于知识管理现状的调查。之前，有 43％的公司有知识管理的措施，57％的被调查公司没有知识管理的措施，或根本没有听说过知识管理。后来，只有 15％的公司没有知识管理的措施，或根本没有听说过知识管理。

（二）关于实施知识管理费用各部门负担比例的调查。两次调查结果基本相同，有 30％的企业认为，知识管理的费用应当由企业的各个部门共同负担；之后，有 27％的企业同意这个观点。同时，多数企业认为，IT 部门应当负担企业知识管理的大部分费用。这说明大多数企业已经理解知识管理不仅仅是一个IT 的解决方案，知识管理的成功实施应当是在 IT 部门的支持下，要求企业的全体部门共同努力。

（三）关于希望实施知识管理能够取得的回报的调查。在 1998 年的调查中，企业最希望通过知识管理得到的前三种回报分别是：更快的决策能力、对重要事务更快的反应速度、增加利润。在 2000 年的调查中，前三种为：更快的决策能力、更好地处理客户关系、对重要事务更快的反应速度。

从实践来看，20 世纪 90 年代中期，已有许多公司从事知识管理实践，比较有代表性的包括道化学公司、德州仪器公司、安永公司、麦肯锡公司、惠普公司、巴克曼实验室、英国石油公司等。

位于美国波士顿的安永组织创新中心早在 1996 年就开展了一个"管理组织知识"的项目，由 17 家公司赞助，其中，由托马斯·达文波特、戴维·德龙、迈克尔·比尔斯发表了一篇报告"建立成功的知识管理项目"，对许多公司知识管理项目的实践活动进行了总结。

与此同时，哈佛大学案例研究成果中，也出现了一些研究知识管理主题的案例，较早的包括克里斯托弗·巴特里特于 1996 年 6 月发表的"麦肯锡公司：管理知识和学习"案例和麦克拉斯·萨瓦瑞和安·玛丽·查德于 1997 年 9 月发表的"安永公司的知识管理"。

这里简要介绍巴克曼实验室等几个有代表性公司的知识管理实践。

1.巴克曼实验室

巴克曼实验室（Buckman Laboratories）强调，由于公司员工有 80％在生产和市场第一线，他们只有 14％左右的时间在办公室，因此，巴克曼实验室开发了一个知识管理工具。这是一个知识交互系统，使用人员能够通过电子论坛、公告版、虚拟会议、知识库和 E-mail 实时存取解决问题的办法，确保每个员工在任何时候、任何地方解决问题。巴克曼的文化提升来自于知识的积累获得力量、知识的共享获得智能。公司要求每个中层管理者都应该成为员工的顾问和指导者。巴克曼的成功关键是每个员工都能拥有知识和共享知识。

2.英国石油公司

英国石油公司于 1997 年专门成立了知识管理小组，其任务是通过分享最好的做法、重复利用知识、加快学习过程，以及用诸如此类的手段来改善公司的业绩。通过对生产、技术等方面的知识的搜集、整理、分析、利用，并进行深入钻研，对原先采取的做法进行了调整，当年就节省了 2000 万美元。

3.施乐公司

施乐公司（Xerox）非常注重将企业的知识变成企业的效益，密切注意和研究知识管理的发展趋势，强调知识共享、知识集成和知识创新。他们把下述十个方面作为企业知识管理的重要领域。

（1）对于知识和最佳业务经验的共享；

（2）对知识共享责任的宣传；

（3）积累和利用过去的经验；

（4）将知识融入产品、服务和生产过程；

（5）将知识作为产品进行生产；

（6）驱动以创新为目的的知识生产；

（7）建立专家网络；

（8）建立和挖掘客户的知识库；

（9）理解和计量知识的价值；

（10）利用知识资产。

施乐公司专门建立了自己的内部网络，网络开辟的栏目有：工作空间、知识管理新闻、历史事件、研究资料、产品技术，以及相关网点。该公司还建立了内部知识库，包含内容有：公司的人力资源状况，每个职位需要的技能和评价方法；公司内各部门的内部资料；公司内部研究人员的研究文献和研究报告；公司客户的所有信息、主要竞争对手及合作伙伴的详细资料；公司历史上发生的重大事件；等等。

4.休斯航天公司

休斯航天公司（Hughes Space&Community）为了降低航天产品的研发费用，并缩短上市的时间，该公司建立了一个知识存储与分享的知识管理系统："知识高速公路"（knowledge highway）。该系统整合了互联网、教训学习知识库（lesson learned knowledge base）、最佳实践、专家黄页与人际关系图及各种设计文件等，让从事设计工作的员工不必像过去一样任何事情都需要自己做，而能快速地再利用（reuse）过去的设计经验。这个系统不仅使每个太空飞行器节省了 760 万～2500 万美元，而且缩短了产品上市的时间。其主要宗旨是：在休斯公司内没有一样东西是设计两次以上的。

此外，德州仪器公司（Texas Instruments）：由于 1992 年公司在 13 个半导体厂实施了最佳实践转移的知识管理项目，使得该公司每年产值提升达 5 亿美元（等于一座新厂的总投资成本，称为 Free Lab），后来持续推动使总产值增加了 15 亿美元，等于建造了 3 座免费的新厂；瑞典 Skandia 财务公司：由于推动了知识管理项目，加之积累过去成功开发新市场的经验，使得筹划、分析、设计一个新市场的时间由 7 年减少到 7 个月；Hoffman La Roche 制药厂：该厂估计新药上市的时间，只要拖延一天就会损失将近 100 万美元的成本，因此，实施了一个知识存储与分享的知识管理项目："Right the first time"，有效凭借过去经验及文件的快速撷取，将新药上市和审核的天数减少了 1～2 个月，节省了公司将近 4 000 美元的成本；Dow 化学公司：由于其整理公司所保存的许多专利与智力财产权，结果为公司增加了 4000 万美元的收入，专利许可的年收入达 1.25 亿美元，比以往提高了 5 倍；Chevron 石化公司：该公司的知识管理团队在研究了加州洛杉矶及路易斯安那州外海的天然气压缩技术后发现，只要他们将已经存在上述地区的最佳天然气压缩任务推广给其他团队，就可以帮助公司足足省下 2000 万美元。

四、知识管理的理论流派

对于知识管理理论流派的划分方法很多，林东清将知识管理的学派划分为知识管理学派、组织学习学派、学习型组织学派、智力资本学派等，不同的学派，分别从知识、组织、学习、智力资本等角度来研究知识管理。

（一）知识管理学派

知识管理学派的重点在于针对组织内外重要的知识进行有效的管理，包括：知识的定义、创造、存储和共享利用等。其主要的战略目的就是要能通过知识的创造（exploration）与充分利用（exploitation）提升组织的竞争优势。不仅重视创造、传递、共享等流量方面的管理，同时重视知识库、组织记忆等存量方面的管理。

（二）组织学习学派

组织学习学派主要研究的重点有以下几点：

1.组织学习的动态结构。组织学习的动态结构是指分析组织如何适应外部环境的变化不断地学习和进步，如了解如何经过"个人—群体—组织"之间知识的转化与成长。这个结构不仅研究个人如何通过心智模式吸收新知识，还探讨个人的隐性知识是如何通过对话、讨论及共享来形成个体知识，以及群体之间的知识是如何通过整合和选择形成组织的知识，而它又是如何通过管理系统、控制系统和文化传递给个人与群体的整个学习循环过程。

2.组织不同的学习模式。例如，学者 Argyris 和 Schon 将组织学习的模式按其深度分为"单环式"（single loop）与"双环式"（double loop）。前者注重利用现存的知识逐步改善目前流程的效率，并无意挑战该流程设计的背后假设；后者则挑战目前流程设计背后的基本假设，根本上思考是否需要这个流程，是否应该重新设计另一个流程等。"双环式"是一种创新、突破和根本变革的学习。

3.组织学习与吸收的能力。例如，学者 Cohen 和 Levinthal 用"双环式"吸收能力理论（absorptive capability theory）分析，并了解影响组织学习与创新的主要因素。认为组织要有良好的学习吸收能力，本身必须具备与此类新知识相关和扎实的知识基础，才能有效地吸收和创新。

因此就整体而言，组织学习学派所研究的对象是组织的"学习活动"；研究的内容是组织动态的学习过程、能力与环境。它是以知识流量（flow）为研究重点，而它的战略目标是用来指导组织如何利用不同的学习方式才能有效地进行动态的学习循环，并设计支持此种学习过程的组织文化和结构。

（三）学习型组织学派

学习型组织学派与上一学派相关，但它研究的主要重点不是在学习环式的动态过程，而是在形成一个有利于组织不断演进和学习的价值观，以及文化与原则。根据彼德·圣吉的看法，学习型组织是一个以五项学习修炼（the five disciplines）为根本指导原则的一个组织学习模式，包括：自我超越（personal mastery）、改善心智模式（improving mental model）、建立共同愿景（building shared vision）、团队学习（team learning）和系统思考（system thinking）等。其主要目的是让组织在一个复杂、快速动态的环境中，培养出不断创新、超越及快速应变的能力。

因此，学习型组织学派研究的对象是组织的模式；研究的内容是与组织学习相关的价值观、认知、文化与指导原则；战略目标是启动自我超越、勇于挑战及团队合作的组织学习动力。

（四）智力资本学派

智力资本学派是以组织内部的智力资本为研究对象，即以知识存量（stock）为主，没有涵盖知识流动过程的研究。主要目标是设计出一个有效的评估工具作为评估智力资本的价值，并了解这些智力资本对组织的价值与竞争优势的贡献。

第二章 档案管理的基本概述

第一节 档案及档案管理的性质与特点

一、档案的性质和特点

　　档案是各类主体，包括国家机关、社会组织和个人在其实践活动中直接形成的历史记录。档案的形式和内容往往保留了一些原始的标记，如形成日期、签名、印信以及档案本身的物质载体形式等，这些原始的印记充分体现了档案的原始记录性。原始记录性是档案的本质属性，使档案与图书、资料等文献区别开来，并决定了档案和档案工作拥有独特的社会地位和社会功能。

　　档案的原始记录性，使档案具有重要的凭证作用和参考作用。首先，档案的内容反映了事物、事件的历史真相和事实，这使档案成为解决政治争端、经济纠纷和个人事务的最权威、最可信的凭证。其次，档案记录了社会制度的变迁，历史、文化的发展，机构的沿革和家族的渊源，它对予科学研究（尤其是历史研究）、政治决策和经济建设具有重要的参考作用。最后，档案的原始记录性决定了其对于文明传承、文化传播和家族寻根的重要纽带作用。

　　档案与图书、资料等其他类型的文献之间在形成规律、内容特征、编订出版、保密性、版本等方面存在明显的差异：档案是特定的社会组织或个人基于一定的社会活动而客观形成的，不是人为构思、编写而成的；档案在内容上是原始的记录，是信息和知识的源头，而图书在总体上是人类知识和智慧的结晶，具有逻辑性；档案一旦形成，一般不能对其随意修改，而对图书则可以进行改编、修订等演绎活动；档案文件自形成之日到对外开放有相当长的一段封闭期，在封闭期内档案信息是保密的,而图书资料则强调文献信息的及时传播和交流；档案一般是孤本，而同一本图书则有若干印本，内容相同的图书还可以由不同的出版社出版，版本各异。

　　档案产生的领域非常广泛，反映了人类在政治、军事、经济、科学、技术、文化等各项社会领域的活动。这不仅使档案具有纷繁的内容，而且具有多样的种类，如文书档案、科技档案、人事档案、诉讼档案、财会档案，以及艺术档案等。此外，档案的载体形式也是多种多样的，除了我们常见的纸质档案以外，还有古代的甲骨档案、泥版档案、金石档案、简牍档案，近现代以来的缩微档案、声像档案、电子档案等。

二、档案管理工作的性质和特点

　　档案管理工作，是用科学的原则和方法管理档案，提供档案为各项社会实践服务的一项工作。其基本任务是科学地管理好有价值的档案，以满足社会对档案的利用需要。

　　（一）档案管理工作的性质

　　首先，在宏观上，档案管理工作是国家科学文化事业体系的组成部分。档案因其原始记录性而具有存史、鉴古、资政等重要的功能，是构成国家记忆、社会记忆、民族记忆不可或缺的重要信息源。档案管理工作须收集、保管和整理档案，承担起记录历史、珍藏记忆、传承文化的社会重任。其次，在微观上，档案管理工作是机关、团体各项管理工作的组成部分，具有辅助管理的性质。如会计档案管理是财务管理工作的组成部分，科技档案管理是生产管理、技术管理和科研管理的重要组成部分。再次，档案作为一种原始文献，蕴藏了大量的原始信息，这使档案和档案工作成为文献信息管理系统的重要组成部分。随着档案管理工作的发展，档案开放程度的扩大，社会对档案需求的提高，档案管理工作的重心逐步从保管好档案实体向档案信息的开发利用方向发展。

　　（二）档案管理工作的特点

　　由于档案的原始记录性，使得档案管理区别于图书、资料等其他文献的管理工作，呈现出如下特点：

　　1.档案资源积累的缓慢性

　　档案是随着人们实践活动的开展而逐步积累起来的，它不可能像图书资料那样大量印刷和广泛发行。档案大多是"孤本"，不能随意复制，尤其是历史档案，能够流传至今的很少。因此，档案资源的积累是比较缓慢的，档案与一般的图书资料相比，更显珍贵。这使档案的保管和保护受到高度重视，而无形中降低了它的利用率。

2.档案管理过程的阶段性

档案管理在我国分为两个阶段：档案室阶段和档案馆阶段。处于不同阶段的档案具有不同的价值，档案的管理方式以及服务对象也由此有所不同。在档案室阶段，档案主要为其形成单位控制和使用，为本单位的日常工作提供凭证和参考，具有中间过渡性；在档案馆阶段，档案对其形成者的作用降低，而社会价值增加，进入永久保存期。档案馆阶段的档案管理工作不仅需要保管好档案，而且要积极提供档案为社会各界服务。

3.档案管理活动对档案形成者的依附性

档案是在其形成者活动过程中产生的，反映了形成者的全部历史及其观点、经验和成果，包含了与其形成者利益密切相关的事实和数据。因此，档案与其形成者是不可分的，其价值与它的形成者有密切联系。档案对形成者的依附性，使得档案难以像图书、资料那样广为传递和交流，这在某种程度上限制了档案管理活动的范围。

4.档案管理工作对社会的相对封闭性

档案直接关系到其形成者的切身利益，并且有相当一部分档案涉及国家的政治、军事、经济与技术秘密。所以，档案自形成之日起，对外有相当长一段时间的封闭期，过了这段封闭期以后，才能有选择地向社会开放。档案管理的封闭性和图书资料所追求的时效性形成了鲜明的对比。档案管理的封闭性造成了档案保管和利用的矛盾，这种矛盾贯穿于档案管理的整个过程，并推动档案管理工作不断向前发展。

第二节　档案管理工作的内容与范围

一、档案管理工作的内容

　　档案管理工作的基本内容一般包括以下 8 项：收集、整理、鉴定、保管、统计、检索、编纂和利用工作。其中，档案的收集、整理、鉴定、保管和统计工作是档案管理的基础业务工作，主要是针对档案实体的管理，对档案实体进行有序组织、排列和统计，建立数量充足、种类齐全、载体多样的馆藏体系，为档案的利用服务奠定档案资源基础。档案的检索、编纂和利用工作是在档案实体管理的基础上，对档案信息进行的组织、加工和提供利用，属于档案信息管理工作，主要目的是提供档案为社会利用需求服务。随着档案管理现代化的发展和档案利用工作的加强，档案编目检索工作和档案编纂工作逐渐成为相对独立的档案业务工作，这使档案管理工作的内容结构发生了变化。

二、档案的类型及档案管理工作的范围

　　现代档案数量众多，种类复杂，不同种类的档案构成了档案管理的不同方面。
　　（一）按照档案的不同内容，可分为普通档案管理和专门档案管理
　　普通档案通常是指文书档案，是各级机关、团体、企事业单位在日常活动中形成的事务性材料。专门档案是在一定的专业领域和专门业务活动中形成的、反映特定的业务活动内容的专用文件材料。专门档案种类繁多，包括科技档案、人事档案、会计档案、教学档案、司法档案、艺术档案、外交档案等。
　　普通档案具有与专门档案不同的特点。普通档案是党和国家各级机构在日常事务性管理活动中形成的文书材料，有通用的公文规格和格式，有固定的文件处理程序，来源广泛，内容丰富，是目前各级综合性档案馆馆藏的主要部分。专门档案具有特有的形成规律，在形式上有其特殊性，它不经过机关收发文登记，每一类专门档案有比较特殊的文件形式和特定的格式，如图纸、报表、账簿、试题卷等。同一类专门档案来源较窄，一般在一个专业主管单位集中形成，

内容比较单一，同类文件数量较多。每一种专门档案都有自己的特点，因此，在管理上要采取不同的方法。

（二）按档案的载体形式，分为纸质档案管理和特殊载体档案管理

纸质档案以文字为表述形式，以纸张为载体，目前在国家全部档案中占绝大多数。特殊载体的档案是记录在非纸质载体（如磁性载体或其他化学合成材料）上，以图像、声音等非文字手段为表述形式的特殊形式的档案，包括声像档案、缩微档案、电子档案等。

特殊载体的档案在制成材料以及信息存贮方式等方面都不同于普通的纸质档案，因此，在保管条件和保管方法上具有特殊性。

（三）按档案的性质，分为公共档案管理和私人档案管理

公共档案是指政府机关（或公共管理机关）在行政（或公共）事务管理中形成的档案，公共档案是属于社会的公共财产，由各级公共档案馆收藏，并向社会公众提供服务。

私人档案主要是指私人企业、教会、私立大学、私人家族和个人在其活动中形成的档案。私人档案一般归私人（法人或自然人）所有，不向公众开放。由于私人档案中有不少具有重要的历史文化价值，因此，很多国家通过立法等形式对私人档案的管理采取了国家干预。我国档案法虽然没有规定私人档案的概念，但确认了档案的不同所有权形式，规定属于国家所有的档案，要按照规定向国家档案馆移交；集体所有和个人所有的对国家和社会具有保存价值的或者应当保密的档案，档案所有者应当妥善保管。

（四）按照档案形成时期的不同，可分为古代档案、近代档案和现代档案管理

在我国，古代档案是指 1840 年以前形成的档案。从 1840 年到 1949 年中华人民共和国成立之前形成的档案，称为近代档案。中华人民共和国成立以后形成的档案，称为现代档案。其中，古代档案和近代档案又可统称为历史档案。

综上所述，由于档案种类和类型的多样性，档案管理的范围非常广泛。不同类型的档案具有不同的形成规律和特点，需要采用不同的方法，由此形成了档案管理的各个专门领域，如文书档案管理、科技档案管理、人事档案管理、会计档案管理、教学档案管理等。

第三节　档案管理工作的基本原则

我国 1987 年颁布的《档案法》第 5 条明确规定："档案工作实行统一领导、分级管理的原则，维护档案完整与安全，便于社会各方面的利用。"这是通过立法的形式确定了我国档案工作的基本原则，是对中华人民共和国成立以来我国档案工作基本经验的总结，也是对我国档案工作基本原则的发展和完善。这一原则的基本思想包括三个部分：

（1）确立了档案工作的组织原则和管理体制——统一领导、分级管理国家全部档案。

（2）提出了档案管理的基本要求——维护档案的完整与安全。

（3）体现了档案工作的根本目的——便于社会各方面的利用。

一、统一领导、分级管理

统一领导、分级管理这是我国档案工作的组织原则和管理体制。其基本内容可概括为如下两个方面。

（一）由各级、各类档案保管机构集中保存

根据我国档案法的规定，对于国家所有、集体所有和个人所有的档案，采取不同的管理办法。国家机关、国有企业及企事业单位形成的档案，必须按照规定定期向本单位档案机构或者档案工作人员移交，集中统一管理，任何人不得据为己有。国家机关或专业系统的档案需要长久保存的，应按照规定向各级综合性档案馆或专业性档案馆移交。集体和个人所有的对国家和社会具有保存价值的或者应当保密的档案，档案所有者应妥善保管。档案所有者可以向国家档案馆寄存或出卖。

（二）统一、分级、分专业地进行管理

统一管理，是指国家行政管理机关主管全国的档案工作，对全国档案工作实行全面规划和统筹安排，制定档案法规和标准，提出统一的档案事业发展方针政策，进行档案业务指导和监督。

分级管理，是指县级以上各级人民政府的档案行政管理机关主管本行政区域内的档案工作，按照国家规定并结合本地区的实际情况，制定本地区的档案工作规划和制度，并对本地区内的机关、团体、企事业单位和其他组织的档案工作实行指导和监督。

分专业管理，是指中央各专业主管机关在国家档案行政管理机关的指导下，针对本专业系统的特点，制定本专业系统档案工作的规划和制度，对本专业系统内的档案工作进行指导和监督。

二、维护档案的完整与安全

维护档案的完整与安全，是档案管理工作的基本要求。只有保证档案的完整与安全，才能维护历史的真实原貌，为档案工作提供必要的物质基础。

（一）维护档案的完整

档案的完整性包括两方面的含义：档案数量的齐全完整和档案整理的系统性。档案数量的齐全完整，要求凡是具有保存价值的档案都要收集齐全，避免残缺短少，实现一个单位、一个系统、一个地区和一个国家真正有保存价值档案在数量上的完整性。档案整理的系统性是指遵循档案的形成规律，维护档案之间的有机联系，将其组成一个有机的整体，这样才能反映一个单位、一个地区乃至整个国家从事社会活动的过程和基本历史面貌。

（二）维护档案的安全

档案的安全性包括两方面含义：档案实体的安全和档案内容的安全。档案是珍贵的历史记录，往往只有一份孤本，而且年代越久远的档案，其价值就越大。但由于社会和自然的因素，档案材料不免会遭到损毁。因此，应尽可能延长档案的寿命，保证档案实体的物理安全。同时，也要避免档案机密的泄漏或遭人为破坏，保证档案信息内容的安全。

三、便于社会各方面的利用

便于社会各方面的利用，是档案管理工作的根本目的，也是检验档案工作效果的重要标准。便于社会各方面利用的原则，应始终贯穿于档案工作的各个方面和各个业务环节中，它是我们制定档案规章制度和组织档案业务工作的出发点，并以此作为主要标准去检查和评价档案工作的质量。

我国档案管理工作基本原则的三个方面是相互联系、相互统一的。统一领导、分级管理是核心，没有统一领导、分级管理的管理体制保证，维护档案的完整和安全，便于社会各方面的利用就很难实现；维护档案的完整和安全是手段，没有档案的完整与安全，就谈不上档案的方便利用；便于社会各方面的利用是目的，离开了这个目的，维护档案的完整与安全就失去了意义和方向。因此，应该全面地理解和贯彻执行档案工作的基本原则。

第四节　档案管理机构及职能

一、档案室

档案室是各组织统一保存和管理本单位档案的内部机构，是整个机关的组成部分，属于单位管理和研究咨询性质的专业机构。档案室是国家档案工作组织体系中最普遍、最大量、最基层的业务机构。

（一）档案室的性质、作用和任务

1.档案室的性质

档案室作为全国档案工作体系中最基层的档案业务机构，主要表现为三个方面的性质：

（1）档案室是机关的内部组织机构。

（2）档案室是保存档案的过渡性机构。

（3）档案室的主要任务是服务于本机关。

2.档案室的作用

（1）档案室是机关内具有参谋和咨询作用的部门，为机关职能活动提供档案信息支持。

（2）档案室是全国档案工作的基础。档案室是国家档案资源不断补充和积累的源泉。

3.档案室的任务

档案室的基本任务是：集中统一地管理本机关各部门形成的各种门类和载体的全部档案，为本机关各项工作服务。

（二）档案室的类型

1.普通档案室

普通档案室通常也称机关档案室、文书档案室，它主要负责管理机关的档案。这种档案室在全国最为普遍。

2.科技档案室

科技档案室是指保管科技档案和科技文件资料的专门档案机构。在工厂、设计院、科学技术研究院等单位一般都设有科技档案室。

3.音像档案室

这是保存影片、照片、录音等特殊载体档案的档案室。电影公司、制片厂、新闻摄影部门、广播事业部门等单位一般都设有音像档案室。

4.综合档案室

这是统一管理本单位全部档案的综合性机构。它统一管理本机关形成的各种普通档案、专门档案和特殊载体的档案，在资源配置和信息综合开发利用方面具有突出的优势。

5.联合档案室

同一地区，特别是同一市镇内的一些机关联合起来设立一个档案机构，负责保存和管理这些单位的档案，这种机构通常称为联合档案室。

6.企业档案信息中心

也称信息中心。它是一些大型企业在原有的图书、档案和情报机构基础上建立的，集档案、图书、情报于一体的信息管理机构。企业信息中心的设立有助于企业适应信息网络环境下信息集成管理的需要，实现信息资源的联合开发和共享。

二、档案馆

（一）专业档案馆

专业档案馆是专业系统档案馆和馆藏特殊载体档案馆的总称。如中国照片档案馆、中国电影资料馆、中国现代文学馆，以及城市基本建设档案馆（简称城建档案馆）等。

（二）部门档案馆

部门档案馆是国家有关部门专门建立的档案馆。它们永久保管本部门及所属机构形成的全部档案，不需要向国家档案馆移交。但其中需要永久保存的档案，在本部门档案馆保存 50 年后要向中央档案馆移交。

（三）大型企事业单位档案馆

大型企事业单位和高等院校往往都建立了自己的档案馆，这些档案馆是终极性的，负责永久保管本企事业单位所形成的档案。

第三章　档案管理的理论基础

第一节　来源原则

一、来源原则的含义

来源原则的基本含义可概括为：尊重来源，尊重全宗的完整性，尊重全宗内的原整理顺序。具体是指，档案馆在整理档案时，应首先根据来源标准整理档案，将同一来源的档案组织成一个有机整体；维护全宗的完整性，同一全宗的档案不可分散，不同全宗的档案不能混淆；在全宗内，应尽量保持文件形成机关的原始整理顺序。这是因为，文件形成机关的文书和档案人员最为了解文件的形成过程和内在联系，因此，他们对文件档案的整理体系能够最为确切地揭示档案形成的历史原貌。档案馆人员应该尊重这种原整理体系，充分利用原有的整理基础，最大程度地保留档案最初的整理状态，实现档案的原始记录性功能。

二、来源原则的形成与发展

来源原则从其产生到发展经历了如下几个阶段：起源、正式形成、理论论证与国际认同、国际化发展、遭遇挑战与重新发现。

（一）尊重全宗原则——来源原则的起源

来源原则产生于近代的法国。法国国家档案馆成立之初，主要沿用了事由原则即根据档案文件的内容联系对馆藏档案进行分类整理，根据第一任馆长阿曼·卡缪和第二任馆长皮埃尔·多努的整理方案，将馆藏档案分为立法、行政、历史、地形测量、财产和司法六个部类，其下再分为 24 个主题类别，即所谓的"卡缪—多努分类法"。事由原则在馆藏数量和种类较少的情况下，基本可以胜任馆藏整理的需要。但随着国家档案馆馆藏数量和种类的增加，成分和内容的复杂化，卡缪—多努分类法暴露出了不少问题。按照档案文件的内容进行分类和整理，势必将同一机构来源的档案分散到不同的类别中，打乱了档案之间的来源联系，给管理和利用工作带来不便；同一档案文件可能涉及好几个类别，而且类是无法穷举的，因此，往往陷入无类可归和无以归类的困境，这些日益突出的问题给国家档案馆工作带来了极大的混乱。法国国家档案馆逐渐认识到事由原则的弊端，开始寻找更佳的档案整理方案，"尊重全宗原则"由此应运而生。"尊重全宗原则"要求将来源于特定机构（包括一个行政机关、一个公司或一个家庭）的所有档案组成一个全宗，全宗内的文件按照主题进行分类，在主题类别下再按年代、地区或字母顺序整理，同一全宗的文件不得与其他全宗的文件相混淆。"按全宗进行总的文件分类是唯一切实可行的办法，它保证能够立即实现一种系统的、统一的顺序。这种分类办法有以下优点：首先，它比其他的办法容易实行，因为它只需确定文件的来源，把同一来源的文件归拢到一起；其次，在大多数情况下，这种分类都是简便的，因为它只需要再现原看管者的顺序。……如果不遵循这种方法，而按照事物的性质提出一种设想的顺序，那就会使这些优点全部丧失。"

"尊重全宗原则"的提出在世界档案事业史上具有划时代的意义，它改变了各国以事由原则管理档案的传统办法，很快被大多数欧洲国家的档案工作和历史学家所接受并继续加以发展。"尊重全宗原则"是来源原则的起源，它将来源联系作为整理档案的首要标准，强调将同一来源的档案以全宗的形式组织在一起，使档案整理与图书整理从本质上区分开来，体现了档案的本质属性。

（二）登记室原则——来源原则的正式形成

1874年，冯·西伯尔任普鲁士国家机密档案馆馆长以后，研究了法国使用多年的"尊重全宗原则"，认为这一原则的实质在于把档案按其来源进行整理和分类，于是正式提出了来源原则。此后，普鲁士档案人员经过实践，于1881年提出了适合本国国情的"登记室原则"。"登记室原则"的主要内容是：机密档案馆整理档案按照来源进行；每一个机关一旦开始移交文件，就要立即指定一部分库房专放该机关的文件。在这部分库房内，官方文件要保持它在有关机关官方活动过程中获得的原有顺序和标志。"登记室原则"与"尊重全宗原则"

一样，都强调尊重档案的来源，将同一来源的档案组成全宗。两者的不同之处在于全宗内的分类方案不同，"登记室原则"强调要保持原机关的文件整理顺序和体系，而法国的"尊重全宗原则"则在全宗内按主题重新整理。相比之下，"登记室原则"更加严格地体现了档案的来源联系，是对"尊重全宗原则"的继承和发展。

（三）《荷兰手册》与 1910 年布鲁塞尔大会——来源原则的理论论证和国际认同

1898 年，荷兰的三位档案学家缪勒、斐斯和福罗英合作出版了《档案的整理与编目手册》（又称《荷兰手册》）一书，对来源原则进行了理论论证。该书全面系统地阐释了全宗的定义、性质和全宗内档案的整理特点，强调全宗必须由同一形成机关的文件组成，全宗是一个有机的整体，一个完整的全宗应独立保存。同一全宗的档案不能分散，不同全宗的档案不能混淆。全宗内档案的整理系统必须以全宗原来的编制为基础。《荷兰手册》的出版和传播使来源原则在世界范围内产生了广泛的影响，并最终在 1910 年召开的布鲁塞尔图书与档案人员国际大会上被确认为档案专业的基本原则。这次大会标志着来源原则取代了事由原则成为档案管理的基本原则，并为来源原则的国际化发展拉开了序幕。

（四）来源原则的国际发展

20 世纪二三十年代来源原则在欧美得到了广泛应用。英、美、德、苏联等国结合本国档案管理的实践，接受、运用并发展了来源原则。

1.英国的"档案组合"和美国的"文件组合"

法文的全宗一词"Fond"在英语中没有对应的词汇，英国和美国分别提出了档案组合（Archive Group）和文件组合（Record Group）的概念。英国档案学家詹金逊在其专著《档案管理手册》中提出了档案组合（Archive Group）概念，档案组合的基本含义是：由一个组织完整、独立的行政机关在工作中积累起来的文件的集合。这个行政机关必须是一个本身组织完整，不需借助任何其他权力就能独自处理通常所遇到的每一种事务。在"档案组合"内，文件按照原来的顺序整理。美国的文件组合（Record Group）是指一种有组织联系的文件实体，这种实体建立在来源的基础上，同时特别尊重有关机构和组织的文件与档案的行政史、复杂性和数量。美国的文件组合不同于英国的档案组合，产生文件组合的政府行政单位不像英国档案组合要求的那样必须是完整的和独立的，它可以是独立的机关，但也可以是较大的政府机关的组成部分。一般来说，文件组合是由政府一个局级行政单位的文件组成的。在大多数文件组合之内，根据单位隶属关系或职能可包含若干分组合（sub-group）、文件系列（series）、案卷（file）和文件（record）。

2.德国的自由来源原则

德国档案学家布伦内克对来源原则作了修正，在 1953 年出版的《档案学——欧洲档案工作的理论与历史》一书中提出了"自由来源原则"，也称为档案体原则。所谓自由来源原则是指摆脱登记室原则和荷兰全宗原则的约束，兼顾来源和事由两种因素，把档案全宗作为有机体重新加以组织。布伦内克的来源思想不是只保持固定的来源，而是把来源和事由配合成一种相当的比例关系，建立一种两者之间的综合体，在这种意义上可以把来源原则解释成在来源共同性的基础上的事由共同性。布伦内克的自由来源原则开拓了人们的思想，启发人们从现代档案的实际去确定档案整理的原则，但他提出的来源和事由之间的比例关系难以理解和把握。

3.苏联和我国的全宗理论

"十月革命"后，苏联吸取了来源原则的合理部分，提出了自己特有的国家统一档案全宗的概念，提出了一个由国家档案全宗统辖的全宗概念体系，如档案全宗、文件全宗等，形成了系统的全宗理论，是对来源原则的丰富和发展。

苏联国家档案全宗是归苏联国家所有，具有政治、科学、经济、文化或其他某种意义的文件的总和，而不管这些文件的产生时间、制作方法和技术如何。档案全宗是彼此具有历史联系和（或）逻辑联系的交由国家保管的文件综合体，是档案馆通用的分类和统计单位。这些文件综合体包括机关（企业、团体、个人）档案全宗、联合档案全宗、档案汇集、科技文件综合体，它们都是档案全宗的不同种类。文件全宗是在某一全宗构成者活动过程中产生的全部文件（不管其价值和地点如何）。每一个文件全宗的成分，既包括该全宗构成者文书处理部门的文件和档案室的文件，也包括移交档案馆的文件。档案全宗来源于文件全宗。档案全宗不可分散的原则（一个档案全宗不可分开，应保存在一个档案馆内）是科学管理国家档案全宗文件的基础，它在文件分类中起着极为重要的作用。

俄罗斯继承了苏联的全宗理论体系，为了适应新的政治经济环境，用"俄罗斯联邦档案全宗"概念取代了苏联的"国家档案全宗"概念，并赋予了新的含义。俄罗斯联邦档案全宗是"反映社会物质和精神生活的，具有历史、科学、社会、经济、政治和文化意义，通过历史积累并不断补充的档案文件的总和，是俄罗斯联邦人民历史文化遗产不可分割的组成部分，属于信息资源并必须永久保存"。

我国借鉴了苏联的全宗理论模式，发展形成了我国的全宗理论体系：

1.全宗的含义

全宗是独立的机关、团体或个人在社会实践活动中形成的具有有机联系的档案集合体。它包括四个方面的含义：

（1）全宗是一个有机整体。同一全宗的档案不能分散，不同全宗的档案不能混淆。

（2）全宗是在一定的历史活动中形成的。全宗不是人为地任意地组合而成的，而是在社会实践活动过程中自然而然形成的，具有客观性，体现了档案的形成特点。

（3）全宗是以一定的社会单位或社会活动项目为基础构成的。全宗有两种构成方式：一是以一定的社会单位（国家机关、社会团体、个人、企事业单位等）为核心构成全宗；一是以一项独立的社会活动项目（工程项目、科研项目、生产项目等）为核心构成全宗。

（4）全宗是档案的基本管理单位。全宗是组成国家档案全宗的基本单位，也是对档案进行日常科学管理的基本单位。档案管理要以全宗为单位进行分类、排列、鉴定、保管和统计。

2.全宗的类型

全宗按其形成者类型，可分为组织全宗、个人全宗、项目全宗三种。组织全宗是一个能独立行使职权的社会组织（国家机关、企事业单位、社会团体等）在其活动中形成的档案整体。个人全宗是社会著名人物在其活动中形成的档案整体。项目全宗是在某一项活动中形成的档案集合体。

按形成方式，可分为独立全宗、联合全宗、汇集全宗、档案汇集。独立全宗是一个全宗形成者（立档单位）形成的档案集合体。联合全宗是两个或几个关系密切的立档单位形成的，难以区分而统一管理的档案集合体。汇集全宗是按一定特征组成的，档案数量很少或残缺不全的若干全宗的集合体。档案收集是由不同立档单位形成的，按照一定特征集中起来的档案混合体。例如："某省手工业局、手工业联社联合全宗""国民政府联动系统汇集全宗""国民政府东北地区铁路交通部门汇集全宗""国民政府中国驻外使领馆档案汇集""国民政府各银行档案汇集"等。

3.全宗（立档单位）的构成条件

与全宗的类型相对应，组织立档单位、个人立档单位、项目立档单位各有其立档条件。

（1）组织立档单位的构成条件

执行了相对独立的社会职能，以自己的名义单独对外行文；设有会计单位或经济核算单位，自己可以编制预算或财务计划；设有人事管理机构，具有一定的人事任免权。简言之，要有独立的人事任免权、行文权、财权，一般还具有法人资格。

（2）个人立档单位的构成条件

当一个人执行了一种相对独立、比较重要的社会职能，并积累了足够数量的以自己名义署名的文件时，才有资格构成立档单位。

（3）项目立档单位的构成条件

项目在本专业领域或一定范围内自成体系并具有相当规模，与此相应，围绕该项目而产生的档案文件具有相当数量而足以构成一个全宗。

4.全宗理论的适用范围

（1）在收集工作中的应用。机关档案室的归档工作要求遵循文件材料的形成规律和特点，保持文件之间的有机联系；档案馆对档案的接收要求保持全宗的完整性，一个全宗的档案作为一整体统一进馆，不得随意分散。

（2）在整理工作中的应用。在档案整理工作中，一个全宗的档案作为一个整体，进行系统化整理、分类和排列，档案管理的完整性、系统性得到体现。

（3）在鉴定工作中的应用。档案鉴定要以全宗为基础来权衡全宗内案卷和文件的价值，若离开全宗孤立地鉴别一份文件，则难以判定其价值。

（4）在保管和统计中的应用。全宗是档案保管和统计的重要单位。

（5）在编目工作中的应用。许多档案检索工具都是以全宗为对象编制的。如全宗文件卡片目录、全宗指南等。

（6）在基础工作中产生的全宗理论不可避免地对利用工作产生影响，如阅览室调卷、档案展览、档案编研等都离不开全宗。

（五）来源原则遭遇挑战与重新发现

20世纪中后期以来，随着人类科学文化事业的进步和社会生产力的提高，档案数量和种类不断增多，新型载体档案尤其是电子档案大量增加，档案整理和分类置身于数字化的环境之中。人们不禁产生疑问，来源原则是否能一如既往地保持其生命力呢？

20世纪60～70年代国际上兴起了一种新的档案学思潮，其特点是强调直接提供档案信息利用的重要性。从信息利用的角度，一些档案学者对来源原则面临电子时代和信息技术的挑战提出了质疑，如1976年在华盛顿召开的第八届国际档案大会上，档案学者列奥奈尔·倍尔提出，计算机技术的应用导致了机读文件的产生，档案人员得以大范围地进行信息处理，因此鉴定时主要考虑文件是否含有未来利用者所需的信息即可，与纸质文件相比，来源原则在整理和著录领域发挥的作用要小得多。后来有的学者认为，来源原则的作用并非永恒不变，可能只适用于某类机构的某类文件。

20世纪80年代中期以来，欧美档案学者重新认识到来源原则的重要性，肯定了来源原则的中心地位。1985年美国档案学家莱特和比尔曼在加拿大档案工作者协会会刊上发表论文《来源原则的力量》，呼吁通过深入了解文件形成者职能及文件格式来提高来源原则检索信息内容的能力。建议档案人员不要局限于关注档案主题内容的分析，而应重视对文件形成者、文件格式的研究，通过了解文件形成的背景知识来理解文件的信息内容，从而建立一种反映机构职能、组织结构以及其他特征的来源索引。该文的发表促使欧美档案界重新评价和认识来源原则的地位和作用。

20世纪90年代以来，北美档案界越来越多地认可来源原则在现代文件，特别是电子文件管理中的重要价值和指导意义。西方档案学者普遍认为了解电子信息形成和使用的背景信息对电子文件管理至关重要，实践证明电子文件对来源原则仍有很强的依赖性。一方面，电子文件的巨量信息使描述文件的内容难度极大；另一方面，电子文件的数据单元可以不留痕迹地随时组合和拆分，这使掌握数据单元的来源信息显得尤为必要，因为不了解电子文件的生成环境，理解电子文件的内容就无从谈起。此外，加拿大、澳大利亚及欧洲各国通过实践也开始对来源原则重新肯定，重新关注文件之间的历史联系。在1996年第13届国际档案大会上，加拿大档案学家特里·库克强调从文件的形成者及其文件之间的联系来管理电子档案，认为只有坚持来源、全宗等传统档案学的核心理论，保持传统档案原则的稳固基础，才能确保档案人员应付新载体和新技术带来的挑战。电子文件的管理以及应付电子时代赋予档案管理的诸多挑战不能抛弃来源原则，相反只能更多地依赖来源原则。加拿大档案教育家汤姆·内史米斯形象地将这种对来源原则的肯定称为"来源的重新发现"。

"来源的重新发现"实质是一种"新来源观"。它使来源的含义更加扩展，由以往的实体来源——文件形成机关，扩展为相对抽象的"文件形成过程"。即文件在什么条件、为了何种目的、采用怎样的结构形成等各种综合的背景信息。"新来源观"是来源原则在电子时代的自我适应和发展，它使来源原则在新的信息技术环境里具有广泛的实践意义。

第二节　文件生命周期理论

文件生命周期理论是文件管理的核心理论。20世纪文件数量的激增是文件生命周期理论产生的社会背景。20世纪四五十年代文件中心的出现以及人们寻找对其的理论解释是导致文件生命周期理论产生的直接原因。后来，随着研究范围的逐渐扩大，人们对文件的整个运动过程以及对这一过程的全面管理进行了系统研究，客观揭示了文件的运动过程和规律，最终形成了文件管理的核心理论。

一、文件生命周期理论的含义

文件生命周期理论认为文件具有一定的生命周期，现行文件从其产生到最终销毁或永久保管是一个完整的生命运动过程。在这一过程中，由于文件价值形态的变化，又可以划分为若干个阶段。文件在每一个阶段因价值形态的不同，保存场所、管理方式及服务对象也不同。文件的价值形态与其保存场所、管理方式及服务对象之间存在内在的对应关系。

（一）文件从其形成到销毁或永久保存，是一个完整的生命运动过程

文件的产生、流转，办理完毕后归档保存或销毁，最终移交档案馆永久保存的过程是一个前后衔接、连续统一的生命运动过程。

（二）由于文件价值形态的变化，这一生命过程可划分为若干阶段

文件的生命运动具有阶段性特征，从文件价值形态的变化出发，中外档案界一般将文件生命运动的生命阶段划分为现行阶段、半现行阶段和非现行阶段三个阶段。

（三）文件在每一个阶段因其具有不同的价值形态，而体现为不同的服务对象、保存场所和管理方式

现行阶段的文件具有现行效用，处于机关文件的流转过程中，等文件承办完毕以后，则需要根据其价值大小决定是否归档保存或销毁。归档保存的文件进入半现行阶段，这一阶段的文件对本机关具有一定参考作用，保存在本机关档案室或文件中心，主要为本机关服务，具有过渡性。文件在机关档案室或文件中心保存若干时期以后，经过鉴定，将其中具有永久保存价值的文件移交档案馆。进入档案馆永久保存的文件进入非现行阶段，非现行阶段的文件对形成机关已经丧失了最初的原始价值，而主要体现为对整个社会的价值。

文件在历经三个阶段的生命运动过程中，其对本机关的原始价值（对本机关的行政、财务、法律等价值）和对本机关之外的其他利用者的档案价值（证据价值和情报价值）出现了此消彼长的变化。在现行阶段，文件主要发挥对机关的现行效用，在机关部门间流转，直到办理完毕，文件主要体现为原始价值；在半现行阶段，部分文件最初仍然具有较高的原始价值，但随着时间的推移，原始价值逐渐衰减，部分文件的档案价值开始逐渐显现；在非现行阶段，文件的原始价值丧失而档案价值突出，文件为社会各界服务。随着文件原始价值的削减和档案价值的增加，文件的保管场所对应地发生了变化，从机关内部到文件中心（或档案室），最终移交到档案馆。文件的服务对象也逐渐由内向外，同时，服务方式经历了一个从封闭到开放的过程。

二、文件生命周期理论的产生和发展

（一）文件生命周期理论的产生

"文件生命周期"的概念最早由美国档案学者菲利普·布鲁克斯于1940年提出，后来其他国家的档案学者也采用了类似的表述方式。"文件生命周期"是一个动态的概念，它描述了文件从产生到最终销毁或进馆永久保存的整个生命运动过程。20世纪40～50年代文件中心的出现是文件生命周期理论产生的直接原因，文件中心首先由美国海军部建立，此后被许多国家效仿，其作用是集中保存大量的已经过了现行期，不经常使用但又未到移交档案馆期限的半现行文件，造价低廉而又方便实用，因此备受欢迎。对此，西方档案学者进行了理论上的探索。

1950年，英国伦敦大学的罗吉尔·艾利斯在第一届国际档案大会上提出了文件运动的"三阶段论"，即现行阶段、暂时保存阶段和永久保存阶段，他指出，这三个阶段正好与文件的保管场所办公室、文件中心和档案馆是相吻合和对应的。他的观点受到许多档案学者的普遍赞同，也引发了人们的研究兴趣。1974年曾任英国公共档案馆馆长的马勃斯在其出版的专著《文件中心的组织》一书中吸收了艾利斯的观点，对文件中心与文件运动阶段的对应关系作了进一步系统论述。20世纪80年代，西方档案界对文件生命周期理论的研究趋于成熟，以阿根廷档案学者曼努埃·巴斯克斯出版的两部专著《文件的选择》和《文件的生命周期》为典型代表。他深入探讨了文件价值属性与运动阶段、保管场所和管理方式之间的关系，强调文件生命周期理论不仅是为文件中心提供理论基础，而且是为了发现文件的阶段运动规律。此后，欧美档案学者不再拘泥于将文件生命周期理论仅仅理解为文件中心的理论基础，而是扩展到对整个文件过程的运动规律的研究，为文件的全程管理和各阶段的管理提供了有力的理论依据。

（二）文件生命周期理论在电子文件时代的修正和补充——文件连续体理论

中外档案界对于文件生命周期理论所描述的文件生命周期的阶段划分和顺序运动规律是否完全适用于电子文件提出了质疑。他们认为，电子文件运动的阶段性特点发生了变化，在各阶段，电子文件的价值形态与相关因素的对应关系也发生了变化。传统文件的运动阶段大多是顺序向前的，由一个阶段转入下一个阶段，但电子文件在特殊情况下可能会作逆向运动。传统文件运动阶段之间的界限分明，容易划分，但电子文件往往可能同时处于不同的运动阶段，难以划分各阶段的界限。而且，传统文件在各阶段的价值形态与保管场所、服务对象等相关因素的对应关系不再适用于电子文件。由于对技术、设备和系统的依赖性，以及信息内容与特定载体的可分离性，电子文件的价值形态可能无法保持与保管场所绝对对应。

面对电子文件的挑战，澳大利亚档案学者提出了"文件连续体"理论（Theory of Records Continuum）。其核心思想在于强调文件生命运动的整体性和连续性，并将文件保管形式与业务活动和业务环境联系在一起。文件连续体思想最初萌生于 20 世纪 50 年代，基本形成于 20 世纪 80 年代，至 20 世纪 90 年代，澳大利亚档案学者弗兰克·厄普沃德提出了文件连续体管理模式和思想方法。他构造了一个多维坐标体系来描述文件的运动过程。这一坐标体系包括四个坐标轴——文件保管形式轴、证据轴、业务活动（事务处理）轴和形成者（来源）轴。其中，文件保管形式轴是核心，它的变化带动了其他坐标轴的相应变化。文件保管的形式决定了文件的其他要素，文件保管形式轴上文件保管形式由单份文件到案卷、全宗的变化而带动了其形成者、业务活动和价值的变化。文件连续体理论的四"维"——"文件的形成""文件的捕获""文件的组织""文件的聚合"则以时间为基础，体现了文件保管各个要素的联合和互动。

文件连续体理论产生的基础是电子文件管理的实践，它是对文件生命周期理论的补充和发展。文件连续体理论的创新之处在于：

1.研究视角独特。它强调的是文件保管形式的变化对文件其他要素的影响，描述了文件从最小的保管单位到最大保管单位的运动过程和规律性。

2.研究方法新颖。采用一个多维坐标轴体系来描述文件的运动过程，将文件运动纳入一个立体、多元的环境之中，考察文件保管形式与价值形态、业务活动及形成者之间的互动关系。

3.研究的基础在于将文件运动视为一个连续的过程，强化了文档管理的关联性和文件管理的全过程性，更加符合电子文件运动的自身特点。

三、文件生命周期理论的理论价值

文件生命周期理论对于传统档案管理的理论指导意义是不言而喻的，它从理论上科学地阐释了文件中心存在的合理性，奠定了文件的分阶段管理以及文件的全过程管理的理论基础。对于电子文件管理而言，文件生命周期理论虽然在一些细节问题上存在一定的不足，但仍然具有宏观上的理论指导价值。这是因为，文件生命周期理论是对文件运动规律的客观描述，电子文件具有文件的基本属性，它在载体形式和生成环境方面虽然具有特殊性，但仍然要历经从产生到销毁或永久保存的整个生命周期，电子文件的运动仍然具有一定的阶段性，只不过各阶段的界限模糊，运动特点发生了变化，此外，电子文件的价值形态与相关因素的对应关系虽然已经弱化，但并不是绝对消失。文件连续体理论修正和发展了文件生命周期理论的某些细节，使其适用于电子文件的管理。

关于文件生命周期理论与文件连续体理论的关系众说纷纭。但有一点可以肯定，文件生命周期理论是文件连续体理论产生的基础和源泉。后者是对前者的修正和发展。在电子文件时代，文件生命周期理论的某些细节可能需要补充和修改，但仍然具有十分广泛的理论指导意义。

第三节　档案价值鉴定理论

档案鉴定是档案工作的重要内容之一，鉴定工作决定档案的保管期限和存毁命运。根据国际档案理事会组织编辑的《档案术语词典》，鉴定（appraisal）是："根据文件的档案价值来决定如何对其进行最后处置的档案工作基本职能，也称为 evaluation（评价）、review（审查）、selection（选择）、select and remain（选留）。"

一、国家颁布和实施档案鉴定规章时期

法国政府进行档案工作改革后，在欧洲率先建立起集中统一的国家档案馆网，从而彻底改变了封建档案工作极端分散落后的面貌，开始建立比较先进的

资本主义的档案工作体系，正规的有章可循的档案鉴定工作列入了国家档案工作的议事日程。

法国要求巴黎和各主要行政中心设立档案清理处，鉴定清理旧政权档案，规定将法国旧政权档案划分为四类：有用文件（包括地产契据等有关国家产权的文件和司法文件）、历史文件（具有历史研究价值的文件）、无用文件和封建制文件(有关封建特权的文件)。前两类文件分别送交国家档案馆和图书馆保存，后两类文件予以销毁。此后，1832年的奥地利，1833年的普鲁士，1830～1860年的俄国等都先后颁布了档案鉴定工作的国家规章。这一时期国家开始颁布和实施档案鉴定的规章制度，但其规定的标准非常粗略和简单，内容笼统不具系统性，档案鉴定理论还未形成。

二、档案鉴定理论初步形成时期

由于社会经济文化的发展，国家机构日趋复杂，文件数量剧增，粗略的档案鉴定规章已不能适应客观需要，各国相继制定了比较详细的档案鉴定原则和标准，并初步形成了档案鉴定的理论。

（一）年龄鉴定论

德国档案学家迈斯奈尔提出了档案鉴定应当遵循的一般原则和标准，其中一条原则是"高龄案卷应当受到尊重"。迈斯奈尔这一论断，在当时产生了强烈的震撼作用。因为在此之前，人们总是将已经丧失现行效用的文件销毁，尤其是古老的案卷。"高龄案卷应当受到尊重"的论断提出以后，得到各国的广泛响应，在此基础上，产生了年龄鉴定理论，强调应尊重并妥善保管产生年代久远的档案，档案产生的年代越久远价值越珍贵，因为同时期能够保留下来的档案数量很少。年龄鉴定理论尊重和体现了档案所具有的历史文化价值，对于历史档案的保存具有重要的意义。根据年龄鉴定理论，各国相继规定了本国档案的"禁毁年限"，在禁毁日期之前的档案禁止销毁，使得年代久远数量较少的珍贵档案得到了有效保护。许多国家都选择该国历史上有重大意义且此前所存档案为数不多的年份作为禁毁年限。随着时代的发展，禁毁年限往往也发生变化，一般是往后推移。

继迈斯奈尔之后，布伦内克在档案鉴定理论方面做出了许多贡献。他总结了古代鉴定的历史经验，认为过去是为解决空间不足的困难而进行鉴定和销毁，大半是简单地把行政上不再需要的最老的案卷加以销毁，但往往所销毁的正是历史上最有价值的文件。由档案员所进行的现代有计划的鉴定销毁，是根据鉴定原则和标准来确定文件的价值。

（二）职能鉴定理论

波兰档案学者卡林斯基在20世纪20～30年代根据对德国鉴定理论的研究，提出了著名的"职能鉴定论"。所谓职能鉴定论，就是按照机关在政府机关体系中的地位和职能的重要性，来确定档案文件的价值及保管期限。卡林斯基认为机关的地位不同，它所形成的文件价值也不一样。他按照机关的地位，把档案文件划分为两类：A类和B类。A类是最高行政机关的文件，要永久保存，B类是低级机关的文件，应在保存一定时期后销毁。职能鉴定理论重在分析文件的内在价值，鉴别文件内容所反映的机关职能的社会意义，从而使档案鉴定理论在定性研究方面向前迈进了一大步。

（三）行政官员鉴定论

英国著名档案学家詹金逊1922年在其出版的著作《档案管理手册》中明确提出了只能由行政官员参与和主持文件鉴定的观点。詹金逊主张对销毁文件持极为谨慎的态度。他认为销毁文件应由行政机关自身处理，反对档案人员参与鉴定和销毁文件。其理由是：文件是行政活动和事务处理的原始证据，后来的整理者进行人为干预，会使文件的原始证据性遭到破坏。档案人员如果参与文件鉴定，其个人判断会玷污档案作为原始证据的神圣性。同时，档案人员的干预也会妨碍档案保存目的的实现，不利于满足历史学家或其他研究者对档案的利用。因此，文件的鉴定和销毁应由产生它的行政官员负责，档案人员不宜参与。詹金逊的这一鉴定理论被称之为"行政官员决定论"。其核心是将档案人员排除在鉴定工作之外，而主张由文件的形成者——行政官员决定档案的命运。这种观点具有明显的局限性和片面性。因为行政官员往往从本机关的利益和立场出发，缺乏社会历史性和客观性，由其单独做出鉴定，将难以维护档案的原始记录性，而且档案的质量也难以保证。

三、档案鉴定理论逐步成熟时期

随着科学文化技术的进步，档案大量产生，各种类型的档案不断出现，档案鉴定理论逐步走向成熟。

（一）双重价值鉴定理论

美国档案学家谢伦伯格在其《现代档案——原则与技术》一书中，提出了公共文件的双重价值理论，从而为档案鉴定理论奠定了科学的基础。双重价值理论的提出，标志着档案鉴定理论逐步走向成熟，具有划时代的意义。谢伦伯格认为，公共文件具有两种不同的价值，即对原机关的原始价值和对其他机关与私人利用者的从属价值。机关官员要对鉴定文件的原始价值负主要责任。公共文件之所以保存在档案机构，是因为它在现行效用消失后对其他利用者还具有长期的保存价值。公共文件内既含有关于产生它的那个政府机关的机构组织和职能运行的证据，又含有与政府机关有关的个人、法人团体、问题和情况等的情报资料。因此，公共文件还具有从原始价值中衍生出来的从属价值——档案价值，档案价值包括证据价值和情报价值。谢伦伯格率先将档案价值鉴定理论建立在分析档案价值的基础之上，改变了档案鉴定理论的经验主义色彩，成为真正的理性分析的结晶。而且，谢伦伯格深入分析了构成档案证据价值或情报价值的具体因素，从而使其鉴定理论更具有操作性。

根据谢伦伯格的观点，文件的原始价值指文件对其形成部门工作事务的有用性。其作用分别体现为行政管理价值、法律价值、财务价值以及科技价值。文件的行政管理价值是档案工作者最初关心的一种价值，是文件在处理日常事务中的价值，如后勤、人事、交通运输、通信、财产等；文件的财务价值是文件在机构管理中对于预算、资金的使用等所具有的价值，具有财务价值的文件是与各种财务方针和财政事务有关的文件；文件的法律价值是文件对于履行机构的法律义务和在法律程序中保护机构利益所具有的价值，以及文件对于保护公民或公众的公民权，法定权益，产权及其他权利的价值。

文件的从属价值即档案价值主要体现为对文件形成机构之外的其他社会组织或个人所具有的价值，包括证据价值和情报价值。证据价值指文件在脱离现行期以后，对有关政府的组织机构和职能运行的证据作用。具有证据性价值的文件，就是为该机关的组织和职能提供真实的、适当的文献证据所需要的那些文件。档案工作者要判断文件的证据价值，必须具备文件产生机关的行政管理背景知识，包括：①机关在所属机构行政等级系统中的位置；②机关所执行的职能；③机关在执行一定职能时所进行的各种活动。档案工作者鉴定文件的证据价值时，要将一个机关的文件看作一个整体，以确定文件之间的内在联系，以及任何一个文件组合在整个文献证据系统中的意义，而不应该以单份文件的鉴定为基础。情报价值亦称研究价值，来源于公共文件中有关公务机构所处理的与个人、法人团体、地点等有关的情报资料，而不是来源于公务机构本身的情报资料。情报价值的鉴定可以在单份材料的基础上进行，因为这种判断的根据仅仅是文件的内容，而不是它与同一机构产生的其他文件之间的关系。对于公共文件情报价值的鉴定，要求档案工作者具有对研究资料、研究需要和研究方法等方面的专业知识。

（二）利用决定论

20 世纪 60～70 年代，继谢伦伯格之后，由于美国历史研究领域出现了各种新的史学流派，史学工作者利用档案的范围大为扩展，档案的"利用决定论"便应运而生。主要代表人物有米耶·菲斯本和埃尔西·弗里曼·芬奇等。他们的核心观点是将学者尤其是历史学家的利用需求视为鉴定档案的最重要标准，强调档案的从属价值决定档案的根本性质。如美国国家档案与文件局的重要鉴定思想家米耶·菲斯本主张"编史工作的最新趋势是判断文件价值的首要标准"，埃尔西·弗里曼·芬奇认为"了解用户为什么和怎样接近档案，将为我们提供鉴定文件的新标准"。这种理论以利用者（学者）的需求作为鉴定档案的首要标准，带有很大的片面性。它使档案鉴定破坏了文件在其形成者业务活动中形成的自然联系，忽视了档案的形成者延续机构记忆的需要，使档案的价值仅限于学术利用，却忽视了档案的社会性和广大公众的普遍利用需求。因此，"利用决定论"后来遭到美国学者的批评和否定。

四、档案鉴定理论进一步发展时期

20 世纪 80 年代以来，档案鉴定理论的思想基础发生了一个根本的变化，即由国家模式向社会模式转变，要求档案价值鉴定标准的客观化和社会化，选为档案的文件应全面反映当今社会的价值、模式和职能。这就促使档案鉴定理论的视野更加开阔,"社会分析与职能鉴定论""文献战略"和"宏观鉴定战略"在德国、美国和加拿大得到全面发展和论证。我国一些学者将上述鉴定理论统称为"新职能鉴定理论"或"宏观鉴定理论",它们的共同特点是,强调档案的价值在于反映产生它的社会,档案的社会价值是由档案形成者的职能来体现的。

"新职能鉴定理论"(或"宏观鉴定理论")是对20世纪20～30年代卡林斯基提出的传统"职能鉴定理论"的发展。"新职能鉴定理论"强调文件形成者的社会职能对文件价值鉴定的重要性,强调的是社会层面的广义的社会职能;传统的"职能鉴定理论"注重的是文件形成者在政府机构体系中的等级和地位,强调的是狭义的机构职能。

"社会分析与职能鉴定论"的最主要代表是德国档案鉴定专家汉斯·布鲁斯,他在20世纪60年代末提出了这一理论,并于90年代初对其进行了修正。其核心思想是,选为档案的文件应该体现文件产生时期的社会价值,应通过文件形成者的职能来体现社会价值。档案价值不应该取决于詹金逊所说的行政官员,也不应该取决于谢伦伯格所说的历史学家,而是取决于人民大众。20世纪70年代初,以加拿大档案学者休·泰勒为代表的档案学者提出了"总体档案"概念,要求将包括官方档案文件与私人文件在内的"总体档案"纳入加拿大国家档案馆以及其他所有公共档案馆馆藏,旨在建立一个国家档案馆网络来反映"人类事业"和"总体"范围。20世纪80年代中后期以来,美国档案学者海伦·塞姆尔斯提出了"文献战略"概念,加拿大档案学者特里·库克提出了"宏观鉴定战略",其实质都是对"社会分析与职能鉴定论"的进一步论证和发展,体现了一种宏观鉴定的思想。

特里·库克在第13届国际档案大会的主报告中,对"宏观鉴定战略"作了说明和阐述,他指出:"作为档案鉴定的核心——鉴别具有永久保存价值文件的过程需要改变,这是因为文件的传统概念和物质形态不复存在,需要鉴定的文件数量过大,而这种鉴定往往必须在一份文件产生之前在计算机系统设计阶段完成,鉴定将因此侧重职能、业务和风险分析,而非文件及其潜在价值。"因此,"档案事业的关注焦点将很快从文件实体转向文件的形成过程,从分析个别文件的性质和特征转向更好地了解导致文件产生的业务职能、活动、任务、事务处理和工作流程；从根据文件内容价值或研究价值进行鉴定转向宏观鉴定形成者的主要职能、计划和活动，并挑选出反映它们的最精练文件永久保存"。"宏观鉴定战略"使鉴定工作的对象和重点由文件和档案转向其形成者和形成过程，根据文件在机关职能活动中的作用来鉴定其价值。1989 年以后，库克的鉴定思想在加拿大国家档案馆付诸实施，采用"新宏观鉴定接收战略"，这是一种以职能为基点、以来源为基础、适用于多种载体文献鉴定的方法。它不是根据预期的研究用途来鉴定文件，而是尽可能在档案文件中反映形成者的职能、计划和活动，反映社会上那些与文件形成者相互作用的机构，并在"总体档案"的框架下，将私人文件作为联邦政府文件的补充进行宏观鉴定和收集。

可见，"新职能鉴定理论"使档案鉴定的思想基础发生了实质性变化，认为档案应反映其产生的社会，档案价值与社会发展紧密相关，视档案价值为社会自身价值的反映，从而突破了将档案价值理解为文件客体对利用者主体需要满足的传统档案鉴定的思想基础。体现在鉴定方法上，是不再从文件的内容出发而是围绕文件形成者的职能、任务和活动展开宏观的鉴定工作。这种鉴定方法尤其适用于文件产生数量庞大的电子文件的价值鉴定。

纵观中外档案鉴定理论，有以下两个方面的共同点：第一，对档案价值构成基本达成共识。大多认为档案价值由两个方面的基本因素构成，一是档案自身的特点，二是社会对档案的客观利用需求，档案价值从某种角度上分析就是档案满足利用者需求的一种关系及其程度。此外，"新职能鉴定理论"体现了档案价值鉴定的思想基础由国家模式向社会模式的转变，对 21 世纪的档案价值鉴定工作产生了广泛的影响力。第二，对鉴定标准的制定存在共同之处。中外档案鉴定标准主要涉及 6 个方面：档案的来源标准、档案的内容标准、档案的时间标准、档案的形式特征标准、相对价值标准以及效益标准。与前 5 种比较成熟的标准相比，效益标准有一定偏颇，存在争议。

第四章 知识管理与档案管理模式的关系分析

第一节 知识管理与档案信息服务的关系

知识经济时代下，知识管理如何更好地纳入到企业档案信息服务中是我们一直思考的问题，知识管理融入到企业档案信息服务中，可以更好地巩固档案事业的地位，为企业提高效益，为社会创造更多价值。

一、知识与档案

档案是由于知识创新、知识存储和知识传播不断被需要而产生的，是知识发展到一定阶段的产物。一方面，是因为人们对于知识存储需要，才使得档案的存在成为必然；知识的传播，需要投入大量的人力管理所存储的知识，也就逐渐形成了档案。知识不断地创新是档案来源的基础。另一方面，知识潜能的发挥，档案对其起了巨大的推动作用。社会越进步，知识的需求与知识的创新就越多，那么档案内涵也就越丰富；社会对知识的迫切需求也导致人们日益增长的对档案信息的需求。知识和档案在社会生产发展过程中，相互促进，共同发展，为社会做出巨大贡献。

二、知识管理与档案管理

知识管理可以提升档案管理、而档案管理可以促进知识管理，两者是相辅相成、互相联系的。

（一）知识管理可以提升档案管理

知识管理能够使档案管理的领域得到拓展。传统的档案管理过分强调文件、档案和图书的差别，没有将文件和图书纳入到自己的管理职责之内，也因此缩小了自身的活动范围，只注重历史记录的保管，并不在意服务利用工作，使自身的作用价值发挥受到了一定程度上的限制。

知识管理将各种形式的知识进行集成，即将文件、档案、图书在内的所有载体形式的知识纳入到管理的范畴，从而构成一个完整的知识资源体系。知识管理强调对企业档案的服务与利用，使知识直接作用于企业的效益活动。因此档案管理成为企业不可缺少的组成部分，直接为企业创造价值。

（二）档案管理可以促进知识管理

档案管理可以促进知识的沉淀和积累。档案管理为了防止组织记忆丢失，强调在企业实践活动过程中要产生必要的文件，客观地记录企业各项活动的过程及结果。员工自身所拥有的隐性知识会在日常的工作学习过程中解决和处理遇到的各种问题，对先进、效率高的员工活动过程进行记录，并且形成文件加以保留，这样就实现了对企业知识的沉淀。档案管理可以促进知识的传播、知识的交流。目前，文件是知识传播、知识交流和知识共享的一个主要媒介，文件的流通，可有效地促进知识的传播、交流与共享。档案管理有助于知识的理解和挖掘。在充分考虑来源原则的前提下，文件、档案在记录内容知识的同时，还隐藏了更深层次的背景知识。背景知识有助于人们更好地理解内容知识，了解寻找知识的线索和评价知识的依据。档案管理强调背景知识、强调来源原则，这些可以有效地帮助人们对知识的理解和挖掘，促使知识得到充分应用。

档案管理可以有效地促进知识产权的保护。企业的知识产权一般包括企业拥有的专利权、商标权、著作权等，这些是企业的无形资产、知识资本。文件和档案能够作为法律凭证保护企业所拥有知识产权，是企业在各种实践活动中的过程和结果的真实记录。当有涉及知识产权的纠纷发生时，文件、档案将起到非常重要的凭证作用。档案管理可以通过对文件和档案证据价值、原始记录性的重视和保管，促进企业对知识产权的保护，更好地帮助企业发展。

三、知识管理与企业档案信息服务

企业在实施知识管理的过程中，一些企业已经开始把企业档案信息服务纳入到知识管理的范围内。知识管理与企业档案信息服务的关系主要体现在：

（一）企业档案信息是知识管理的对象

经济迅速增长，企业更加注重在经济效益方面稳中求胜，这就需要借鉴企业以往的发展史，通过对基本的材料数字进行分析研究对比，找到并鉴别适合于企业发展的最优方案。企业各部门的档案信息反映了其自身经营管理活动的发展史，见证了企业的发展过程，是企业知识的一个长期积累，是企业源源不断的战略信息资源。企业在生产、经营、人事和财政方面的活动情况具体地体现在企业科技档案、经营管理档案、人事档案、财会档案等载体上。它们是企业显性知识和无形资产的一个重要体现。

（二）档案管理是知识管理系统的重要组成

知识管理系统是一个复杂的体系，它具有多模块和多层次的特性。这个系统由元数据、电子文档管理模块、知识挖掘所涉及的技术、知识分析所用的技术工具、开放式交互平台等构成。知识管理的实施必然会涉及到对文件、档案的管理。知识始终是企业进行战略性决策不可或缺的资源，知识的保存有助于其在企业内的不断循环、利用和创新。知识管理特别强调隐性知识的重要性，企业档案中隐性知识的价值量又是不容忽视的，知识管理的一项重要职责是将这些隐性知识显性化，并进行共享、交流和传递。

（三）知识管理和企业档案信息服务原则相互兼容

知识管理的基本原则是知识的交流、知识共享和知识的积累。知识管理不仅强调了知识的重要性，更强调了知识共享的价值。知识共享的实现是通过现代科技技术，冲破时空限制，实现知识的交流与传递，使共享范围更广、速度更快。企业档案是企业知识共享的重要载体，企业档案只有向自身能够交流及共享的方向发展，才能实现企业内的知识共享，企业档案信息服务的原则就是要充分开发企业档案信息知识，变被动为主动服务，最大限度地提供信息服务，辅助人们做出最佳决策。企业内部知识共享的一个重要保障就是企业档案。

（四）知识管理与企业档案信息服务的目标一致

知识管理的主要目标是对企业的显性知识进行有效的管理并且积极地挖掘企业的隐性知识，实现知识的交流传递与创新，实现企业对知识的有效利用，辅助决策，为企业创造价值。企业档案信息服务的主要目标是通过对企业档案信息的收集、开发，实现企业档案显性知识的管理、企业隐形知识的挖掘和管理，提供给利用者所需要的信息知识，使企业档案发挥最大价值，辅助决策，为企业创造价值。从这个意思上说，知识管理与企业档案信息服务的目标是一致的。

第二节　知识管理应用于档案管理的必要性

信息飞速发展，作为重要的信息资源，企业档案对企业的发展非常重要，传统的企业的档案管理模式已经无法满足企业发展的需要，因此目前档案管理工作在现实挑战的压力下必须加以改革。科学发展推进了知识经济时代的到来，档案工作只有主动去适应它的发展，积极服务于知识经济发展，才能发挥档案工作的价值。

企业档案实施知识管理是企业自身的需要。企业档案知识是经过一定规范化处理的典型的显性知识，显性知识属于知识资源，所以企业档案知识属于知识资源。我们需要从知识资源的角度去认识和推动企业档案知识的管理。那么，按照知识资源的管理过程，遵从档案知识的管理规律，需要将档案知识体现在实践工作中，并进行知识的创新、工作实践的创新，只有这样档案知识的管理才能得以顺利开展。

企业档案信息服务实施知识管理是现实的需要。在现实的企业档案信息服务工作中应注重对档案知识的应用，解决档案知识不能实时应用的问题；同时，通过企业员工的积极参与，形成共识，使档案知识资源优化处理，所以收集整理档案就不仅仅是档案管理者的事情，是需要靠所有员工的协同合作来完成的。

企业档案信息服务实施知识管理是企业提高竞争力的需要。传统档案管理对企业最大的价值在于其记载了企业发展的历史，而信息时代档案管理的最大价值则在于对档案这个历史记录数字化，这些都不是档案管理工作的本意。档案管理工作的本意是要促进企业经济效益的提高。知识经济时代，使档案管理向知识管理方向迈进，知识管理将档案进行规范化的管理，并进行创新。知识管理使企业档案信息服务工作提高了档案管理水平，通过支持实际工作，为企业提高竞争力打下坚实的基础，为企业创造效益。

知识经济时代企业档案实施知识管理是历史发展的必然。知识经济是一种以知识为基础的经济，它是以知识以及人的创造力等为主的无形资产投入到经济，以促进经济增长。知识在计算机网络等技术发展的情况下已经成为一种无国界的资源形式，可以快速地实现交流、互动、共享和创新。企业档案部门作为社会的有机组成部分必须要适应经济时代的步伐，那么就需要将知识管理有效地纳入到档案管理中，纳入到档案信息服务工作中。一方面档案部门拥有大量的档案信息资源，它反映了企业的历史和现状，同时也是知识创新的重要源泉之一，是企业实施知识管理离不开的显性和隐性知识的重要部门；另一方面，企业档案工作者的知识技能以及其所拥有的经验方法等都属于隐性知识的范畴，企业与企业档案部门间的知识交流与共享是其实施知识管理不能缺少的重要一环。因此，在知识经济时代，企业档案实施知识管理是历史发展的必然。

企业的档案部门根据自身发展的需要对企业档案信息服务实施知识管理。在知识经济时代，信息不断在膨胀，信息量巨大，因此如何从海量的信息中筛选出有用的信息也显得非常重要。档案部门必须意识到为了企业的生存和发展需要将工作重心转向用户，而不是继续将工作重心放在从事传统的面向馆藏的实体管理工作，只有重视企业档案信息服务工作才能实现对档案信息资源的有效管理和应用，才能解决用户的问题、满足用户的知识需求。

一、知识管理的文化建设促进企业档案的文化功能建设

作为企业活动的真实凭证，企业档案是企业生产经营等活动的原始记录；企业文化是一种价值理念，这种理念是能在企业的实践中得到企业的认同和提倡。企业文化不仅通过企业档案进行记录，也通过企业档案得以真实的体现与反映。文化是指人类社会实践中获得的物质、精神的生产能力和创造的物质、精神财富的总和。企业档案反映了企业发展过程中的真实面貌，对企业开展工作有借鉴作用。同时企业档案具有原始记录的本质属性，还具有一般知识和信息的属性。企业档案的这种作用和属性说明企业档案居有文化特征，所以必然具有文化功能。企业档案的文化功能主要有：存史功能、助研功能、信证功能、扩产功能和教化功能。企业档案不但应在提高管理水平、科技开发和生产经营活动中提供可信的历史依据，还应为企业精神文明建设提供指导。目前我国企

业档案的利用范围局限于本企业内部，对不同级别的工作人员也有相应的权限限制，所以企业内绝大部分员工的档案需求还没有被激发出来，甚至谈不上认识和了解，更谈不上企业档案文化功能的实施。

如何更好地开发和利用企业档案的文化功能，为企业做出贡献，是一个值得我们深思的问题。知识管理的理论意义和实践意义可以有效地帮助我们更好地实现企业档案的文化功能。那我们来认识一下知识管理是怎样进行文化建设的。

知识管理所包含的意思有两个方面，其中一方面指的是对信息的管理，另一方面指的是对人的管理。对信息的管理是通过对信息的深加工实现信息的知识化增值、共享和使用；对人的管理是对隐性知识的管理、发现、共享和使用。知识创新是知识管理的核心所在。知识创新包括三个方面，分别是管理、制度和技术创新。管理创新是知识创新的保证，制度创新是知识创新的基础，技术创新是知识创新的中心要点。通过对新发展的追求、对新规律的探索、对新学说的创立、对新知识的积累，并将这些创新有效地应用到产品和服务中去，知识创新的目标就是帮助增强企业竞争力，为企业创造更多的经济效益。

知识管理的文化建设主要是指知识创造文化、知识学习文化、知识分享文化和知识合作文化等。企业档案部门形成的知识管理文化是指企业档案工作人员为顺利实施知识管理和实现知识管理的目标所形成的思想理念和价值观念。其实现了知识管理与企业档案文化的有机融合，具有导向和约束作用。

为了更好地实现企业档案的文化功能，企业首先要提高企业员工的档案意识，借助一些有趣的档案知识进行宣传和讲解，这样可以借助艺术的感染力加强效果。然后，可以帮助企业员工对企业档案信息知识的查找，在应用中使他们认识和了解企业档案的内容。在此基础上，知识管理才能更好地促进企业档案的文化建设。当然，知识管理也受到企业的整体文化的制约和影响，员工对知识的认识、员工和企业整体之间的关系、企业对新的知识的态度、企业对知识的创新等，都无时无刻不在受企业文化的影响。企业档案的文化又直接影响到企业的整体文化，所以说企业档案文化与知识管理之间有着密不可分，相互影响的联系。

二、知识管理的管理建设增强企业档案的信息特征

一般来讲，企业档案存放在企业的档案馆中。在企业生产经营活动和管理工作中形成的档案种类比较多，既包括在生产经营活动中产生的档案、生产技术管理过程中产生的档案等诸多企业活动的档案，又包括党政工团的文书档案、科技档案、会计档案等。

其馆藏的种类繁多，内容非常丰富，具有很强的综合性。在企业档案馆藏构成中，科技档案所占的比重比较大，企业档案馆主要围绕专业性突出的科技档案开展工作。随着经济时代的到来，以知识为基础的企业管理理论正在逐步完善，知识管理既是一种管理理念，又是一项重要的管理活动，已经成为当代企业制定发展战略过程中不可缺少的组成部分。

知识管理能够增强企业的竞争生存能力，实现知识在企业管理中的价值。在知识管理的影响下，企业档案工作管理方式也进行了一些创新。在操作方面，尽量使企业档案部门一些麻烦的操作步骤简单化；在发现工作问题方面，即便是一些小的新想法或者创造也能起到事半功倍的效果。档案数字化建设的需求迫在眉睫，只有数字化的信息知识，才能在任意时间任意地点提供服务，实现知识共享，所以必须对原有的档案实体进行数字化，以便整合成知识资源。提高档案管理工作者的整体素质，提升档案队伍的建设水平。原有档案人员在工作内容、性质和方式等都发生很大变化，由简单的资料保管人员向提供服务给利用者的角色转变，对其应用能力和个人的综合素质都提出了新的较高的要求，要求档案管理人员加强学习，提高档案管理者队伍的整体素质，更好地开展档案信息服务工作。统筹协作，个体的能力在传统的档案管理中较为重要，长期对个人能力的偏重就形成了较为闭塞沉闷的工作环境，这与知识管理的思想完全不一样，知识管理下的档案管理是要以更新发展理论，熟练运用技术并进行操作，改善管理方式，提高管理效率为出发点开展工作。

三、知识管理的组织建设提高企业档案法制建设的意识

　　档案工作法律在我国集中体现了国家和人民的意志，整个社会都必须遵守这些基本的行为规范，企业档案部门也必须遵守。但是目前我国档案方面的法律制度并不完善，需要在实践的基础上不断丰富，并对其不适合之处进行修改。

　　基于知识管理的企业档案组织建设的内容是以档案知识的识别获取、档案知识的组织存储、档案知识的交流共享，档案知识的应用创新为基础，以促进档案部门的学习，不断改善档案部门的部门战略、部门流程、部门文化和部门结构方面的创新。将知识管理作为一种新的管理方式引入企业档案部门，必然会引起企业档案部门多方面的调整和变革。在知识管理的作用下，通过对档案部门主要构成要素的战略、流程、文化和结构的变革，使企业档案部门的知识管理得以顺利实施，形成良好的知识管理组织环境。

　　（一）基于知识管理的档案部门战略创新。档案部门战略具体体现在对档案部门宗旨和使命的确定；档案部门资源的有效整合；服务领域的定位及档案部门优势的定位等方面，因为这些是档案部门战略创新的前提。

　　（二）基于知识管理的档案部门文化创新。组织文化是群体经验的学习结果，组织中的成员拥有共同的价值观、行为规范、以及建立在价值观之上的环境氛围。在组织成员的思维模式中隐含着这种价值观和行为规范，可能并没有被明确告知，是组织成员无意识的认可。员工自觉不自觉地就会受到这种文化的影响，有着符合组织需要的行为。组织文化在企业档案部门起着导向、约束、凝聚和激励作用，影响着部门战略，引导档案信息服务流程和服务结构的创新，即其在统领整个部门的创新。档案部门文化创新强调以人为本思想、创新的核心价值观，培养团队精神，建立相应的激励体制，有良好的沟通交流分享的平台。

　　（三）基于知识管理的档案部门结构创新。结构创新是组织创新活动的重要构成部分，组织内外各因素的变化都促使部门结构进行相应的创新和变革，以实现人财物、知识、信息等资源的合理利用，提高企业效益，增强企业竞争力。

　　档案工作的自身建设需要切实地加强法制建设，基于知识管理的组织建设要求企业档案部门的各个方面进行创新，在创新的过程中就需要不断地完善相

应的法律法规以适应社会发展需要，并保证在法制建设范围内进行创新，以和谐稳定为前提，促进我国的市场经济和知识经济健康成长。

在遵循档案工作法律规定的同时，企业需要不断完善本企业的企业档案规范，否则就会影响甚至破坏整个档案工作的法制建设。只有法律建设不断得到完善，才能更有利于组织的发展建设。

第三节　知识管理在档案管理中的作用

知识管理对企业档案信息服务的影响，主要体现在知识管理对企业档案信息服务文化的影响，对企业档案信息服务管理的影响，对企业档案信息服务组织的影响。

一、知识管理可以引导档案信息服务文化

企业文化是企业精神面貌和企业形象的一个具体体现，是企业在长期的各项活动过程中渐渐形成的独具企业特色的企业文化形态。良好的企业文化可以促进知识管理的实施，构建良好的与知识管理相适应的现代企业文化是非常重要的。企业文化不仅影响着企业员工对知识的认识和对知识的态度，而且也同样影响着企业的决策层做出管理思想的重要方向。企业对知识管理的重视，同样也会促进企业对企业文化的重视，对企业档案文化的重视，对企业档案信息服务文化的重视。

知识管理对企业档案信息服务文化具有导向作用。知识型的企业文化是知识管理对企业的要求，企业员工认同这种知识型的企业文化后，他们的价值导向、角色规范和知识创新等就会得以实现。员工会在工作中相互促进，相互发展。这样企业档案信息服务文化服务就会更加的受到重视，更好地增加企业员工的知识获取和知识创新意识，增强企业竞争力，为企业创造经济效益。知识管理可以有效地帮助提升企业档案信息服务工作的社会地位。总之，知识管理可促进企业和企业员工认识到知识及知识管理的重要性。企业档案信息服务文化工作可以加强员工与员工间、企业与员工之间进行充分地交流与沟通，在对

文化理念的认识上缩小差距，使企业内形成相互信任的和谐气氛，更加有利于企业内部知识的交流、共享和创新。企业内部和谐的气氛，可以使企业员工感受到自己人格的被尊重，鼓舞了员工的士气，增强了员工的使命感，激发员工奋发进取的心理，有利于促进员工对企业热爱之情的形成。那么作为一个企业，其凝聚力得到增强，这样企业的竞争优势才可以长期得到保持和提高。可见，企业档案信息服务文化的重要性，它是企业不可缺少的工作环节。

二、知识管理可以促进档案信息服务管理

目前很多企业员工都存在档案意识比较薄弱的情况，对档案本身片面的认识也使档案工作比较滞后。企业员工对企业档案的认识只是停留在企业所记录历史的一些表面信息，而并不是从原有的企业档案中吸取企业以往的经验教训，寻找企业更适合的发展方式。

在知识管理的作用下，首先是观念的转变，正确认识企业档案的功能作用，重视企业档案信息服务，有效促进档案管理服务工作的发展。知识管理对重新认识企业档案管理的最基本目的有促进作用。知识管理背景下的企业档案工作要特别重视企业档案功能的开发利用与服务，而不再像传统上仅仅对企业档案进行收集、整理和保管。通过对档案本身所记录的信息及对档案深层次知识的挖掘，获取有益于企业发展的知识信息，更好地做好企业档案信息服务工作，为企业创造效益。其次知识管理可以启迪企业进一步完善企业档案信息服务的基本活动。知识管理背景下的档案管理应从表面的档案实体的保管转移到对档案所存储信息的管理和挖掘。那么，档案的收集过程就是知识积累的过程，要特别注意对隐性知识的记录收集和对非正式文件外部信息的收集。

在档案整理过程中，进行知识重组，对企业档案内容和知识信息进行分类，提高利用效率。知识管理背景下的档案管理更应当注重档案的信息价值和利用价值，管理过程中应以用户为中心提供更为便捷高效的档案信息服务，将档案简单的档案实体管理上升到对档案实体及档案信息知识的管理。

三、知识管理可以优化企业档案信息服务组织

　　企业档案组织结构、组织文化、组织流程、信息技术共同支撑着整个档案组织体系，这四个部分彼此之间相互影响，相辅相成，密不可分。

　　在知识管理的影响下，企业档案信息服务组织应按照企业的实际情况和自身特点对组织结构进行调整，最终的结果是要有利于企业对知识的全面获取、存储、交流、共享、应用和创新，所以，组织结构未来的发展方向是管理的扁平化、网络化以及虚拟化，促进企业档案信息在企业内部各成员之间、员工与企业之间更好地进行交流与共享，充分发挥员工的积极创新，促进企业隐性知识的显性化。在知识管理的影响下，企业档案信息服务组织要充分重视组织文化建设。对于组织文化而言，精神文化具有指引精神的作用，它作为组织的核心，在思想精神上引导对整个组织的实践行动。组织文化实现的主体是行为文化和制度文化。要有效地贯彻组织文化，就必须注重将知识管理流程和知识的制度、行为文化进行有机地结合，强化组织学习。在知识管理背景下，企业档案信息服务组织以档案工作业务流程改革为核心，突破传统的工作流程，通过各个工作环节，为组织学习提供具体的方法，这些方法具体包括：制定战略，根据企业的总体战略与目标制定出符合企业发展的知识管理总体规划；确定重点方向，明确实施档案管理的顺序；测度知识资源，显性知识和隐性知识在哪里，该如何使之相互转化，分析档案知识资源的现状；制定管理方案，研究实施知识管理的可用工具和措施；实施管理方案，思考如何确定管理方案达到预定目标，如何实现企业档案知识的利用与挖掘创新，进行知识项目管理。在知识管理的影响下，信息技术是建设企业档案组织学习体系的物质基础。根据企业自身的特点，企业档案组织可以建设企业档案信息服务组织的知识管理体系，为企业各个层面的档案信息服务组织学习提供可靠的和必要的物质条件。

第四节　知识管理在档案管理中的价值体现

　　知识管理背景下的企业档案信息服务工作，要求档案部门和档案人员在服务理念、目的、主体、方式、手段、策略等很多方面进行创新和提升。要求坚持以用户为中心的企业档案信息服务理念，摒弃以档案机构为中心的传统观念。知识管理要求工作的导向必须是用户的需求，方便快捷地为用户提供档案信息知识；企业档案的服务目的应当是提供档案信息知识给用户，而不再是单纯地向用户提供档案，必须向用户提供档案信息知识和具体的解决问题的方案，这是知识管理要求企业档案信息服务为用户所做的基本工作；企业档案信息服务的主体由专家团队提供服务替代原来单个员工提供服务。知识管理强调的是企业档案信息服务的服务人员知识和能力，要有专家和团队的配合，分工协作完成服务工作；企业档案信息服务的服务方式由主动服务替代原来的被动服务。知识管理背景下主动服务是企业档案信息服务工作的基本特征；企业档案的信息服务的手段从原来的机械化服务转变为智能化服务，知识管理强调企业档案信息服务要借助数字化、网络化手段，使得用户能够随时接触到档案信息服务，而不再受时间和空间的制约。企业档案信息服务的策略从原来的标准化服务转变为个性化服务，针对不同的用户采用不同的服务方式提供不一样的有针对性的档案信息知识。下面具体地介绍一下知识管理在企业档案信息服务工作中的体现。

一、知识管理在档案信息服务文化中的体现

　　知识管理在企业档案信息服务文化中的体现主要表现在档案工作人员对企业档案研究后的创新、企业档案知识的分享、企业档案工作人员之间的档案知识的交流学习、企业档案知识在企业档案人员的作用下更好地应用于企业实践。

　　创建档案知识共享型文化。实现企业档案知识管理目标的关键在于使可公开的企业档案以及企业档案知识在档案部门甚至企业内可以无阻碍地交流和共享。档案知识共享文化使每一位企业成员都认识到贡献自己的企业知识和共享

企业知识是一种自觉行为，自愿地和档案工作人员、身边的同事进行交流分享。

企业领导要树立档案知识共享的文化理念，建立这方面的共享制度，给予相应的激励措施，号召所有档案工作人员，甚至企业员工共同努力创建一个知识共享的环境，使每个人心里都真正地接受知识共享的理念。推动各种形式的档案知识共享，如档案工作人员轮流培训、拜师学艺、上级指导下级，将档案知识上网，员工自主学习等。一些档案工作人员及企业员工的戒备心理强，成了阻碍知识共享的屏障，对此应及时采取措施予以消除。一方面，知识共享受到知识拥有者竞争心理和垄断心理的影响，认为自己很不容易掌握积累的知识分享给其他人，自己在企业的价值就会减弱，希望通过自己的知识拥有竞争优势；另一方面，如果接收方比较自我封闭和偏执，也会影响到知识的共享。这些人认为从别人那里获取知识是一种缺乏能力的表现，会使别人对自己产生没有独立办事能力的误会。这就需要企业采取措施为员工营造一种人与人之间可以相互信任交流的环境。在制度上，充分保证贡献知识的人员的利益，在精神和物质上给予一定的奖励。消除垄断、竞争心理，自我封闭、偏执心理，正确认识共享的价值性，使企业以及企业员工在共享中相互服务、相互获取帮助、共同进步。

创建良好的学习型文化。学习贯穿档案知识管理的整个过程中，档案知识的创新、交流、共享和应用都是通过不断学习来实现的，学习是实施知识管理的一个基本要求。档案馆要采取措施鼓励学习，建立奖励学习的体系、搭建良好的学习平台。充分发挥企业档案人员的知识水平，人尽其才，重视个人发展，为人才的成长创造条件，调动他们学习的主动性，使其形成不断学习的理念和习惯，并能很好地坚持。

创建知识创新型文化。知识创新是知识管理的核心，档案服务方面的创新在于提供档案信息服务形式的创新，档案知识研究的创新等。企业领导要树立档案服务创新的理念，积极支持档案部门对档案信息服务形式的创新、档案信息服务技术的创新以及档案知识研究的创新等。在政策、资金和行动上给予支持，为档案工作人员营造知识创新的环境和氛围。

创建知识应用型文化。企业档案部门实施知识管理的最终目的并不是企业档案知识的共享和学习，而是把共享和学习的意识建立起来，通过共享和学习共同提高进步，把档案更好地应用到企业的实际问题中，创造更多的价值。如果得不到更好的应用，不能产生更多的经济效益，知识管理就失去了其本来的意义。档案从幕后走到台前，更重视档案信息服务工作，围绕"服务"两个字开展一切档案工作。档案部门的人员通过收集、整理、分析、管理和运用档案知识的能力，建立档案馆知识管理体系，最大程度地将档案信息知识化，以及显性知识的利用和隐性知识的转化，努力做到将最规范的档案信息知识在最恰当的时间交给最恰当的人使用。

二、知识管理在档案信息服务管理中的体现

在档案管理中已经广泛用到了计算机技术，这种管理方式安全可靠，方便快捷。人们乐意利用计算机完成档案新的交流，档案信息服务的管理工作和档案信息服务的业务工作等，并且利用创新的观念和意识来改变传统的工作模式。知识管理背景下的企业档案信息服务不再只是单纯地对企业档案的收集、整理和保管，还要有对企业档案的开发、利用和服务。通过对档案中记载的知识、积累的经验进行深入发掘，从中获取有利于企业发展的信息，这是知识管理背景下，企业档案信息服务的目的所在。

知识管理推进企业档案数字化建设。企业档案的管理应对企业档案所存储的信息和蕴含的知识进行保存和管理，应脱离传统的企业档案实体管理，因为传统的管理方法只是表面的管理。企业档案的管理不仅仅只局限于简单的档案收集工作、正式文件的归档上，而应该认识到档案的收集过程也是知识积累的过程，要意识到对隐性知识及非文件形式的外部信息的存在及其重要性，并对其进行及时、准确的记录。对企业档案的内容和所包含的信息知识进行分类，提高档案信息服务效率。现在企业对档案的鉴定工作更注重企业档案的实际利用价值、提供的情报价值，对企业档案的鉴定，实际上就是对其所包含的档案信息知识进行的评价活动。为了更好地做好档案信息服务工作，要通过对档案信息的数字化等手段，提高企业档案信息服务效率。档案信息只有数字化，才能不受时间、空间、地点的限制提供档案信息服务。首先，档案部门应加大知识的采集范围。企业档案部门要重视从多种途径收集知识的及能力，丰富知识

存储总量。档案资料收集时应该注意三方面内容：（1）重视收集企业内部的档案资料。不仅仅是传统的生产经营档案，还要注意专利、技术许可证还有业务经验、技术窍门等有关知识的收集。（2）要重视收集企业外部的信息。在企业竞争日趋激烈的今天，竞争情报在很大程度上影响着企业的竞争力，因此显得位置尤为重要。（3）注意加强搜集客户的信息。现在都是以客户需求为导向，要重视客户关系管理，所以要搜集客户信息，建立客户档案，促进企业竞争力提升。其次，要对收集到的档案信息资源进行深加工，将这些资源进行知识化处理，使其转变成知识成果。这需要档案管理人员根据企业的需要进行档案信息的整理、分析，加大研究力度，为企业提供所需要的信息知识。再次，通过现代化的管理模式，促进档案管理现代化。档案管理现代化就是推进企业档案实现数字化建设，能够提供网络化服务。这就需要档案部门根据企业的情况建立多层次的信息网，并且还要不断地搜集企业内外部的知识，同时通过信息网能够使知识得到最大程度的共享，促进相关成员之间相互交流，搞好工作关系。

知识管理要求提升档案管理人员的素质并进一步加强企业档案信息服务队伍水平建设。目前档案部门人员体系的组成问题较严重，呈现出饱受争议与批评的"三多三少"现象，即档案专业人员多，其他专业人员少；普通管理人员多，高层次管理人员少；女性人员多，男性人员少，所以，档案管理人员应当在知识、年龄以及性别结构上进行合理调整，做到管理人员的知识结构综合化，年龄结构恰当化，性别比例合理化，高层次管理人员所占比例适度化。档案管理人员需要不断学习和实践，真正提高自身素质，从而高效地参与到知识管理工作中去。现在的企业档案信息服务工作普遍使用先进的信息技术来代替传统的手工操作。知识管理背景下的企业档案信息服务工作是通过对企业档案内在知识的挖掘，从企业档案中提取有效的知识，从而提炼新的有价值的信息，这是利用企业档案的重要目的。知识管理推动了企业档案信息的丰富和完善，使档案管理工作从实体档案的手工操作模式转向以计算机为平台的知识信息处理模式，需要企业档案信息服务队伍更好地提高自身素质，适应档案管理工作的发展变化。

知识管理要求企业档案信息服务工作统筹协作。知识要素具有流动性的特点，这使得档案知识资源管理过程具有连续性，而不是像传统的档案管理那样有明确的分工断层。在这种新的形势下，档案工作团队应保证自己的成员之间通过智力因素的流通和协作产生合力，档案管理网络化和信息服务社会化是未来档案管理的发展趋势。这就需要建立一个统筹协作的模式来推进档案知识管理的发展，该模式包括加强合作，通过有效的合作相互渗透。

三、知识管理在企业档案信息服务组织中的体现

知识管理在企业档案信息服务组织中的体现主要表现在组织战略、组织结构方面的创新。

知识管理影响下企业档案信息服务战略创新。战略创新是随着时间和环境的变化，打破原有的战略模式，形成新的战略模式，且是相对于原来的战略模式要有更多的价值体现。组织战略是企业档案信息服务的发展纲领，持续发展、稳步前进是影响档案部门生存的决定性因素。知识经济时代，企业档案信息服务工作面临着严峻的挑战，传统的档案信息服务结构及流程已经不能适应飞速变化的环境。只有创新，才能适应知识管理的反战趋势，档案信息服务需要为档案信息知识的获取、交流、应用和创新提供平台和环境，才能有效消除交流的障碍，实现知识共享和团队合作，提高决策效率。企业档案部门战略加强了对部门机制的调整，加强了对知识型员工的奖励和约束机制，重视人与人、部门与部门之间的合作，向新型合作协调机制转变。

知识管理影响下企业档案信息服务结构创新。企业档案部门可进行进一步分工，采取必要的奖励措施提高员工的积极性和创造性，使员工脑中的隐性知识显性化，不断丰富企业的知识存储量，加强员工的知识交流与共享。档案部门要进行创新，而且必要时要进行有针对性的创新，就需要做到加大科研队伍，吸取进步技术，促进本身的资本积累和核心能力的提高，更好地进行档案信息服务工作。企业档案部门要重新建立结构模式，使结构向网络化、虚拟化和扁平化等方向拓展，使档案信息交流传递更方便、快捷，具有足够的灵活性和创新能力。

第五章　知识管理背景下的档案管理流程分析

第一节　档案收集

一、档案资源状况与档案流向

（一）档案资源状况

由于历史的原因，我国的档案资源比较贫乏，前人并没有给我们留下反映他们所处时代的完整丰富的档案材料，这与我国悠久的历史是不相称的。我国大多数档案馆馆藏数量不足，内容单一，种类不全，时间跨度短，馆藏结构不尽合理，质量得不到保证，不能充分满足社会的利用需求。

我国档案资源比较贫乏有其客观的原因，一是我国经济长期处于自给自足的自然经济状态，社会化生产的规模和数量有限，从而在客观上限制了档案的产生能力；二是档案保管条件不佳，加上近代以来战乱频繁，致使档案损毁严重，能够保存到今天的历史档案很少。

从档案资源构成来看，存在"三多三少"的现象，即现代档案多，历史档案少；文书档案多，专门档案少；纸质档案多，特殊载体档案少。由于历史造成的特殊原因，我国档案资源贫乏，尤其是历史档案数量少。对此，很多档案馆重视档案资源的积累，而忽视了馆藏质量的提高，对进馆档案没有进行严格控制，在一定程度上造成了鱼目混珠、玉石不分的状况。近些年来，馆藏数量的急剧增加，导致档案馆人力、物力、财力和空间的日趋紧张，如何优化馆藏已成为档案资源管理的首要问题之一。

（二）档案的流向

在正常情况下，各单位在工作中不断产生的文件材料处理完毕以后，须由文书部门或业务部门整理立卷，移交给本单位档案室归档保存；在档案室保存一段时间后，档案的现实效用逐渐降低，其中一部分具有永久保存价值的档案按规定移交给对口的档案馆集中保存。一般情况下，不同类型的档案材料向哪一种类型和级别的档案馆移交以及档案馆的接收范围是由国家档案行政管理部门来统一调控的。也就是说，档案的流通渠道一般是固定的，不得随意打乱。

总之，各种类型的档案馆应根据各自担负的任务及其服务对象，根据不同来源、不同类型档案的特点有选择、有分工地收藏具有重要价值的档案加以保存。

二、档案收集工作的内容、意义与要求

档案的收集工作，就是按照法律、法规的规定，通过例行的接收制度和专门的征集办法，把分散在各组织、个人手中和散失在社会上的档案，分别集中到各级各类档案保管机构。

（一）档案收集工作的内容

档案收集工作的内容主要包括如下三个方面：

（1）对本单位需要归档文件的接收。

（2）对各现行机关和撤销机关具有长久保存价值的档案进行集中和接收。

（3）对历史档案的接收和征集。

（二）档案收集工作的意义

档案收集工作是整个档案管理工作的首要环节，通过收集档案，才能源源不断地将分散的档案文件集中到档案保管机构，为档案的集中管理以及提供利用奠定基础。档案收集工作是贯彻档案统一管理原则的一项重要内容和具体措施，是积累国家档案资源的最基础环节。只有通过档案收集工作，才能把党和国家的全部档案集中到档案保管机构，实行统一的科学管理。档案收集工作的质量直接影响后续的档案管理工作，如果档案收集不够完整系统，将会影响档案的整理、鉴定、保管及统计工作的质量和效率，造成无效劳动，最终，不能提供档案为社会各界提供有效的服务。因此，收集工作作为整个档案管理工作的第一个环节，具有至关重要的作用，做不好档案收集工作，就没有完整的档案，也就不会有健全的档案工作。

（三）档案收集工作的要求

1.及时、全面地把档案收集进馆，丰富和优化馆藏

档案馆作为永久保存档案的基地和研究利用档案的中心，必须拥有丰富的馆藏。一个档案机构的收藏是否丰富，档案是否完整，是衡量这个档案机构地位和影响力的重要标志。档案馆馆藏越丰富、越珍贵，就越能受到社会的重视，有利于扩大其社会影响力和提高社会地位。丰富的馆藏也是开放历史档案、开展档案编纂以及出版档案史料的一个前提条件。因此，及时、全面地把档案收集进馆，保证馆藏资源的丰富，是档案收集工作的最基本要求。

馆藏丰富和优化的标志和特征体现为：数量充足、门类齐全，结构合理、富有特色，完整精练、质量优化。档案馆收集的档案应能够在时间和空间上反映出一个地区、一个系统或一个专业、一个部门完整的历史面貌。在档案的门类和载体上，既要收集文书档案，也要收集科技档案和其他的专门档案，既要收集纸质档案，也要注意收集声像档案、缩微档案和电子档案等其他特殊载体的档案；在档案的时间分布上，在接收现行机关档案的同时，也要向社会征集珍贵的历史档案；在档案的性质上，既要收集公共档案，也要有选择的收集私人档案；不同层次和类别的档案馆，在收藏档案时，应有所侧重，分工明确，注意形成和保持本地区、本系统或本专业的特色。根据档案的数量和成分，以及服务对象的需要,将馆藏各种门类的档案按照一定的比例关系组成一个整体，形成一个合理的馆藏结构。

2.加强馆（室）外调查和指导

档案馆与各立档单位之间、机关档案工作人员与机关各部门工作人员之间应保持密切联系。机关档案工作人员应加强对业务工作进程的了解并指导其对已经办理完毕的文件进行整理和归档。档案馆则根据有关档案管理标准指导、监督各单位档案人员对归档文件的清点、检查和整理工作。

3.推行入馆档案的标准化

严格进馆档案的质量标准，对进馆档案进行优选，选择真正有价值的档案进馆，保证馆藏档案的质量。

4.保持全宗的完整性

档案馆（室）在收集过程中应保持全宗的完整性，同一全宗的档案不能分散，不同全宗的档案不能混淆。

三、文件的归档

（一）归档制度

归档是指各机关的文件处理部门或业务部门将其在工作、生产活动产生并处理完毕的文件材料整理立卷，定期移交给档案室集中保存的过程。文件的立卷归档是机关文书工作的最后一步，也是档案工作的起点，为了保证归档文件的完整，必须建立相应的归档制度。

在我国，"归档"已经成为国家明文规定的一项制度，即"归档制度"。有许多法规性文件均对归档制度做了明确规定。在《国务院关于加强国家档案工作的决定》中就要求："各级机关的档案材料（包括机关的收发文电、内部文书、会议记录、电话记录、技术文件、出版物原稿、印模、照片、影片、录音等），应该由机关的档案业务机构——档案室——集中管理，不得由承办单位或个人分散保存。"

归档制度是各机关文书处理部门或业务部门做好文件归档工作，科学地移交档案的重要依据。文件材料由文书处理部门或业务部门负责立卷归档，可以发挥其熟悉有关业务和文件处理过程的优点，提高立卷工作的质量和效率；另外还可以减少档案室的工作量，有更多的时间开展其他的工作。因此，建立、健全机关归档制度是非常必要的，它可以使机关档案室的档案资源得到有效的补充，也是积累国家档案财富的重要保证。

（二）归档范围、时间及归档案卷的质量要求

1.归档范围

归档范围是指已办理完毕的文件材料应归档及不应归档的范围。原则上说，凡是反映本机关工作活动，具有保存价值的文件材料均属归档范围。根据《机关文件材料归档范围和文书档案保管期限规定》，机关文件材料是指机关在其工作活动过程中形成的各种门类和载体的历史记录。一个机关应归档的文件材料，主要由四个部分组成：

（1）反映本机关主要职能活动和基本历史面貌的，对本机关工作、国家建设和历史研究具有利用价值的文件材料。

（2）机关工作活动中形成的在维护国家、集体和公民权益等方面具有凭证

价值的文件材料。

（3）本机关需要贯彻执行的上级机关、同级机关的文件材料；下级机关报送的重要文件材料。

（4）其他对本机关工作具有查考价值的文件材料。

机关文件材料不归档的范围包括：

（1）上级机关的文件材料中，普发性不需本机关办理的文件材料，任免、奖惩非本机关工作人员的文件材料，供工作参考的抄件等。

（2）本机关文件材料中的重份文件，无查考利用价值的事务性、临时性文件，一般性文件的历次修改稿、各次校对稿，无特殊保存价值的信封，不需办理的一般性人民来信、电话记录，机关内部互相抄送的文件材料，本机关负责人兼任外单位职务形成的与本机关无关的文件材料，有关工作参考的文件材料。

（3）同级机关的文件材料中，不需贯彻执行的文件材料，不需办理的抄送文件材料。

（4）下级机关的文件材料中，供参阅的简报、情况反映，抄报或越级抄报的文件材料。

凡属机关归档范围的文件材料，必须按有关规定向本机关负责档案工作的部门移交，实行集中统一管理，任何个人不得据为己有或拒绝归档。

各机关应根据上述规定，结合本机关职能和各部门工作实际，编制本机关的文件材料归档范围和文书档案保管期限表，经同级档案行政管理部门审查同意后执行。有垂直领导关系的中央、国家机关应依据本规定，结合本系统工作实际，编制本系统的文件材料归档范围和文书档案保管期限表，并经国家档案局审查同意后执行。机关在确定归档范围时还应注意以下几点：

（1）机关对应归档电子文件的元数据、背景信息等要进行相应归档。

（2）机关应归档纸质文件材料中，有文件发文稿纸、文件处理单的，应与文件正本、定稿一并归档。

（3）机关联合召开会议、联合行文所形成的文件材料原件由主办机关归档，其他机关将相应的复制件或其他形式的副本归档。

（4）有关刊物、简报、图书等一般性参考资料原则上不立卷归档，而应单独保存。

（5）一个部门的文书档案和科技档案应分别归档。

2.归档时间

归档时间是指文书处理部门或业务部门将需要归档的文件材料向档案室移交的时间。按照《机关档案工作条例》规定："机关文书部门或业务部门一般应在第二年上半年向档案部门移交档案，交接双方根据移交目录清点核对，并履行签字手续。"对于某些专业性文件、特殊载体的文件、机密性强的文件或驻地分散的单位文件，为了便于实际工作的查考利用，也可适当延长归档时间。另外，电子文件的归档时间较为灵活，如果采用逻辑归档方式，应实时进行，如果采用物理归档方式，则可以按照纸质文件的归档时间定期完成。

因此，归档时间的确定，应以各种文件材料的形成特点及规律为依据。正确规定归档时间，对维护档案完整及业务部门和档案室工作的顺利进行都有重要的意义。归档时间规定过短会影响文件在机关日常工作中的使用及档案室其他工作的开展；反之，定得过长容易导致文件散失和损坏，会增加业务部门的负担。

3.归档案卷或文件的质量要求

根据《机关档案工作条例》《归档文件整理规则》等有关文件的规定，档案室一般不接收未经整理的零散文件材料。对归档案卷或文件的总的质量要求是：遵循文件材料的形成规律和特点，保持文件之间的有机联系，区别不同价值，便于保管和利用。具体应做到以下几点：

（1）归档文件必须齐全、完整。凡是在职能活动中形成的对今后有查考利用价值的文件材料，均应收集归档。归档文件的种类、份数及每份文件，均应齐全、完整。

（2）遵循文件的形成规律和特点，层次分明。在立卷时应当将每份文件的正件与附件、印件与定稿、请示与批复、转发文件与原件、多种文字形成的同一文件分别组在一起，不得分开；一个项目的材料，要把项目从立项到结束形成的材料组在一起，准确地反映企业生产、科研、基建和经营管理等各项活动的真实内容和过程，尽量做到一事一卷。

（3）区分不同价值的文件，分别组卷。在组卷过程中尽量根据归档文件不同的保管期限分别组卷，以便初步划定保管期限，日后向档案馆移交，防止拆卷重组问题的产生。

（4）卷内文件材料应保持彼此之间的有机联系，系统排列。密不可分的文件材料应依序排列在一起，如批复在前，请示在后；正件在前，附件在后；会议记录按照时间排列，会议文件按文件的重要程度排列；一般工作形成的材料，结论性的文件在前，依据性的文件在后；产品销售合同应按销售产品种类组卷，再按供货时间依序排列；上级政策性规定的普发文件按问题单独组卷，卷内文件依其重要程度排列。科技文件的排列按照国家标准 GB/T11822-2000《科学技术档案案卷构成的一般要求》执行。

（5）对于跨年度文件材料的组卷和排列，除产品、项目、设备、仪表、基建项目档案外，不同年度的文件不能放在一起立卷。跨年度的请示与批复，放在批复年度立卷；没有批复的放在请示年度立卷；跨年度的规划放在针对的第一年立卷；跨年度的总结放在针对的最后一年立卷；跨年度的会议放在会议开幕年度立卷。

（6）归档案卷在技术加工方面的要求：卷内文件材料按排列顺序，依次编号，并填写卷内文件目录和卷末备考表。案卷标题应简明确切地反映卷内文件内容，并注明每个案卷的保管期限。长期保存的案卷，卷内文件若有圆珠笔和铅笔字迹，要用蓝黑墨水笔或碳素墨水笔重抄或复印，连同原件一同归档。已破损的文件应予修整，字迹模糊或易褪变的文件应予复制。整理归档文件所使用的书写材料、纸张、装订材料等应符合档案保护要求。向档案室移交的所有案卷都要按一定次序进行系统排列，并编定案卷顺序号和数份案卷目录。

第二节　档案整理

一、档案整理工作的程序、内容和基本原则

档案整理，是通过一系列手段，将收集来的档案科学地组织，使之条理化和系统化。一般情况下，收集来的档案处于相对零乱、无组织状态，加上档案数量日益增加，成分越来越复杂，如果不加以整理，就会给日常管理和实际利

用档案带来很大的困难。只有整理好的档案，才能为档案的保管、统计、检索和利用提供基本的单位和完整的体系，为准确地鉴定档案的价值提供全面、系统的依据。此外，档案经过整理，可以完整、系统地反映社会活动、历史事件和历史人物的本来面貌，充分发挥档案的凭证、参考作用，体现档案的利用价值。因此，档案整理工作是整个档案管理工作的基础，对其他档案工作环节有着很大的影响。

（一）档案整理工作的程序和内容

档案整理工作的基本程序包括：①全宗的组织及排列；②全宗内档案的分类；③案卷的编立和排列；④案卷目录的编制等。这是档案整理工作的主要步骤，这一系列的工作一般由不同的工作部门和人员分别承担，但这些工作程序并非在任意情况下都完全按顺序一一进行。

对于档案机构来说，在实际工作中，档案整理工作的内容大体上有三种情况：

1.在正规的工作条件下，档案室所接收的是文书部门和业务部门按照归档要求立好的案卷，档案馆接收的是由机关档案室根据入馆要求整理移交的案卷。这样，档案室和档案馆的档案整理工作，主要是对所接收的档案，在更大的范围内进一步系统地整理，如全宗和案卷的排列、案卷目录的加工等。

2.对整理不善的档案进行局部调整。档案馆和档案室对于已经整理入馆、入室保存的档案，经过管理实践的检验或专门质量检查，要对其中不符合要求的档案进行一定的加工，以提高其整理质量；另外，某些档案材料由于保存的时间较长，其自身和档案整理体系都会发生某些变化，须对其进行调整。

3.零散文件的整理。档案馆（室）有时也接收和征集一些零散的文件，在这种情况下就必须对档案进行全过程的整理工作，包括区分全宗、全宗内档案文件的分类、案卷的编立和排列、编定档号、编制案卷目录等。

我国档案室、档案馆的整理工作一般属于上述第一种情况，但后面两种情况也经常出现，因此，档案工作人员仍需熟悉和掌握整个档案整理程序。

（二）档案整理工作的基本原则

一般情况下，档案整理工作应遵循以下三项原则：

1.档案的整理必须保持文件之间的历史联系。文件之间的历史联系主要体现为文件在其来源、形成时间、内容和形式等方面密不可分的关联。经过整理，将有历史联系的档案组合在一起，能充分体现出档案形成时的历史背景和形成规律，全面反映各种活动的本来面貌，从而发挥档案应有的作用。

2.档案的整理应该充分利用原有基础。第一，应充分重视和利用先前整理的基础，不要轻易打乱重整；第二，在档案整理过程中，应该充分研究和利用原来整理的成果，不要轻易破坏以往整理和保存的历史状况。档案在整理过程中充分利用原有的整理基础，体现了对档案来源的尊重。

3.档案的整理必须便于保管和利用。一般情况下，档案的整理必须在保持文件之间历史联系的基础上，采用更简洁有效的方法使整理的档案便于保管和利用。

二、全宗的组织与编号

（一）全宗的组织

在我国，全宗的组织常常通过组建"全宗群"来体现和维系全宗之间的联系。各个立档单位的工作活动不是孤立的，而是互有联系的，因此，一定的全宗之间也就有了必然的历史联系，这种具有时间、地区、性质等共同特征的，有密切联系的若干全宗的组合体，称之为"全宗群"。具体说，全宗群是指同一时期或地区，在纵向或横向方面具有相同性质的立档单位形成的若干个全宗构成的一个有机群体。组织全宗群的目的在于维护同一类型或专业系统的若干个全宗的不可分散性和保持文件材料在更大范围内的历史联系，便于管理和开发利用。

组织全宗群实际上就是按照某种标准对全宗进行分类，是在更大范围的档案分类。全宗群体现了各个全宗之间的历史联系，成为档案馆全宗管理的一项原则。

全宗之间的联系是多方面的，其构成成分之间的关系具有多维的特点，因而全宗群的组合也有多种划分标准和形式，具有多样性和灵活性。在管理众多全宗的档案馆中，根据档案自然形成的规律和档案管理的具体情况，可按一定的时间或地区，也可按一定的专业系统等其他方面的联系进行分类，组织全宗群。如湖北省近代工业企业全宗群、湖北省 20 世纪 30～40 年代教育事业发展全宗群等。

全宗群的构成方式比较灵活，人为因素大，在档案管理实践中，全宗群并不是对档案进行整理和统计的一个固定的实体单位，也不宜作为一个固定的保管单元。

（二）全宗的编号

各个档案馆都保存有一定数量的全宗，为了便于各项工作的开展，除了要对全宗进行一定的组织外，还应对每个全宗编一个代号，称为全宗号。

全宗号是档号的组成部分，在档案数量、全宗数量增加以及检索工作发展的情况下，全宗号对于档案系统化整理、编目、检索有十分重要的作用。

1.全宗编号规则

（1）对全宗进行编号，要考虑馆藏全宗的特点及管理的方便，根据全宗的类型和数量合理编号。

（2）全宗号应力求简洁，方便实用，不能过于烦琐。

（3）已编好的全宗号不得任意更改，应保持其稳定。即使某一全宗的全部档案都已移出，该全宗号亦不得挪作他用，以免发生混乱。

（4）具有扩展性。应为新全宗的编号留有余地，避免因新入馆的全宗打乱整个编号体系。

（5）具有唯一性。全宗与全宗号之间一一对应，一个全宗只能有唯一的一个号码，便于统计和检索。全宗号数应能如实反映馆藏全宗数量和档案出处。

2.全宗编号方法

对全宗编号的方法有很多且各不相同，归纳起来主要有下面两大类：

（1）序时流水编号法

它是按全宗进馆时间的先后顺序编号。这种编号方法简单实用，比较客观，适合全宗量不大、全宗类型较单一的档案馆采用。

（2）体系分类编号法

它是对全宗先进行一定的分类或分组，再编号。这种编号方法逻辑性、系统性强，层次分明，能反映全宗本身的性质和特点，但编制较复杂，其号码不易分辨和记忆。这种编号方法适合馆藏全宗数量大，全宗的时间、地域跨度大，类型复杂的档案馆采用。

上述两种全宗编号方法各有优缺点，在具体应采用哪种方法来编号时，档案馆应依馆藏全宗的状况而定。

全宗的编号与全宗在库房内的实际排列顺序有时一致，有时不一致。在一些规模较大、馆藏数量较多的档案馆，不一致的情况居多。全宗的排列可按全宗号顺序排列，也可按立档单位的历史时期、性质、所属系统、地区以及立档单位名称的音序或笔画排。在我国，通常按全宗群来排列，即把同一时期、同一系统或相同性质的全宗排列在一起，以保持同类全宗之间的联系。一般来说，全宗的排列方法和次序对全宗的编号无决定性影响，当全宗在库房中的排放根据保管需要有所变动时，并不需要改变全宗号。但全宗号作为查找档案出处的一种手段，若与全宗的实际排列顺序相一致，则有利于迅速找到所需档案。

三、全宗内档案的分类

全宗内档案的分类就是把一个立档单位形成的档案，按照其时间、来源、内容、形式等特征划分为若干类别，使之系统化、条理化。

（一）分类原则与分类标准

1.全宗内档案的分类原则

全宗内档案分类总的原则是要科学、客观、符合逻辑，能反映档案的形成特点和规律。具体分类原则如下：

（1）根据全宗的性质和特点，选择适当的分类标准。能够恰如其分地揭示档案间的内在联系，使整个分类系统具有客观性，组成一个有机的整体，系统反映出立档单位的活动面貌。

（2）分类体系的构成应具有逻辑性，遵守逻辑划分规则。一次分类只能使用一个分类标准，子类外延之和正好等于母类外延，子类之间必须界线清晰，不能互相交叉，类目概念应明确。

（3）分类层次简明，类目不宜过细、过多。一般来说，类目划分到二级至三级，使之能包容一定数量的案卷。另外，划分类别时应留有伸缩余地，以便随实际需要增加或减少类别。

（4）类目名称应含义明确，具有系统性，有合理的排列顺序。必要时，对类目所指范围和归类方法应有说明，以保证分类的一致性。

2.全宗内档案的分类标准

全宗内档案的分类标准主要有文件的时间、来源、内容、形式四种，每一标准下又有不同的分类方法：

（1）按文件产生的时间分类

①年度分类法：根据形成和处理档案所属年度分类。

②时期分类法：按立档单位在发展过程中形成的不同时期（或不同阶段）分类。

③工作阶段分类法：如工程档案按设计、施工、竣工等不同阶段进行分类。

（2）按文件的来源分类

①组织机构分类法：按立档单位的内部组织机构分类。

②作者分类法：按文件的作者分类。

③通信者分类法：按与立档单位有较稳定的来往通信关系的机关或个人分类。

（3）按文件的内容分类

①问题分类法：按文件内容所说明的问题（事由）分类。

②实物分类法：按文件内容所涉及的实物分类，如石油、粮食、煤炭、棉等。

③地域分类法：按文件内容所涉及的地理区域分类，如湖北、湖南等。

④专业分类法：按档案内容所反映的专业性质分类。

（4）按文件的形式分类

①文件种类分类法：如账簿、报表等。

②载体形态分类法：按文件的制成材料分类，如胶片、录像带、光盘等。

③形状规格分类法：按载体的形态和大小分类，如卷、盘以及不同的尺寸等。

（二）组织全宗内档案的分类

组织全宗内常用的档案分类方法有三种：年度分类法、组织机构分类法和问题分类法。

1.年度分类法

年度分类法是运用得最广泛的档案实体分类法,这是因为一个立档单位在一个年度内形成的档案往往存在着最紧密的联系。立档单位的工作常以年度为单位制订计划和进行总结,对其档案按年度分类,能够看出这个单位逐年发展情况,可以较好地维护和再现立档单位活动和档案形成的历史过程。另外,这种分类方法同现行的文书处理工作制度吻合,文书部门按年度进行立卷和移交案卷,自然而然地把档案分成不同类别。

应用年度分类法时,关键在于确定文件的准确日期。一般情况下,文件的日期比较明确,但也有一些特殊情况:

(1)文件上有属于不同年度的几种日期,如签署日期、批准日期、发文和收文日期等,这时就要确定最能说明该文件特点的日期。如一般发文和内部文件应按制发日期归类;指示、命令等指令性文件按签署日期归类;法规性文件一般以批准、生效日期归类;收文以收到日期或公布日期为依据归类等。

(2)文件上没有标注具体时间的,要想办法考证分析出时间。考证的方法有很多,可以根据文件的内容、文件的制成材料、格式和文件上的各种标记来判定档案的准确日期或大致日期。

(3)专业部门的工作除了使用通用年度以外,还使用专门年度,如学年度、会计年度等。这些专业部门的档案应分别按通用年度和专门年度分类,其主要业务工作的档案分类按专门年度进行,而其他工作形成的档案仍按通用年度进行分类。同时,采取交叉设类的方法,依次类推进行交叉设类,类内统一进行整理。

2.组织机构分类法

一个单位的档案是由各个组织机构在其业务活动中形成的,每个组织机构都承担着一定的职能和任务,所形成的档案一般都具有同类性质和关联性。因此,按组织机构进行分类,能概要地反映立档单位内部各个组织机构工作活动的面貌,保持全宗内文件之间在来源方面的固有联系。

按组织机构分类一般是以立档单位内第一层组织机构作为一级类目,必要时可分到第二层机构,作为二级类目。机构名称即类名,各类的顺序按规定的顺序或习惯顺序排列。涉及几个机构的档案,在一个立档单位内应有统一规定,将之合理地分入相应类别。

3.问题分类法

又称事由分类法，是一种逻辑分类方法。这种分类方法能够保持档案在内容方面的联系，比较突出地反映立档单位主要工作活动面貌，便于按专题查找和利用档案。按问题分类时要以档案内容中最基本的问题设类，反映立档单位主要面貌，类目体系应简明，符合逻辑，层次不宜过多。由于档案内容所涉及的问题十分复杂，按问题分类时主观随意性较大，分类的一致性和准确性差，因此这种分类方法不宜单独采用，应与其他分类方法结合使用。对于问题分类法的使用应特别慎重，不要轻易打乱组织机构而先按问题分类，一般是在不适宜按组织机构分类，或者每个组织机构内文件数量很多需要再分属类的情况下，才采用问题分类法。

（三）个人全宗内档案的分类

个人全宗又称人物全宗，是社会知名人士（如社会活动家、科学家、作家、艺术家、教育家等）在其一生活动中形成的档案整体。个人全宗内档案的分类方法一般就是按立档单位个人或个人生活的现实状况分为若干类别，大致可分为如下几类：

1.生平传记材料：凡能说明立档单位个人或家族成员生平、历史基本情况的档案均归入此类，如个人自传、履历表、学历证明、身份证明、奖状、遗嘱等。

2.创作材料：包括日记、手稿、摘抄、回忆录等。

3.个人书信：个人的来往信件或贺卡等。

4.公务活动材料：指不需要归入组织全宗的反映个人公务活动的材料，如会议通知、请柬、发言稿、参与签名的声明或通电、担任某些职务的聘书等。

5.经济材料：包括反映个人和家庭财产状况及其经济活动的材料，如契约、账簿、票据等。

6.亲属材料：包括全宗构成者的亲属能反映和说明其生平、活动、经济等方面的材料。

7.评价材料：包括社会组织或他人对全宗构成者的评述、纪念文章、回忆录、创作材料、祭文和悼词等。

8.音像材料：包括反映和记述全宗构成者及其亲友各方面活动的照片、画册、录音带、录像带等。

9.其他材料：包括全宗构成者收集来的不能归入上述各项的材料，如收藏的字画、古玩等文物，接受的珍贵礼品，书法家的笔砚等。

（四）项目全宗内档案的分类

项目全宗内档案分类一般按时间和内容标准进行，如工程项目全宗内的档案常按工程的不同阶段分类，生产项目全宗内的档案常按产品型号分类，科研项目全宗内的档案常按专题进行分类。

（五）分类法的结合使用与分类方案的制定

1.分类法的结合使用

在档案的实际分类过程中，只采用一种分类方法的比较少见，一般是两种方法结合使用，实行二级分类。通常按照年度与组织机构或问题进行联合分类，构成四种复式分类法：年度—组织机构分类法、组织机构—年度分类法、年度—问题分类法、问题—年度分类法。如年度—组织机构分类法或年度—问题分类法等，就是先按年度分类，同一年度下再按组织机构或问题进行分类。反之，组织机构—年度分类法或问题—年度分类法，就是先按组织机构或问题分类，再按年度进行分类。

第一级按年度分，第二级按组织机构分。需要注意的是，一次分类只能采用一种分类标准，不能同时采用两种或两种以上的分类标准。另外，由于档案经分类后还要继续整理，因此，分类的级别不能太多。选择哪两种方法进行二级分类，须根据立档单位的情况、全宗的构成状况等，针对不同的全宗分类别对待。例如，组织机构固定的全宗通常采用年度—组织机构分类法；内部组织机构变化复杂、分工不明确或数量很少的全宗适合采用年度—问题分类法；撤销单位的全宗和历史档案可采用组织机构—年度分类法或问题—年度分类法，而现行机关因为内部组织机构存在一定变数，一般不宜采用组织机构—年度分类法或问题—年度分类法；城建部门的档案则比较适合采用地域一年度分类法。

2.分类方案的制定

为了便于对全宗内档案具体地进行分类，在选定分类方法后应编制分类方案。分类方案中包括各类名称及其排列顺序，是全宗内档案分类体系的纲要。编制分类方案时应注意下面几点：

（1）按全宗编制分类方案，一个全宗编一份分类方案。

（2）类项的设置应符合档案内容和成分的实际，并留有扩展的余地。

（3）类目名称简洁，含义明确，有合理的排列顺序。

（4）具有稳定性。分类方案一旦编定，不可轻易改动，以免档案分类体系发生混乱。

四、立卷、案卷排列与案卷目录

（一）立卷

一个全宗的文件经过分类之后，只是将同一类别的档案集中在一起，各个类内都还有相当数量的文件，还要进一步整理，使之系统化、个别化。

1.立卷的含义及意义

档案不同于图书，单份文件是零散的、大量的，一般不宜作为独立的保管单位，而且，文件之间常有密切的联系，若将有联系的文件随意分开，将会失去其原有价值。所以，人们在整理档案时，将若干互有联系的文件组合成一个有机整体，称"案卷"，将文件编立成案卷的过程称"立卷"或"组卷"。

案卷是密切联系的若干文件的组合体，它是档案基本的保管单位，通常也是统计档案数量和进行检索的基本单位之一。案卷是组成全宗的基本单位。立卷是档案整理工作的重要基础，立卷工作的好坏、案卷质量如何，是衡量档案整理工作水平的重要标志。

2.立卷与全宗内档案分类的关系

立卷工作在我国一般由文书处理部门和业务部门负责，但档案部门须与之协调，如对归档案卷进行质量检查验收，对不合要求的案卷进行加工，对零散文件进行立卷等。

立卷与全宗内档案的分类是相互联系的两项工作。分类是按一定标准把一个全宗内的档案划分为若干类别，每一次划分只能使用一种标准，不能同时使用两种或两种以上的标准，同一类内的各小类之间是并列关系；立卷是按一定特征把文件组合成若干保管单位，同一类内的文件组卷，可根据需要同时使用多种特征。比如，对一部分文件可按问题特征进行立卷，另一部分文件可按时间特征进行立卷，同一类内的各个案卷之间的关系因而也比较复杂，有的是并列关系，有的是交叉关系，还有的是从属关系。立卷与分类的共同之处在于都是按照一定特征集中、组合档案文件，以保持文件之间在某些方面的联系，实质上都是对文件的分类，只不过分类的层次有别，分类的次序有先后，分类的范围大小不同。

文件分类与立卷的程序一般是先后关系，先分类（包括区分全宗）再立卷，分类通常是立卷的前提，分类的方法和质量，对立卷有一定的影响，甚至有决定作用。立卷对分类也有一定的制约，有些案卷是在历史上形成的密不可分的一组文件整体，在重新分类整理时则应当在原来案卷的基础上进行分类，如对于公安、司法、监察、人事部门的档案在进行分类时应考虑文件之间的微观联系，因为在处理一个案件过程中形成的全部文件是不可分割的，必须组成一个案卷，分类只能在这些案卷的基础上进行。因此，确定分类方法和制定分类方案之前，必须考虑到这些文件如何组成案卷的问题。在立卷过程中，如果发现所订分类方案或分类有错误时，必须加以修正。可见，立卷不能完全在分类之后进行，先立卷后分类或两者结合进行的情况也会时常发生。

3.立卷工作的内容

立卷工作的内容包括组成案卷单位，拟写案卷标题，卷内文件的排列与编号，填写卷内文件目录与备考表，案卷封面的编目与案卷的装订等工作内容。

（二）案卷排列与编号

全宗内档案（或档案馆、档案室接收的案卷），经分类、立卷以后还必须进行系统的排列。全宗内各类的序列，已在分类方案中排定，所以通常所说的案卷排列，就是根据一定的方法，确定每类内案卷的前后次序和排放的位置，保持案卷与案卷之间的联系。案卷排列方法有以下几种：

1.按照案卷所反映的工作上的联系来排列。

2.按照案卷内容所反映的问题来排列。

3.按照案卷的起止日期（时间）来排列。

4.按照案卷的重要程度排列。

5.按照文件的作者、收发文机关以及文件内容所涉及的地区排列。

6.人事档案或监察、信访等按人头立成的案卷，可以按姓氏笔画、汉语拼音字母顺序或四角号码等方法排列。

上述几种排列方法可以单独使用，也可结合使用。对于不同类型、不同保管期限的档案，在案卷排列中应予以区分。

案卷排列完后应按排列次序编上案卷号，固定案卷的排放位置，案卷号作为档号的组成部分可提供案卷的出处。现行单位大多采取一个组织机构的案卷每年编一个顺序号的办法，或是整个单位一个年度的全部案卷编一个顺序号。历史档案、撤销单位的档案不再形成新的档案，可把一个全宗内所有的案卷统一编号。

（三）案卷编目

案卷在排列与编号以后，还应当按照顺序登记到案卷目录上，案卷目录即案卷名册，是反映案卷内容成分并按一定次序编排的一览表。其主要作用有：第一，固定全宗内档案的分类体系和案卷排列顺序，反映和巩固档案整理工作的成果；第二，揭示全宗内档案内容和成分，是查找、利用档案最基本的检索工具，也是编制其他检索工具的基础；第三，它是案卷清册和总账，是档案登记的基本形式，也是统计和检查档案的重要依据。

1.案卷目录的结构

案卷目录一般包括：

（1）封面和扉页：应写明全宗名称、全宗号、类名、目录号、目录中档案的起止日期。

（2）目次：写明各类或各部分的名称及其起止页码(也可包括案卷起止号)。

（3）序言或说明：对目录结构、立档单位、编制方法等情况进行的简要说明。

（4）简称表：即目录中所采用的名词的简称与全称的对照表。

（5）案卷目录表：是案卷目录的主体，其基本项目包括案卷号、案卷标题、起止日期、卷内文件页数、保管期限、备注等。

（6）备考表：附于目录最后，说明该目录有关的基本情况，如案卷数量、目录张数、编制日期、案卷移出、销毁和损坏情况的说明等。

案卷目录应编制一式数份，其中一份留存备用，一份或几份供日常使用，其他供移交时使用。

2.案卷目录的编号

案卷目录的编制可以根据全宗内案卷的实际情况，或者一个类编一本，或者一个全宗只编一本，还可以按照案卷的保管期限、机密程度的不同分别编制。如果一个全宗内有若干案卷目录，为固定次序，则应为每本案卷目录编上号码，即"案卷目录号"，通常简称"目录号"。目录号主要有两种编制方法：一是将全宗内所有案卷目录按流水顺序编号，在一个全宗内没有重复的案卷目录号；二是将全宗内所有案卷目录按类别分开编号，在同一类别之内没有重复的案卷目录号。前一种方法比较简便，形成的目录号能够直接反映全宗内案卷目录的数量，但由于没有和类号保持一致，因而不能直观、清晰地反映全宗内档案分类体系。后一种方法比较复杂，形成的目录号不能直接反映全宗内案卷目录数量，但如果是按照分类体系的类别来编号，目录号就能直观、清晰地显示全宗内档案分类的主要体系结构。目录号连同全宗号、案卷号一起标在案卷封面或脊背上，作为存取档案的依据。

五、档号

档号是档案馆（室）在整理和管理档案的过程中，以字符形式赋予档案的一组代码，是全宗号、案卷目录号、案卷号和卷内文件页（件）号的总称。

（一）档号的功能

1.固定档案分类排列的顺序，反映档案的整理体系和实体位置，如实地、具体地显示档案间的联系和区别。

2.使馆藏档案达到系统化、个别化，便于档案的检索利用。档号提供了档案的出处及排放位置，利用者可以通过档号迅速查找到自己所需的档案。

3.便于档案的保管和统计。档号是典藏档案的工具，为档案的库房管理提供了方便，它是档案登记、清点、排列等工作的不可缺少的工具。

4.档号将档案实体结构体系用代码方式表现出来，有利于计算机自动处理档案信息，便于档案的现代化管理。

（二）档号的编制原则

档号编制的基本原则是具有唯一性、合理性、稳定性、可延性和简洁性。

　　档号的唯一性是指档案馆（室）内档号应指代单一。不同编号对象应赋予不同代码，一个代码只表示一个编号对象。具体来说即一个档案馆内的全宗号不能重复，一个全宗内的目录号不能重复，一本案卷目录中的案卷号不能重复，一个案卷内的页号或件号不能重复，以达到显示具体的每一份档案位置的目的。

　　档号的合理性即档号结构必须与馆藏档案的整理分类体系相适应。档号编定后，应力求保持其稳定性。一经确定，一般不应随意改变。

　　档案是不断产生，分期分批进馆的，而且一个单位前后不同时期产生的档案互有联系，不能人为地分割，因此，档号必须留有适当的递增容量，具有可延续性，以便适应不断扩充档案的需要。

　　随着计算机技术在档案管理工作中的普遍应用和档案检索工作的不断发展，档号的功能也得以加强，并对档号的编制提出了更高的要求。为了适应这一发展需要，档号的编制应力求规范、简洁，以便减少代码差错，提高处理效率。

　　（三）档号的结构及编制方法

　　1.档号的结构

　　根据档案工作行业标准 DA/T13-94《档号编制规则》的规定，档号的结构分为如下三种形式：

　　第一种结构为：全宗号—案卷目录号—案卷号—件、页号

　　如：J002—3-023—35

　　第二种结构为：全宗号—类别号—案卷号—件、页号

　　如：013—DQ3·1-025—29

　　第三种结构为：类别号—项目号—案卷号—件、页号

　　如：SC3·2—0004-018—37

　　档号中左边为上位代码，右边是下位代码，连写时上、下位代码之间用"-"（短横）相隔。

　　2.全宗号的编制

　　全宗号用四位代码标识。其中第一位用汉语拼音字母标识全宗属性，后三位用阿拉伯数字标识某一属类全宗的顺序号。

　　3.案卷目录号的编制

　　案卷目录号应根据全宗内档案整理状况设置。可按不同时间、不同组织结

构、不同保管期限、不同专题或不同载体形态设置案卷目录号。每一案卷目录所含案卷数量一般以三位数为宜。即案卷目录内案卷数量不足 100 时，一般不另立案卷目录，亦不另编案卷目录号；案卷数量超过 1000 时，一般应另立案卷目录，并另编案卷目录号。

4.项目号的编制

项目号引用有关管理部门编制的项目代号。

5.类别号的编制

类别号是由汉字、汉语拼音字母或阿拉伯数字组成的代码标识。同级位的类别之间可用间隔符"·"分开。不产生误解时，可省略间隔符。类别号一般不应超过三级。

6.案卷号的编制

案卷号用三位阿拉伯数字标识。目录内的案卷按排列次序流水编号，不应有空号。每一案卷目录内的全部案卷只编一个流水顺序号。如一个目录出现两个以上（含两个）案卷流水顺序号时应重新编案卷号或分设案卷目录；如一个案卷流水顺序号分登两个以上（含两个）案卷目录时应合并为一个目录号或按目录分编相应数目的案卷流水号。

7.件号的编制

件号用阿拉伯数字标识。不装订的案卷，卷内文件必须单件装订编号。卷内文件按排列次序流水编号，不应有空号。

8.页号的编制

页号用阿拉伯数字标识。卷内文件各页按排列次序流水编号，不应有空号。

六、档案整理工作改革

简化档案整理环节，深化档案信息的组织、检索和开发利用，是档案整理工作的发展趋势。早在 20 世纪 80 年代，我国就开始了立卷改革，主要在于简化立卷方法和提高案卷质量，对于如何立卷更加省时省力进行了各种尝试。从20 世纪 90 年代起，"取消立卷"的改革意见占据主流，改革的实质是将文件的基本保管单位由一组文件简化为单件文件。《归档文件整理规则》的颁布标志着我国立卷改革取得了实质性突破,《规则》明确规定了文书档案整理工作改卷为件的做法,引起了档案学术界和档案实际部门的共同关注,并对档案整理工作产生了积极的影响。

(一)档案整理改革的适用范围

毋庸置疑,改卷为件的做法减轻了立卷所带来的种种烦琐,减少了档案整理的劳动强度,提高了整理工作效率和质量,方便了档案的利用。但是,根据《规则》规定的内容及在实践中的应用,以件为单位整理文件具有一定的适用范围:

1.必须是办理完毕的文件,尚未办理完毕的文件不属此列。

2.仅针对文书文件即主要是党群、行政文件的整理,不包括文书文件以外的科技文件、财会文件、司法文件等其他门类文件的整理。此外,《规则》虽然是针对文书文件的整理改革,但并不适用于所有的文书文件,如成套性或专业性非常明显的会议文件及其他业务文件等。

3.主要是针对纸质文件的整理。

4.分析《规则》的改革思路、方法以及《规则》在实践中的应用,可以发现,以件为单位的文书立卷改革主要适用于 OA 环境下的文件整理。如果尚不具备 OA 环境或缺乏计算机辅助管理手段,没有建立可靠的检索体系,改卷为件的整理方法在提高文件整理效率,便于检索利用方面难以达到理想的效果。

(二)归档文件的整理原则和质量要求

归档文件整理,是指将归档文件以件为单位进行装订、分类、排列、编号、编目、装盒,使之有序化的过程。

1.归档文件的整理原则

归案文件的整理原则是:保持文件之间的有机联系,区分不同价值,便于保管和利用。这与以往的档案整理工作原则是一致的。

(1)保持文件之间的有机联系

文件之间的有机联系体现了文件的形成规律和特点,要求我们在文件整理过程中尽量保持这种联系,不得人为地任意割裂。《规则》所规定的按照年度、组织机构、问题分类法就是从文件的形成时间、来源、内容来集中相关的归档文件,尊重了文件在时间、来源、内容方面的联系。此外,《规则》规定归档文件在分类方案的最低一级类目内排列时，按事由结合时间、重要程度等排列，也体现了对同一事由或问题文件集中排列的要求。

（2）区分不同价值

区分不同价值是指分析文件的保存价值，划定保管期限，原则上对于不同保管期限的档案文件分别集中，区别对待，体现了档案分级保管的思想。例如，《规则》将保管期限作为归档文件的分类标准之一，充分体现了区分文件不同价值，分别集中文件的管理方式。此外，《规则》规定，短期保存的归档文件可以不拆订，允许在最低一级类内直接按文件的形成时间或文号排列。区分不同价值管理归档文件，意味着对价值大、保管期限长的档案文件重点整理和保管，而对于价值小、保管期限短的档案文件可以根据实际情况，采取适当的管理措施。这样，既有利于节约文书人员和档案人员的劳动强度和有限的资源，也有利于提高具有长久保存价值的档案的整理质量，为其创造更好的管理和保管条件。

（3）便于保管和利用

档案整理的根本目的，是为了方便其保管和利用。当然，不能孤立地追求保管和利用的方便性，其前提是保持文件之间的有机联系，区分不同的价值。如不少单位完全按文件的形成时间或文号对文件进行排列，编制大流水号，不强调事由原则，利用计算机进行关键词检索。这样确实很省事，能够暂时满足一定的现实利用需要。但若干年以后，当档案文件移交进馆后，这种做法的不足之处就会显现：同一事由的文件被分散，关键词检索并不能保证百分百的查全率和查准率。因此，文书人员和档案人员在整理文件和档案时应尽量保持档案文件之间固有的联系，不宜随意分散文件，割裂这种联系。

2.归档文件的质量要求

归档文件的质量要求是：

（1）归档文件应齐全、完整。

（2）已破损的文件应予修整，字迹模糊或易褪变的文件应予复制。

（3）整理归档文件所使用的书写材料、纸张、装订材料等应符合档案保护要求。

（三）归档文件整理工作的程序和基本内容

归档文件的整理包括以件为单位进行装订、分类、排列、编号、编目、装盒等基本程序和内容。

1.装订

归档文件应按件装订。一般以每份文件为一件，文件正本与定稿为一件，正文与附件为一件，原件与复制件为一件，转发文与被转发文为一件，报表、名册、图册等一册（本）为一件，来文与复文可为一件。装订时，正本在前，定稿在后；正文在前，附件在后；原件在前，复制件在后；转发文在前，被转发文在后；来文与复文作为一件时，复文在前，来文在后。

2.分类

《规则》规定了四个可供选择的归档文件分类标准，即按年度、组织机构、问题和保管期限分类。所谓年度，是指文件的形成年度；所谓组织机构，是指文件的形成或承办机构；所谓问题，是指文件内容所阐述的主题或事由；所谓保管期限，是指文件所划定的保管期限。

3.排列

归档文件应在分类方案的最低一级类目内，按事由结合时间、重要程度等排列。会议文件、统计报表等成套性文件可集中排列。

4.编号

归档文件应依分类方案和排列顺序逐件编号，在文件首页上端的空白位置加盖归档章并填写相关内容。归档章设置全宗号、年度、保管期限、件号等必备项，并可设置机构（问题）等选择项。归档章的格式为长 45mm，宽 16mm，可分为六格。

全宗号：档案馆给立档单位编制的代号。

年度：文件的形成年度，以 4 位阿拉伯数字标注公元纪年，如 1978。

保管期限：归档文件保管期限的简称或代码。

件号：文件的排列顺序号。件号包括室编件号和馆编件号，分别在归档文件整理和档案移交进馆时编制。室编件号的编制方法为：在分类方案的最低一级类目内，按文件排列顺序从"1"开始标注。馆编件号按进馆要求标注。

机构（问题）：作为分类方案类目的机构（问题）名称或规范化简称。

5.编目

归档文件应依据分类方案和室编件号顺序编制归档文件目录。归档文件应逐件编目。来文与复文作为一件时，只对复文进行编目。归档文件目录设置件号、责任者、文号、题名、日期、页数、备注等项目。

件号：填写室编件号。

责任者：制发文件的组织或个人，即文件的发文机关或署名者。

文号：文件的发文字号。

题名：文件标题。没有标题或标题不规范的，可自拟标题。

日期：文件的形成时间，用 8 位阿拉伯数字标注年月日，如 19890207。

页数：每一件归档文件的总页数。文件中有图文的页面为一页，空白页不计入。

备注：填写归档文件的完整情况、鉴定销毁情况、补充考证情况、归档文件密级等。

6.装盒

装盒是将归档文件按室编件号顺序装入档案盒，并填写档案盒封面、盒脊及备考表项目。装盒的具体要求：

（1）归档文件严格按室编件号顺序装入档案盒，并与归档文件目录中相应条目的排列顺序一致。这样，在检索到档案文件条目以后就可找到相对应的文件。

（2）分类装盒。根据对归档文件的分类标准，将不同类别的文件区别开来，分别装入不同的档案盒中。按照年度、组织机构、保管期限和问题的分类标准，不同年度、不同组织机构、不同保管期限、不同问题的文件应分别装入不同的档案盒，而不能装入同一档案盒中。

（3）应根据文件的厚度选择适宜的档案盒。如果同一事由的文件装满一个档案盒后，可按顺序装入下一个档案盒。档案盒的规格为 310mm×220mm，厚度为 20mm、30mm、40mm，也可根据具体需要设计其他尺寸的档案盒。

第三节　档案鉴定

一、档案鉴定工作的内容与意义

所谓档案鉴定，是指按照一定的原则、标准和方法，分析和判定档案的价值，决定档案是否保存及其保存期限的一项档案业务工作。

（一）档案鉴定工作的内容

档案鉴定工作需要确定哪些档案应该保存，保存多长时间，还要确定哪些档案不予保存，进行销毁。具体来说，档案的鉴定工作一般分为三个阶段，每一阶段有不同的内容。

1.馆外鉴定阶段

（1）立卷鉴定：文书处理部门或业务部门在立卷归档时，按照有关机关文件材料归档范围的规定，剔除一部分没有保存价值的文件。同时，对需立卷归档的文件，进行初步鉴定工作，确定每个案卷的保管期限。

（2）档案室鉴定：档案室对文书部门或业务部门确定的保管期限进行检查，作为验收案卷质量的一项内容。与此同时，将不需要保存的档案予以剔除。

2.进馆鉴定阶段

即档案馆对档案室移交来的档案进行鉴定。档案馆对档案室移交来的档案进行筛选，对档案室的鉴定结果进行审核，按照馆藏建设的要求决定档案是否接受入馆。这次鉴定直接关系到档案馆馆藏的质量，因此十分重要。

3.馆内鉴定阶段

包括以下几方面的鉴定工作：

（1）定期鉴定：定期对已鉴定过的档案进行重新鉴定，根据变化了的情况对原有的鉴定结论加以调整，及时发现和纠正鉴定失误，并根据档案的利用情况重新审定档案的保管期限。对于档案数量较多的档案馆而言，定期鉴定难以全面展开，可以有重点地进行。

（2）期满鉴定：对保管期限满的档案进行再鉴定，对确无保存价值的档案予以剔除，对仍需继续保存的档案重新划定其保管期限。

（3）开放鉴定：对封闭期满的档案进行鉴选，决定哪些档案可以向社会开放，哪些档案应控制利用，延长其封闭期。

（4）销毁鉴定：为保险起见，对需销毁的档案进行再次鉴定，避免错销档案，造成无法挽回的损失。销毁鉴定将决定档案的最终命运。

上述三个阶段是相互联系的，不同阶段的鉴定各有不同的目的和任务，有不同的特点和要求。只有通过档案鉴定的层层把关，才能使档案馆馆藏质量不断优化。

（二）档案鉴定工作的意义

档案鉴定工作是档案管理中一项必不可少的业务工作，它关系到档案的存毁，并影响档案管理的质量和效率。

1.档案不断产生，价值各异，应对不同价值的档案区别对待。如果对没有保存价值的档案、只具有短期保存价值的档案和具有长久保存价值的档案一视同仁，不加选择地全部保存，就会使有价值的档案湮没于大量无价值的档案之中，不易被人发现，使档案的作用不能得到充分发挥。因此，必须通过档案鉴定工作，将不同保存价值的档案区别开来，去粗取精，重点保管那些具有长久保存价值的档案。

2.档案鉴定工作是使馆藏精练，保证珍贵的、有价值的档案充分发挥作用的有效手段。如果不对档案进行筛选，大量失去价值的档案充塞库房，与有价值的珍贵档案同样进行整理和保管，无疑是浪费人力和物力，相对地延缓档案的整理速度，妨碍珍贵档案保管条件的改善。通过档案价值的鉴定，可以区别主次，防止将保存价值大小不一的档案混杂在一起，有利于在必要时及时抢救出重要的、珍贵的档案，尽可能减少损失。

档案鉴定工作是决定档案生死存亡的一项非常严肃的工作，并关系到对珍贵的、有价值档案的妥善保管和充分利用，在整个档案管理过程中有着重要的、特殊的地位。

二、档案鉴定工作的原则和标准

（一）档案鉴定工作的原则

档案鉴定工作的原则是：从国家和人民的整体利益出发，用全面的、历史的、发展的观点，鉴别档案的价值。

1.全面的观点。即全面地分析档案的各方面特征和外部需要，把握被鉴定档案与其他档案的联系。在分析档案本身的特征时，既强调其内容和来源特征，也不能忽视其形成时间、外形特点，同时还应注意到文件之间的联系，切忌孤立地就某份或某部分档案去简单断定其保存价值。在分析档案外部需要时，应从国家和人民的整体利益出发，全面分析、衡量档案的价值，不能仅根据某一单位或某一方面的需要来判定档案的价值。

2.历史的观点。档案的产生、形成是同一定的历史条件相联系的，应根据档案形成的时代背景、历史条件，具体分析档案的内容和形式，以及档案文件之间的关系，正确判定档案的价值。

3.发展的观点。随着社会的发展，时间的推移，档案自身的状况会发生变化，社会对档案的利用需求也在变化，档案的价值也会随之变化。因此，在鉴定档案的价值时，要有一定的预测性，既要分析档案在当前的价值，也要分析和预测档案将来的作用。

（二）鉴定档案价值的依据和标准

档案的保存价值主要取决于两个方面的因素：一是档案自身的特点和状况；二是社会对档案的利用需要。档案自身的来源、内容、形成时间、保存的完好程度及其他各方面特点和状况，是决定档案价值大小的内在的、客观的因素；社会对档案的利用需要是决定档案保存价值的外部因素。从长远看，社会的利用需要具有动态性和不确定性，因为在社会发展的不同特定时期对档案的利用需要具有不同的特点。这决定了档案价值鉴定的预测性和不确定性。具体来说，鉴定档案价值的依据和标准可以归纳为如下几点：

1.档案的来源

档案的来源在很大程度上决定了档案的价值大小。档案的来源是指档案的形成者（立档单位）和档案的作者，档案的形成者在社会上的地位不同，反映其活动的档案的价值也不同。一般来说，地位较高的档案形成者和作者，其档案价值较大，如上级领导机关、著名人物形成的档案；地位较低的档案形成者和作者，价值较小，如修理站、小商店等基层单位形成的档案。同一作者的档案，在不同的立档单位有不同的保存价值。另外，档案作者与立档单位的关系，如是否属于同一系统，是否是隶属关系、上下级关系等，也会影响档案保存的价值。

2.档案的内容

档案的内容是体现档案价值的重要因素，档案是为解决一定的问题产生的，档案中包含的信息内容不同，人们对档案的需要不同，档案的价值大小就不一样。一般来说，反映科学研究和实际查证意义的档案，具有较大的价值，而反映日常事务性活动的档案，价值不大。具体说来，价值较大的档案包括：①反映立档单位主要职能活动和基本历史面貌的档案；②反映社会历史发展方向的档案；③反映国家方针政策的档案；④反映社会各阶层劳动条件和生活状况的档案；⑤反映某些基本情况，能说明和证实某种事实的档案等。

3.档案的时间

一般来说，年代越久远的档案，其价值就越大。古代档案本来就少，因此，有些保存到现在的古代档案其内容不太重要但也具有特殊意义。另外，重要历史时期产生的档案，其价值更大些。但是，有些档案时效性强，只是在一定时期内具有法律和行政上的作用，具有相当的价值，如条约、合约、契约、借据等文件。过了一定期限，这些档案的价值会发生变化，甚至丧失其原有价值。因此，应从不同档案的特点来分析档案产生时间对其价值的影响。

4.档案的形式

档案的形式是指文件名称、稿本、外形特点、记录方式等外在的形式。

（1）档案的文种：档案的文种具有特定的性能，在一定程度上也反映出了档案的价值。一般来说，普通档案中的决定、命令、指示、条例等的价值，往往大于通知、来往信函等的价值；教学档案中的教学计划、教学大纲等往往比课程表的价值大。

（2）档案的稿本及可靠程度：档案有草稿和定稿、正本与副本之别，不同的稿本反映了档案的形成过程，体现了不同的可靠度，其价值也不相同。一般来说，定稿、正本的可靠度较高，其价值大于草稿和副本。但在没有正本的情况下，副本与草稿也可能具有重要的价值。此外，有些重要档案不仅定稿、正本价值大，其草稿也有较大的保存价值，因为从中可以看出该档案酝酿、讨论和最终形成的过程，有较高的历史研究价值。

（3）档案的外形特点和完好程度：档案的外形特点，如载体材料、笔迹、图案等在一定程度上也影响档案的价值。有些档案可能因其文字具有书法、文字学研究价值，或图案具有艺术价值，或载体较古老而具有文物价值等，其价值也随之提高。相反，有些档案原本具有一定价值，但已被毁坏或不能利用，又无法修复时，也就失去了原有的价值。

5.档案的相对价值

档案的相对价值一般通过全宗和全宗群内档案的完整程度体现出来。这是在更大的范围内考察档案的价值。一般规律是：在全宗和全宗群内档案保存比较完整的情况下，各种类型档案的价值率基本正常；在全宗和全宗群内档案不完整的情况下，残存档案的价值相对提高，其中有些本不重要的档案的价值层次上升。也就是说，全宗和全宗群内档案的完整程度越差，其残存的档案的价值就越大。例如，文件 A 只是反映某一重大事件的一个次要文件，如果在同一全宗内有主要文件（文件 B）全面地反映了该重大事件的始末，那么，文件 A 的价值不大；如果同一全宗内反映该重要事件的主要文件缺失，那么，文件 A 就具有重要保存价值了。

6.档案的运行情况

有些文件材料在运行过程中处理情况不同，其形成时的价值会有所改变。例如，有些档案由领导人做了重要批示或经著名人物修改，其价值相应增大；有的文件材料在运行过程中，由于工作疏忽或其他原因，没有签署、批复和执行，其价值也随之降低。

7.档案的利用情况

档案的利用情况在某种程度上反映了社会对它的需求程度。一般来说，现实利用频率高的档案文件，其价值较高。另外，档案的利用范围越广，其价值就越大。现实利用频率低的档案文件，在判定其价值时要慎重，有些无多大价值的档案，其利用频率低，可以剔除销毁；但是，也有不少具有长远利用价值的档案文件，其现实利用频率较低，应长久保存。

总之，鉴定档案必须根据每份文件或每组文件的具体情况，以文件的来源和内容为中心，全面分析文件的产生时间、文种、稿本、可靠程度、外形特点、相对价值、利用情况等诸多因素，科学地判定档案的价值。

三、档案保管期限表

（一）档案保管期限表的含义和作用

1.档案保管期限表的含义

档案保管期限表是以表册的形式列举档案的来源、内容和形式，并指明其保管期限的指导性、标准性文件。

2.档案保管期限表的作用

（1）为档案价值的鉴定提供统一的标准。档案鉴定工作责任重大，对档案人员的要求较高，依据档案保管期限表进行鉴定，可在一定程度上避免个人认识的局限性、片面性，防止判断上的失误，提高鉴定工作的质量。

（2）提高工作效率，加快工作速度。档案保管期限表规定了档案保存的期限，减少了档案鉴定人员的脑力劳动，可避免鉴定人员在对具体档案处理上犹豫不定的现象，提高了工作效率。

（3）立卷人员可根据保管期限表容易地区分档案的不同价值，将具有不同保存价值的文件分别组卷。这样，能够保证最终将具有长久保存价值的档案移交给档案馆，精炼馆藏，使档案作用得到更充分的发挥。

（二）档案保管期限表的类型

1.通用档案保管期限表：由国家档案事业管理机关编制，供全国各机关、团体、企业、事业单位鉴定档案时通用的档案保管期限表。

2.专门档案保管期限表：是由国家档案事业管理机关会同有关主管部门编制的，供各机关、团体、企事业单位鉴定专门档案时使用的档案保管期限表。专门档案一般由专用公文转化而来，专业性强，其保管期限与通用保管期限有所差别，特单列出。

3.同系统机关档案保管期限表：它是由主管领导机关编制的，供同一系统内各机关、单位使用的档案保管期限表。这种档案保管期限表须经过本部门领导人批准后执行，并要报送国家档案局，抄送各省档案局。

4.同类型机关档案保管期限表：它是由档案事业管理机关或主管领导机关编制的，供同一类型单位（如学校、医院、工厂等）鉴定档案时使用的档案保管期限表。如《上海市县级机关文书档案保管期限表》。

5.单位档案保管期限表：是由各单位根据本单位档案的具体情况编制的，专供本机关鉴定档案时使用的档案保管期限表。它几乎包括了一个单位在工作活动中可能形成的所有档案及其保管期限。

上述几种档案保管期限表中，通用档案保管期限表对其他四种档案保管期限表具有指导意义，单位档案保管期限表必须以通用档案保管期限表和上级机关颁发的各种保管期限表为依据。各类型档案保管期限表不能缩短通用表所规定的档案保管期限，但可以延长。

（三）档案保管期限表的结构及期限的划分

普通档案保管期限表的结构通常由顺序号、条款、保管期限、附注以及总的说明等部分组成，其中条款和保管期限是最基本的项目。条款较多的保管期限表，还须把条款加以分类。根据《机关文件材料归档范围和文书档案保管期限规定》，档案保管期限划分为永久、定期两种，定期一般分为30年、10年。

1.永久保管的文书档案

主要包括以下8个方面的文件材料：

（1）本机关制定的法规政策性文件材料。

（2）本机关召开重要会议、举办重大活动等形成的主要文件材料。

（3）本机关职能活动中形成的重要业务文件材料。

（4）本机关关于重要问题的请示与上级机关的批复、批示，重要的报告、总结、综合统计报表等。

（5）本机关机构演变、人事任免等文件材料。

（6）本机关房屋买卖、土地征用、重要的合同协议、资产登记等凭证性文件材料。

（7）上级机关制发的属于本机关主管业务的重要文件材料。

（8）同级机关、下级机关关于重要业务问题的来函、请示与本机关的复函、批复等文件材料。

2.定期保管的文书档案

主要包括以下 9 个方面的文件材料：

（1）本机关职能活动中形成的一般性业务文件材料。

（2）本机关召开会议、举办活动等形成的一般性文件材料。

（3）本机关人事管理工作形成的一般性文件材料。

（4）本机关一般性事务管理文件材料。

（5）本机关关于一般性问题的请示与上级机关的批复、批示，一般性工作报告、总结、统计报表等。

（6）上级机关制发的属于本机关主管业务的一般性文件材料。

（7）上级机关和同级机关制发的非本机关主管业务但要贯彻执行的文件材料。同级机关、下级机关关于一般性业务问题的来函、请示与本机关的复函、批复等文件材料。

（8）同级机关、下级机关关于一般性业务问题的来函、请示与本机关的复函、批复等文件材料。

（9）下级机关报送的年度或年度以上计划、总结、统计、重要专题报告等文件材料。

此外，机关形成的人事、基建、会计及其他专门文件材料的归档范围和档案保管期限，按有关专门档案的管理规定执行。

档案的保管期限并不是一成不变的，经过一定的年限后，需要对某些档案进行重新鉴定。已划为永久保管的档案，若确认保管价值不大时，可改为定期；确定为定期保存的档案到期后经再次鉴定后确认无保存价值的，可剔除销毁；如认为有继续保存价值时，可延长其保管期限，甚至转为永久保存。

（四）机关文件归档范围的调整和文书档案保管期限的改革

《机关文件材料归档范围和文书档案保管期限规定》正式发布施行后，《规定》反映了我国机关文件材料归档范围和档案保管期限改革的发展方向。

修订的主要内容包括：

（1）将《国家档案局关于机关档案保管期限的规定》《机关文件材料归档和不归档的范围》两个业务文件合成一个文件，并上升为行政规章。

（2）改革文书档案保管期限的划分方法。改"三分法"为"两分法"，将原有的"永久""长期""短期"的保管期限划分方法修改为"永久""定期"，定期中再实行标时制，分为 30 年、10 年。

（3）突出立档单位的主体地位。机关文件材料归档时体现"以我为主"的思想，即以本机关形成的文件材料为主要归档对象，尽量解决文件材料重复归档问题。如永久保存的档案应是反映本机关主要职能活动、中心工作和基本历史面貌的，对本机关工作、国家建设和历史研究有长远利用价值的文件材料，以及在维护国家、集体和个人权益等方面具有永久性凭证价值和文化价值的各种文字、图表、声像等不同形式的文件材料。

（4）条款细化，覆盖面扩大。增加了在房屋买卖、土地征用、资产登记等活动中形成的重要合同、协议等凭证材料，以及行政执法、行政审批、产权关系、个人权益等方面的文件材料。

（5）加大了行政管理力度。将规定中的"备案制"改为"审批制"，建立机关文件材料归档范围和档案保管期限表的审批制度。

四、档案鉴定工作制度

为了保证档案鉴定工作有组织、有监督地进行，必须建立和健全档案鉴定工作制度。档案鉴定工作制度包括如下三个方面的内容：

（一）档案鉴定标准的制定和执行

档案鉴定工作必须以一定的标准为依据。国家档案行政管理机关制定统一的鉴定标准，各地区、各系统、各机关制定本地区、本系统和本单位具体的鉴定标准。国家档案局发布的《机关文件材料归档范围和文书档案保管期限规定》所规定的文书档案保管期限划分标准就属于统一的标准，各机关应根据该《规定》，结合该本机关职能和各部门工作实际，编制本机关的文件材料归档范围和文书档案保管期限表，经同级档案行政管理部门审查同意后执行。有垂直领导关系的中央、国家机关应依据该《规定》，结合本系统工作实际，编制本系统的文件材料归档范围和文书档案保管期限表，并经国家档案局审查同意后执行。各个机关或系统在编制本机关或本系统文件材料归档范围和文书档案保管期限表时，应全面分析和鉴别本机关（本系统）文件材料的现实作用和历史作用，准确界定文件材料的归档范围和划分档案保管期限。各个机关、团体、企业事业单位都必须根据规定的标准进行鉴定。

（二）档案鉴定工作的组织领导

档案室和档案馆的鉴定工作必须有组织地进行。按照《机关档案工作条例》等文件的规定，机关的档案鉴定工作，必须在机关办公厅（室）主任的领导下，由档案部门和有关业务部门组成鉴定小组共同进行。

（三）销毁档案的批准制度和监销制度

《机关档案工作条例》和《档案馆工作通则》等文件规定，机关应定期对已超过保管期限的档案进行鉴定，鉴定工作结束以后，应提出工作报告，对确无保存价值的档案进行登记造册，经机关领导人批准后销毁。档案馆经过鉴定需要销毁的档案，必须报请主管领导机关的批准。

第四节　档案保管

一、档案保管工作的内容、任务与要求

档案保管工作是指根据档案的类型、成分和状况，对其进行入库存放、库房管理及采取安全防护措施。档案保管工作的目的是维护档案的完整与安全，尽量避免和减少因自然因素和人为因素给档案带来的损害，延长档案的寿命，为档案工作奠定物质基础。

（一）档案保管工作的内容

1.档案的入库存放

档案在库房中以全宗为单位进行排列。但一些特殊载体和类型的档案，如照片、影片、录音档案、录像档案，科技档案以及会计档案等，应该分别保管。

为了保持同一全宗内文件之间的历史联系，应该在全宗指南、案卷目录等检索工具中对此加以说明，并在全宗末尾放置全宗保管位置，指明存放地点。纸质档案在装具中的存放方式有竖放和平放两种。竖放时案卷脊背朝外，可以直接看到卷脊上的档号，便于调卷。平放的方法虽然不便取放但对保护档案有利，适合于保管珍贵档案和不宜竖放的档案。

2.档案的库房管理

档案的库房管理工作内容主要包括：档案库房编号、档案装具的排列和编号、全宗的排列和档案上架、档案存放秩序的管理。

3.档案在利用过程中的保护

主要包括：建立档案使用登记和交接制度、对档案利用行为的规范和限制、对档案利用方式和利用场所的限制、对重要档案的保护性措施。

4.档案的安全防护和应急管理

主要包括：建立人员进出库制度、库房温湿度的控制、库房的"八防"措施、库房检查和清点、档案工作突发事件应急管理机制。

（二）档案保管工作的任务

档案保管工作的根本任务是维护档案的完整与安全，捍卫档案的真实性。具体体现为建立档案的入库存放制度和库房管理制度，采取各种有效措施，使各种载体档案保持稳定、良好的理化状态，延长档案的寿命。尤其是对于大量产生的电子档案还需要采取特殊的保管措施，以维护其载体和内容的安全性。

（三）档案保管的要求

根据我国《档案法实施办法》第15条关于各级国家档案馆对所保管的档案应采取的4个方面的管理措施，从中归纳出档案保管的基本要求：

1.建立科学的档案管理制度，实现档案保管的规范化和标准化；

2.配置适宜安全保存档案的专门库房，配备防盗、防火、防渍、防有害生物的必要设施；

3.档案实行分等级管理。对于永久保存的档案应进一步明确保管的等级，根据档案的不同等级，采取有效措施，加以保护和管理；

4.根据需要和可能，配备适应档案现代化管理需要的技术设备。

二、档案的库房管理

（一）档案库房编号

档案库房编号有两种方法：一种是为所有的库房统一编顺序号，适用于库房较少的档案馆（室）；另一种是根据库房的所在方位和库房建筑的特征进行编号，如"东一楼""北三楼"等。楼房内的库房分层编号，每层从左至右顺序编号，平房应先分院或排，然后从左至右顺序编号。

（二）档案装具的排列和编号

库房中的档案架、柜、箱等装具应排列有序，不同规格、不同式样的档案装具应分开排列。档案装具的排列应充分利用库房面积和空间，同时，间距适宜，便于取放和搬运。一般情况下，档案装具之间的通道宽度应便于档案管理人员与小型档案搬运工具的通行。为了充分利用库房空间，可使用活动式密集架。库房内装具的排列应避免阳光直射，注意通风。档案装具的编号方法是，自库房门口起，从左至右、自上而下依次编号。

（三）全宗的排列和档案上架

全宗按照进馆档案的先后顺序进行排列，为了在更大的范围内维持档案之间的历史联系，一般应将同一系统、同一时间、同一地域的全宗排列在一起，形成全宗群。全宗的位置确定后，就可以组织档案上架。档案上架的次序应根据档案架、柜、箱以及栏、格的编号顺序进行。档案馆采用的排架方式主要有分类排架法和流水排架法两种。

（四）档案存放位置索引

档案存放位置索引是一种重要的指明档案存放地点和情况的管理工具。它以表册或卡片的形式，记录和指引档案在库房及装具中的存放位置，其作用是指引档案管理人员准确无误地取放档案。由于档案存放位置索引能够清晰地反映各个全宗、案卷的存址，因此，它在档案馆（室）的迁移中具有引导和控制作用。

档案存放位置索引有两种：

1.指明档案存放处所。以全宗及各类档案为单位编制，指明它们的存放地点。

2.指明各档案库房保管档案情况。以档案库房和架、柜、箱为单位编制，指明它们存放了什么档案。

上述两种索引的详细程度和表格中项目，可以根据档案馆（室）的规模和查找档案的频繁程度等具体情况来确定。

（五）档案代理卡

档案代理卡是档案馆（室）在档案暂时移出库外时，在档案原存放位置放置的一种替代卡片，主要栏目有：全宗号、案卷目录号、卷号、移出日期、移往何处等。档案代理卡的作用是便于档案库房管理人员随时掌握档案流动情况和进行安全检查，将使用过的代理卡积累起来，还可以作为统计、分析档案利用情况和规律的依据。如果案卷经常调出或归还，而不用代理卡，往往会发生虽在案卷目录上查出，而到架上提取案卷时没有案卷的情况。因此，设置档案代理卡是必要的。

档案代理卡的使用方法：每次从库房调出一个或一组卷号相连的案卷，就填写一张代理卡，放置于所调出案卷的位置上，案卷归还时再将其取下。

（六）全宗卷

全宗卷是档案馆（室）在管理某一全宗过程中形成的，以全宗为单位说明该全宗历史情况的各种文件材料所组成的专门案卷。每个全宗都应建立全宗卷，记载立档单位和全宗历史的变化情况。

三、档案在利用过程中的保护

档案在利用过程中需要调卷、查阅、还卷，这对档案的物质载体将造成磨损，影响档案的自然寿命，同时，还不可避免地存在其他安全隐患。因此，制定相应的保护制度，采取适当的保护措施十分必要。

（一）档案在利用过程中的保护制度

1.档案使用登记和交接制度。档案出入库时对调卷、还卷及交接行为进行登记，签收手续必须清楚、严格。

2.档案利用行为规范制度。包括对档案利用行为方式的规范及防止不良行为，如禁止在档案上勾画、涂抹；禁止擅自将档案带离规定的使用场所；未经允许，任何人不得擅自拍照、抄录、复印档案；对于损毁档案的行为应有严明的惩罚措施。

（二）档案在利用过程中的保护措施

1.数量与顺序的控制。当档案利用数量过大时，应分批定量提供，并要求利用者在使用过程中和交还档案时保持原排列顺序，以免发生混乱。

2.对档案利用行为的监督和指导。外部利用者利用档案时，档案馆（室）应安排工作人员在利用现场进行监督和指导，发现问题及时指出和纠正。

3.档案利用方式及利用场所。档案既可以现场阅览，也可以通过网络、邮政、电子邮件、传真、电话等方式进行利用和查询。现场阅览的场所应为集中式大阅览室，便于管理。而通过档案馆主页进行网上检索或通过电子邮件进行咨询的，应采取相关的网络安全保密措施。

4.珍贵档案利用过程中的保护性措施。珍贵档案在利用过程中应采取严密的保护措施：一般提供缩微品或复制件，不提供原件；利用时应特别监护；复制时应采取严格的限制措施和保护性措施。

四、档案安全防护和应急管理

档案库房内部的安全防护以及在紧急情况下的应急抢救措施能够最大限度地保护档案的安全，使档案实体保持良好理化状态，避免其遭到外界不良因素的侵害。

（一）人员进出库制度

档案库房是保存档案的重要场所，必须对进出库房的人员、时间、方式等进行严格规定。一般情况下，档案库房只允许档案工作人员进入，非档案工作人员原则上不得进入库房。

档案工作人员进出库房的限制性规定：非工作时间一般不允许进入库房；在库房内不允许从事与库房管理工作无关的活动；不允许携带饮料、食物进入库房；不允许在库房内吸烟、喝水、吃东西；库房内无人时应关灯、关窗、锁门。

（二）库房温、湿度控制

档案库房内的温湿度直接影响档案的自然寿命，一般档案库房温、湿度标准为14℃～24℃，45％～60％相对湿度。因此，档案馆（室）应在库房内配置精确、可靠的温、湿度测量仪，随时测量并记录库房温、湿度的具体指标。同时，采取措施对库房温、湿度进行调控，如采用库房密闭方法隔绝库房内外温、湿度的交流，并在库房内安装空调或恒温、恒湿设备，可以将库房内的温、湿度人为控制在适宜的指标范围内。

（三）库房"八防"措施

档案库房保管中的"八防"措施主要包括：防火、防水、防潮、防霉、防虫、防光、防尘、防盗。

1.防火

要保证档案库房装具、照明灯具及其他电器在材质和性能上的安全性；保证库房线路安全；配置性能良好、数量充足的消防器材；在条件允许的情况下应安装防火报警器和自动灭火器。

2.防水

档案库房不能设在低洼潮湿地带，应远离洪水易发地点，位于有利于防洪的地段。

3.防潮

防潮与库房温湿度特别是湿度控制密切相关。主要防潮措施：密闭隔热、安装空调、通风、除湿和降湿。

4.防霉

防霉指预防或抑制以霉菌为主的微生物在档案库房内的生长、发育和繁殖及其对档案实体的破坏。环境中的微生物数量与人和动物的密度、植物的种类和数量、馆舍的建筑材料、温湿度、日照、气流等因素有关。库房防霉的方法有：及时清扫库房及档案装具灰尘，清除库房内的垃圾，维持库房内的清洁卫生；对库房通风口进行过滤，净化入库空气；严格控制库房的温、湿度；放置性能稳定的防霉药品。

5.防虫

防虫的关键是创造一个既不利于害虫生长又不损害档案的库房环境。如库房选址应远离粮仓、货仓和食堂等场所；加强库房的封闭性；做好档案入库前的检疫工作，一旦发现疫情应及时采取熏蒸消毒处理措施；在库房内和档案装具内放置驱虫药物。

6.防光

重点是防紫外线对档案的照射，具体措施有：档案库房的全封闭，尽量无窗或设置小窗户；安装遮阳板、滤光玻璃或窗帘，减少光线的通过量，降低紫外线的危害；在档案库房内使用紫外线少的人工光源；尽量减少档案使用过程中受光照射的时间和光辐射的强度。

7.防尘

灰尘会对档案造成各种污染，是危害档案的隐性因素。预防灰尘的具体措施有：库房选址远离工业区或人口稠密地区；提高库房的密闭程度；采用空气净化装置，过滤和净化空气。

8.防盗

档案库房的门窗应坚固，进出库房要随时锁门，安装防盗报警装置。

（四）定期检查、清点档案

定期检查和清点档案是档案库房安全管理的一项制度性工作。主要包括：观察档案实体的理化状态，查看档案是否霉变或生虫，检查库房中是否存在安全隐患，档案的调出和归还是否履行了规定的手续，档案实体的存放秩序是否出现了混乱，是否存在长期使用尚未归还的档案等。在档案库房搬迁或大规模提供利用之后，做好清点工作十分必要。

（五）档案应急管理

档案应急管理和抢救是指档案馆及档案形成单位建立相关制度和应急措施，保证在发生自然或人为造成的突发事件时能够及时、安全地抢救档案，尽量避免或减少档案所遭受的损害。所谓突发事件是指由人为或自然因素引起的突发性危及或可能危及档案安全和严重干扰档案工作秩序，需要采取应急处置措施以应对的事件。主要包括：针对潜在的灾害风险，如水灾、火灾、盗窃、地震、爆炸等编制档案应急抢救预案，在对永久保存的档案实行分级保管的基础上优先抢救珍贵档案。通过模拟演习提高和加强档案人员的应急抢救能力。对珍贵档案建立安全副本并实行异地保管，可在意外发生时避免遭受损毁。

国际档案界对于档案的应急管理给予了高度关注。国际档案理事会编制发布了《档案灾难预防及应对指南》，全面地阐述了灾害预防和应对所涉及的各个方面内容。此外，美国、加拿大、澳大利亚等国的档案部门也制定了较为详细的档案灾害预防和应急管理策略。

《档案工作突发事件应急处置管理办法》规定，突发事件应急处置工作应贯彻统一领导、分级负责、及时反应、果断决策、合作互助的原则。各级档案行政管理部门、各级国家档案馆、中央和国家机关档案部门应建立严格的突发事件防范和应急处置责任制，制定相关工作预案，切实履行各自职责，保证突发事件应急处置工作有序进行。突发事件应急处置预案应向当地党委和政府、有关主管机关和上级档案行政管理部门备案。

突发事件应急处置预案应包括以下内容：编制和实施预案的有关危机情况和背景；应急处置工作的目标、要求和具体措施；应急指挥机构的建立及其人员组成，应急处置工作队伍的数量、分工、联络方式、职能及调用方案；有关协调机构、咨询机构及能够提供援助的机构、人员及其联系方式；抢救档案的顺序及其具体位置，库房常用及备用钥匙、重要检索工具的位置和管理人员；档案库房所在建筑供水、供电开关及档案库区、重点部位的位置等；向当地党委和政府、有关主管机关和上级档案行政管理部门报告的联系方式；其他预防突发事件、救灾应注意事项。

各级档案行政管理部门、各级国家档案馆、中央和国家机关档案部门在突发事件发生后，要采取下列应急处置措施：及时报警，在第一时间通知抢险负责人和相关人员，通知专业抢险救援部门等。在可能的情况下，采取行动消除事故；组织救援遇险人员，转移和妥善安置受威胁档案。迅速控制危险源，标明危险区域，关闭和限制使用有关设备、设施，采取防止发生次生、衍生事件的必要措施；对突发事件可能造成的危害和损失做出初步判断，启动相关应急处置预案；对灾害事故造成的受损档案，立即组织力量进行抢救。特别是对受水淹档案，要及时采取冷冻或干燥的办法稳定档案的状态，避免灾情进一步恶化。

第五节　档案组织与检索

一、档案检索工具

（一）档案检索工具的作用与分类

1.档案检索工具的作用

任何档案检索工具，都具有存储和检索档案信息两种基本职能，具体表现为以下作用：

（1）检索作用

这是档案检索工具的主要作用。档案检索工具为用户提供了档案线索和查询手段，利用者可以根据自己的特定需要，按照一定的检索方法，从检索工具中查找所需的档案材料。档案检索工具的检索作用是否充分发挥，直接关系到检索工具的效益和档案信息资源的开发和利用。

（2）报道作用

通过档案检索工具，可以向社会宣传、介绍和报道档案的内容成分、价值和作用，通报馆藏情况，使档案的管理方式变封闭为开放，使档案的价值得到充分发挥，增强社会的档案意识，提高档案工作的社会影响。

（3）交流作用

档案检索工具不仅可以提供查询手段，还可成为档案机构与利用者之间，各档案馆（室）之间的交流工具。通过档案检索工具的联合编制和馆际交换，可以使各档案机构互相了解馆藏情况，互通有无，有利于实现档案资源共享。

（4）管理作用

档案检索工具是提高档案管理水平的重要手段。档案检索工具集中揭示了馆藏档案信息，有助于档案人员熟悉馆藏，为档案管理业务活动的开展提供了依据。某些档案检索工具直接反映了档案实体管理体系，是库房管理、档案保管和统计中必不可少的工具，各种检索工具还是档案人员提供咨询，开展编制工作的必要手段。

2.档案检索工具的分类

（1）按编制方式分

①目录。它是将档案的著录条目，按照一定的次序编排而成的检索工具，如分类目录、主题目录等。

②索引。它是将档案中的某一内部或外部特征及其出处按照一定的顺序排列起来的检索工具，如人名索引、地名索引、文号索引等。索引与目录的区别在于：目录对档案文件内容和形式特征进行全面系统的著录，著录项目比较完整；而索引是对档案文件中的某一部分特征进行著录，著录项目简单，但揭示深入，一索即得。

③指南。它是以文章叙述的方式，综合介绍档案情况的一种工具，如全宗指南、专题指南、档案馆指南等。它可以作为工具书使用，相对于目录和索引来说，其报道性、可读性较强。

（2）按载体形式分

①卡片式检索工具。它是将条目著录于卡片上，将卡片按一定顺序排列而成的检索工具。其优点是具有较大的灵活性，便于增减条目以及调整其顺序，还可利用一次著录的结果，编制不同的检索工具。但体积大，不便管理，不便传递与交流，成本较高。

②书本式检索工具。将著录条目按顺序排列并装订成册的检索工具。其优点是体积小，便于管理，便于馆际间情报交流，编排紧凑，成本低廉。但它缺乏灵活性，不能及时增减条目和调整顺序，不能完整反映馆藏档案。

③缩微式检索工具。用缩微摄影方式制作的以胶片为载体的检索工具。其主要优点是体积小，节约空间，便于携带和交流，便于长期保存和使用。但它是在书本式或卡片式检索工具的基础上形成的，需借助阅读器或电子计算机阅读查找，且不便增减条目，只适用于永久性保存的档案。

④机读式检索工具。以磁带、磁盘、磁鼓等磁性材料和光盘等感光材料为载体的供计算机识别的检索工具。其优点是存储密度高，检索扫描速度快，可进行多途径检索。

（3）按内容范围分

①综合性检索工具。以一个或若干个档案馆的全部档案或以一全宗的档案

为检索和介绍对象的检索工具，如全宗文件目录、分类目录、全宗指南、综合性联合目录等。

②专题性检索工具。以有关某一专题的档案为对象的检索工具，如专题目录、专题指南、专题性联合目录等。

（4）按功能分

①馆藏性检索工具。反映档案实体整理体系及其相互关系的检索工具，如全宗目录，卷内文件目录、案卷目录、全引目录等。其功能是：固定和反映档案整理顺序，可借助它了解、分析馆藏情况，便于按档案整理顺序查找档案。但其目录组织方式受档案整理体系的限制，检索途径单一，一般不能超出全宗范围，检索深度较浅。

②查检性检索工具。它是从档案的某一内容或形式特征提供检索途径的检索工具，如分类目录、主题目录、专题目录、人名索引、地名索引、文号索引等。其主要功能特点是：不受档案整理顺序的限制，可以打破全宗的界限进行检索，能提供多种检索途径，选择任意的检索深度。

③介绍性检索工具。它是介绍和报道档案内容及其有关情况的检索工具，如专题指南、全宗指南、档案馆指南等。其特点是能全面、概括地介绍档案的情况，发挥宣传报道作用，向利用者提供一定的档案线索。但由于介绍性检索工具不记录档案文件的检索标识，不建立排检项目，借助它不能直接获得档案文件，只能算是间接性的检索工具。

上述各种类型的检索工具并不是每个档案机构都须配备，各档案馆（室）应根据本单位档案的特点以及检索的具体要求来确定编制哪些检索工具。目前，我国档案计算机化、网络化检索在逐步替代手工检索，但手工检索仍然占有一定比重，所以，在检索工具的建设中要注意检索工具形式的多样化，提供多条检索途径，满足利用者的不同需要。

（二）档案检索工具的编制

1.馆藏性检索工具的编制

（1）卷内文件目录

卷内文件目录是以案卷为单位，系统登录卷内文件的题名及其他特征并固定其排列顺序的检索工具。卷内文件登录的内容一般包括：顺序号、文号、责任者、题名、日期、页号、备注。卷内文件目录能够固定文件在案卷中的具体位置，巩固档案实体系统整理的成果，而且能够反映卷内文件的基本情况，是检索具体档案文件的重要工具。

（2）案卷目录

案卷目录是在档案实体整理过程中，对案卷进行排列与编号以后，将案卷号、案卷题名及其他特征进行系统登记的检索工具。案卷目录也就是案卷名册。其中，案卷目录表是案卷目录的主体，案卷目录表的基本项目包括：案卷号、案卷标题、案卷起止日期、卷内文件页数、保管期限和备注等。案卷目录的主要作用是：固定全宗内档案分类体系和案卷排列次序，反映和巩固档案整理工作成果；揭示全宗内档案内容与成分，是查找、利用档案的基本检索工具；是案卷清册和总账，便于档案的统计和安全保管。

（3）全引目录

全引目录又称案卷文件目录或"卷内文件目录汇集"。它是以全宗为单位将案卷目录与卷内文件目录合二为一，汇编而成的一种档案目录。全引目录兼有案卷目录和卷内文件目录之功能，使检索能够深入到文件级。全引目录能够弥补案卷目录与卷内文件目录分开，卷内文件目录附于案卷内部，不利于检索的缺憾，可直接、具体地揭示每份文件的基本特征。利用者通过查阅全引目录，能比较全面地了解档案馆（室）的馆藏档案的情况。

2.查检性检索工具的编制

（1）分类目录

档案分类目录是按档案分类法组织起来的，揭示全部（或主要部分）馆藏内容与成分的一种综合性检索工具。它打破了全宗的界限，不受档案实体整理体系的束缚，提供从档案内容入手检索档案的途径，是档案工作人员从事业务工作和利用者查找档案的不可缺少的工具。分类目录还可作为一种基本检索工具，派生出各种专题目录、重要文件目录等，向外报道馆藏，满足利用者的特定需求，正逐渐代替案卷目录，在档案馆（室）中占据主导地位。

在手工检索系统中，分类目录的编制包括条目的排列、参照卡和导卡的设置、字顺类目索引的编制。

①条目的排列。将已经著录的条目按分类号的顺序排列起来，对同一类号

的条目再按时间顺序、题名、责任者字顺等其他特征排列。

②参照卡。用于揭示类目间的相互关系，指引利用者准确找到所需的档案。分为一般参照卡、直接参照卡和相关参照卡。一般参照卡表示类目的注释或说明分类规则。可告诉利用者，此类只收什么档案，什么档案本类不反映，应到哪个类去查找。直接参照卡（又称"单纯参照卡"），用来指引利用者从未被采用的类目到被采用的类目查找，参照符号用"见"表示。相关参照卡用来表示类目间的交叉关系，用"互见"作参照符号。

③导卡。也称指引卡。用于揭示分类目录的结构及其逻辑体系，指导人们在目录内迅速准确地查到所需的档案卡片。一般可在每一类前放一张概括本类内容的导卡。

④字顺类目索引。将分类目录的类目按字顺排列起来，提供从字顺主题入手查找档案的途径，提高分类目录的利用效率。分直接索引和相关索引两种，其中相关索引用处较大，其编制方法如下：对类名进行规范化处理，将之转化为标题形式；补充分类表中未列的概念，如类名同义词、表中未收的新学科、新事物或其他重要概念等；编制索引款目，对两个或两个以上主题的类目分别编制款目；对某些款目词实行轮排，使同族概念集中，并提供多条检索途径；将所有的索引款目按字顺排列。分类目录还可作为一种基本的检索工具，派生出各种专题目录、重要文件目录等，向外报道馆藏，满足利用者的特定需求。

（2）主题目录

档案主题目录是根据档案主题法的原理，按档案主题词的字顺组织起来的目录。主题目录不受全宗和分类体系的限制，直接从事物出发按字顺查找所需档案，灵活性强，便于进行特性检索，但系统性不如分类目录。在手工检索系统中，主题目录的编制步骤和方法包括：标题形式的选择、主标题与副标题的确定、著录卡片按字顺排列、参照卡的设置。

①标题形式的选择：标题形式有单一标题、复合标题、倒置标题等。单一标题是由一个主题词构成的标题，如"经济改革""粮食"等。复合标题是由两个以上具有逻辑关系的主题词组配而成的标题，主题词之间为概念限定关系时，用短横连接，如"小麦—种子—繁育"；若为概念相交关系，则用冒号连接，如"生产作物：经济作物"。倒置标题是将主题词中的定型词提前，提供族性检索

的机会，如"飞机，超音速"，这种标题形式有利于同族事物的集中。对一个主题概念的表达，在同一个目录中只能采取一种标题形式，须根据需要选择适当的标题形式。

②主标题与副标题的确定：主标题反映的是档案的中心内容，是查找档案的主要依据，提供检索入口；副标题是对主标题的限定或说明，起细分作用。应选择具有独立检索意义，符合利用者检索要求，档案中较详细论述了的主题词作为主标题。

③著录卡片按字顺排列：先按主标题字顺排，主标题相同的，按副标题字顺排；主标题和副标题都相同的，按题名或责任者字顺排，也可按年代、地域等特征排列。当标题中出现外文字母、阿拉伯数字和各种符号时，一般按照以下顺序排列："（）""—""："""，"、汉文文字、拉丁字母、斯拉夫字母、希腊字母、阿拉伯数字、罗马数字。对复合标题中有独立检索意义的主题词进行轮排，以提供多条检索途径。如：高产作物：经济作物—经济作物：高产作物。

④参照卡的设置：根据《中国档案主题词表》中的参照项设置参照卡，显示主题词之间的相互关系，方便检索。与分类目录一样，主题目录的参照卡也可分为一般参照卡、单纯参照卡、相关参照卡几种。

（3）专题目录

档案专题目录是集中揭示有关某一专题档案内容的检索工具。它不受全宗的限制，有利于按专题查找档案材料，对于科学研究，解决某些专门问题很有帮助，是档案部门进行定题定向服务的有效工具。

档案专题目录的编制程序如下：

①选题

应根据党和国家各项工作的需要、利用者的某一特定需要，从本馆所藏档案材料的具体情况出发，选择具有现实利用价值的专题。选题是决定专题目录能否产生较大效益的关键，分被动选题和主动选题两种方式。

被动选题是根据主管部门下达的任务或有关部门提出的委托进行选题；主动选题是根据当前的中心工作、社会生活的重大事件、科学研究中的重大课题及各项工作的具体要求，结合本馆所藏档案状况和人力、物力等自主选题。选题的基本原则是要尽量满足当前的利用需要，反映馆藏特色，以重大课题为主，兼顾一般要求，具有一定的研究意义，并量力而行。

②选材

有关某一题目的档案数量往往很多，这些档案可能涉及好几个全宗，各全宗中所含有该专题的档案的数量和角度不同，需要对这些材料进行挑选，挑出能反映专题本质的有价值的材料，既不遗漏有关的档案，又防止充塞许多对本专题意义不大的档案。可以利用现有的检索工具选材。

③著录

对选好的材料进行著录，也可借用分类目录中的卡片。

④排列

一般按分类号排列，也可按时间、地区等标准排列，根据所收档案的特点而定。

（4）联合目录

档案联合目录是汇总若干档案馆或其他单位收藏的档案，综合编成的一种检索工具。如"革命历史档案联合目录""明清档案联合目录""中华民国档案联合目录"等。其作用在于：

其一，资源共享。它把分散在各地的档案从目录上联成一体，可为利用者提供更丰富的档案线索，实现档案信息资源共享。

其二，它是建立目录中心的先决条件。

其三，可推动馆际间的协作和交流，便于互通有无，形成全国性或地区性的协作网络，扩大档案利用的范围。

档案联合目录的编制方式有三种：

其一，以一馆为基础，其他馆校对补充。

其二，在统一著录格式和方法的前提下，各档案馆分头编制。由一馆牵头校对补充，汇总。

其三，各馆分编，组织专门班子汇总。

联合目录的结构包括：

其一，序言或编制说明。说明编制目的、使用范围、选材标准、著录方法、体系结构等。

其二，汇总的条目。条目的著录格式统一，条目按分类号排列组成分类联合目录，按主题词排列则组成主题联合目录。

其三，辅助索引。联合目录体系庞大，应配置辅助索引。如档案馆名称索引、全宗索引、人名索引、地名索引等，帮助利用者顺利查找所需档案。

（5）档案索引

档案索引是深入揭示档案的内容特征和形式特征，注明其来源出处，并按一定规律加以编排的一种检索工具。索引对分散在各个全宗、年卷中的档案信息内容分门别类地进行揭示，提供查找档案的线索，具有灵活、直观、简洁、使用方便等特点。

其一，档案索引的分类：

①按内容分，档案索引可分为分类索引、主题索引、人名索引、地名索引等。

分类索引是以分类号作为标目及检索入口的索引，按分类号的顺序排列。例如，为档案主题目录配置的分类索引，可以同主题目录一起同时提供分类、主题两条检索途径。

主题索引是以主题词为标目及检索入口的索引，按主题词字顺排列。例如，为档案分类目录配置主题索引，可以提高分类目录的使用价值，提供按主题查找档案的途径。

人名索引是以档案中涉及的人名为标目及检索入口的索引，按人名字顺排列。

地名索引是以档案中涉及的地名为标目及检索入口的索引，按地名字顺排列。

②按载体分，可分为书本式索引、卡片式索引、缩微式索引、机读式索引。

书本式索引是以纸张为载体，通过印刷方式编制并装订成册的索引。

卡片式索引是以纸质卡片为载体，用手工书写或机器印刷方式编制和生产的索引。

缩微式索引是以缩微平片和缩微胶卷为载体的索引。

机读式索引是以磁带、磁盘为载体的索引，它是索引生产自动化的产物。

③按编制方式分，分为手工索引和机编索引等。

手工索引是人工编制的索引，这是传统的索引形式。

机编索引是用计算机编制、生产的索引，又分为机助索引和全自动索引。机助索引是用计算机辅助人工编制的索引；全自动索引是全部由计算机生成的索引。机编索引基本可取代手工索引。

④按排序方法分，可分为字顺索引、序号索引、编年索引。

⑤按索引所处的位置分，可分为附录式索引、单卷式索引、期刊式索引。

附录式索引是附于档案目录、文摘、参考资料等之后的索引；单卷式索引是单独出版的索引；期刊式索引是相隔一段时期连续出版的索引。目前最常见的档案索引是附录式索引。

总之，档案索引的种类繁多，各档案机构应根据自身的条件和利用者的需求选择所要编制的索引的类型。

其二，档案索引的结构

索引由正文和附属结构两大部分组成。索引正文包括索引款目和参照系统等；附属结构有使用说明、代码表、检字表、缩略语表等。简单的档案索引常常只有索引款目一项。

①索引款目。索引款目是索引的基本组成要素，是构成索引正文的基础。其功能是指引利用者查找档案中包含的某一方面信息，并指明其出处。包括标目和出处两项。

索引标目是索引款目的排检入口，它决定了款目在索引中的排检位置，是用户查找索引的出发点。各种档案特征，只要具有检索意义的，都可作为标目，如档案分类号、主题词、人名、地名、文号等。索引标目决定了索引的性质和类型。

出处项指明索引揭示的档案信息在馆藏体系中的位置，亦称档号。

除了标目和出处两个基本项目外，有些索引款目中还有注释和其他附加信息如题名等，对标目起补充说明作用。

②参照系统。参照系统是反映索引款目之间相互关系的一种关系网络。它能提供更多的检索入口，帮助用户更全面、更迅速、更准确地查到所需要的档案信息，起提示和指引的作用。参照系统由见参照、参见参照、说明参照等组成。

③附属结构。它包括使用说明、代码表、检字表等。使用说明是对索引用途、收录档案的范围、排列方法、使用方法的说明。代码表包括档案及档案馆类型代码表、机构名称代码表、地区代码表等。检字表包括汉语拼音检字表、笔画笔顺检字表、四角号码检字表等，以方便查找。

其三，档案索引的编制

①总体设计。确定档案索引的编制目的、规模，收录档案的范围，索引的类型，编制方式等。

②标引。分析档案内容，从中选择所需的索引标目，如人名、地名、机构名、事物名等。如果要编制分类索引或主题索引，则需依据档案分类法或主题法进行分类标引或主题标引。标目的选择应考虑用户的检索习惯及其需求，只选取具有检索意义的档案内容特征或形式特征作标目。

③编制索引款目。将从档案材料中选取的标目，连同出处、注释以及某些附加信息等，按照一定的格式编成一条条索引款目。

④配置参照。结构较复杂的索引一般都应设置参照，以显示索引标目之间的相互关系。分类索引和主题索引的参照可以参考档案分类法和主题词表编制，其他索引的参照一般也要参考一些工具书编配。

⑤将全部索引款目和参照按一定的次序统一排列。排序的方法应根据索引的类型而定，分别采用分类、字顺、序号等排列方式。

⑥编辑加工与排印。结果审核校对、编辑后，按预先设计的版面格式附上编制说明及必要的代码表、检字表等排版印刷出版。

如果是应用计算机辅助编制索引，则在标引完成后，将索引款目和参照系统等数据输入到计算机内，由计算机自动完成款目拼接、排序、编辑、打印等工作。

其四，计算机在索引编制中的应用

计算机主要在如下方面应用于索引的编制：

①自动标引。利用专用软件，进行自动分词、句法分析、自动聚类、自动抽词、词频统计等工作。由于标引是索引编制过程中所费人力最多、难度最大的一项工作，所以自动标引技术的应用对于提高索引的编制速度，节约人力、物力有着十分重要的作用。

②自动生成索引款目。向计算机输入各种索引数据后，采用专用软件可用于索引款目的拼接、参照的配置，并自动排序和轮排，生成各种索引款目。

③辅助编辑排版。可通过计算机控制版面格式、变换字体与字号、添加助检标志、输出打印稿等。

④用于索引的管理。可利用计算机进行索引的统计工作，检查索引中存在的错误和遗漏，并对其进行必要的修订。

其五，人名索引的编制

人名索引是揭示档案中所涉及的人物并指明其出处的一种检索工具，可分为综合性人名索引和专题性人名索引两种。综合性人名索引是将馆藏档案中涉及的全部人名编制成索引；专题性人名索引是按某一专题范围编制人名索引，即选择若干比较常用的专题来编制人名索引。一般来说，专题性人名索引利用率较高，且编制工作量不大，对一般档案部门都是适宜的，可以满足大多数从人名入手查找档案的利用要求；而综合性人名索引编制工作量大，且并非档案中涉及的任何人名都有检索意义，所以，往往只用于人事档案、诉讼档案等，对普通档案不太适宜。

在编制人名索引时，应对一人多名的情况加以处理，在一个人的真实姓名、字号、别名、笔名、艺名等之间建立参照，将同一人的档案材料集中一处，避免漏检、误检。人名索引可参照《中国档案主题词表》所附人名表编制。

人名索引分人名和档号两部分，将人名引向所在档案的档号，即可查到记载某一人物的各种档案材料。人名索引可按人名字顺排列，有笔画笔形法、音序法等。

其六，地名索引

地名索引是揭示档案中所涉及的地名并指明其出处的一种检索工具。地名索引可以为从地区角度入手查找档案的利用者提供档案线索。尤其是对利用档案编史修志者十分有用。地名索引比较适用于涉及地区范围较广的地质档案、农业档案、气象档案、测绘档案等。

在编制地名索引时，应搞清楚各地区在名称等方面的沿革，在原用名和现用名之间建立参照，将同一地区的档案材料集中一处。

地名索引包括地名和档号两部分，必要时应加上注释，将地名引向所在档案的档号，即可查到记载该地区情况的各种档案材料。

（6）档案文摘

档案文摘是以提供档案内容梗概为目的，不加评论和解释，简明确切地记述档案重要内容的短文。档案文摘虽然在档案室和档案馆并不常见，但它具有其他档案检索工具所不具备的功能和特点。

①档案文摘的功能和特点

档案文摘是对档案信息内容的浓缩，主要起报道档案内容，甚至代替原文阅读的功能，档案文摘虽然也能提供一定的检索手段，但其主要作用不是提供检索途径，而是报道档案内容。档案目录和索引则是揭示档案的内容和形式特征，提供档案查找的线索，不直接报道档案的内容，具有较强的检索功能。档案文摘的功能主要体现在 3 个方面：信息报道功能、检索功能和信息传播功能。

由于文摘在一定程度上可以代替原文阅读，能够及时提供大量信息，与目录、索引相比，更具有时效性。然而，绝大多数档案室和档案馆并未把编写档案文摘提上议事日程。较为常见的是公文文摘，即在现行文件阶段，由文件作者或文书人员以及其他人员撰写的文摘，这种文摘往往与处理完毕的文件一起移交给档案室，供日常工作查考之用，它更多地起到了参考资料的作用，而非检索工具的作用。另外，档案文摘的特殊性在于，它不能像其他普通文摘一样公开刊行，不能让人任意查阅，具有一定的封闭性。

②档案文摘的种类

按不同的标准，档案文摘可以划分为不同的种类。

其一，按所含信息量的多少，可划分为报道性文摘、指示性文摘和报道指示性文摘。

报道性文摘是直接、完整地反映档案原文中所含定量和定性信息的文摘。它是信息含量最大的文摘，它将原文中的主要论点、性质、方法、结论等事实数据比较全面地反映出来，在一定情况下可以代替原文的作用。

指示性文摘是简要描述档案原文的主要内容供利用者判断是否需要阅读原文的一种简短的文摘。指示性文摘不直接反映档案原文的事实性信息，只指明原文的主题和内容梗概。

报道指示性文摘是介于上述两者之间的一种文摘，对原文中的重要内容采用报道性文摘的写作方法，对其他内容则采用指示性文摘的写法。

其二，按文摘的编写者，分为作者文摘和文摘员文摘。

作者文摘是由档案原文责任者自己编写的文摘。这种文摘一般与原文同时产生，能及时、准确地传递原文的信息，具有显著的报道功能。

文摘员文摘，也称第三者文摘，是由专职或兼职的文摘员编写的文摘，是档案责任者以外的人员编写的文摘。这种文摘要求文摘人员具有较高的专业水平，并按照一定的规范编写，以保证文摘的质量。

其三，按文摘的内容，分为综合性文摘和专业性文摘。

综合性文摘是指汇集了不同学科、不同主题档案内容的文摘。这种文摘全面反映各个学科、专业的档案内容，一般没有特定的利用对象。

专业性文摘是只针对某一专业或某一主题内容编写的文摘。这种文摘一般只针对某一特定的利用对象，只反映档案原文中特定的内容信息。

其四，按文摘所在位置，分为同址文摘和异址文摘。

同址文摘指与原文登在一起的文摘。这种文摘一般作为作者文摘，常刊登在原文之前。

异址文摘指与原文分开刊登的文摘。这种文摘刊载在专门的检索刊物上。

③档案文摘的结构、构成要素与详简度

其一，档案文摘的结构。档案文摘一般由著录事项和文摘正文两部分组成。

档案文摘的著录事项包括：

a.档号、文摘号与计算机备检号；

b.档案题名；

c.档案作者与立档单位；

d.档案所在案卷标题及其起讫页码；

e.档案存放处所及其编号；

f.关键词。

著录事项的详略程度依文摘的类型与阅读对象而定，它直接影响到文摘的检索功能。

其二，档案文摘的构成要素。文摘正文一般由如下要素构成：

a.目的：档案的主题范围，所要达到的目的、对象；

b.事由：所要解决的问题、采用的方法、手段等；

c.结论：观察、研究和处理的结果、数据，今后的课题、启发、建议、预测等。

d.其他有情报价值的信息。

其三，档案文摘的详简度。档案文摘的详简度应根据档案的类型、内容、信息量、篇幅和实际需要确定，其中档案内容是决定性因素。根据《文摘编写规则》（GB6447-86）的规定，报道性文摘和报道指示性文摘一般以 400 字左右为宜，指示性文摘一般以 200 字左右为宜。

一般来说，宜写成报道性文摘的档案材料有：工作报告、调查报告、总结、情况反映以及 3000 字以上的文件；宜写成指示性文摘的档案材料有：命令、指示、标准、技术图纸、工作章程、合同、协约、判决书、法规、3000 字以内的文件材料。

其四，档案文摘的编写步骤和方法。档案文摘的编写步骤如下：

a.进行主题分析。正确把握原文的内容，明确其主题，确定编写文摘的要点。

b.撰写正文。根据国家标准《文摘编写规则》的要求，按规范的文摘结构和要索，编写文摘正文。

c.进行著录。根据利用者的类型和利用者的需要做详尽无误的著录。其中，档案原文题名、作者及出处是必不可少的著录项目。

3.介绍性检索工具的编制

（1）全宗指南

全宗指南是对一个全宗的档案的形成历史、内容范围、成分、数量等各个方面以文章叙述的形式所作的全面介绍。可分为组织全宗指南、个人全宗指南、联合全宗指南等，其中，组织全宗指南占绝大多数。

①全宗指南的结构

全宗指南由立档单位和全宗历史概况、全宗内档案内容和成分介绍、辅助工具三部分组成。

其一，立档单位和全宗历史概况。介绍立档单位和全宗的形成时间、经过、名称、性质、演变情况；全宗内档案的来源、数量、所属年度、进馆时间、分类、完整程度、整理鉴定和被利用情况等。

其二，全宗内档案内容和成分介绍。主要介绍档案来源（责任者）、内容、形式（种类、制成材料等）、形成时间、可靠程度、查考价值等。这是全宗指南的主体部分。

其三，辅助工具。包括目次、机关简称表、人名索引、地名索引等。

②全宗指南的编制方法

其一，档案馆全宗数量很多，价值各异，不必为所有全宗编制指南，而应根据全宗的特点和利用需要，有选择地为具有实际利用价值的、经过系统整理和编目的全宗编写指南。

其二，编写时应全面收集有关该全宗的历史材料以及说明档案内容和成分的材料，查阅各种检索工具和档案材料本身，必要时还应该找有关人员调查，使全宗指南的叙述有根有据。

其三，根据全宗内档案材料的性质和特点，在介绍的详略程度上，分别采取简要介绍（将各案卷综合介绍）、详细介绍（将各案卷逐个介绍）、重点与全面相结合介绍（一般案卷简要介绍、重要案卷逐个介绍）等形式，将最有价值的档案材料突出介绍出来，以达到宣传、报道的目的。

其四，文字简练，条理清楚，内容准确，不掺杂个人观点，所引出处无误。

其五，尽可能提供档案编号和出处，适当配备辅助工具，方便利用。

（2）档案馆指南

档案馆指南是对一个档案馆的概况及其全部馆藏以文章叙述方式所作的概略介绍。它是档案馆对其收藏和服务情况进行宣传和报道的重要工具。

详细的档案馆指南包括序言、档案馆概况、馆藏档案情况介绍、馆藏资料介绍、索引、附录等组成部分。

①序言。说明档案馆指南的编写目的、功用、结构体系、排列顺序、使用方法、编制过程等。

②档案馆概况。主要包括档案馆沿革、馆藏档案概况、档案馆服务方式及规章制度。档案馆沿革说明档案馆成立时间及发展历史、历任馆长姓名、馆内组织机构、建筑、设备、馆址、联系方式等；馆藏档案概况包括：馆藏档案的特点、种类、范围、数量、起止年度、来源、变化、整理、鉴定、保管利用情况；档案馆服务方式及规章制度包括：开馆时间、利用手续和所需证件，借阅程序和方法，制发档案证明和复制本的规定，查阅机密文件的审批手续，收费标准等。

③馆藏档案情况介绍。这是档案馆指南的主体部分，是将馆藏全宗按性质

分为若干部分，分章节进行系统介绍。对全宗的介绍，可分为两种形式：一是对一个全宗作单独介绍；二是对若干全宗作综合介绍。档案馆不必对每一个全宗一一介绍，可只重点介绍比较重要的全宗，不太重要的只在序言中作概括交代即可。在介绍全宗内档案情况时，对反映立档单位基本职能和主要工作活动的档案要作详细介绍；对具有全国意义的重大实践、知名人物和具有地方特色的档案要突出介绍；一般档案作概略介绍即可。

④馆藏资料情况介绍。各档案馆都收藏有一定数量的馆藏资料，它可以补充档案之不足，可在档案馆中专辟一章作介绍。内容包括馆藏资料的来源、种类、数量、分类、整理及检索工具等。

⑤索引。索引是档案馆指南的辅助工具，可给利用者使用指南提供方便。一般包括人名索引、地名索引、机关名索引、主题索引等，可以是综合性索引，也可以是专门索引。

⑥附录。包括本馆检索工具一览表及其使用说明，馆藏全宗目录，利用档案的规章制度等。

（3）专题指南

专题指南是以文章叙述的方式，按一定专题对档案机构收藏的有关该专题的全部档案材料所作的综合介绍。专题指南在选题、选材上与专题目录相同，在档案内容成分的介绍方式上类似全宗指南。专题指南主要起介绍、宣传和报道作用，但它不记录档案的检索标识，不具备查检档案的功能。

专题指南一般由序言、目次、档案材料内容简介、索引、附录等部分组成。其中，档案材料内容介绍是专题指南的主体部分。该部分的写作要求按专题的具体情况分若干章节，以简练、准确的文字，系统介绍本专题有哪些方面的材料，这些材料反映或涉及哪些主要问题、重大事件、重要人物及其时间、地点，有何利用价值，并指明档案材料的种类、数量、可靠程度、起止日期、全宗名称等。对几个档案机构合编的专题指南，还应注明档案的收藏处所。

（四）档案检索工具体系

所谓档案检索工具体系，是指由若干功能不同的检索工具组成的各司其职、相互联系、相互补充的检索工具整体，这个体系能从不同角度揭示馆藏，提供不同的检索途径，满足利用者多方面查找档案的要求。建立科学合理的档案检索工具体系是使利用者充分了解和利用馆藏的重要保障，是开发利用档案信息资源的基础。建设档案检索工具体系的基本要求是：

1.要有一定数量的功能不同的检索工具

要馆藏性、查检性、介绍性检索工具并举。只有具备不同种类的多种检索工具，才能提供多种检索途径，满足多角度查找档案的要求。

2.要具有适用性，与利用需求相一致

每一种检索工具都有自己的独特功能，其功能是否得到有效发挥，要看馆藏档案的特点及利用需求情况而定，一个档案馆不可能也不必要编制所有类型的检索工具，若设置的检索工具与大多数利用者的查找角度、需求状况不相符合，其结果将是徒费人力、物力。例如，省级以上的档案馆不应设文号索引，因为进馆档案至少是 20 年以前的文件，很少有人从文号角度查找。由于我国各档案馆普遍财力不足，所以应重视检索工具的使用效益和经济效益，在编制检索工具时，根据档案价值的不同应有所侧重，不宜平均使用力量。对于有价值的档案及利用率高的档案应优先投入较多力量，把钱用在刀刃上。某些价值不大或极少利用的档案只需要有目可查，检索工具可从简。

3.要正确处理各检索工具的联系与分工

在建立检索工具体系时，不应单纯追求种类的多样，应注意各种检索工具的作用和职能范围，使之完整、系统、配套、功能齐全。具体而言，就是在功能上比较接近，相互之间可以部分甚至全部代替的检索工具应不设，以免平行重复，浪费人力、物力。例如，全宗文件目录与分类目录在功能上比较接近，有了分类目录就不必编制全宗文件目录。所以说，在建立体系的过程中不宜强调每一种检索工具著录项目和体例的完整，除了基本目录应全面系统地反映馆藏外，其他检索工具只起补充作用，以避免检索工具的多头现象。

在查检性检索工具中，分类目录与主题目录是功能互补的两大基本目录，按理应同时设置，但实际上，大多数档案馆在目前情况下无力同时设置这两种目录。于是，人们提出了两种检索方法相结合的问题。目前，两者结合的途径有以下三条：一是以分类目录为主导编制分类目录，类目索引作为辅助工具，同时提供分类、主题两条检索途径；二是以主题目录为主导编制分类索引，将主题词纳入范畴体系中，在主要提供主题检索途径的同时，提供一定的分类途径；三是编制分类主题目录，在组织目录时以《中国档案分类法》为依据，同时对某些专指性要求较强的部分在终端类目以下用主题词进行细分，细分后的主题词按字顺排列，将《中国档案分类法》和《中国档案主题词表》结合使用。

4.在档案检索工具编制中应推行标准化

由于社会对档案信息资源共享的需要，对档案检索工具的标准化提出了迫切要求。档案检索工具的编制往往各行其是，虽说有统一的著录标准，但未得到切实贯彻执行，项目设置不够规范，存储的信息量不够丰富，影响了检索工具作用的发挥，不利于馆际协作和情报交流，不利于档案检索的计算机化。因此，在建立检索工具体系时，应积极推行标准化，为将来建立统一的档案信息检索体系奠定基础。

二、计算机档案信息检索系统

（一）计算机档案信息检索系统的特点、类型和结构

20 世纪 80 年代，我国各级档案馆及大的档案室进行了计算机检索的试验和实际应用。当前，计算机档案信息检索逐渐取代手工检索而占据主导地位。

1.计算机档案信息检索系统的特点

计算机档案信息检索系统是以电子计算机作为检索设备，将档案信息以二进制代码的形式记录在磁性载体上，由计算机检索软件进行控制，对输入的档案信息自动进行存储、加工、检索、输出、统计等操作的一种信息检索系统。与手工检索系统相比，其优点十分明显。

（1）检索速度快

使用传统的手工检索系统要查到所需档案，须逐张翻检有关检索工具，这常常是一种烦琐、费时的手工劳动，而用计算机进行检索，速度就快很多。要查找一个或一批文件级档案条目，少则几秒钟，多则几分钟就可完成。这保证了提供档案的及时性。

（2）存储量大，检索途径多

计算机能够用较小体积存储大量的档案信息，这是书本式、卡片式检索工具远远不能相比的。计算机具有为每个文件提供多个存取点的能力，因而可以

实现档案信息的多元检索，档案著录的每一项目，既可单独作为一条检索途径，又可把若干项目结合起来进行检索。

（3）检索效率高

计算机信息检索系统对各种检索要求有很强的适应性。将文献的多种特征输入计算机后，通过计算机本身的处理系统可以满足利用者的多方要求，并将检索结果迅速打印输出，其检索效率较之手工检索工具大大提高。

2.计算机档案信息检索系统的类型

（1）按数据库的性质，分为目录信息检索系统、事实与数值信息检索系统、全文信息检索系统。

目录信息检索系统存储的是经过加工的档案目录信息，检索结果是符合检索要求的档案线索。目录信息检索系统目前在档案计算机检索系统中占绝大多数，它是发展最早，应用最广泛的检索系统。

事实与数值信息检索系统存储的是档案中所包含的各种事实或数据，它对档案材料进行了更高层次的情报加工，输出的检索结果为用户可直接利用的事实和数据。这种检索系统有逐渐增多的趋势。

全文信息检索系统存储的是机读化的档案全文信息，通过这种检索系统可以检索档案原文中的任何一个字、句、段、节等，也可直接输出档案全文。

（2）按检索方式，分为脱机检索系统、联机检索系统。

脱机检索系统是将用户的检索提问集中起来，由系统操作人员统一输入，统一查找，再把检索结果打印出来分发给用户。这种检索系统的用户不能直接使用计算机参与检索过程，需要较长时间才能获得检索结果，适合于那些不需立即获得结果但要求较高检全率的检索要求。早期的计算机检索系统大多为脱机检索系统。

联机检索系统是以"人·机对话"的方式，通过计算机终端和通信线路由检索人员直接对档案数据库进行检索。用户可以随时查找所需的档案信息，并能马上获得检索结果，还可随时修改检索提问，直到获得满意的结果为止。

（3）按服务方式，分为定题检索系统和追溯检索系统。

定题检索系统是将用户提出的检索要求编成逻辑提问式输入到计算机里，组成提问文件存储在磁盘上，每隔一定时间对数据库中新收入的档案信息进行检索，并按一定的格式打印输出给用户。定题检索服务一般是以脱机方式进行的。

追溯检索系统是根据用户的检索要求，对数据库中积累的档案材料进行专题检索，可以普查若干年内与检索课题有关的所有材料，其检索可追溯到档案数据库所能提供的年代。

（4）按检索语言，分为受控语言检索系统和自然语言检索系统。

受控语言检索系统是采用分类表、词表等规范化的检索语言对标引和检索所用的词汇进行控制，检索时需通过分类表、词表将标引用语和检索用语进行相符性比较。

自然语言检索系统是直接采用自然语言存储检索档案信息，能够方便标引和检索，但要以计算机检索技术的高度发展为前提。

3.计算机档案信息检索系统的构成

计算机档案信息检索系统由机读档案数据库、计算机硬件、计算机软件三大部分构成。

机读档案数据库是将一系列档案文献条目用二进制代码的形式，记录在磁带、磁盘或光盘上，以便让计算机"阅读"理解和运算，其内容与普通的检索工具基本一致，但为了便于计算机判断和处理，在条目中增加了指示符、分隔符、结束符等标志，并记明了各个著录项目以及整个条目的长度与地址。为了提高检索效率，计算机还需对目录数据库作进一步加工，排成各种索引文档。一个计算机检索系统包含若干种文档。

硬件，指计算机及外部设备，它是进行信息存储、运算、输入、输出的实体。计算机的选型，应根据馆藏量、系统规模及检索功能的要求来决定。根据我国档案馆（室）现有条件，一般以采用微型机或小型机为宜。尤其是微型机售价低，其容量和功能不断提高，能满足大多数档案馆（室）档案检索的要求，是财力不充足的档案机构的最佳选择。在配置硬件时应考虑各种设备的兼容性、处理速度与处理能力、可靠性与适应性等，既要考虑目前的需要，又要着眼于将来的发展。

软件，指控制计算机各种作业的一系列指令，没有这些指令，计算机就不能运行。目前市场上出售的软件较多，先要配齐有关的系统软件，应用软件可以购买，也可以自己研制开发。由于档案种类的多样性，内容的复杂性以及档案管理、利用的特殊性，要求档案检索系统的软件开发须从档案的特点以及档案工作实际出发，进行系统分析和设计，不能完全搬用情报检索系统的软件。

（二）档案数据库

档案数据库是以一定的组织方式存储在一起的机读档案数据的集合。"记录"是档案数据库的基本单元，是对某一份文件或案卷的题名、责任者、来源、页码、分类号、主题词、摘要等进行描述的结果，每条记录相当于一条著录款目。一个档案数据库由若干条记录组成，这些记录可以被组织起来以供检索和显示之用。一条记录的各个项目称为字段（相当于著录项目），在长度上可以是固定的，也可以是可变的。档案数据库的结构分为物理数据库、概念数据库和逻辑数据库三层。档案数据库是档案计算机检索系统的核心，其性能往往影响到整个系统的功能效率。

1.档案数据库的特点

（1）集成式。档案数据库对档案数据实行集中化控制，可将各种有关数据集中在一起进行统一的控制和管理，保证了数据的一致性、完整性。

（2）结构化。档案数据具有复杂的数据结构，它将各应用系统的全部数据合理地组织起来。

（3）低冗余度。数据库中的档案数据重复少，数据的冗余度被控制在最低限度，节省了计算机存储空间。

（4）可靠性。数据库系统采取各种手段加强了对数据的保护，保证了数据的安全可靠。

（5）共享性。数据库系统内的各应用程序可以共用，数据库还可以出售，供不同用户、不同系统使用。

2.档案数据库的分类

一般将数据库所含信息内容作为档案数据库的基本分类标准,根据此标准,档案数据库可分为：

（1）目录数据库。包括各种机读版的文摘、索引、目录等，又称为目录数据库。其作用在于指引用户找到合适的档案信息源，即档案原文，从而满足其检索要求。

（2）事实数据库。又称为文本—数值数据库，是同时包含文本信息和数值信息的数据库，它提供经过加工的一次情报，利用者可直接从中查找自己所需的档案信息。

（3）全文数据库。存储机读化的档案全文，可用来检索档案原文中的任何字、句、段、章、节等。

事实数据库和全文数据库的特点在于它们本身含有一次情报，即用户所要求获取的数值、事实或文本，可直接向用户提供所需的档案信息。相对于二次文献数据库来说，事实数据库和全文数据库是在更深层次上对档案信息进行加工的产物。

此外，按数据形式分，档案数据库还可以分为文字型数据库、数值型数据库、图像型数据库，以及多媒体数据库等。

3.档案数据库的生产

（1）档案数据库生产过程

档案数据库的生产，包括档案材料的收集、鉴选、摘要、数据录入、校对、计算机处理等环节。

①档案材料的收集

确定档案的收集范围和来源，按要求全面收集档案材料，作为建库的原始材料。一般以馆藏丰富的档案馆（室）为基地。

②档案材料的鉴选

应以利用者需要为准则，根据数据库的目的、范围选择有价值的档案材料。

③档案文摘的编写

将收集来的档案材料一一作摘要，以便进一步加工处理。文摘的编写应当标准化，遵循国家标准 GB6447-86《文摘编写规则》。

④数据准备

将档案的内容特征和形式特征著录、标引出来，为数据库提供经过加工的数据。著录标引须达到标准化的要求。

⑤数据录入

将著录标引结果转化成机读数据。数据录入工作可以用计算机键盘根据工作单来完成，也可以用文字处理设施进行，以后再作成批转换。

⑥校对

计算机自动对录入的数据进行审核，如审核字段的数据形式是否正确，字段长度是否符合，各种标识符号是否有误等。

⑦计算机处理

通过特定的计算机程序，进行记录的装配与格式转换。各个检索系统内部的数据格式可以不同，为了便于系统间的转换，国际上有通用的标准化格式，即 ISO2709《书目信息交换用磁带格式》。

（2）档案数据库对档案著录标引的要求

对于档案著录的要求：

①必须采用机读目录格式进行著录，应采用国家标准《中国档案机读目录格式》（GB/T20163-2006）。

②采用标准的项目标识符。

③采用详细著录级次，必要时可增加一些项目。

④填写著录工作单，保证数据录入准确无误。

对档案标引的要求：

①进行深度标引。采取全面标引方式，对档案的整体主题和局部主题，只要有较大检索意义的，都可标引出来。一般来说，一份档案标引深度可达到5至15。

②用自由词作补充标引。对一些新概念和词表中未列出的专有名词，如人名、地名、机构名、工程代号、产品代号、会议名称等，可作为自由词经一定规范后直接标引出来。

③标引具有两个或两个以上主题的档案时，采用关联符号，以避免误组配。同一个主题的标识采用相同的关联符号，置于文献号后。

④加注机编主题目录标题符号。数据库可用来生产供手工检索用的机编目录和索引，供手工检索用的标引词是先组散组式的，对标引深度和组配次序有一定的限制。为此，须加注标题符号。

标题符号一般由两部分组成，位于前面的符号表示是哪一条款目，后面的符号表示标题的级别。

⑤进行上位登录。即在给出一个检索词或分类号的同时，给出所标引档案

所有的上位词或上位分类号。其作用是方便扩检，提高检全率。上位登录可通过程序由计算机自动进行，也可人工进行。

⑥填写标引工作单。工作单所列栏目和项目视具体的档案计算机检索系统的建库要求而定，一般包括：档号、缩微号、密级、时间、作者、题名、文摘、文件类型、分类号、主题词、自由词、标题符号、文档单位等。

（3）档案数据库的性能指标

①数据收录的完备性

这是评价数据库质量的首要指标。数据库覆盖面的大小、收录数据的完备程度，关系到它是否能全面满足用户的检索要求，是取信于用户的基本前提。

②数据的准确性

数据库中收录的数据是否准确可靠，是保证档案检索系统检索效率的重要因素，数据的任何差错，如格式的不一致、字符的出入、拼写的失误，对计算机处理数据和检索结果都有很大影响。尤其在数值型和事实型数据库中，数据的不准确将会造成严重后果，可能导致用户对数据库的彻底否定。

③信息含量的充分性

它指档案数据库揭示档案信息特征的充分程度，如对一份档案著录项目的详细程度；有无摘要；摘要的详略如何；标引深度的大小等。数据库的信息含量越充分，就越有助于用户判断档案的价值及其切题程度，从而帮助他们迅速准确地找到自己所需要的档案。

④数据更新的及时性

主要指一份档案从形成到纳入数据库之间的时差。如果用户先看到原始档案，然后才从数据库中检索到该档案的有关信息，就会认为数据库所提供的数据不及时。数据库的及时性对于现实效用较强的科技档案尤其重要，数据库的时差越短，其价值就越大。

⑤数据库的成本效益

建立数据需消耗大量的人力、物力，租用或购买数据库的花费也不小。因此，经济成本是衡量与选择数据库的重要指标，应尽可能地选用最低的成本达到较大的效益。计算数据库成本的指标包括每个字段、每条记录的平均费用，每次检索、每条命中记录的平均费用。

（4）档案数据库的文档类型及结构

一个档案数据库一般至少由一个顺排文档和多个倒排文档构成。

①顺排文档

按档案记录的输入顺序（即记录的顺序号）排列的文档。记录按顺序一个接一个存放，一个存取号对应一条记录，存取号越大，对应的记录就越新。由于它存储了所有记录完整的信息，所以，又把它称为主文档。在顺排文档中进行检索，计算机就要对每个检索提问式逐一扫描数据库中的每一条记录，存储的记录越多，扫描的时间越长，检索速度慢，效率较低。顺排文档相当于检索工具的主表部分。

②倒排文档

这是将主文档中的可检字段（如主题词、责任者）抽出，按某种顺序重新排列起来所形成的一种文档。以不同的字段作为标识，组织成不同的倒排文档（如主题词倒排文档、责任者倒排文档等）。倒排文档可以按主题词的字顺排，也可以按分类号的大小排。倒排文档只有文献的标识、文献篇数及文献存取号。因此，检索时必须结合顺排文档使用，先在数据库的倒排文档中查得文献篇数及其记录存取号，再根据存取号从顺排文档中调出文献记录。倒排文档类似于检索工具中的辅助索引。

例如，查找同时含有主题词 A 和 F 的文档，可先检索主题词倒排文档，获得同时含有 A 和 F 的文档存取号 003，然后再在顺排文档中获得该文档的完整著录信息。

（三）计算机档案信息检索系统的开发

1.计算机档案信息检索系统开发的步骤

计算机档案信息检索系统开发的步骤包括：开发准备、系统分析、系统设计、系统实验、系统维护和评价。

（1）准备阶段

进行初步调查，组成专门的系统开发领导小组，制订系统开发计划。在深入调研的基础上，提出系统初步目标，并进行新系统开发的可行性研究，确定系统开发的方式。系统开发的方式有委托代理式、合作开发式、独立开发式等。

（2）系统分析阶段

在明确了系统的目标后进行工序分析、工作量分析、费用和时间分析，用一系列图表构造出系统的逻辑模型，并与文字说明一起组成系统说明书。

（3）系统设计阶段

具体进行计算机和人工过程的详细设计，包括选择合适的硬件、软件设备，进行代码设计、输入输出设计、程序模块设计和处理过程设计等。

（4）系统实验阶段

进行设备的选购、安装和调试、人员培训、程序设计和调试、数据库的建立、系统的调试和转换等工作。其中，数据收集、加工和录入等数据准备工作需要投入大量的人力，是建立计算机档案检索系统中最烦琐的工作，也是系统能否投入使用的关键。

（5）系统维护和评价阶段

系统调试完毕之后，须通过检验和验收。系统运行一段时间后还要对系统的质量和效益进行评价。系统评价指标包括输出信息的质量、系统的可靠性、开发和维护费用及经济效益、系统工作效率、服务质量、用户的满意程度等。系统的维护和评价须反复进行多次，使系统不断趋于完善。

2.影响计算机档案信息检索系统开发的因素

（1）档案材料的基本情况

档案的数量、类型、特点和状况决定了系统的规模、数据库的类型、系统开发的进程，也对计算机硬件和软件的选配提出了要求。

（2）档案管理状况

现有的档案管理基础是计算机档案信息检索系统能否顺利开发的前提。例如，档案是否齐全、整理有序、鉴选得当、档案信息前处理工作的进展状况等都是直接的影响因素。

（3）用户需求

用户需求是整个系统的出发点，也是决定系统是否适用、达到较高利用效率的关键。用户需求状况还直接影响到系统结构与功能设计，例如，要实现自动标引，就需要建立可用词词库，并辅以词表管理功能。

（4）人员、设备、经费条件

系统开发过程中需要各方面的人才，包括系统分析人员、数据录入人员、计算机操作人员、程序设计人员、著录标引人员等。此外，经费充足、设备齐全等因素在系统开发中往往发挥决定性作用。

（5）技术可行性

现有技术水平决定了系统能实现什么样的目标和功能，技术可行性反映在硬件、软件的性能，数据库管理系统、汉字输入技术等方面。

3.计算机档案信息检索系统开发的组织

计算机档案信息检索系统开发的组织主要有委托代理式、合作开发式和独立开发式等形式。

（1）委托代理式

档案部门将系统开发委托给相关技术部门，档案部门只提供必要的资金和业务条件，双方签订委托代理合同。

（2）合作开发式

即相关技术部门和档案部门分别负责与自己业务有关的工作内容，双方共同参加系统开发的全过程，并就系统开发中的关键问题进行协商，充分交流意见，直至取得协调一致。系统实际设计工作由计算机技术人员负责，档案管理人员则需向计算机技术人员介绍档案管理的原则、方法和各种具体要求，协助其做好调查分析等工作。

（3）独立开发式

由档案部门独立进行系统的开发。条件是档案部门拥有技术实力，能够独立解决系统开发中出现的各种技术问题。如果系统规模不大，技术要求不高，可以采用独立开发方式。

在以上三种方式中，委托代理式的双方如果沟通和交流不畅通，则系统功能会受影响；合作开发式的双方都参与系统开发，既能够弥补档案部门自身技术力量的不足，又能保证档案部门及时提出关于系统功能的意见，提高系统的适用性和技术水平；独立开发式节省经费，组织管理方便，所开发的系统适应性强。

开发计算机档案信息检索系统时应注意如下几点：

（1）随时考虑用户的实际需要

计算机档案信息检索系统开发的目的是为利用者提供高效、方便的检索服务。系统开发的成功与否取决于它能否适应用户的各种检索需要。因此，在系统的研制过程中应始终与实际应用部门保持联系，根据实际需要对研制过程中出现的偏差予以纠正，使系统具有较强的适用性。

（2）有计划、有步骤地实施系统开发工作

系统开发的每个阶段都有明确的工作任务，各个阶段之间，各个工作环节之间有着内在的逻辑关系和先后次序，只有严格按各个阶段的划分有步骤地完成规定的任务，才能保证系统开发的顺利进行。

（3）重视系统开发中形成的各种材料的收集和保管

在系统开发过程中，无论是调查研究材料，还是系统设计方案、文字和图表等技术材料，或是系统测试报告、评价材料，与用户交流情况的说明等材料，都应认真收集、整理、妥善保管，它们都是系统研制开发工作的成果反映，也是以后工作的依据，对于系统的进一步完善及推广使用具有重要作用。

三、计算机档案信息检索方法与技术

（一）档案信息检索的一般过程

1.档案信息检索的基本步骤

（1）明确检索要求，确定所要查找的档案信息在时间、类型、内容等方面的特点和限定范围。

（2）根据所在档案机构检索工具和检索系统的设置情况，选择有效的检索途径，确定需查找的档案检索工具或数据库。

（3）对检索课题进行主题分析，并依据档案分类表或词表将档案检索课题的主题概念转换成档案检索标识（分类号或主题词）。

（4）从档案检索工具或检索系统中进行查检，将档案检索标识与表达档案主题概念的档案文献标识进行匹配（相符性比较），检出相关档案。或者直接利用关键词进行检索获得相关档案，或者通过其他检索途径如题名、责任者、文号、档号等查找符合检索要求的档案。

（5）对检索结果进行分析，若与检索要求不符，则根据需要扩大，缩小或改变检索范围，直到获得满意的检索结果为止。

2.手工检索过程

（1）了解和熟悉馆藏检索工具。了解本馆（室）所设置的检索工具的种类、收录范围、编排方式、功能等，弄清楚本机构能提供什么样的检索途径，为查找某方面的档案选择恰当的检索方式。

（2）明确检索要求。针对某一具体的检索课题，明确检索的真实目的，所要求的检索角度、深度和广度。由于各种原因，利用者在提出检索要求时，常常是不够确切的，对检索要求含糊不清的表达常常掩盖了利用者真正的情报需求，致使检索效果受到影响。因此，档案检索人员需要向利用者反复了解、征询，以确定检索的真实要求。

（3）根据检索要求，选择必要的检索途径。选择什么样的检索途径要看利用者对所要查找的档案线索的掌握程度，如已知文号，可查文号目录；已知责任者，可查责任者目录；若没掌握什么线索，则可通过分析检索课题的主题，选择内容检索途径，查找分类目录和主题目录。在手工检索中，明确了检索途径，也就基本上确定了所要使用的检索工具。

（4）如果选择的是分类和主题检索途径，在检索过程中就须将检索课题的主题概念转换成检索标识。由于概念转换须借助档案分类表和主题词表，而检索人员对分类表、词表的结构、功能和使用方法不一定很熟悉，再加上分类标引和主题标引有一定的难度，因此，概念转换是手工检索过程中较为困难也是比较关键的步骤。

（5）根据检索标识在各种卡片式、书本式的检索工具中进行查检。这是手工检索的实际操作阶段，在检索过程中应根据检索要求随时调整检索范围，包括扩大、缩小或改变检索范围。可利用分类表的等级体系或词表的参照系统、范畴索引来实现。

（6）获得与检索课题相关的档案线索后，就可根据检索工具提供的出处提取档案，进行甄别、筛选或利用。

（7）如果一次检索达不到较高的检全率或检准率，不能完全满足检索要求，可另外选择检索途径，重新进行查检，直到获得满意的结果。

3.计算机检索过程

计算机检索是在构造和执行检索策略的过程中进行的。检索策略是根据检索要求和检索系统的具体情况制订的检索方案，具体表现为完成一次输入提问表达式，由计算机对文档进行查找，检出相关文献。

分析检索结果，若不符合要求，则对提问表达式进行修改并且重复第（5）步，直到满意。

按照所需要的格式和要求，输出最终检索结果。

（二）计算机档案信息检索方法

1.计算机档案信息检索方法

（1）布尔逻辑检索（boolean logic）

用布尔逻辑运算符连接各个检索词，然后由计算机进行逻辑运算，查找所需信息。布尔逻辑检索广泛运用于计算机检索系统，是使用面最广、使用频率最高的一种检索方法。布尔逻辑算符有如下 3 种：

①逻辑"与"

用"AND"或"*"表示。用来表示其所连接的两个检索项的交叉部分，即交集部分。检索式为：A AND B（或 A*B）。如：大学生心理咨询可用"大学生 AND 心理咨询"来表示。

②逻辑"或"

用"OR"或"+"表示。用于连接并列关系的两个检索词，检索式为：A OR B（或 A+B）。如："城乡医疗体制改革"可用"城市医疗 OR 农村医疗 OR 体制改革"来表示。

③逻辑"非"

用"NOT"或"—"表示。用于连接排除关系的检索词，排除不需要的和影响检索结果的概念。检索式为：A NOT B（或 A—B）。表示检索含有检索词 A 而不含检索词 B 的信息，即将包含检索词 B 的信息集合排除掉。

逻辑"与"的运用能缩小检索范围，利于提高检准率；逻辑"或"的运用能防止漏检，利于提高检全率；逻辑"非"的运用能排除不需要的和影响检索结果的概念，提高检准率。

在一个检索式中，可以同时使用多个逻辑运算符，构成一个复合逻辑检索式。复合逻辑检索式中，运算优先级别从高至低依次是 NOT、AND、NEAR，可以使用括号改变运算次序。此外，当检索式含有截词符、位置算符时，布尔逻辑运算最后执行。

（2）邻近检索（proximity search）

邻近检索又称为位置算符检索。是用特定的算符（位置算符）来表达检索词与检索词之间的关系，并且可以不依赖叙词而直接使用自由词的一种检索方法。与布尔逻辑检索方法相比，邻近检索可以通过严格限制词和词之间的位置关系，表达更为确切的检索要求。经常使用的位置算符有 With（W）或 Near（N）两种。用（W）或（N）连接检索词 A 和 B，用于表示两个词在同一记录中位置的密切相邻关系。

① （W）与（nW）

用位置算符（W）连接检索词 A 和检索词 B，检索表达式为："A（W）B"。表示检索词 A 和检索词 B 必须在文本信息中按照前后顺序紧挨着出现，检索词 A 在前，检索词 B 在后，二者的前后位置关系不能颠倒，二者之间不能插入其他的词，但可以有一个空格、一个标点或一个连接符号。如果允许 A 和 B 之间有多个词，可用 "A（nW）B" 表达，n 表示 A 和 B 之间可以最多插入 n 个词，但 A 和 B 之间的前后顺序不能颠倒。

② （N）与（nN）

用位置算符（N）连接检索词 A 和检索词 B，检索表达式为："A（N）B"。表示检索词 A 和检索词 B 必须在文本信息中紧密相连出现，但 A 和 B 的位置可以颠倒，A 在前 B 在后或者 B 在前 A 在后都可以，二者之间不能插入其他的词，但可以有一个空格、一个标点或一个连接符号。如果允许 A 和 B 之间有多个词，可用 "A（nN）B" 表达，n 表示 A 和 B 之间可以最多插入 n 个词，A 和 B 之间的前后顺序可以颠倒。

（3）字段限制检索（field limiting）

即将检索词限制在某一特定的字段范围内进行检索，例如："环境保护（LA）"是对语种进行限定，括号内的 "LA" 表示语言，意指该检索词只在语言字段进行检索。除此之外，还可将检索词限定在题名、作者、时间、档号、分类号、主题词、文号等可检字段进行查找，提高检准率。

（4）词组精确检索（exact search）

精确检索主要通过双引号…'专指一个检索词（组），从而检索出与双引号内完全相同的一个短语，避免计算机在检索时将专指概念拆分。如"武汉大学樱花"作为一个专指的词组，双引号的使用有利于获得精确的检索结果。

（5）加权检索（weighted retrieval）

所谓加权检索，就是在检索时，给每个检索词一个表示其重要程度的数值（即所谓"权"），对含有这些检索词的档案进行加权计算，其和在规定的数值（阈值）之上者作为检索结果输出。权值的大小可以表示被检出档案的切题程度。加权检索可对检出档案材料进行相关性排序输出，也可根据检准率的要求进行灵活的分等级输出，输出时按权值大小排列，只打印权值超过阈值的相关文献。

一般而言，在计算检索式的权数时，若检索项用逻辑乘运算，则取大的权数作为命中档案的权数；若用逻辑和运算，则取命中文献中含有的检索项的权之和为命中档案权数；若用逻辑非运算，则取前一个检索项的权作为命中档案的权数。

（6）截词检索（truncation）

所谓截词检索，就是用截词符对检索词进行截断，让计算机按照检索词的部分片段同索引词进行对比，以提供族性检索的功能。截词检索主要用于西文文献的检索中。

截词检索可采用右截断（前方一致）、左截断（后方一致）、左右同时截断（中间一致）三种方法。

①前方一致

对检索词的词尾部分截断，右截断在计算机检索中广泛应用，这种方法可以省去键入各种词尾有变化的检索词的麻烦，有助于提高检全率。例如，键入检索词 Computer+（"+"为截断符号）可以检索出任何以 Computer 为开头检索词的文献，如 Computers，Computerize 等。

②后方一致

把截断符号放在字根的左边，如+Computer，那么计算机在进行匹配时，索引词 Minicomputer，Microcomputer 等均算命中。

③中间一致

将字根左右词头、词尾部分同时截断，例如：+Computer+，可以命中包含该字根的所有索引词，如 Minicomputer，Microcomputer，Computers，Mini-computers，等等。这种左右同时截断的方法，在检索较广泛的课题材料时比较有用，可获得较高的检全率。

（7）联想检索（associative retrieval）

联想检索是建立在人类的联想式思维基础上的一种检索方式。联想式检索系统能够帮助用户在检索信息的同时，检索和显示所联想到的其他任一信息，当输入一个检索词以后，系统可以显示与该词意义相同或相近的词，辅助用户查询，提高检全率或检准率。

（三）档案信息检索策略

所谓检索策略，是在分析用户情报需求的基础上，选择检索途径、检索用词，明确各词之间的逻辑关系，构造检索表达式，明确查找步骤的科学安排，具体体现为一组检索式的总和。检索策略对检索效果有很大影响，检索策略制订得好，不仅可达到较高的检全率和检准率，还可以提高检索速度，缩短检索时间，降低检索费用。尤其是对计算机检索而言，制订周密的检索策略是检索得以成功的关键。档案检索方法可借鉴情报检索的一般方法和技术。档案检索效率可用五个方面来衡量：全、准、快、便、省。其中，检全率和检准率是评价检索效率最常用的两个指标。

1.档案信息检索提问分析

检索提问是用户实际表达出来的检索要求，也称情报提问。档案检索提问分析是对档案检索课题所作的主题分析，目的是弄清用户真正的检索要求，以便确定检索对象和检索范围，它是制订档案信息检索策略的首要步骤。

档案检索提问分析包括以下内容：

（1）检索目的：是为了查证某一事实，还是为了研究某一问题。

（2）检索对象：是检索档案中包含的信息，还是检索某一特定的档案。

（3）检索范围：检索哪种类型、时间、地区和专业范围的档案材料。

（4）现有档案线索：如立档单位的名称、职能、沿革，检索对象的时间、地点，档案责任者、文号、图号，相关联的人物、机构、事件等。掌握的线索越多，越有利于检索的进行。

由于种种原因，用户的检索提问往往不能准确全面地表达其真正的检索要求，增加了档案检索提问分析的难度。表现为如下方面：

（1）用户往往把提问局限于他认为检索系统所能够提供的信息范围内，而不一定是他的全部需求。例如，用户对档案机构或检索系统提供档案信息的能力有所怀疑，认为不能满足其要求，或者认为自己的时间、吸收能力、经济能力有限，没有必要正式提问。另一些用户为了保密，不愿表明自己全部的检索要求，而是有所保留。这样，检索提问往往缩小、放大或偏离了用户真正的检索要求。

（2）用户对检索要求的表达受到了用户水平和系统语言的影响，常常出现误差。用户在表达自己的信息需求时，受本身水平的限制，难免出现含混不清、词不达意甚至错误表达自己的检索要求的情况。另外，用户一般没有经过检索语言或检索技能的培训，难以采用受控的人工检索语言精确表达自己的检索需求。在这种情况下，容易产生表达误差。因此，用户的检索提问不一定就能代表其真正的检索要求。

（3）用户一开始可能没有意识到自身的潜在信息需求，这种潜在信息需求转化为现实的信息需求有一个过程。用户为实现其研究、查证等检索目的而应当提出的检索要求暂时还没有被意识到，这种潜在的信息需求往往随着检索工作的进展逐渐明朗，转化为现实的检索提问，需要作进一步的提问分析。

可见，由于受到检索系统功能、检索语言类型以及用户自身素质和检索心理的影响，用户在检索时的实际提问往往并不能全面反映其全部的、真正的信息需求，表达误差时有发生。为了弄清楚用户的真正需求，需要对检索提问进行深入分析，并耐心征询用户意见，引导用户梳理自己的检索意图，将用户潜在的信息需求准确转化为现实的信息提问。

2.档案检索策略的构造

（1）检索途径的选择

根据用户的检索提问选择合适的检索途径，决定检索入口。对某一特定的检索要求选择什么检索途径，决定于用户对档案线索的掌握程度及检索系统的设置情况。对于手工检索来说，检索途径的选择就是决定采用哪种检索工具进行检索，可以是分类目录，也可以是主题目录；可以是题名目录，也可以是文号索引，等等。而对计算机检索系统来说，则包括对数据库的选择及检索项目的确定。检索项目包括待检数据库中各种规范化代码如档号、分类号、产品代码、国家或地区代码、机构名称代码等，以及表示主题概念的检索词。在计算机检索中，检索词是各种档案数据库中不可缺少的基本检索项目。检索词包括主题词和自由词，一般总是优先选择主题词作为最基本的检索项目，因此在计算机检索中，主题检索途径是主要的检索途径。

（2）检索标识的选定

选择好检索途径后，即可根据分类表或词表，将表达用户提问的主题概念，转换成检索标识。所选择的检索标识适当与否取决于对检索提问进行主题分析的正确性、全面性以及标引的准确性和专指性。检索标识的选定对检索网络度和专指度有很大影响。检索网络度是指检索标识网络检索课题主题概念的范围和程度，网络度高，检全率就高。检索专指度是指检索标识表达检索课题的主题内容的确切程度，专指度越高，检准率就越高。为了达到较高的网络度和专指度，就要对检索课题进行深度标引，这意味着要用更多的检索标识来更全面、更具体地标引检索课题的主题概念。具体来说，要优先选择专指的主题词，另外可选用适当的自由词配合检索。需要说明的是，使用自由词可达到较高的专指度，可以及时反映新概念，灵活性强，但自由词缺乏词汇控制，增加了检索难度，因此，自由词的选用是有一定限制的。

（3）检索式的拟定

根据检索课题的主题内容选定了检索标识后，就可以用布尔逻辑算符和一些检索指令将检索提问中各有关概念之间的关系表达为布尔逻辑检索式。检索式是检索策略的具体表现形式，它是对检索提问的逻辑表达，也称检索提问表达式。

检索式中常用的布尔逻辑算符有：逻辑与（或称逻辑乘、逻辑积），符号"*"；逻辑或（或称逻辑加），符号"+"；逻辑非，符号"—"。检索指令是表示计算机能够执行的各种运算关系的标记和符号，不同的计算机检索系统有各自的检索指令。不管用户的检索提问多么复杂，都可以用布尔逻辑的原理，使用概念组配的方法，转化成布尔逻辑检索式。

检索式编制的好坏，直接关系到检索效果。检索式的拟定有一定的技巧，其基本要求是：

①应完整而准确地反映出检索提问的主题内容。

②应遵守待检数据库的检索用词规则。

③应符合检索系统的功能及限制条件的规定。

④应遵守概念组配原则，避免越级组配。

⑤注意检索式的精练，能化简的检索式尽量化简。

3.档案检索策略的调节

档案信息检索过程比较复杂，由于种种原因，检索结果往往不能满足检索要求而出现一些偏差，这就需要及时修改和调整检索策略，进行反馈检索，以达到既定的检索目标。

一般来说，需要进行反馈检索的课题有两种类型：一是未达到检索目标，或用户又在原来检索的基础上提出了进一步的检索要求；二是由于构造检索策略不当所造成的检索失误。不管是哪种情况的反馈检索，都要对用户提问和检索结果进行深入分析，在原有的检索基础上进一步扩大或缩小检索范围。

（1）调整检索式。扩大或缩小检索范围

①提高检全率，扩大检索范围。可采用如下方法：

其一，降低检索标识的专指度，可从词表中或检出文献中选择一些上位词参加检索。例如：在查找关于"档案信息组织"的文献时，用表达式"档案信息术组织"进行检索，但检索结果表明，系统中符合要求的记录很少，有必要适当扩大检索范围，用"文献信息"代替"档案信息"，表达式为"文献信息丰组织"，检索结果命中记录数明显增多。

②删除检索式中用逻辑与"AND"（*）连接的某个组面，扩大检索网络度。例如：将"计算机卑网络丰安全"中的一个组面"计算机半"去掉，用"网络术安全"进行检索，扩大检索的网络度，从而扩大检索范围。

③增加检索式中用逻辑或"OR"（+）连接的检索词，进行族性检索。

（2）提高检准率，缩小检索范围。可采用如下方法：

①提高检索标识的专指度，增加或换用下位词和专指性较强的自由词。

②用逻辑与"AND"（术）连接一些进一步限定主题概念的相关检索项，例如"研究生术教育"通知。在这里，"通知"为档案的文种，可对主题概念进行限定。

③用逻辑非"NOT"（一）排除一部分不需要的材料。

④在检索标识后注明关联符号和职能符号，以避免概念的误组配，提高检准率。

（3）增加检索途径

除了采用主题检索途径之外，增加分类途径、责任者途径或其他形式检索途径进行检索，可以对档案材料的专业范围、档案类型、文种、时间等进行限制。

（4）利用概念等级树扩检或缩检

利用分类表、词表中的概念等级结构向上扩大检索范围，提高检全率；向下缩小检索范围，提高检准率，可由计算机自动处理。例如，可采用上位登录的方法，将检索标识的所有上位词用计算机自动登录，利于扩检。

（5）采用截词检索、加权检索、精确检索等方法进行检索

截词检索、加权检索和精确检索等都是计算机信息检索常用方法，其目的在于实现族性检索、控制检索结果输出的相关度，以及提高检准率。

需要指出的是，由于检全率和检准率之间存在着相互制约现象，提高检全率常常会降低检准率，而检准率的提高又可能导致检全率的降低。因此，在构造和调整检索策略时，应深入分析用户检索提问的实质及需求范围，找到一个检全率和检准率之间的平衡点，达到理想的检索结果。

（四）计算机档案信息检索技术

1.全文检索

全文检索技术是 20 世纪 50 年代末产生的一种信息检索技术，中文全文检索技术的研发始于 20 世纪 80 年代后期，全文检索技术与出版技术相结合，产生了各种类型的数据库，包括：全文期刊数据库、全文报纸数据库、全文专利文献、法律文献数据库，除此以外，全文处理技术还用于年鉴、手册、百科全书、参考书等参考工具的编制，以及古籍文献和经典文学作品全文数据库的研制。

档案全文检索，又称档案原文存储与检索，是借助于光盘存储器与缩微设备联机实现的一种档案检索方式。我国自从沈阳市档案馆于 1991 年最早开始光盘

原文存储与检索的应用研究以来，档案全文检索已经逐渐由实验向实用化发展。

全文检索系统的核心组成是全文数据库和全文检索软件。全文数据库是将一个完整的信息源的全部内容转化为计算机可以识别和处理的信息单元而形成的数据集合。全文处理采用了"一次扫描技术"，即计算机索引程序顺序扫描文章全文，对每一个（字）词建立一个索引，指明该（字）词在文章中出现的次数和位置；用户查询时，检索程序根据建立的索引进行查找，并将查找的结果反馈给用户。这个过程类似于通过字典中的检字表查字的过程。应用全文检索软件，可以对文件全文，包括字、句、段、章、节等不同层次的内容进行编辑、加工和检索，将受控语言与自然语言检索相结合，采用布尔逻辑检索、截词检索、邻近检索、模糊检索等方法查找原文中任何细小单元的信息。

一般来说，全文检索需要具备建立索引和提供查询的基本功能，此外，还需要具备方便的用户接口、面向 www 的开发接口、二次应用开发接口等。在结构上，全文检索系统应具备索引模块、查询模块、文本分析模块、对外接口，以及外围各种应用系统等。在结构上，全文检索系统应具有建立索引、处理查询返回结果集、增加索引、优化索引结构的功能，以及外围各种不同应用系统的功能。

全文检索的方法主要分为按字检索和按词检索两种。按字检索是指对于文章中的每一个单字都建立索引，检索时将词分解为字的组合。按词检索是指对文章中的词即语义单位建立索引，检索时按词检索。英文的字与词是合一的，而中文的字与词有很大分别，中文全文检索系统的建立面临汉字词的切分问题。

自动标引技术和自然语言检索可用于全文检索系统的技术实现。采用自动标引技术能大大提高标引的专指度和标引的速度，而采用自然语言检索则能提高检准率和系统的易用性，但却容易出现假联系和误组配，降低检全率。为了提高自然语言检索的效率，可引进后控机制。后控词表综合了自然语言和常规的受控语言的长处，对于提高全文检索系统的检索效率有着重要的作用。

2.多媒体存储与检索

多媒体存储与检索技术是指将文本、数值、图形、图像、声音等多种类型的档案信息进行综合处理的技术。迄今为止，已有不少多媒体档案检索系统问世，如清华大学档案馆技术部研制的 THDA—MIS 多媒体档案及办公管理信息系统等。多媒体存储与检索技术能够使用户方便、直观、迅速地获得全方位的档案信息，保证了档案信息的完整性与准确性。本地区、本部门举行的重大活动，召开的重要会议等实况录像、录音均可录入计算机供随时调用，体现了档案的原始记录性。

多媒体检索系统是信息技术迅速发展的结果，与多媒体检索系统相关的技术包括：

（1）数字信息处理技术

包括模拟信号与数字信号的相互转换，文本、数值、图像、数字语音信息的编码与解码技术。这些技术的发展使得图像和音像成为计算机可处理的数据。

（2）计算机存储技术

全文本、图形画面和语音信息都要求很大的存储空间，海量存储技术的发展满足了多媒体系统对存储空间的要求。输入输出设备的发展（高清扫描仪、高分辨率显示和打印设备、图形工作站等）则为图像、语音的输入输出提供了有效手段，使用户能方便地、直接地生成和获取多媒体数据。

（3）面向对象的数据库理论和技术

传统的数据库管理系统主要适应于格式化和结构化数据，而文本、图像、语音等都是非结构化数据，面向对象的数据库技术就是为了解决非结构化数据的组织和管理问题而发展起来的，它为多媒体检索系统提供了理论依据和方法、手段。

长久以来，大多数多媒体系统是将图与声压缩后当成一个文件甚至一个记录存储到计算机中，使用时即可与文本信息一样地使用，并且借助于附加在图形或声音旁的标引信息，如关键词来实现对图形与声音的检索。但利用关键词无法对多媒体的深层次信息进行详细深入的检索，因此，直接针对视频、声音和图像的内容特征进行检索日益受到关注。

所谓基于内容的检索（Content Based Retrieval，CBR），是指直接根据描述媒体对象内容的各种特征进行检索，能从数据库中查找到具有指定特征或含有特定内容的图像（包括视频片段），融合了图像理解和模式识别等技术。它具有如下特点：

①从媒体内容中提取信息线索

基于内容的检索突破了传统的基于表达式检索的局限，它直接对图像、视频、音频内容进行分析，抽取特征和语义，利用这些内容特征建立索引，并进行检索。

②基于内容的检索是一种近似匹配

在建立数据库时，须使用模式识别的方法对图像库中的图像按不同索引特征分类，在检索的过程中，它采用某种相似性度量对图像库中的图像匹配获得查询的结果。由于对内容的表示不是一种精确描述，因此，CBR采用相似性匹配的方法逐步求精，以获得查询结果，即不断缩小查询结果的范围，直到定位于要求的目标。这一点与常规数据库检索中的精确匹配方法不同。

③特征提取和索引的建立可由计算机自动实现，避免了人工描述的主观性，也大大减少了工作量。

其一，视频检索

视频检索是通过对非结构化的视频数据进行结构化分析，提取视频内容的特征（包含语义特征），从内容上对视频进行检索。视频检索与传统的文本检索相比，存在较大的技术难度。这是因为，视频的内容特征特别是语义特征的提取存在较大的困难，在索引建立、查询处理以及人机交互等方面也与传统的文本搜索存在很大区别。视频检索采用的技术主要有：

①结构化分析和检索

按视频主题或内容特点对一个视频对象进行结构分析和层次化处理，对视频流进行镜头分割、关键帧提取和场景分割等处理，从而得到视频的结构化信息。在结构层次上，视频可通过场景、镜头、帧来描述。帧是一幅静态的图像，是组成视频的最小单位，镜头是由一系列帧组成的一段视频，它描绘同一场景，场景是由一组连续的、同属于一个故事单元的多镜头所组成。镜头分割方法多以视频内容的不连续性为划分镜头的依据，可选取视频的某种特征来度量视频内容的不连续性，如颜色特征、运动矢量特征、边缘特征等。镜头分割后，对每个镜头可提取若干关键帧，并用关键帧来简洁地表示镜头，对已分割出的镜头进行聚类，将内容相近的连续镜头合并为一个单元组，从而得到场景信息。这样，在检索时，可采用基于关键帧的检索，用户一旦检索到目标关键帧，就可以利用播放来观看它代表的视频片断。此外，还可采用基于运动的检索，可以查询摄像机的移动操作和场景移动，以及用运动方向和运动幅度等特征来检索运动的主体对象。

②特征提取与特征描述检索

特征提取是视频检索的基础，实际上就是分析视频数据，提取描述特征，包括：视觉特征（如事物的颜色、形状、纹理、目标的运动情况等）、听觉特征（如视频中音频的频谱分布和变化规律、节奏、韵律等）、文本特征（如 ASR 文本、字母文本、Web 文本等），以及其他特征等。特征描述检索建立在特征提取的基础之上，例如，指出所需检索的镜头或关键帧的主色调，

③浏览检索

用户可以选用系统提供的调色板，还可通过调色板调整其所需颜色。

层次化浏览是视频检索常用的方法。如利用分层场景转移图进行浏览，获取整段视频的场景图之后，再用分层方法对代表帧进行聚类，并将每类选取的代表帧作为浏览节点再依次向下一层推移。

其二，声音检索

声音检索可通过声音文本进行检索，也可以采用语音识别技术对声音内容进行检索。

声音文本检索是将原始的声音以文本形式存储，通过对声音文本的描述，如题目、内容特征等提供对声音的检索。

语音识别与合成方式检索。由语音识别装置从语音信号中抽取相关信息转换成计算机可以理解的数据，存入语音数据库，将语音与文本信息统一，由数据库管理系统描述、编辑、加工、存储、检索，可以直接检索声音的内容。

其三，图像检索

图像检索也包括基于文本的检索和基于内容的检索两种方式。

基于文本的图像检索沿用了传统文本检索技术，回避对图像可视化元素的分析，而是从图像名称、图像尺寸、压缩类型、作者、年代等方面标引图像，一般采取关键词查询，或者是根据等级目录浏览查找。

基于内容的图像检索技术是指通过分析图像的特征，如颜色、纹理、形状等特征，对其建立索引，存储在特征库中。用户检索时，从颜色、纹理或现状

等方面描述自己所需图像的大体特征，就可在图像信息库中找到相应的图像。

图像检索原理包括如下三方面：第一，收集和加工图像资源，提取特征并分析标引，建立图像的索引数据库；第二，对用户需求进行分析和转化，形成检索提问；第三，根据相似度算法，计算用户提问与索引数据库中记录的相似度大小，提取出满足阈值的记录作为结果，按照相似度降序的方式输出。

图像查询的方法一般有：

①关键词查找。输入关键词对所需要查找的图像进行描述。

②浏览查找。通过等级式类目查找。图像按照不同的主题进行归类，用户通过点击层层类目的链接，找到自己所希望的类目下的图像。

③特征输入查找。对图像的特征参数进行设置。

④草图查找。用户亲自动手绘制需要查找的图像特征，以用户描绘的草图为样本，查找与之相似的图像。

⑤示例查询。由系统随机给出一组图像样本，让用户对这组图像进行评价，选择与自己的检索需求相似的图像，然后根据用户选择的图像进行分析，检出与之相似的其他图像。

其三，超文本和超媒体检索

普通的文本多为文字材料，其知识单元按线性顺序排列，只能进行顺序检索。而超文本（Hypertext）是用非线性方式把知识单元及其关系组合在一起的一种网络结构，利用计算机进行快速扫描、追踪、查询和交流。超文本是一种包含多种页面元素（文字、图片、音频、视频）的高级文本，它以非线性方式记录和反映知识单元（节点）及其关系（链路），具有直观性以及人机交互性等特点，并且可以深入到知识单元。超媒体（hypennedia）是超文本（hypertext）和多媒体在信息浏览环境下的结合。超文本主要是以文字的形式表示信息，建立的链接关系主要是文句之间的链接关系。超媒体除了使用文本外，还使用图像、图形、声音、动画或视频片断等多种媒体来表示信息，建立的链接关系是多种媒体之间的链接关系。

超文本和超媒体系统的特点

超文本和超媒体系统具有如下特点：

①采用了动态、开放的设计方法。允许用户借助于链路从一个节点随时转

换到另一个节点，可随时添加、删改和组建超文本的知识网络空间。添加新的信息，只需要键入并链接到其他的信息节点即可，无需重新设计记录格式。

②采用了非线性的排列方式，可以揭示各种相关信息之间的内在联系。传统的信息系统对信息只作了简单的特征描述，采用的是结构化的线性组织方式，不能深入揭示知识单元及其关系。超文本系统按知识单元及其关系建立知识网状结构，可以根据知识片段及其关系进行非顺序性的浏览检索，符合人们的联想思维习惯。

③可以将文字、图像、图形、声音及视频等多媒体信息进行综合处理，展示图、文、声并茂的立体信息。

④它是一种人机交互的用户友好系统。用户利用计算机可以增删信息，加注评语，修改或重建知识网络。

⑤检索灵活，效率提高。将计算机存储、表现信息的能力与人脑筛选信息的能力组合在一起，可以随时扩大、缩小或改变检索范围，实现多途径检索，能提高检全率和检准率。

超文本系统建有专有数据库，采用人机交互的方式，实现对知识网络的检索。超文本数据库由节点和链路组成，节点表示知识单元，链路表示这些知识单元之间的关系，它将相关的知识单元连接起来，构成一个关系网络。超文本技术的本质是在文档内部和文档之间建立关系，正是这种关系给了文本以非线性的组织。超文本的格式有很多，目前最常使用的是超文本标记语言（Hyper Text Markup Language，HTML）及富文本格式（Rich Text Format，RTF）。超文本系统中的每个文档都包含了若干个被醒目显示的，用以指向别的文档的参照项，当某个参照项被触发时，通过数据库中的链路，系统马上就可转换到包含有该参照项的另一文档并显示出来。这种参照项是嵌入式的，不改变原文的顺序，用户既可以阅读完整的一份文档，也可以随时停下来，选择一个可导向某一新文档的参照项进行联想检索，并可以随时返回来继续阅读。

超文本具有两种检索模式：浏览式的检索模式和提问式检索模式：

①浏览式的检索模式

由于超文本对信息的非线性组织特点，用户可以通过链路进行非线性浏览，查看感兴趣的节点所存储的信息，从中找到自己所需要的信息。用户通过浏览不仅可以查找与检索课题相关的信息，而且在浏览过程中往往有意外的收获，能够受到节点信息的启发，不断调整检索目标，获得更为全面、确切的信息，或者通过浏览信息片段，建立新的查询路径。但浏览式检索模式最易产生的一个问题是网络"迷航"问题，即用户通过跟踪节点间的链路在网络中四处移走时，记不清楚自己浏览的线路和访问过的节点，无法清晰地判明所查信息的方向和位置，迷失了自己在网络中的位置。为了克服网络"迷航"问题，常用的措施是使用全局浏览器（global browser），帮助用户在网络浏览时进行定位，使用户能清楚地看到自己浏览的路径和方向。

②提问式检索模式

用户进入某一网站或相关信息数据库，在检索框中输入检索词或提问表达式，点击搜索按钮，便可得到检索结果。与浏览式检索模式不同的是，提问式检索模式事先确定了一个明确的检索目标，并通过拟定检索词或检索表达式进行检索，直接获取信息结果，准确度高，而不是通过浏览一步一步查找和筛选信息。这种检索模式要求用户具备基本的检索技能，能够熟练构造检索策略。

（4）联机检索

联机检索技术产生于20世纪60年代中期，20世纪七八十年代迅速发展，目前已经得到广泛应用。联机检索允许用户以联机会话方式直接访问系统及其数据库，具有不少优点。

①联机检索的特点

其一，交互式检索

联机检索采用检索者与系统的会话的方式进行。用户可以通过终端借助于通信线路与系统直接对话，可随时修改检索策略直到获得满意的结果为止，是一种交互式的检索方式。

其二，实时检索

联机检索系统采用分时技术，即由计算机把处理机时间划分成很短的时间片轮流地分配给各个联机终端，即"分时"。由于计算机运算速度极快，使用户产生错觉，以为自己是唯一用户，检索是以实时进行的，从呼叫系统，到取得检索结果，片刻即可。一个设计优良的系统对一个询问或指令的响应速度快到1～2秒，几乎是即时的。消除了手工检索和脱机检索时间上的延迟现象。

其三，启发式检索

联机检索系统可以帮助检索者选择合适的数据库，通报数据库的更新情况，显示系统词表，帮助检索者将课题的主题概念转换成检索标识，解释检索者不熟悉的作业指令及其使用方法，回答各种业务询问，并让检索者浏览检索的初步结果。由于系统的帮助，检索者可以边检索边询问，在得到启发和帮助的条件下逐步明确自己的检索策略，使检索得以顺利进行。

其四，高检准率

联机检索是"对话"式的，允许检索者随时根据检索的实际情况修改检索策略，扩大、缩小或改变检索范围，避免检索失误，查到自己真正需要的答案，检准率较高。

其五，对用户限制较严

在脱机检索系统中，用户不直接操作计算机，由检索人员代查档案，对用户没什么限制。但在联机检索系统中，用户直接与计算机打交道，由于系统数据库中档案信息并不是无区别地向所有人开放，不是人人都有权检索机密材料，这就必须采取保密措施。此外，联机检索一般是要收费的，为了防止盗用，系统给终端用户一个秘密代号，即口令字。每次开始检索时，系统要求用户输入口令字，检验该检索者是否为合法用户，口令字对上以后，系统才开始提供检索服务。合法用户的权限可以分级，有的用户可以检索整个数据库，有的只能检索其中的一部分。

②联机检索系统的组成及检索过程

其一，联机检索系统的组成

联机检索系统由3个部分组成：主机系统、通信设备和终端设备。

主机系统是联机检索系统的核心，它的处理速度快、具备多程序和分时功能，内存容量大，输入输出设备多样化，功能区全。

通信系统是指终端设备与主机系统进行通信的设备。通信设备分为两种：专用通信线路和通过拨号选择对方的交换线路。联机检索系统使用的是后一种通信线路，即使用电话网和用户电报网进行拨号通信。

终端设备是一种人与系统的接口设备，它将字符、声音以及人类的信息表现形式转换成系统的机器代码。反之，将系统的结果还原成字符、声音等形式，传送给终端用户。

其二，联机检索系统的检索过程

检索者通过计算机终端，向系统发出呼叫，系统响应后对用户作保密审查，审查合格后用户就可开始检索，检索的具体步骤一般为：①利用主题法或联机选择法选择合适的数据库；②将课题分析结果分解成系统能识别的检索词；③采用布尔逻辑算符、位置算符、截词符等组织检索词，构造检索表达式；④进入数据库，输入检索表达式进行查找；⑤分析检索结果；⑥调整检索策略，直到获得满意的检索结果为止；⑦输出检索结果，退出联机系统。

③联机检索的功能

联机检索系统除了提供一般的布尔检索、加权检索、截词检索功能外，还具有一些脱机检索系统所没有的功能：

其一，帮助用户选择合适的数据库

由于系统拥有的数据库越来越多，检索者有时不了解自己该查哪一个数据库，这时系统可根据检索课题将含有该课题档案的数据库名单，按照所含档案数量的多少排序，向检索者显示，供其选择。

其二，词表显示

选定数据库后，如果检索者不熟悉检索语言，可要求系统显示自己需要的那一部分词表或分类表，从中选择合适的检索词。

其三，帮助检索者回顾检索历史

如果检索过程较长，检索者可能会忘记自己已经输入的检索表达式或选择的数据库，检索到了什么阶段。这时，系统可帮助检索者通过回顾检索历史，梳理检索思路，决定下一步如何检索。

其四，保留检索语句或检索策略

当某些检索语句或检索策略以后还需要重复使用时，系统可为检索者短期保留它们，根据标识号即可召回，检索者在下次检索时就不用重新输入检索语句或检索策略了。

其五，提供联机定题服务

用户根据需要订购联机定题服务，输入自己的检索表达式，系统将其纳入专门的用户提问档，予以长期保留。每当系统数据库增加新的纪录时，就为检索者进行查找，将符合用户课题需要的新纪录提供给用户。

其六，支持个人文档服务

联机检索系统允许用户将自己的机读文档输入并保存在该系统中，以备检索之用。系统为这种个人文档保密，旁人无权存取。

④联机检索系统的选择

各个联机检索系统所提供的数据库不同，收费标准各异，可提供的检索功能和服务项目不同，系统的数据质量、响应速度、可靠性和方便性等也有差异。因此，选择合适的联机检索系统十分必要。一般来说，选择联机检索系统应考虑如下因素：

其一，数据库因素

数据库的追溯范围

如果检索课题是普查性的，需选择追溯年代较长的数据库；如果检索课题只要求了解最新发展动态，则不需追求数据库的追溯性，因为追溯年代越长，检索时扫描的范围就越大，耗时就越多，检索费用也就越多。

数据库的文档划分

若在系统中有单独的大库，对普查式检索课题有利；如果按年代将大库断开，划分为几个文档，则对检索最新材料的用户有利。有的数据库既作为一个单独的完整的数据库存在，又有按累计期划分的若干个小文档，这种大小文档并列的方式既便于普查式的检索，又便于最新信息的检索，是最为方便的。

数据库的现实性

即数据库收入的最新资料与其发表的时差有多大，这与数据库更新周期的长短有关。更新周期越短，就越能及时获得信息。

数据库记录内容的完整性

对同一种数据库，各个检索系统对装入字段的选择会有所不同，装入字段越多，其内容就越完整。

系统对数据库的独占性

有的数据库是由某一检索系统独家提供的,这无疑能增加该系统的吸引力。

数据库群的存在情况

对某一学科主题范围而言，往往有一批相关的数据库，称为数据库群，这种数据库群是否存在及其完整程度，是衡量检索系统数据库资源整体水平的依据之一。对检索者来说，某一领域数据库群的存在，扩大了选择数据库的余地，也便于进行跨文档检索。

其二，系统软件功能因素

系统的用户界面

用户界面包括检索模式、后处理的选择、说明提示等。有的联机检索系统针对无经验的检索新手和有经验的检索专家，分别提供菜单驱动和命令驱动方式，以及 WWW 方式的检索。能够适应不同水平级别的用户，比只有一种方式要好。

系统的软件功能

除了一般的布尔逻辑检索外，是否还具备加权检索、截词检索、字段限定检索等功能。系统软件功能与检索处理的深度和灵活性有密切关系。

系统所能提供的服务

系统提供的服务包括：原文复印件传递、在线咨询、电子邮件、系统说明材料提供、用户培训等。

费用因素

系统的收费标准、有无优惠等也是检索者非常关注的因素。

检索者对系统的熟悉程度及经验水平

检索者的素质和经验是保证检索质量和效率的重要条件，检索者应结合自身的情况选择对检索语言、数据库、软件功能、服务项目有较多了解的系统。

Web 环境下联机检索的发展

随着 Internet 的迅速发展，基于 www 方式的网络信息检索对传统的联机检索产生了冲击。世界上的许多联机检索系统，如 DIALOG、STN、OCLC 等都加入了 Internet。利用者可通过 Internet 的远程登录功能（Telnet）和 WWW 方式进入联机系统。

Telnet 是进行远程登录的标准协议和主要方式。通过 Telnet，Internet 用户可以与世界上的许多信息中心、图书馆及联机系统联系。使用 Telnet 协议进行远程登录时需要满足以下条件：本地计算机上必须装有包含 Telnet 协议的客户程序；必须知道远程主机的 IP 地址或域名；必须知道登录标识与口令。在使用

Telnet 登录联机系统时，应申请一个账号，进入主机系统时输入用户名和口令字，就可以进行远程登录，浏览或检索联机系统的资源。

从技术角度上说，www 是 Internet 上那些支持 TCP/IP 协议、www 客户或服务程序和超文本传输协议 HTTP 的客户机与服务器的集合，通过 www 方式可以存取 Internet 上的各种超媒体文件，包括文本、图像、声音、动画、资料库，以及各种软件。

（4）光盘检索

沈阳市档案馆于 1991 年最早开始光盘原文存储与检索的应用研究，此后，光盘原文存储和检索逐渐由实验走向普及。档案原文存储与检索的发展主要依赖于光盘技术的支持。

其一，光盘原文存储和检索的特点

光盘是一种海量存储载体，其信息存储容量极大，能满足一般磁盘所不能承受的存储要求。在多种多样的光盘载体中，只读光盘（CD-ROM）在档案自动检索中应用最多。

CD-ROM 在物理规格和存储方式等方面都已形成一定的国际标准，通用的 CD-ROM 光盘是一种直径为 120mm、厚度仅 1.2mm 的塑料（聚碳酸酯）圆盘，中间有一个直径为 15mm 的圆孔。CD-ROM 存储量大，制作容易，成本低，可同微型计算机相连接进行随机检索，因此得到迅速普及。CD-ROM 技术的采用，有利于建立分散式的、小型的档案检索系统，符合我国档案检索工作的实际，是一种理想的选择。具体而言，光盘存储有下列优点：

①光盘具有很大的存储容量，耐用，费用低。

②光盘系统可向用户随盘提供相当于联机系统功能的软件，便于自动化检索，检索速度快，且可随机存取。

③可避免使用联机检索所必需的电信设施，免除了联机检索中的电信费、联机系统使用费，还可避免远距离电信传输时可能出现的通信失误。

④一旦订购了光盘数据库，其使用量就没有限制，不必在使用时受到经费的压力。

⑤可以将文本、图像、声音等信息结合在一起，扩大档案数据库的用户范围。

⑥光盘系统的图像输出质量好，可改善字迹模糊的档案文件的可读性。

但不可否认的是，光盘存储也存在下列缺点：

①购买（或租用）光盘数据库，不管其中的记录是否被利用，都必须全部一次付费。因此光盘系统如果使用量太少，则显得十分昂贵。

②由一个单位建立的光盘系统，可供利用的档案信息资源十分有限。

③光盘数据库的更新是定期进行的，其时效性不如联机检索系统的数据库。

④光盘系统若为单用户性质，每次就只能由一个检索者使用。

⑤缺乏设备和软件的兼容性，标准化问题需进～步解决。

其二，光盘检索服务的方式

CD-ROM 可提供追溯检索、定题检索、套录子库、国际联机检索的预处理、检索人员培训等服务。

①追溯检索（Retrospective Search，RS）

追溯检索是指在时间上由近及远，逆着时间的顺序，查找一段时期内有关特定主题信息的检索方法，比较适合于科研项目的文献检索。由于 CD-ROM 数据库的使用几乎不受时间限制，因此还可以为特定用户的指定专题（或特殊要求）提供专题追溯检索服务。

②定题检索

国际联机所提供的定题情报检索服务费用昂贵，一般的用户难以承受这笔费用，而 CD-ROM 数据库一般都是 1～3 个月更新一次，可利用其数据库更新提供 SDI 服务，长期跟踪国际先进技术的进展情况。启用 CD-ROM 数据库检索软件的"保留"和"执行检索策略"功能（即 SAVE 和 EXECUTE 指令），可方便的实施 SDI 服务，而且，保存的检索策略可用微机编辑软件加以修改和补充。

③套录子库

套录（downloading 或 offloading）是指在联机情报检索过程中，利用微机终端从数据库中套取某一主题的文献记录，将其存储在磁盘上，脱机后进行倒置、合并、删除、格式转换等处理，建立本机上的专业或专题子库，供今后重复多次检索使用的一种情报检索与存储技术。CD-ROM 数据库检索软件一般都具备套录检索结果的功能，可根据用户需求，套录数据库中的部分记录。对于无条件设置联机终端或专业范围较狭窄无需购置整套数据库的用户来说，可以采用套录子库的方法在本单位的微机上建立"自己的"专用子库。

此外，CD-ROM 光盘检索还可提供国际联机检索的预处理和检索人员的培训等服务。在功能上，CD-ROM 光盘检索与国际联机检索可取长补短、相辅相成。

其三，光盘检索的发展

①光盘网络化

CD-ROM 技术在网络化方面的突破，促进了光盘资源的网络共享。光盘数据库通过与局域网或 Internet 的连接，可在网上通过光盘搭组、光盘阵列或将光盘数据库的内容先复制到硬盘上，供网上多个用户共享。CD-ROM 光盘网络化实现从单光盘一单用户到多光盘一多用户的转变，对于计算机情报检索产生了重要影响。国内很多图书馆或文献信息中心利用文件服务器、光盘服务器或专用网络文件服务器实现光盘的网络检索功能。

②点对点远程检索

点对点光盘检索是通过拨号方式来实现对远程光盘数据库的检索。远距离的个人或单位借助调制解调器和电话线，以异步通信的方式对光盘数据库实现远程检索。这也是一种对光盘资源的网络共享方式，它的优点是对设备的要求不高，费用低，实用性强。

③多媒体光盘检索

多媒体系统将文字、图像和声音信息集成处理，需要很大的存储空间和实时检索要求，而 CD-ROM 具有高密度、大容量、低成本、检索方便的优点，是一种理想的多媒体信息存储介质。随着多媒体技术的发展和系统功能的增强，多媒体光盘检索也将得到更多、更广泛的应用。

6.智能检索

档案智能检索技术是应用人工智能技术模拟档案检索的过程，实现档案信息的存储、检索和推理的一种先进的档案检索技术。从国防科工委档案馆等单位研制的实验性的智能化系统来看，这种智能检索系统可以部分实现自然语言检索，提高检全率和检准率，代表了档案检索系统的发展方向。

（1）智能档案检索系统的特点

①建立在知识库的基础上，具有很高的推理功能。这是它与一般档案检索

系统的主要区别。

②使用自然语言进行交互。采用高级的自然语言处理技术，来理解、分析用户的提问和向用户提供检索结果。

③面向用户。能把智能性工作从用户身上转移到机器上解决，如描述情报需求，制定检索策略及分析结果等。

④适用性广。适于不同类型的用户，尤其是无经验的用户。

⑤具有学习能力。可以从用户与系统的交互中获取知识，使系统适应环境的变化而发展变化。

（2）智能档案检索系统的结构与功能

①知识库

知识库中包含了满足档案检索要求所需要的各种知识，如文献知识、专业知识、专家知识、语言学知识等。

②数据库

存储大量事实型数据以及推理过程中的中间结果信息等。

③检索推理机

综合应用各种检索策略和推理技术，利用知识库中的知识，按一定的推理策略解决用户的问题。

④文本处理

利用计算机自动处理自然语言形式的文本信息，对文本进行语法、语义分析，并采用知识表示方法表达档案内容及其语义关系。

⑤入机接口

理解、分析用户提问，产生适于用户的结果，并具有解释功能。

⑥知识获取

利用机器学习技术，从各种知识源中获取知识。

四、网络环境下的档案信息组织和检索

网络环境下，信息资源更加丰富，信息量和信息种类迅速增加，信息传递速度大大加快，档案信息组织与检索的方式也随之发生着变化。

（一）网络环境对传统档案信息组织和检索方式的影响

传统的档案信息检索工具主要是手工编制的目录、索引、文摘、指南，局限于对文本信息的组织。即使采用了计算机技术以后，所处理的仍然是二次档案信息，需要首先用人工进行著录、标引等费时费力的前处理工作。而在网络环境下，档案信息资源主要以信息库、资源库的形式存在，除了传统的二次文献信息数据库外，出现了越来越多的全文数据库、多媒体数据库；除了文本信息之外，出现了大量的图形、图像、声音、视频等多媒体信息；数据的组织方式除了线性组织方式之外，还有非线性组织方式。传统的高度专业化、规范化、结构化的信息组织与检索方式已经不能完全满足网络环境下的档案信息需求。如何有效地组织与检索档案信息，使其能在网络环境下得到方便的存取和利用，是档案部门面临的重要任务。

1.网络环境下档案信息资源的特点

网络环境下，档案信息以数字形态为主，它们的主要特点是：

（1）对技术和设备的依赖性

数字档案信息的形成和利用都依赖于数字环境和电子技术，必须通过设备和技术才能被识别和利用，并随着技术环境的变化而变化。

（2）载体形式的多样性和不稳定性

数字档案信息的载体可以是磁带、磁盘、光盘等形式，相对于纸质档案而言具有体积小、节省存储空间的特点，但对于环境的温湿度、防磁性、抗病毒等条件要求较高，载体脆弱而不稳定，寿命较短。

（3）信息源的分散性

数字档案信息来源广泛，种类繁杂，跨行业、跨语种、多介质，不规范，呈现分散无序的状态，其相关性难以判断。

（4）信息的动态性和可变性

数字档案信息可直接由计算机进行存储、删除、修改和发送，使档案信息的处理变得高效、便捷，但同时也随时面临着被篡改、盗窃甚至销毁的危险，其更迭、消亡难以预测，信息的可靠性大大降低。

（5）信息的可共享性

数字档案信息可不受时间和空间的限制，能通过网络大范围传播和交流，提供给多个用户检索利用，实现信息资源共享。

2.网络环境对传统档案信息组织和检索方式的冲击

（1）传统的档案加工方式无法胜任对海量信息的组织和检索

传统的档案信息组织加工方式大多是以手工方式为主，如各种目录、索引、文摘的编制等，尤其是著录、标引等信息前处理工作需要耗费大量的人力、物力，更不用说分类表、词表的编制和维护了。面对网络环境中海量的全文信息和多媒体信息，传统的档案信息组织和加工方式显得无能为力，这要求实现档案信息组织与检索的自动化，如自动分类、自动标引、自动编制和管理分类表和词表、自动编制目录、索引、文摘，以及自动搜索网上信息源等。

（2）基于文本的档案信息组织和检索无法满足对大量非文本信息的处理

在网络环境中，除了文本信息之外，还有大量的非文本信息，如图形、图像、声音、视频等。这些非结构化的信息，不像目录信息那样格式化和规范化，如何对它们进行加工和组织，如何描述和揭示它们的内容特征，如何实现非文本信息数据库的规模生产和低成本检索等'，传统的基于文本的档案信息组织和检索方式难以胜任。

（3）用户类型和需求的变化要求增加和完善档案检索系统的功能

网络环境下，用户可以通过任何一台与 Internet 连接的计算机查询 Web 资源，各行各业、不同年龄、不同文化层次的人都可以成为终端用户，直接利用网络信息资源，用户成分多样化、复杂化。大多数用户未经过专门的训练，缺乏计算机数据处理知识和必要的信息检索技能，因此，要求网络信息组织与检索方式简单实用，尽量考虑用户的要求，使普通用户不经过训练就能用自己熟悉的语言与网络交互，提供不同的界面满足不同水平用户的需要。

（4）信息资源共享性要求档案信息组织与检索的标准化

信息网络是对各类信息源进行存储、加工和利用的协作系统，要求各方面的整体配合。如果只顾单个信息系统的特定需要，就会带来系统间的交流障碍，使网络资源得不到充分利用。因此，网络信息资源共享的前提条件是信息组织与检索的标准化和兼容化，在网络建设、信息处理与检索等方面采取一系列标准，使网络资源得以共享。

（二）网络环境下的档案信息组织

1.信息网络环境下的信息组织方式

（1）自由文本方式（Freetext）

主要用于全文数据库的组织，是对非结构化的文本信息进行组织和处理的一种方式。它不同于二次文献数据库的组织，无需前控，也不用规范化的语言对信息进行复杂的前处理，不是对档案特征的格式化描述，而是用自然语言深入揭示档案文献的知识单元，根据档案全文的自然状况直接设置检索点，能够完整地反映出一次文献的全貌，它是通过计算机自动进行档案信息处理和组织的。

（2）超文本方式（Hypertext）

它是一种将网上相关文本信息有机地编织在一起的信息组织方式。它以节点为基本单位，节点问以链路相连，将文本信息组织为某种网状结构，使用户可以从任一节点开始，根据网络中信息的联系，从不同角度浏览和查询信息。这是一种非线性组织方式，能提供非顺序性的浏览功能，比传统的信息组织方式更加灵活方便，用户在查询过程中可以随时转换到自己感兴趣的信息，符合人们的联想思维方式。超文本方式与多媒体技术结合，称为超媒体方式（Hypermedia），它将文字、表格、声音、图形、图像等多媒体信息以超文本格式组织在一起，使人们可以通过高度连接的网状结构在各种信息库中进行浏览，找到多种媒体所载的各种信息。

（3）主页方式（Homepage）

有点类似于档案全宗的组织方式。它将有关某一机构或某个人物的各种信息集中组织在一起，是对某个机构或人物的全面介绍，介绍的详略程度由建立主页的单位或个人自行决定。

（4）联机编目方式（Online Cataloging）

入网的档案机构根据统一的规则和格式进行编目，各单位生成的书目数据通过网络进行实时传送和交换，形成一个逻辑上的书目库，实行书目数据的规范化、规模化生产。网上联机编目可以减少重复劳动，提高编目工作的效率和质量，实现档案目录信息资源的共享。

2.分类法在网络信息组织中的作用

分类的思想古已有之。分类是人类对文献信息和知识进行组织管理的古老方法，分类法在传统的手工检索环境中一直占有举足轻重的作用。网络环境下，信息组织的对象逐渐多样化，除了传统的文献信息外，还包括大量的图形、图像、声音、视频信息，传统的文献分类法不可避免地受到挑战，与此同时也面临着新的发展机遇。分类法在网络信息组织中的作用主要包括如下 4 个方面。

（1）用于联机浏览检索

分类法具有较强的系统性和族性检索功能，其分类体系便于人们浏览一个学科或一个专业范围的情报资料，逐步确定自己的检索范围，因此能适用于人们对网络信息浏览检索需要。张琪玉教授对分类浏览检索的优点作了如下形象而具体的描述："分类体系结构具有'物以类聚'、'鸟瞰全貌'、'触类旁通'的作用，可以把内容庞杂、种类繁多的网上资源有系统地组织在一起，用户能很方便和有效地系统掌握和利用一个学科或专业范围或主题领域的知识和信息，即使未掌握检索原理和技巧的用户，也能通过从大类到小类的细目的逐层深入，比较容易检索到与其检索目的具有针对性的网络信息资源；分类体系的'透明度'较高，用户通过分类浏览常可'发现'他所需要但并不知道该事物名称的信息，不像关键词检索必须首先确知所需信息相应事物（或主题）的名称，才能入手检索"。在现有的联机公众查询目录（OPAC）中，已有很多系统增加了"浏览周围书架"的功能，对通过任何途径查到的条目，均可由此进入分类系统，扩大或缩小检索范围。

传统的文献分类法以文献内容的学科属性为主要分类标准，类目体系按严格的隶属关系层层展开，类目以线性方式排列，类目层级较多，标记制度烦琐。文献分类法的这些特征对于内容繁杂、结构多样的网络信息资源的分类存在一定的局限性。因此，分类法在用作联机浏览检索时，应充分利用新技术、新方法对它进行某种程度的改造，提高分类法描述网络信息的能力，使之更加符合对网络信息进行浏览检索的要求。对传统分类法进行改造的方法很多，包括：降低分类难度，简化标记制度；利用超文本技术对网络资源进行多维揭示，反映学科发展的多维构架和事物的多维属性，为用户提供多途径浏览；根据网络资源的类型和特征，调整分类表的类目级次，实行粗分类原则；提高分类法类目词语的现实性，增添终端用户检索时所用的自然语言词语，及时反映网络资源中出现的新主题：扩展同主题词表的联系，采用分面分析方法，突破传统的线性组织方式；建立强大的参照系统；加强标引深度；分类法的机读化和网络化；检索语言的分类主题一体化和自然语言化，等等。

传统分类法用于网络信息组织和检索，使用最多的是 DDC。OCLC 于 1992开始启动 Internet 信息资源编目项目，它对 Internet 信息资源分类用的是 DDC。早在 1997 年，Internet 上就有 17 个使用或宣称使用 DDC 组织 Internet 资源的网络信息服务系统，而同时，使用 UDC 和 LCC 的网络信息服务系统各为 5 个。DDC21 版的编制及其在网络上的应用引人关注。DDC 在结构和编制方面，吸收和利用了分面分类的理论，例如，它的辅助表和"类似区分"（Divide Like）处理能反映和表达许多延伸出来的复杂主题。

（2）用于非文本信息的组织

叙词法用于文本信息的组织具有优势，这是因为，叙词法的语词能直接专指地表达文献的主题概念,适合于对结构化规范文本的内容特征进行直接描述。但如果用叙词来描述和揭示非文本信息，则存在困难，因为图形、图像、声音、视频等非结构化信息不像书目信息那样格式化和规范化，其内容特征难于用文字确切表达，其形式特征往往表现为一定的颜色、纹理或声频，难以用文字直接表达。而分类法的聚类功能以及代码化标识则使其在描述非文本信息时具有独特的优势。例如，我们可以对难以用主题词表达的非文本信息进行粗分类，将同类信息集中在一起，赋予分类标识，再结合其他特征进一步地细分。

（3）用于超文本系统的管理

超文本系统将网上信息组织为某种网状结构，用户在查询过程中可随时转换到自己感兴趣的信息，但用户在网络漫游过程中经常会出现"迷航"问题，在漫无目的的泛泛查询中迷失了浏览的方向和目的，浪费了宝贵的时间。这需要采取一定的指引和控制措施，引导用户的浏览，提示和帮助用户厘清自己的思路。分类法由于能直接反映概念之间的相互关系使其在超文本系统的管理中有自己的用武之地。

分类法的语义关系网络与超文本系统有某种相似之处，将它用于超文本系统，可以起到指南的作用。利用分类法的语义关系网，可对用户的检索过程和检索范围进行控制，为不同专业知识水平的用户提供查询信息的捷径。由于超文本系统提供的是非线性的浏览功能，因此，按线性排列的等级列举式分类法难以对超文本系统进行管理，必须对其进行改造才能使用，而分类主题一体化词表则是比较理想的选择。这是因为，分类主题一体化词表是将分类表和叙词表结合在一起的统一控制的检索语言，既保留了完整的等级分类体系，又通过参照系统反映了概念之间错综复杂的关系，能满足多种检索要求。分类主题一体化词表完善的关系网络可为超文本系统直接利用，用来设计和管理超文本的链路，并为具有不同检索要求的用户提供最经济有效的检索途径。

（4）作为网络信息组织的通用工具

主题法系统由于受语种的限制难以实现国际通用性。而分类法系统在通用性方面有自己的优势：

①分类法以号码作为标识，其等级体系反映了概念之间内在的逻辑关系，每个概念在这个分类体系中都有相对固定的位置，不会因为所用语种的不同而发生变化。

②分类法的等级体系具有很大的伸缩性，一种分类表可供不同单位在不同类目等级上使用。

分类法的上述特性使其在现有的检索语言中最有可能成为国际通用的语言，成为网络信息组织的通用工具。国际上几部著名的分类法如 DDC、UDC、LCC 等都在谋求在网络上的应用，并已经取得相当的进展。DDC 在网络信息组织方面的应用最为突出，不少网络信息服务系统和图书馆都在用 DDC 组织和查询 Web 资源。

目前，用于联机检索的分类法大多为传统的大型体系分类法。分析其原因，主要有如下几个方面：

①这些分类法历史悠久，应用广泛，直接将它们用于网络信息的组织，对现有的信息组织体系影响较小，容易被人们接受。

②这些分类法几乎都是综合性分类法，其类目范围覆盖各个学科专业领域，具有通用性。

③体系分类法结构严谨，系统性强，其严密的等级体系直接反映了知识分类的成果，更适用于联机浏览检索的需要。

④这些分类法大多已经有了机读版。分类法的计算机化为它们在网络中的应用创造了条件。

（5）促进分类主题一体化

分类主题一体化至今已经有了很大进展，越来越多的分类主题一体化词表编制出版，但其出版周期较长，推广使用的时间也很长。在联机检索系统中，分类主题一体化检索则较容易实现。例如，美国国会图书馆制订了一个有关分类数据的机读目录标准格式，在这一著录格式中，LCC 的分类号与美国国会图书馆主题词表（LCSH）的主题词和人名记录相对应，有助于编目人员确定合适的主题词和分类号。此外，在机读版的 DDC 记录中，包含了与 DDC 类号相对应的 LCSH 的主题词，在其电子版的相关索引中还直接选用了 LCSH 的主题词。这些做法对分类主题一体化都起到了有力的推动作用。

通过对分类法在信息网络中的应用领域、应用现状及前景的分析，我们可以描述用于网络的分类法应具有的特征：

①机读化和网络化。不仅要实现传统分类法的计算机化，而且应建立基于 Web 的应用系统，方便用户登录、使用并添加必要的注释和评论。

②国际通用性。分类法在网络上的应用会跨越国界，实现国际通用性。主要表现在：作为网络信息组织工具的分类法几乎都能支持多语种检索。

③兼容性。这主要体现在各种分类法之间的兼容互换及其与主题法的兼容上。

④灵活性。传统分类法具有相当的稳定性，修订周期长，而且一般不从根本上改动其结构体系，这使许多新学科、新事物、新概念不能及时在分类法中反映。用于网络信息组织和检索的分类法则具有很大的灵活性，可以方便地调整分类法的结构，随时增删改分类法的类目，并能根据网络信息组织和检索的需要作较大的改造。

主题法在网络信息组织中的应用也十分广泛，具体应用为关键词法。关键词法是一种采用自然语言来组织信息的方法，关键词能深入、直观地揭示信息中所包含的知识，符合人们的思维习惯，因此关键词法在网络信息组织中得到了广泛应用。网上各种各样的搜索引擎和数据库大多采用了关键词法组织信息资源，如 Google、Baidu 等，中国科技期刊数据库、中国学术期刊光盘数据库也大多使用关键词法来组织信息。

3.网络信息分类体系

传统的文献分类法用作网络信息分类的改造之后，可适用于对网络学术信息资源的分类，但对网络上的大众信息资源进行分类却存在先天的局限性。目前，我国各大门户网站如新浪、搜狐、网易以及其他商业性网站采用的是网络信息分类法。最具有代表性的网络信息分类体系是 Yahoo!的分类体系。

Yahoo!以人工编制的主题树方式，将信息按照主题分为如下 14 个基本大类：艺术与人文、商业与经济、电脑与因特网、教育、娱乐、政府、健康、新闻与媒体、休闲与运动、参考资料、区域、科学、社会科学、社会与文化。每一个基本类目下细分为不同层次的子类目，等级越低的子类目中的网站主题越专指、具体，从而建立起一个由类目、子类目等构成的可供浏览的相当详尽的目录等级体系。其类目设计基本合理，尽量囊括了互联网上丰富的信息种类，类目等级层次鲜明，各级类目的详略和宽泛程度不一，为网上信息资源的归类提供了一个基本的依据。许多网站以 Yahoo!的分类体系为参照，建立了自己的分类体系，由于拥有的网站或信息的多寡以及所针对的用户群体的差异，不同网站的网络信息分类各不相同，但它们在本质上是相同的，即一种有别于文献分类法的针对大众信息资源的分类体系。它们具有如下特征：

（1）类目设置从所能够提供的信息资源和普通用户的检索需要出发，突出日常所需，如教育、娱乐、保健、商业、新闻、休闲、体育等，通俗实用。但各网站的类目设置五花八门，分类标准不一，追求用户点击率和商业利益，类目体系所覆盖的知识领域缺乏完整性和严密性。

（2）类目的排列（包括同位类的排列）缺乏逻辑性和规律性。

（3）类名用词不规范，随意性大。

（4）交替列类、多重列类，反映不同学科门类和知识之间的交叉、融合等横向关系。

为了强化网络信息分类体系的实用性、规范性和易用性，避免用户在面对不同网站所提供的不同分类体系时的茫然无措，可采取如下改进措施：

（1）类目体系总体上采取主题分类模式，以类组的方式列举一级类目。如：金融/证券/股市/保险，文化/文学/艺术/娱乐/体育，等等。这样便于用户在主页界面中概览整个分类体系和类目内容。

（2）可多重列类。其特点是在同一个类下，同时采用几个分类标准分别建立几个平行的子目系列，这几个系列之间内容是交叉的。

（3）类目层级不宜过多或过少。过多会影响检索速度，过少则会影响浏览效果。

（4）类名应简洁、确切、规范、通用，能准确概括网络信息资源的内容。

（5）设专类揭示重要的网络信息资源或重要的数据库。

（6）为了满足部分用户的专业检索需求，如果条件允许，可在普通分类体系之外添加专业分类体系。

（7）保持分类体系的开放性和动态性，及时增加新的子类。跟踪热门类目，醒目标注。

综上所述，传统文献分类法在网络上的应用使其焕发了新的生机和活力，而网络信息分类体系与传统的文献分类法在分类对象、分类原理和分类方法等方面存在明显的差异，二者的性质不同，作用不同，不可相互替代，但可在细节和微观问题上相互借鉴。此外，目前的网络信息检索一般是分类浏览检索与关键词查询相结合，单一采用分类浏览或单一采用关键词法查询的网络信息服务系统较少。分类浏览便于对信息的层层剖析，适合兴趣浏览和阅读，用户在浏览过程中，所到之处有兴趣的就点击阅读，不感兴趣的就略过，但完全采用这种方式进行针对性强的情报检索就会比较拖沓烦琐，而关键词法具有直接性和专指性优点，便于特性检索，在进行情报检索时，与分类浏览功能互补。

（三）元数据与文件档案管理

元数据（metadata）这一术语最早出现于计算机技术领域，一般被解释为"关于数据的数据"（data about data），在不同的专业领域对其有具体的定义和应用。在图书情报界和信息界，元数据是指对信息对象结构化、编码化的描述，描述信息对象的结构、内容、形式特征及其他相关特征。我国的《电子文件元数据标准》（征求意见稿）对电子文件元数据的定义简单而明确，即"元数据是描述电子文件内容、背景和结构信息及整个管理流程的数据"。元数据可对数据对象进行全面、详尽地描述，指引用户查找、识别、确认、选择和获取信息对象，同时，能帮助信息管理者更好地管理信息资源，以及对资源的长期存取。一般来说，所有的信息对象都具有如下三个方面的基本特征：内容、背景和结构，它们都可以通过元数据反映出来。因此，元数据可视为一种描述和反映信息对象的三个方面特征的数据集。

随着计算机和网络技术的迅速发展和普遍应用，元数据已经广泛应用于多个专业领域，如空间地理、法律、生物（动植物、微生物）、地质、海洋、气象、社会科学、艺术作品、人文科学、数字图像、电子商务、电子政务等领域都在利用元数据来管理、维护和利用本专业的数据资源。20 世纪 90 年代以来，许多元数据标准在各个不同领域出现，著名的有：都柏林核心元素集、艺术作品著录类目、电子文本编码与交换、档案编码描述、政府信息定位服务；专为描述人文社会科学资源的 ICPSR SGML Codebook Initiative；专为描述地理空间资源的 CSDGM，描述数字图像的 MOA2 metadata、CDLmetadata、VRA Core，等等。

传统的档案著录卡片、文件登记簿、文件处理单、案卷目录、全引目录、全宗名册、索引和文摘等都属于元数据，它们不仅描述和反映了文件和档案的内容特征，而且揭示了其保管处所、外形特征和结构，包括馆藏位置、编号、数量、载体形式、规格、密级、保管期限等。但传统的档案著录和档案信息组织方式不能全面、动态地反映电子文件的各方面特征。电子文件形成、捕获、登记、分类、存储、保管、利用、跟踪、处置、传输、归档移交及长期保存等过程都需要通过元数据方式加以控制，以确保电子文件的真实性、完整性与有效性。电子文件元数据具有其特定的含义和内容。20 世纪 90 年代初期，美国匹兹堡大学的 David Bearman 在其发表的研究电子文件的论文中，首次将元数据引入到电子文件管理领域。由 David Bearman 和 Richard Cox 等人在其"保证电子文件凭证性的功能要求"的研究项目。

第六节　档案信息资源开发与利用

一、档案信息资源的概述

档案信息资源开发利用的物质基础是档案信息资源本身。如果档案信息资源贫乏、枯竭，档案信息资源开发利用就将成为纸上谈兵。只有档案信息资源储量丰富、门类齐全、管理科学，才能为开发利用开辟广阔的前景。因此，档案信息资源的形成、配置和建设就具有特别重要的意义。

（一）档案信息资源的形成规律

档案信息资源是不断变化发展的，它是经过各个历史时期逐渐积累而形成的，同时也是经过若干工作程序的不断完善而形成的。其形成毫无疑问是具有一定的规律的。这一规律我们可以从档案信息资源的结构、范围、来源等方面来进行认识。

1.档案信息资源的结构

档案信息资源的结构是指档案信息资源在其构成中的档案资源种类的分布状况。

档案信息资源是一个泛指的动态性概念。古代档案有其本身内在的结构，近现代档案也具有符合新技术发展的结构层次。这些结构都是随着社会的不断发展而发展的。档案信息资源的逐渐形成过程，也就是档案信息资源结构的逐渐发展过程。

档案信息资源结构的逐渐发展过程，是由简单到复杂的过程。古代的"馆藏"从甲骨档案逐渐发展到纸质档案；近现代档案信息资源状况的结构，则由各种传统型和非传统型档案信息资源组成。它们是从古代纸质档案信息资源逐步发展分化而来的。对档案信息资源来说，所有这些组成部分都是一种相互补充的关系，而不是相互排斥的关系；是在已有组成部分的基础上增加新的组成部分，而绝不是以新代旧。

传统型档案信息资源是机关或个人在活动中形成的管理性档案和个人档案，它以纸张为主要载体。这种档案信息资源一般都按全宗进行管理。而非传统型档案信息资源同样也是机关或个人在活动中形成的档案，只不过其载体是特种材料，并且是按事由（主题）组成的档案信息资源综合体。这样，随着档案信息资源的结构逐渐由简单到复杂，档案信息资源也由种类单一逐渐过渡到种类繁多。既然档案信息资源有自己的结构及其变化发展规律，档案工作者在熟悉馆藏的实践中，就应顺应这个规律并运用各种方式、方法及手段对其进行了解和熟悉。

2.档案信息资源的范围

馆藏档案信息资源的范围，实质上是指保存哪些方面的档案。随着社会的不断发展变化，人类的物质活动和精神活动不断丰富，社会的分工越来越细，这样，档案信息资源的范围势必受到影响，即不断增加，不断扩展。这是档案信息资源的范围变化规律之一。自古以来，任何国家和朝代及其部门保存档案都是为了利用。档案信息资源要能得到合理利用，关键的一点就是确定不同档案保

管部门的保管范围，即给每个档案保管部门划定一个区别于其他档案保管部门的收藏范围（可以从时间、地区、内容等特点来区分其馆藏范围）。由于时代不同，社会面貌不同，人们的认识水平不一样等，这些都会使档案保管部门收藏档案信息资源的范围产生人为的变化。这是档案信息资源的范围变化规律之二。馆藏档案信息资源的范围，其发展变化从纵向来说，不断拓展；从横向来说，各部分不断互相渗透交融。纵向发展是由于社会分工越来越细，新的分支不断出现，横向联系是因为随着社会的发展，新的科学技术不断出现，不同科学方法及手段的运用促使相近的档案内容分别附着在不同载体之上。这是档案信息资源的范围变化规律之三。

3.档案信息资源的来源

馆藏档案信息资源来源于各机关、团体、个人等所保存下来的档案资料。其具体表现为档案资料的接收、征集、交换、复制、购买、接受转让、捐赠和寄存等几种形式。

档案信息资源的来源也是变化发展的，这表现在两个方面：一方面，从纵向方面来说，最初，档案信息资源的来源只是表现为档案资料的接收形式。随着社会的发展，随着信息社会的到来，档案信息资源的来源就逐步表现为档案资料的接收、征集、交换、复制、购买等几种形式共同存在。档案信息资源的来源由单一渠道逐步变化为多种渠道。另一方面，从横向方面来说，档案信息资源的种种来源形式，除接收形式比较稳定之外，其他形式非常不稳定，一是受客观条件制约，二是受档案工作者的主观努力程度制约。所以，档案信息资源的种种来源是经常变动的，不稳定的。档案信息资源的各种来源，除按正规渠道接收各种档案资料外，其余如征集、交换、复制、购买等种种来源形式，

都是对馆藏档案信息资源内容状况的补充。它们所网罗的档案资料，一般具有零散性。

档案信息资源来源的这种变化规律，要求档案工作者在熟悉馆藏档案信息资源状况的过程中，用动态的观点来对待档案信息资源的不同来源，并且采取不同的处理方法和手段。

（二）档案信息资源的配置

档案信息资源配置所解决的是档案的收集和布局问题，它直接关系到能否充分利用档案信息资源，发挥档案馆（室）群体效益，以最小的投入获得最多的社会效益和经济效益。

1.档案信息资源建设的发展进程

（1）馆藏建设阶段

档案信息资源建设孕育于各馆（室）自发的馆藏建设及实践中。各档案馆（室）在收集、利用等工作中，以自然发展的方式去服务和满足读者的需要。

（2）地区协作阶段

随着文件数量的增长和利用需求的日益多样化。各馆（室）之间开始有了协调与合作。包括编制联合目录，协调收集范围，馆际互借等，形成了地区范围的小规模配合，大大提高了档案利用的满足程度。

（3）国家布局阶段

面对档案数量的急剧增长和对档案信息的广泛、迫切需要，国家通过各种手段，如行政、经济、技术手段等在全国范围内统一规划，加强协调，对国家档案信息资源的收藏与分布进行宏观控制，从而形成一种多层次、多功能的档案信息资源保障体系。

（4）国际协调阶段

随着计算机技术与现代通讯技术的飞速发展、网络化在信息领域得以广泛运用的这种大背景下，各国档案界也着手探讨如何在全球范围内对档案信息资源进行合理布局和有效配置，以实现档案信息资源共享，取得最大的社会效益和经济效益。从上述发展进程中，我们可以看出档案信息资源建设是馆藏建设从微观走向宏观，从局部纳入整体的必然结果，同时也是社会信息化的必然要求。合理布局和有效配置作为档案信息资源保障系统的龙头部分，是传递子系统和利用子系统的前提和基础。

2.档案信息资源有效配置的基本内容

档案信息资源有效配置包括档案信息在时间、空间和数量三个方面的配置。

（1）时间配置

所谓档案信息资源的时间配置是指在不同的时态上对不同种类的档案信息资源进行合理的时效分布。目前在我国现存的档案馆网中，网点之间的时间配置只有中央一级能真正做到。省市一级为避免馆（室）机构的设置过多过滥，时间配置一般在各网点之间进行，即对馆藏中不同历史时期形成的档案进行量的控制。

（2）空间配置

空间配置是指档案信息资源在不同地区、不同行业之间的分布，实质上是在不同使用方向上的分配。由于档案的形成机关具有一定的区域性和等级性，档案不可避免地带有自然形成的区域性和等级性。因此，对国家档案信息资源进行布局和配置时就应该充分利用和遵从这种特点，各网点以区域和等级为基础，收集保存本地区、本级的档案，减少不必要的重复和浪费。我国档案信息资源的空间配置在网点之间，具体表现为两个方面的结合，即综合性档案馆以行政区划来划分，专业档案馆则按行业系统来划分。

（3）数量配置

档案信息资源的数量配置通常是与时间配置或空间配置相结合的，即特定时间或特定空间内对档案信息进行量的控制和协调，这种数量配置既包括总量配置，也包括个量配置。总量配置，如一定时期内，对国家全部档案和档案机构进行计划、统计和控制工作。个量配置则是指各个网点机构之间，对不同类型、不同时期以及不同保管期限的档案进行控制和协调。

3.影响档案信息资源有效配置的主要因素

档案信息资源的配置是十分复杂的，因为资源的配置不仅仅是档案信息本身的配置，还包括与这些信息资源相配套的技术设备、人力、财力的配置。影响配置的因素是多方面的，且各因素在影响的角度、程度上也不尽相同。概而言之，这些因素主要包括在人文、经济和技术三个方面中。

（1）人文因素

一切社会活动最终都是人的实践活动，作为活动中主体因素的人总是起着至关重要的作用。影响档案信息资源有效配置的人文因素主要包括两方面：一是活动主体档案管理者及其所创造的管理环境。科学的管理体制是进行信息资源有效配置不可缺少的手段。档案信息资源的科学管理就是运用现代化管理方法来研究档案信息资源在社会实践活动中被利用的规律，对档案信息资源配置过程中的种种矛盾进行统筹规划和组织协调，以求得最优化的经济效益和社会效益，同时还在充分掌握档案信息资源形成和利用规律的基础上，加强档案信息资源的整体化建设，并通过横向联合加强馆（室）联系，建立起全国性或区域性的档案信息资源管理网络，并充分发挥整体优势，实现档案信息资源共享，从而减少不必要的内耗，提高配置效率。二是档案利用者的情况。利用者的职业状况决定了他们对某一档案信息资源的需求程度和使用能力的不同，这种不同必然会反映到利用效果实现程度的不同。利用者受教育的程度也决定了他们在表达需求上的差异。因此在档案信息资源配置过程中应加强对档案利用者和档案工作者的管理和服务，注重体现对他们应有的人文关怀。

（2）经济因素

资源配置的主要手段之一就是市场。但是由于档案部门不是社会财富的直接创造者，因此受市场机制的影响较其他信息资源要小。但这并不等于档案信息资源的配置完全不受市场机制的作用影响。档案的种类和范围十分广泛，其中有些部分如科技档案是可以进入信息市场的，并通过市场和价格体系实现科技档案信息资源的最适度配置。

（3）技术条件

影响档案信息资源有效配置的技术因素主要有两方面：一是现代网络化技术。网络化是档案信息资源实现共享的必要条件和物质基础，也是它的最终发展目标。而档案信息资源的有效配置与共享是一个问题的两个方面。随着电子计算机和通讯技术在档案部门的广泛运用，各种数据高密度的存储和远距离传输，使档案事业发生了深刻的变化。二是档案信息转移技术。同书本式图书馆应与电子图书馆、数字图书馆与虚拟图书馆并存一样，传统的档案馆之间的传统合作也将继续存在。以网络技术为基础的共享网络并不能解决档案部门内的一切问题，不能完全替代传统的服务。所以在拓展共享网络，缩减传统合作的同时，应保持一定的传统档案机构之间的合作。在档案管理中，信息转移技术正是为适应传统传递方式对非网络信息进行载体转移的一种手段，常用的方法有静电复印技术、缩微复制技术、光盘技术三种。档案信息转移技术利用专门的设备将档案信息从一个载体转移到另一个载体上，既便于档案的保护，又便于档案信息的传递交流和利用，从而更有利于人们对非网络档案信息资源的布局和配置。

4.档案馆网布局

所谓档案馆网布局是指反映不同级别、不同类型的档案馆的设置分布格局。档案馆网布局和档案进馆流向是国家档案资源配置的中心问题。一个适应社会主义市场经济体制、布局科学合理的档案馆网络，是实现国家档案资源存储合理化、管理科学化、利用社会化的基础和条件。

在现行的档案馆网络中，主要有两种类型的档案馆，即综合性档案馆和专业性档案馆。综合性档案馆指馆藏档案来源于机关或单位，档案内容涉及政治、经济、军事、科学、文化等各方面的档案馆。专业性档案馆指专门收藏某一方面、某一专业或某种特殊载体档案的档案馆。随着社会主义市场经济体制的建立和档案事业的发展，我国现行的档案馆网布局还要进行某些改革和调整，其主要任务是协调综合、专业两类档案馆的职能和布局，控制档案室档案的进馆流向，以实现国家档案资源的合理配置，便于对档案资源的管理和利用。

根据《全国档案馆设置原则和布局方案》，全国档案馆的总体布局由各级国家综合档案馆、各级国家专门档案馆、部门档案馆、企事业单位档案馆组成。各级、各类档案馆既分工明确，又相互协调，共同组成一个有机的档案馆网络整体，为档案信息资源的开发利用提供丰富的信息资源。

（三）档案信息资源管理

档案馆的馆藏是一定地区政治、经济、科学、文化教育发展水平的综合反映。我国目前大多数档案馆馆藏内容单一、数量不足、种类不全、时间跨度短，不能满足社会利用档案的需求。应该根据各档案馆的职责范围，通过多种途径，积极主动、广泛及时地加强档案馆馆藏资源建设，建立科学合理的馆藏体系。

1.档案馆（室）藏资源特点分析

（1）档案室藏资源特点

档案室是机关、团体、企业、事业单位统一管理本单位档案的内部组织机构。保存在档案室的档案，一般处于文件生命周期的半现行阶段，与形成单位的职能活动有着密切的关系，它们既是形成单位工作、生产和科研活动的真实记录，又是这些单位继续开展活动的必要条件。档案室是国家档案事业组织系统的基层组织，是档案馆工作的基础。档案室保存的档案资源是国家档案资源中新近生成的部分，对现实的工作、生产和科研活动具有较强的利用价值。

①管理上的过渡性。档案室的档案资源处于不断交替更新过程之中，随着文件由半现行阶段转入非现行阶段，这些资源中具有长远保存价值的部分将向档案馆移交。与此同时，本单位新产生的半现行文件又补充进来，开始新的管理过程。

②利用上的内向性。档案室的档案资源利用从范围上讲主要是本单位的内部利用，从性质上讲主要是现实利用。同时，这些档案资源也具有潜在的历史文化价值。随着时间的推移，它的现实效用不断减弱，而它的历史文化价值的效用开始增强。

（2）档案馆藏资源特点

档案馆是永久保存档案的基地，是提供档案信息为社会服务的中心，是科学文化事业机构。档案馆保存的档案，与档案室保存的档案具有不同的性质，它们已经进入非现行阶段，成为国家各项事业的历史真实记录，成为国家的历史文化财富。档案馆藏资源特点主要表现为：

①非现实性；

②历史文化性；

③开放性。

2.档案馆藏建设与档案资源开发利用的关系

馆藏建设是指一个档案馆对其收藏的档案资源的种类、范围的确定以及对档案资源的收集、管理等一系列业务工作的统称。馆藏建设的指导思想是：在维护国家历史真实面貌的前提下，根据统一领导、分级管理的原则，将应该由本馆收集的一切具有历史凭证作用和科学研究价值的各种门类、各种载体形态的档案，完整齐全地收集进馆，建立内容丰富、结构合理的馆藏体系。档案馆的馆藏建设是为档案信息资源的开发利用服务的，因此它要服务并服从于档案利用这个档案工作的总目标；而档案信息资源的开发利用则要以档案馆的馆藏建设为基础和条件，实现馆藏结构与利用者需求结构的基本一致。这是处理馆藏建设与开发利用关系的基本原则。

3.建立合理的馆藏结构

所谓馆藏结构是指档案馆馆藏在内容、数量、种类、时间跨度等方面的配比。建立合理的馆藏结构，首先要符合国家档案馆网布局和档案进馆流向的法规政策，在其允许的范围内，主动做好收集工作，不断丰富馆藏，为档案信息资源的开发利用奠定基础。建立合理的馆藏结构，主要应明确以下几个问题：

（1）建立合理馆藏结构的原则

①完整。完整是指档案馆接收范围内的完整，即将本馆接收范围内具有永久保存价值的档案完整地接收进馆，以反映本地区（或本专业）的历史面貌。

②系统。系统是指馆藏档案是一个相互联系的有机体系。馆藏建设的系统性是由档案本身的系统性与利用者需求的系统性两要素组成的。为满足利用者的需要，必须使馆藏档案的系统性与利用者需求的系统性相一致。

③实用。实用是指馆藏档案必须符合利用者的实际需要，从社会现实与长远利用档案的需要出发，选择、接收和组织馆藏。

④价值。价值是指进馆档案所具有的保存价值。将无保存价值的档案拒之门外，对已进馆的档案，凡失去继续保存价值的，应及时鉴定并经批准销毁。

⑤特色。特色是指馆藏档案要反映出鲜明的个性。馆藏特色主要表现为历史特色、文化特色、经济特色、事件和人物特色。

（2）建立合理馆藏结构的实现途径

①树立馆藏优化观念，完善相关法规。近年来，我国档案馆馆藏每年以10%以上的速度增长。然而，由于认识上的偏差，不少人把丰富馆藏单纯理解为馆藏数量的增加，忽视了馆藏质量的提高，习惯于以馆藏数量的多少作为衡量档案馆地位高低和工作优劣的尺度。另外，档案法规中的某些规定，也加剧了这种观念上的偏差。如1985年颁布的《地方各级档案馆人员编制标准》中明确规定按档案数量确定人员编制。地方财政划拨档案馆经费，也是以档案数量

为主要依据。过分追求馆藏档案数量的高速增长，使得不少档案馆已经面临馆藏膨胀的压力，档案馆有限的空间和人力、物力、财力不堪重负，影响了档案效益的发挥。因此，及时转变档案"多多益善"的观念，树立馆藏优化的思想，正确处理好馆藏数量与质量的关系，已成为馆藏建设中一个十分迫切和重要的问题。档案馆应在馆藏数量达到一定规模后，把着眼点放在馆藏质量建设上来，形成并强化优化意识。与此同时，相应的法规也应作一定的修改和完善，避免对实际工作的误导。

②确定馆藏档案的合理结构比例。馆藏结构是馆藏档案按一定的比例、顺序和层次组合成的有机整体。优化馆藏要求馆藏的各个组成部分合理搭配，排列有序。具体包括：其一，各种门类和载体的档案比例适当；其二，入藏资料与馆藏档案比例协调；其三，馆藏档案层次分明。

③编造进馆全宗名册，减少进馆档案的重复。馆藏档案的重复是难免的，适当的重复也是必要的，但过量的重复，则会造成馆藏臃肿庞杂，给档案的检索利用带来困难。因此，应减少进馆档案不必要的重复。

为减少不必要的重复，档案馆在接收档案前，应会同档案室做好进馆档案的审核工作。进馆档案的主体要体现特殊性，原则上只要求反映立档单位的主要职能和基本历史面貌，不宜追求立档单位档案的小而全。各单位之间互相发送的文件材料，一般只接收发文单位的重要文件进馆，收文单位视为重要的文件可留在本单位保存而不必进馆。具体操作可通过编制进馆全宗名册来减少进馆档案的重复。同时，应加强调查研究，完善各种相关规章制度，从立卷归档和进馆档案范围等方面逐步加以改进，使进馆档案尽可能减少或避免重复。

④及时剔除失去保存价值的档案。档案的保存价值并非一成不变，随着时间的推移，档案的保存价值会发生变化，有的甚至会失去保存价值。对于馆藏中那些价值不大或失去价值的档案，若不及时剔除，优化馆藏就会成为空谈。因此，档案馆应结合档案鉴定工作的开展，定期或不定期地进行档案的鉴定、销毁工作，保证馆藏档案价值的精度。

二、档案信息资源开发的内涵

档案信息的有效利用是以档案信息资源的开发为基础和前提条件的。档案信息资源的开发过程实际上是将档案信息知识激活、活化的过程，它与档案信息的利用是紧密相连、不可分割的。实现档案信息资源开发首先应正确把握开发的含义、意义、现状，并确定出开发的原则和策略。

（一）档案信息资源开发的含义、意义及现状

1.档案信息资源开发的含义

档案信息作为一种资源已成为共识，开发档案信息资源服务社会主义精神文明和物质文明的建设已成为档案工作的一个中心课题。这是信息时代的要求，也是档案事业发展的必然结果。然而对档案信息资源开发，国内外有不同解释。在国外，主要有两种见解：前民主德国档案学者认为，开发档案信息资源就是"对档案文件及其所含信息进行整理和编目"；荷兰档案学者认为'，"开发要以编制检索工具为先决条件"，"开发还包括提供咨询服务"，"促进档案可利用也属于开发的范畴"。在我国，先后出现了五种有代表性的观点：其一，"所谓开发档案信息资源，就是要广泛地、主动地、迅速地、准确地以多种形式、多种渠道提供高质量的、系统的档案信息"，对此可以有两种理解，即广义上理解为：从收集、整理、保管到利用，都是开发；狭义上理解为只是包括编目、索引等。其二，开发"是指开发档案这一信息载体中所包含的内容"，"尽量把有利用价值的信息挖掘出来"，它"包括信息的收集、整理、贮存、检索、传输等一系列工作内容"。其三，开发"是对档案承载的信息进行采集、加工、存储和输出的整个过程"，是一个关键性的工作系统，它"由档案信息加工和档案信息输出两部分工作构成，在两部分下又分若干工作环节"。其四，开发"是指尽可能地挖掘潜在的档案信息，以满足利用需要的不同于一般档案工作环节的、高层次的、有特殊意义的劳动过程"。其五，开发"就是档案部门将蕴藏于档案中的各种信息挖掘出来，并通过利用者对其利用进而实现档案的全部价值的过程"。从上述各种观点看，在开发的对象（客体）和任务与目的的认识上基本一致，但对开发的主体则有不同的认识。关于开发工作的具体内容，各持论者意见分歧较大，主要有两种意见：一种认为开发包括档案业务工作的许多环节（收集、整理、

编目、鉴定、编研、利用等）；另一种认为开发包括档案信息加工和输出两部分（即编目、编研和提供利用、咨询服务等）。还有一种意见认为："开发属于档案利用工作系统"，开发是"提供利用工作向更高层次的发展和演变"。这些认识和说法大都把开发与利用工作混为一谈。

开发档案信息资源就是要在维护国家根本利益的前提下，将潜在的档案信息尽可能地挖掘出来、传递出去，发挥其应有的作用。具体地讲，档案信息资源开发是指对档案信息进行加工、整理并将蕴藏于档案中有价值的、适应社会发展需要的各种知识、信息挖掘出来，最大限度地为广大利用者所利用，以提高档案信息利用效率的一种知识信息整序和传递过程。或者说，是对档案承载的信息进行采集、加工、存储和输出的整个过程，是将档案承载的信息由静态激活为动态，为利用者所接收的过程，是实现档案价值，充分发挥档案信息作用，为社会实践活动服务的关键性的工作系统。档案信息资源开发就是将静态的档案信息经过采集、加工、存储进而转换成动态的信息，最快和最大限度地为利用者所利用的过程。这一概念可以从以下几个方面理解：

第一，它的开发对象是馆藏档案中隐含的信息。这里的馆藏档案是集中了的，经过加工整序的，处于日常保管状态下的档案。这需要实体管理提供相应的保障。当然，这也是档案信息资源开发区别于其他开发的根本标志。

第二，它的开发任务是对静态的档案信息进行加工、处理和相应的信息输出，直接满足利用者的需要。

第三，它的开发性质表现为一种高层次的智力劳动过程。

第四，档案信息资源开发系统的整体功能是缩短档案信息的传递时间，广泛、迅速、准确地将档案信息传递给利用者，从而最大限度地发挥档案信息的经济效益和社会效益。

2.档案信息资源开发的意义

（1）开发档案信息资源是社会体制改革的需要

无论是政治体制还是科学技术体制的改革，其根本目的就是要解放生产力。档案作为研究过去、开发未来的主要依据显得特别重要。这就要求档案工作不能只停留在过去的收集、整理、保管、借阅等一般性工作上，而是要通过馆藏档案运用现代化管理手段进行深加工，变成能够迅速、准确地提供社会利用的信息资源，以保证改革的健康深入进行，推动社会各项事业的持续快速发展。

（2）开发档案信息资源是档案事业发展的需要

21世纪是信息时代，档案事业要跟上时代潮流，要在社会发展和进步中有所作为，必须重视档案信息资源的开发利用，加大对档案信息资源的开发力度，激活档案，充分发挥档案的价值。只有"活化"的档案，才能转化为物质形态的生产力。档案信息资源的开发就是推动生产力发展的一种催化剂，档案事业的活力也就充分显示出来了。

(3)开发档案信息资源是提高经济效益，更好地为经济建设服务

档案是生产建设的重要依据，反映了各行各业生产建设活动的状况，能为以经济建设为中心的现代化建设提供决策和参考信息，对制定经济计划，检查和总结生产状况，推广先进的生产技术和管理经验，以及防止自然灾害，起着十分重要的作用。因此，充分利用档案，开发档案信息资源，对加强经济管理，促进生产建设的发展，提高经济效益具有重要意义。

（4）开发档案信息资源是加强社会主义精神文明建设的需要

档案作为各项历史活动的记录，翔实地记录了一个国家、一个地区历史的曲折历程和自强不息的奋斗足迹，记录了新中国社会主义革命和建设所取得的巨大成就，记录了改革开放以来建设有中国特色社会主义事业取得的丰硕成果。档案部门从档案文件中挖掘出的具有宣传价值的史料，可以帮助人们特别是青少年了解中华民族的悠久历史和灿烂文化，可以使他们了解历史轨迹，掌握时代发展的脉搏，可以使他们自觉宣传党的光辉历史和英雄人物事迹，进行革命传统、爱国主义、集体主义和社会主义教育。

3.档案信息资源开发利用的现状

（1）新中国成立以来档案信息资源开发利用工作成绩显著自1949年新中国成立以来，尤其是自党的十一届三中全会以来，我国不仅建立起全国规模的档案事业，而且包括档案信息资源开发利用在内的各个方面都取得了举世瞩目的成就。这些成就主要表现在以下几个方面：

①形成了档案信息资源开发利用的基础。我国档案事业管理体制的基本结构包括国家各级档案行政管理机关，国家各专业主管部门，档案业务管理机关和国家各级各类档案馆、档案室。这些行政管理机关或业务管理机关在各级政

府领导下，统一地、分级分专业地掌握全国及本地区、本系统的档案事务，为档案事业的发展提供了可靠的政策和组织保证，促进了档案工作的全面发展。在组织、指导档案理论与技术的研究方面，在参加档案工作的国际会议和国际活动方面，在组织档案的宣传和出版工作及各级档案机构设置、人员编制、人才培养、岗位培训、加强馆库建设、资金投入、加强馆（室）业务建设和丰富馆藏等各个方面都取得了明显的进步。特别值得提出的是，根据我国档案事业管理体制，从中央到地方已经分层建立起综合性档案馆、专业性档案馆或部门档案馆，企事业档案馆也正处在发展之中，基本上形成了国家各级各类档案馆网络系统。所有这些都是开发利用档案信息资源的重要基础。

②确立了档案信息资源开发利用的方针政策。1980年5月，国家档案局为使档案信息更好地为社会服务，提出了"开放历史档案"的方针；1984年9月，邓小平同志题词"开发信息资源、服务四化建设"，档案界以此为契机，把大力开发利用档案信息，为社会提供服务作为档案工作的一项重要任务来抓；1985年，国家档案局召开全国档案馆工作会议，提出"解放思想、加快步伐、积极创造条件，开放一切应该开放的历史档案，使开放历史档案工作向深度和广度发展，大力开发档案信息资源，为社会主义各项建设事业服务"的档案工作的指导思想和方针；1987年，我国颁布档案法，明确规定：国家档案馆保管的档案，一般应当自形成之日起满30年向社会开放。经济、科学、技术、文化等类档案向社会开放的期限可少于30年。从此，开发利用档案上升到了执法、守法的高度。

③促进了档案信息资源开发利用活动的日趋活跃。第一，从档案基础工作完善看，各级各类档案馆（室）不但完备了档案目录体系，而且规范和完善了档案检索工具体系，建立了地区性目录中心，使档案信息资源处在一个有序的待用状态，为档案信息资源的共享奠定了基础。第二，从开发成果的取得看，各级各类档案馆（室）基本上都编辑出版了档案馆指南、全宗介绍、史料汇辑和文件汇集等大量的开发性文献。

④取得了明显的社会效益和经济效益。各级各类档案馆通过各种形式开发档案信息资源，为社会各方面提供利用，使档案信息资源在社会各项事业中发挥了重大作用，取得了显著的社会效益和经济效益。档案在落实政策、平反冤

假错案方面，根据历史事实开展思想教育方面，利用档案繁荣文艺创作、解决行政管理问题、编史修志和学术研究等方面所取得的效益是无法估算的。各种专门档案、科技档案等在社会各项建设事业中为提高经济效益所发挥的作用是巨大的。

（2）我国档案信息资源开发利用中存在的问题

①认识不足、重视不够、社会档案意识淡薄。当今世界，已经将信息同能源、材料并列为三大资源，然而，在我国不少人对档案作为一种重要的信息资源认识不足，对档案信息的依赖程度不高，对档案信息资源的开发利用并不了解，靠拍脑袋决策；重视广告而不重视利用档案信息的现象越来越普遍；在普通人的生活中，更没有达到像需要空气那样需要档案信息的程度，社会的档案意识尚未普遍形成。正因为如此，档案馆作为一个重要的社会信息机构，其利用工作还没有引起社会各界足够的重视，这就必然影响对档案开发利用工作的整体需求；同时，一个围绕利用者需求的信息服务系统还没有普遍在档案馆内建立起来，档案馆的开发利用工作无论从人力、财力、物力的投入，还是各项制度的建立健全及利用的效果等方面都存在一些薄弱环节。

②档案管理体制不完全适应开发利用的要求。主要表现在两个方面：第一，馆际关系不顺。目前，全国地市级以上的城市一般都设有四种不同性质、互不联系的档案馆，即市（或省）级综合性档案馆，归地方党委和政府领导；市城建档案馆，归市建委领导；专业档案馆，归各直属主管部门领导；企事业档案馆，归各企事业领导。由于领导不统一，馆际间没有形成一个档案信息交流与服务中心，各自为战，一定程度上影响了馆际间业务工作的协调开展。第二，有些单位档案机构设置不健全。按档案法规定，一个单位的档案工作，可以设立专门机构，也可以设专（兼）职人员。有些机关规模大，内部机构多，也只在办公室内设档案员；有的系统主管机关，档案室也设在办公室内。这两种情况都难以独立开展档案专业管理和承担所属机构档案工作的监督、指导，不利于档案工作的全面展开，尤其不利于档案信息资源的开发利用。

③开发利用服务的手段落后，提供利用的层次较低。档案馆作为传递档案信息的主渠道，其提供档案信息的方式单一，透明度低。档案开放以来，档案馆的服务方式没有根本性的变化，"你来我查"的馆内阅览服务仍是主要形式，

档案信息的提供仍以"内向"为主，基础工作如编目等虽然做得不少，但还没有很好地与利用有机地结合起来，检索工具种类少，标引质量差，且一般都是内部使用，或利用者上门使用，没有通过一定形式在较大范围内予以公布交流，因而使用范围较窄，功能较差。除此之外，多数档案馆（室）的编研工作没有提到突出地位，档案部门提供的档案信息仍然存在分散、凌乱、缺乏系统性的问题，经过系统加工的公开出版发行的档案信息产品数量极其有限，还不能更多地将档案信息转变为图书形式在社会广为传播，或者较多地通过报刊、广播、电视等媒介向社会主动地输出和传递档案信息。

④开发利用人才严重不足，理论研究滞后。档案信息资源的开发利用工作属于档案馆（室）高层次的业务工作，对工作人员的水平、素质、能力有一定高度的要求，否则难以适应这一工作。目前，各馆（室）的开发利用人才严重不足，工作人员大多应付日常基础工作，开发层次不够深，开发项目单一等问题亟待解决。

另外，随着开发利用实践的不断开展，其理论研究远远落后于开发利用实际。加强开发利用理论的研究，用理论指导实践并在实践中进一步完善和发展，形成开发利用工作的良性循环也是当务之急。

造成上述问题的原因是多方面的，既有档案部门业务建设、管理体制、人员素质等主观原因，也有资金、技术、人才投入不足，社会档案意识淡薄等客观原因。要走出低谷，改变现状，首先必须从档案部门内部建设入手，挖掘内部潜力，同时，也需要整个社会的关怀和支持。

（二）档案信息资源开发的原则与策略

档案信息资源是客观存在的，只有通过开发利用，其蕴藏的、潜在的价值才能发挥出来。为了更有效地开发利用档案信息资源，必须遵循一定的原则并采取一定的策略。

1.档案信息资源开发的原则

（1）优势性原则

我国的档案馆网主要由综合档案馆或国家档案馆、专门或专业档案馆、集体所有制和个体所有制的档案馆共同组成。不同级别、不同类型、不同所有制形式的档案馆各自有着自身的特点和优势。因此，在档案信息资源开发过程中必须因馆制宜、区分对待，遵循优势性开发原则。所谓优势性原则是指各级各类档案馆应根据各自特点，因馆（室）制宜、扬长避短、发挥优势，做好开发利用工作。优势性原则的实施是建立在充分分析和掌握各级各类档案馆（室）优势性特点基础之上的，遵循这一原则是实现档案信息资源开发效益的基础和前提，是档案信息资源开发的有效切入点。

（2）序化激活原则

序化激活原则是包括档案信息在内的文献信息资源开发的最基本也是最高的目标性原则。档案信息资源有序化的程序预示档案信息被利用的程序；档案信息激活则体现档案信息资源被有效吸收、消化和利用继而产生新的知识的几率和程度。具体地讲，这一原则包括：①将分散、杂乱的原始信息经过处理，变成集中而有序的信息，并随时准备为利用者输出；②与其他文献信息相比，档案信息表现为不集中、不系统，同一问题的信息可能被分割在不同的案卷，甚至不同的全宗。激活原则就是要求档案信息开发部门不断提高开发层次，尽可能地将有用信息揭示出来，及时地提供给利用者。

（3）扩大利用原则

扩大利用就是以实现更多的档案信息为更多的档案利用者服务为目标，它是对档案信息资源开发在数量上的要求。这一原则的内容就是要求档案馆（室）能够找到更多的利用者，同时，利用者能够找到更多的档案信息。实现这一目标的具体途径有：

①扩大档案信息对不同利用者的适应性。由于不同的利用者的知识结构、文化水平、心理素质以及社会实践活动各异，对档案信息的需求不同，因此，档案信息资源的开发利用工作需要对档案信息进行多层次、多角度的揭示，以适应不同利用者的需求，从而扩大档案信息的利用。

②增加利用者对不同档案信息的利用。档案工作者要注意相关信息的集中与揭示，在利用者利用时向他们提出建议，以避免利用者对有效信息的疏忽遗漏，可以提高档案信息资源开发的质量和效益。

（4）全面效益原则

所谓效益，一般是指投入产出的比较关系。投入一定，产出越大则效益越高；或产出一定，投入越少则效益越高。档案作为一种信息资源，是党和国家的宝贵财富，对于它的开发利用应讲究效益，不讲效益的开发是不能持久的，也不会得到社会的承认。因此，档案信息的开发必须把提高效益放在重要位置。效益是多方面的，从不同的角度可以区分为不同的效益：从时间概念上来说有现实效益与长远效益之分；从范围上讲有局部效益与整体效益之别；从价值上看有经济效益和社会效益。

①现实效益和长远效益相统一。现实效益是指档案信息价值的现实发挥，长远效益是指档案信息价值的未来发挥。现实效益与长远效益之间的发挥是有矛盾的。档案信息要发挥现实效益需通过开发利用来实现、而这一过程必然会导致档案原件在一定程度上的磨损和散失，使档案的完整与安全受到影响，对档案信息长远效益的发挥造成损失；而过分强调发挥档案信息的长远效益，又易滑入"重管轻用"的虚无怪圈。解决这一矛盾的方法是注重现在，充分开发利用，最大限度地发挥其现实作用，同时采取有效措施（如建立副本、加强编研出版、改善保管条件等）维护档案的完整与安全，保障长远利益的发挥。应当看到，一切知识、信息都是为了用，才对它积累、整理和保管的，而无论何时用，用于什么都是为了解决现实作用，加速社会各项实践活动的步伐，缩短获取知识、经验的周期，加速知识循环，推动人类社会发展。现实效益的发挥，使档案工作富有生机活力，推动档案事业的发展。

②局部效益与整体效益相协调。局部效益是指档案信息仅对某一机构或个人有用，能对其产生效益；整体效益是指档案信息不仅对某一机构、某一个人有用，而且对整个社会、整个国家都有用。在通常情况下，局部效益与整体效益二者是统一的。因为局部效益的取得是构成整体效益的基础，讲究整体效益是利用档案信息的最高目的。二者又是矛盾的，过分地追求局部效益就有可能损害整体效益，而为了保证整体上的高效益就有可能牺牲某种局部效益。解决矛盾的办法是局部效益服从整体效益，分清主次、缓急，优先和重点开发能产生整体效益的档案信息。

③社会效益与经济效益相并重。所谓社会效益是指通过开发利用档案信息而在解决社会问题和促进社会进步等方面所起的作用。而经济效益是指档案信息资源开发利用的劳动耗费同其发挥作用之比。档案信息资源开发利用中产生的经济效益不可能像企业、生产单位那样直接表现为创造物质财富，而是表现

为节约时间、人力、物力、财力和避免重复浪费，具有间接性和滞后性的特点。社会效益虽不能用具体数字表示，但它的作用效果往往不亚于甚至会超过经济效益，影响更为深远，价值可能更大。当然社会效益中隐含有经济效益，经济效益中融有社会效益，二者相辅相成、我们在强调经济效益的同时，切不可忽视社会效益。

2.档案信息资源开发的策略

档案信息资源开发的最终目标是为市场提供能够满足人们不断变化着的需求的新产品并获得效益。为此，档案信息产品的开发必须选准目标市场、保证高智力投入、紧跟技术进步、确立竞争优势、实现规模经营、争创名牌产品，这些观念和措施也就是档案信息产品开发的策略。

（1）市场定位策略

选准目标市场是档案信息产品开发的首要问题，即市场定位策略。与原始型档案信息产品相比，再生型档案信息产品的市场定位有如下特点：其一，影响市场细分的主要因素是文化程度、职业、收入和兴趣等，如大学教师、科研人员、决策者、政府机关工作人员、各类管理人员等都是再生型档案信息产品的主要用户；其二，再生型档案信息产品的目标市场容量一般不大，开发者应多选择差异性市场营销策略，也就是说，需要根据不同细分市场的需求差异，有针对性地生产多品种、系列化的产品，并采取有区别的促销手段；其三，在目标市场中,再生型档案信息产品利用者最关心的产品属性主要是档案信息量、质量、档次、针对性、连续性、时效性、服务和价格等，这些因素构成一个多维空间，某一具体产品在这一多维空间中一定有一点与之对应，这一点就是产品的市场定位点。市场定位策略要求档案信息资源开发者根据利用者对产品不同属性的重视程度，有力地塑造产品鲜明的、与众不同的个性和形象，从而使产品在市场中确立自己的位置，这是产品开发的第一步，也是最为关键的一步。

（2）高智力投入策略

保证高智力投入是确保档案信息产品质量和档次的重要前提。再生型档案信息产品的生命周期相对比较短，利用者层次又比较高，需求批量也比较小，这就要求开发者必须注重速度和时效，提高产品的档次，尽可能地预测利用者将要产生的新的需求并为之服务，要实现这些目标，就必须聚集一流的开发人才和管理人才，组织力量联合攻关。可以说，开发人员的智力水平就是档案信息产品开发的内在机制。

（3）采用新技术策略

紧跟技术进步是提高产品开发效率的重要举措。信息资源管理领域是现代信息技术高速渗透和普遍应用的领域，先进的信息技术不仅可以提高信息产品的开发效率，而且从根本上说还是信息产品更新换代的重要原因。譬如，因特网的迅速发展及家用电脑的普及激发了人们对各类机读版目录、数据库的需求，而这些需求又极大地提高了各种专题目录、综述和预测类信息产品的开发速度。展望未来，网络信息资源开发将是热点，而相关的再生型档案信息产品的形成将需要更多的技术投入。

（4）确立竞争优势策略

确立竞争的优势是档案信息产品开发制胜的法宝。档案信息部门之间如何展开竞争取决于如何确立自己的竞争优势。档案部门的竞争优势主要来源于：①自身的、独有的、丰富的、动态的档案信息资源贮藏；②不同档案信息机构拥有相对稳定的利用者群体，档案信息资源开发可以从这个利用者群体的多层次需求出发开发系列再生型档案信息产品，然后再逐渐扩展到其他潜在的利用者群体，形成多圈层、多品种的产品结构并从而确立自己的竞争优势。

（5）创造名牌产品策略

创造名牌产品是信息产品融入更广的信息市场乃至国际信息市场的基本策略。名牌产品的创立决非一朝一夕之功，它往往是一代人甚至是几代人努力的结晶。要创造名牌，开发者必须拥有"利用者意识""质量意识""第一意识""创新意识""形象意识"和"战略意识"，必须十分注重爱惜和维护自己的产品。档案信息产品的开发是一个复杂而充满风险的领域，开发本身只是一个方面，而最终实现档案信息产品的经济效益和社会效益，开发者还必须运用适当的广告宣传策略和价格策略，这将是更为艰巨的挑战。

3.档案信息资源开发的方式

档案信息资源开发的方式多种多样，应根据具体情况加以选择、运用。这些形式主要有：

（1）特色开发

我国拥有各级各类的档案馆、室，应该认真分析社会各界的需求状况，针对自己的馆藏特点，形成档案信息资源开发的特色。如综合性档案馆藏内容以党政档案为主，档案信息开发的重点可以面向各级领导和领导机关，结合社会各种动态，为科学决策提供有效服务。专业性档案馆应立足于本行业，注意本行业工作重点的变化而引起的档案信息需求的变化，结合当前的工作任务，有针对性地开发档案信息产品。企业档案机构应把握企业的原材料供应、产品生产、技术革新、节约销售过程，开发档案信息产品。

（2）针对开发

档案信息的开发者必须密切注视和分析社会动态，通过会议、新闻媒体、上级文件等各种方式，把握社会热点，掌握和预测服务对象的情况，了解一定时期他们的工作重点、工作要求、工作特点，并有针对性地开发社会需要的档案信息产品。这不仅是提高档案信息产品社会效益和经济效益的办法，也是提高档案信息工作社会影响的机会。

（3）跟踪开发

档案信息开发必须紧紧围绕信息利用者的科研、生产、经营、文化等活动，随时根据档案信息利用者在工作过程中提出的要求，以最快的速度加工处理档案信息，提供高质量的信息产品。在这些工作中，必须有经营观念，及时推销档案信息产品。

（4）规模开发

档案信息的开发不能停留在小规模、零散的、单项的开发上，虽然这种开发能在一定程度上满足小范围利用者的需要。如果不形成规模，应使各个层次、各个环节的开发集中起来，成为档案信息资源开发系统的有机组成部分，便不能满足档案信息利用者的广泛的、复杂的档案信息需求。档案信息资源开发工作只有形成规模、连成整体，才能使档案工作的服务水平达到一个新的高度。

（5）重点开发

档案馆拥有众多的档案资源，全国各级各类综合档案馆拥有数万卷（册）至几十万卷（册）的档案，而且随着档案的接收和征集工作的开展，档案的数量和类型还将不断增加。在档案信息开发的过程中，我们应该兼顾各个门类，围绕着为经济建设服务的重点：全面地开发馆藏。但是不同性质的档案馆，在不同的时期应该根据社会的需要和服务对象的特点，确定各个时期档案信息开发的方向和重点。

（6）层次开发

开发档案信息资源时，档案馆首先要对自己的馆藏内容和成分有全面的了解。根据社会的需要，根据自己的实力，制定切实可行的档案信息开发计划，按照轻重缓急，进行分层次开发。

（7）合作开发

档案信息的合作开发是发挥资源优势互补的主要途径。其合作可以分为四个层次：一是档案部门间的合作开发，二是档案部门与图书、情报部门的合作开发，三是档案部门与社会各界的合作开发，四是档案信息开发的国际合作。

（三）档案馆（室）藏资源的优势性分析

1.各级各类档案馆藏资源的优势性

（1）综合性档案馆藏资源的优势性

①馆藏内容的综合性。综合性档案馆馆藏的综合性表现为部分综合性和在一定条件下的完全综合性两种并存的形式。凡记载和反映各个历史时期政治、经济、科学、技术、文化、教育、军事、外交等各种活动内容的馆藏档案属完全综合性的形式；但是，如果将记载和反映科技、生产、基建等活动内容的科技档案或记载与反映某些专业活动内容的专门档案另立门户，另设科技档案馆或专业

档案馆保管，综合档案馆的馆藏就属于部分综合性的形式。

②馆藏管理的层次性。综合档案馆的馆藏在分工管理上是有层次性的。根据 20 世纪 80 年代末的统计数据，中央档案馆、中国第一历史档案馆、中国第二历史档案馆构成了我国综合档案馆在馆藏管理上的第一层次，即最高层次；30 个省（市、自治区）档案馆构成了我国综合档案馆在馆藏管理上的第二层次；370 个地（市、州、盟）区档案馆构成了我国综合档案馆在馆藏管理上的第三层次；2488 个县（市、区、旗）档案馆构成了我国综合档案馆在馆藏管理上的第四层次。

③档案内容的连贯性。不论哪个层次的综合档案馆，就接收与集中我国政

府在解放后形成的各种需要长远保存的档案而论，不是一次性完成的，也不是在同一层次和同一全宗内可以任意接收或不接收，可以任意集中或不集中，而是根据档案的增值规律，必须从一个全宗的整体和不同层次之间的内容互相衔接出发，在接收和集中档案时，考虑馆藏档案内容的连贯性特点。这种连贯性特点也就是保持档案的完整性和内在联系的具体化。不同层次的综合档案馆在接收和集中档案的范围和时间方面，都必须按照本级政府以及所属单位和部门的职能分工，按照已经规定的进馆时间表，坚持承前启后，首尾相接，坚持一个全宗内的档案内容不可分散，不能间断的原则。

（2）专业性档案馆藏资源的优势性

专业性档案馆，是指为国家专门管理某一方面、某一特殊专业或某一种载体形式的档案而设置的档案馆。我国的专业性档案馆，包括中央一级的和地方一级的部门性或专门性档案馆。由于专业性档案馆基本上是按档案所属不同专业或部门建立的，因此，不仅专业性档案馆所收藏的档案内容、数量、载体形式及其效用与综合性档案馆是不相同的，而且不同专业性档案馆之间也是不完全相同的。为此，我们必须认真研究专业性档案馆馆藏的特点及其利用覆盖面，从而采取相应的开发措施，以充分发挥专业性档案馆档案信息资源在社会主义现代化建设中的作用。

①专业性与科技性。按照国家机关职能任务的分工，每一专业部门负责主管并行使某一专业职能任务。而任何一个专业性档案馆，则只能是负责集中统一管理本部门或本系统形成的专业档案。因此，各个专业性档案馆的馆藏档案，分别来源于各自的专业活动领域。所以，无论是专业性的还是部门性的专业档案馆，从其馆藏档案信息内容上看，就必须具备鲜明的专业性。每一个专业性档案馆的馆藏档案，便是该专业信息的记录与反映。专业性档案馆馆藏另一个重要特点是科技性质的档案多。按照我国综合性档案馆与专业性档案馆的馆藏结构实际来分析，一般是国家综合档案馆的馆藏，往往是以文书档案为主，其他档案为辅。

②历史性与现实性。任何一项专门事业的发展，都离不开原有的基础，总是在原有的基础上不断地向前发展。正因为如此，专业性档案馆馆藏的又一个重要特点是，既收集有历史性的档案，又收集和接收了新中国成立以来各个历

史时期的现实性档案。专门性档案馆将本专业的历史档案和现行档案集中保管在一起，形成一个有机的整体。这样，使其馆藏档案就能够比较全面、系统地反映本专业事业形成与发展的全部面貌，也就为更好地开发利用某一专业档案信息资源奠定了基础。已经设置的中国人民解放军档案馆、中国照片档案馆、国家测绘档案资料馆、中国电影资料馆、国家气象局气象档案馆的馆藏档案，都具有历史性与现实性相结合的特点。

③全国性与地方性。由于专业性档案馆的馆藏档案，绝大部分来自本部门或本专业系统，加之有的专业性档案馆又是按中央与地方分级设置的，因此专业性档案馆馆藏档案利用的覆盖面，既有全国性的特点，又有浓厚的地方特色。或者说，中央级的专业档案馆与部门档案馆的馆藏中，反映某一专业的宏观信息多；而地方级的专业档案馆馆藏中，反映某一专业的微观信息多。这在城建档案馆的馆藏中特别明显。从一个专业角度来说，从中央到地方的专业档案馆，按照统一领导、分级管理的原则，建立起一个从宏观馆藏到微观馆藏的专业信息系统，这就有利于开发某一专业的档案信息资源，既为地方又为全国的专业发展与经济建设服务。

④档案与资料的并重性。专业性档案馆，特别注重收集和保管与本馆馆藏专业档案有关的各种资料，因此资料也成为专业性档案馆馆藏的重要组成部分。有的专业性档案馆馆藏资料极为丰富，甚至与馆藏档案并驾齐驱。档案与资料并重的原因在于：首先，专业性档案馆馆藏档案需要纵向的和横向的、国内的和国外的相关资料作补充。某些专业性档案馆所藏的档案，通常就是集中反映某一专业的珍贵史料，由于历史或人为的原因，往往出现某一时期的专业档案十分短缺，甚至是一个空白。其次，专业性档案馆的档案，专业性和科技性都比较强，无论是进行一项工程的设计与施工，还是研究一个科研课题，或者是开发一项新产品以及进行地质勘探，除了必须利用有关的专业档案外，还必须要利用相关的专业资料作参考。所以，对于专业档案馆来说，注意收集与馆藏档案有关的专业资料，就显得格外重要。

2.各类档案室藏资源的优势性

各类档案室的室藏，除了具有完整性、系统性、服务性的共同特点之外，还分别具有各自的特点。

（1）机关档案室

①单一性。所谓单一性，是指室藏结构单一，主要是文书档案多，其他门类档案少。

②机要性。所谓机要性，是指室藏档案的内容，许多涉及机密，即使是由机密文件归档转化为档案后，有的仍然不能解密，泄露出去将会使国家的安全和利益遭受严重损害。

③定期性。所谓定期性，是指室藏的重要档案仅仅是在机关档案室保存一定时期。按《机关档案工作条例》规定，省、地、县级机关永久保存的档案，在本机关保存 20 年或 10 年以后，应分别移交国家档案馆。

（2）综合档案室

①综合性。综合档案室内，不仅集中统一管理了本单位政、工、团各组织机构和部门形成的文书档案，而且还集中管理了生产、基建、科研、技术等部门形成的科技档案，有的甚至连人事、会计、经营等专门档案，也在综合档案室集中管理。

②多功能性。由于综合档案室室藏档案门类多，综合开发档案信息资源，可以为本单位的生产、建设、科研及管理等各个方面的工作服务，取得较大的经济效益和社会效益。

③长期性。各企业、事业单位的各类档案，一般都长期保存在本单位综合档案室，而不向当地国家综合档案馆移交。所以综合档案室的室藏档案保存时间具有长期性。

（3）科技档案室

①科技性。所谓科技性是指室藏档案都是科技性质内容的文件材料。

②实用性。指室藏科技档案信息对于现行科研课题的研究，科研项目规划、设计或工程项目的施工、管理、维护、扩建，改建及生产技术工作的管理等科技生产活动，都具有直接的指导价值和参与使用价值。

（4）专业档案室

①专业性。指室藏档案总是反映了一定的专业内容，具有鲜明的专业性质。专门档案是在各种不同专业范围内生产的，都有比较稳定的文件名称、格式和形成规律，有各自的整理和管理方法。

②形成特殊性。指室藏中承载档案信息的载体比较特殊，一般除纸质载体的文字、图表、簿册材料之外，大量的是磁带、胶片、光盘等声像载体材料。

③部分专门档案机密性。如人事档案、诉讼档案、纪检档案、会计档案、统计档案、审计档案等，尤其是人事档案室的室藏，其机密性最为突出。

综上所述，各级各类档案馆（室）藏有着各自不同或相同的特点，有着各自的形成规律。分析这些不同或相同的特点，其出发点就在于进一步明确档案馆（室）的服务范围，发挥优势，确定开发利用档案信息的措施。

三、档案信息资源开发的方法与措施

（一）档案信息资源开发的方法

档案信息资源开发的过程实质上是档案信息组织过程，其结果是将蕴含在档案中的信息内容揭示出来，并使之有序化、系统化，以便查找和利用。正确地运用开发方法，实施一定的开发措施是实现这一结果的前提和基础。

1.档案信息的分析与研究

档案信息资源的开发要求对档案进行主动的分析、研究、加工，从中发掘有价值的信息，向外公布与传递，以满足社会对档案信息的需求。当前对档案信息资源进行开发的主要手段是对档案信息进行分析、研究、加工和揭示，以目录、索引、文稿、专题汇编、图集、统计数字汇集等形式，为有关利用者提供二次、三次文献服务。其中首要的步骤就是对档案信息进行分析与研究。

（1）档案信息系统研究

档案信息系统研究即按照一定的专题，对一系列档案材料中所包含的相关信息进行分析、综合、加工，为编写档案参考资料作好准备。包括对档案信息内容的综合研究，对档案信息可靠性、真实性的考证及对档案信息来源等方面的研究。

档案信息系统研究的步骤：首先是选题。选题是对档案信息进行系统研究的决策过程，选题是否得当，能否满足实际需要，往往决定着研究工作的成败。题目的来源有以下几种：第一，主管领导部门下达的课题；第二，有关部门或研究人员提出的课题；第三，档案部门自己提出的课题。选题的好坏，取决于是否具有针对性、实用性。应针对社会的实际需要，在自身条件许可的情况下选择有现实意义的题目，从而尽快获得效益。其次是收集材料。全面收集与题目有关的档案材料，在收集的过程中，可利用现有的案卷目录、分类目录等检索工具查阅有关材料。再次是分析、选择、取舍材料。对材料的真实性、可靠性、适用性进行鉴别、考证，从中选取既全面系统又与题目确切相关的材料。最后是提取有价值的信息。根据一定的目的和要求，对所摘选的材料进行综合，从中提取有用的信息。

档案信息系统研究的方法：整体分析法，即在系统研究中不能孤立地分析某一份档案，应将有关档案文献作为一个整体进行研究，把档案信息放在事物发展的过程中进行研究；系统分析法，即要善于把零碎的档案信息联系起来，拼织起来，使所提取的信息具有系统性、典型性；辩证分析法，即要善于把不同类型的档案材料结合起来进行研究，将点与面、虚与实、对立双方、公开与内幕、官方与私家等各方面材料结合起来进行研究。总之，不能因研究者个人的偏见忽视某些方面有用的信息，要全面地、客观地研究各方面的档案信息。

（2）档案主题分析

所谓主题，是指档案所研究和论述的具体对象或问题，即文献的中心内容。主题分析即是对某份档案的主题内容进行分析，确定该档案中实际含有哪些有参考价值的信息，为准确标引提供前提。主题分析的内容包括对主题类型、主题结构等方面的分析。档案主题分析的步骤：首先是审读档案。浏览档案的标题、版头乃至正文，对档案的内容作调查，注意不能只凭标题判断档案的中心内容。其次是概念分析。对调查所得的情况作分析判断，形成主题概念，确定档案的主题。再次是对档案的主题类型及其结构进行分析。档案的主题类型按数量划分为单主题与多主题，按结构划分为单元主题与复合主题。主题结构的分析主要是对复合主题中的主体因素及其他限定因素的分析。最后是主题的取舍。根据主题分析的目的与要求，决定对档案信息内容的取舍，舍去次要主题或与本单位需要关系不大的主题。一般来说，从一份档案中分析出的主题数量不受限制，主要取决于该档案对具体需要者的信息价值以及所采用的分析角度。

档案主题分析的要求：客观性，按照档案的本来面目分析其主题内容，切忌主观猜测和随意褒贬；确切性，准确地判断档案论述的中心主题，形成正确的主题概念，保持与档案论述的中心内容在内涵和外延上的相一致；全面性，不遗漏任何有参考价值的信息；针对性，针对利用者的需求选取档案中有用的信息。

由于档案内容十分繁杂，因此主题分析是一项难度较大的工作。宜根据档案的具体情况，制订主题分析提纲，作为主题分析的规范，保证其周密性和一致性，并可简化分析过程。

2.档案信息的加工与揭示

档案信息资源十分丰富，但这宝贵的信息资源大多处于比较原始的状态，若不经过加工整理，要想准确地找到所需要的信息，犹如大海捞针。因此，需采取一定的手段对档案中所包含的信息进行加工和揭示，将原始的档案材料转换成信息密集的二次乃至三次文献，使人们从中迅速、准确地获取有价值的档案信息。对档案信息进行加工和揭示，主要采取档案的著录与标引两种方法，两者统称为档案前处理。

（1）档案著录

①档案著录的含义。档案著录是对档案内容和形式特征进行分析、选择和记录的过程。著录的内容包括档案的题名、责任者、文本、密级、保管期限、时间、载体形态、档号、分类号、主题词以及内容提要等方面。

档案著录的含义从不同角度有不同的理解。若从广义的角度看，其著录是指记述档案信息资源状况的总和；若从狭义的角度来看，其著录是指记述每份档案资料内容和形式特征而形成条目的过程；若从信息论角度来看，其著录是指形成档案二次信息的过程；若从档案学理论发展角度来看，档案著录理论还可以理解为档案学的一个应用分支学科；等等。

②档案著录的意义。档案著录的意义，主要体现在它是编制检索工具的基础和前提，并直接影响档案信息检索效率。档案信息检索的全过程包括档案信息的存储和检索两个具体过程。存储是指将档案具有检索意义的特征（内容、形式）标识出来，然后编制检索工具，建立检索系统的过程；检索是指利用检索工具和检索系统查找所需档案信息的过程。这两个具体过程是密切联系、不可分割的。存储是检索的前提，没有存储就无法检索；检索则是存储目的的实现，没有检索，存储也就失去了意义，档案的著录是存储过程中的第一环节，

即入口环节，只有通过著录，档案的各种特征才能显示并可能进入检索系统，成为档案信息资源检索所必需的数据。

档案的著录，不管对于手工检索系统还是计算机检索系统，都是必要的。从手工检索系统来说，其基本工具是档案目录。而档案目录是由著录条目组成的。著录条目是对单份文件或案卷所作的一条记录，它是组成档案目录的基本单元，著录条目又是由著录项目组成的，每一个著录项目都揭示了档案文件或案卷的内容或形式方面的一个特征。这就是说，档案目录的基本内容归根到底是由著录项目提供的。根据对档案内容特征的著录，可编制档案的分类目录和主题目录等。根据对档案形式特征的著录，则可编制全宗目录、案卷目录、全宗文件目录等。在计算机检索系统中，档案信息检索是通过对文档或数据库的搜寻实现的，而文档的编制、数据库的建立，都必须依赖于档案的著录项目的输入，没有这种输入，任何检索都无从谈起。因此，著录被称为计算机检索档案信息的前处理工作。总之，档案的著录对于档案信息检索的实现，是必不可少的前提工作。

③档案著录的原则和要求。档案著录的原则。档案著录，不管是传统著录还是标准著录，都应遵循这样的原则：用最简明的文字，按照统一的方法和规则进行著录，做到著录项目一致，著录符号一致，著录格式一致。

档案著录的要求。档案著录由于馆藏档案的数量、价值、服务范围，以及人力、物力等主客观条件的不同，对其要求也有所区别。但总的来看，应符合下列要求：在内容方面，要求有较高的科学性。所谓科学性就是依据著录原则，正确地运用著录方法，准确分析并记录档案资料的内容和外形特征。在形式方面，著录的文字应与档案资料所用的文字一致，并要求字体规范，书写端正，便于识别，语言简明扼要，通俗易懂。著录格式统一，标识符号一致。

（2）档案标引

①档案标引的含义。档案标引是根据档案分类法和主题法将档案的主题概念转换为档案标识的过程，其目的是为了揭示档案的主题内容，提供从内容方面查找档案的途径。

②档案标引的程序。

分析标题。档案标题是文件作者和立卷人员对档案中心内容的概括，是对档案主题进行分析的主要依据。

浏览正文。通过正文了解档案的具体内容，从而确定档案的主题。

查阅文件版头和附加标记。通过文件作者、收发机关、文件字号、时间、密级等内容，进一步明确档案的内容、使用范围及参考价值等。

分析主题的类型和结构。对多主题档案分解成几个单主题，并明确各主题之间的关系。

表转换。将主题概念转换成为分类标识或主题标识，标出分类号和主题词。

做出标引记录。对标引结果及标引中所处理的一些问题进行记载。

校对审核。复核标引是否正确，标引记录有无差错等。

③档案标引的一般规则。

具体性。档案标引的内容必须是档案中比较具体地记述的，有一定参考价值，可以成为检索对象的。

客观性。档案标引必须客观地、直接地反映档案记述或涉及的事物、问题，不应掺杂标引人员的臆测和褒贬。

规范性。必须依据档案分类表或主题词表及其使用规则进行标引，辨明标识的确切含义，应根据标识的语言环境及其注释来选择最恰切的标识。

专指性。必须符合专指性的要求，选用最切合档案内容的标识，只有当分类表或词表中无专指标识时，才能进行组配标引、相关标引及增词标引。

实效性。每份档案的标引深度，应以能准确、完整地表达档案主题内容及检索系统的处理能力为依据。

一致性。标引结果应与表中标识一致，不得随意更改或省略。

新颖性。标引中要注意反映档案中的新问题、新政策、新技术、新成果，尽量向利用者提供新的信息。

④档案标引的方式。

整体标引。它是对文献的整体主题用一个标识进行概括式标引。

全面标引。它是对一篇文献的各个局部主题或主题因素分别标引，必要时还可同时对整体主题作概括式标引。

分析标引。它也称补充标引，除了对整体主题进行概括性标引外，再选择个别重要的局部主题或主题因素作单独标引。

重点标引。即只选择一篇文献中对本单位服务对象有情报价值的个别局部主题的标引。

重点标引主要用于专业性档案机构，针对本单位的具体需要进行标引，对于综合性档案机构不尽适宜。

目前，我国档案部门用得较多的标引方式是整体标引，这是一种浅标引方式，一般只需依据档案标题标出整体主题即可。由于标引深度太小，不能满足档案检索的需要，同时由于档案内容繁杂，标题往往难以全面概括档案文件主题，容易造成分析误差和检索误差。

全面标引是一种深标引方式，标引深度大，能达到较高的检全率和检准率，但相应地标引工作量大大增加，还可能因同一案卷内文件主题相同或相近造成一定的重复，导致同一主题文献的分散。

由此看来，上述三种标引方式都难以达到适度标引的要求，很难满足档案标引的实际需要，所以在目前情况下分析标引似乎是一种较为合适的标引方式。目前著录标引工作量非常大，为了提高标引速度，可以以案卷为单位来进行分析标引，即先依据案卷标题进行概括性标引，再根据卷内文件标题有选择、有重点地进行深入标引。由于档案具有情报性的特点，即档案标题一般能全面、准确地反映档案文献的主题，因此依据案卷和文件标题进行标引其深度是比较适当的，同时又大大减少了标引工作量，当然这要以档案标题的规范以及是否能准确反映其所包含的主题概念为前提。

档案信息的加工与揭示是开发档案信息资源的重要步骤，也是建立档案信息检索体系的关键。由于我国的档案著录标引工作开展较晚，历史遗留下来的大批档案未作加工处理，新的档案又不断涌现，形成积重难返的局面，大批档案不能及时转化为二次文献进入检索系统提供档案信息，严重地影响了档案信息资源的开发利用，因此要充分重视档案文献的前处理工作，加快著录标引的速度。目前这项工作主要由档案馆承担，但由于工作量浩大，档案馆缺乏足够的人力，著录标引的速度赶不上馆藏量的增长速度，未经加工的档案越积越多。在此情况下，有人提出化整为零的工作方案，即由档案馆（室）负责各自积存的档案，现行文件由机关立卷人员或文件撰稿人负责。这样新归档接收的档案就成为已经初步加工的档案，减轻了档案馆（室）的压力，加快了著录标引的速度，同时也能提高工作质量，因为立卷人员和文件撰稿人能更好地把握文件主题。此外，在对档案信息的加工和揭示中，目前正处于试验阶段的自动标引似乎是一种有效解决问题的方法。

3.档案信息的报道与传递

档案信息的报道与传递是指通过编辑、加工、研究、、宣传等手段，使档案中的信息以更适于利用者利用的形式，定题或定向输出的服务方式。报道和传递档案信息的方式是多种多样的，主要包括以下几种：

（1）原始档案信息的公布

①汇编档案史料和文集公开出版。档案汇编大体分为两类：一类是为史学研究和其他学术活动以及各方面工作提供史料的档案史料汇编，其选编对象多为新中国成立前形成的历史档案；另一类是为各方面工作提供依据、提供参考和学习材料的档案文件汇编，其选编对象多为现行机关档案，又可分为政策法规汇编、重要文件汇编、会议文件汇编、参考文件汇编等。档案史料和文集汇编是为了满足特定的需要,从某一专题出发对档案信息进行鉴别和组织的结果，能够集中、系统地向社会范围传递某一方面的档案信息，满足学术界大量系统利用档案信息的需求。

②在报刊上有计划、有目的地公布档案史料。可分为两种，一种是在普通报刊，如党报、党刊、新闻性报刊、学术理论性和资料性刊物上发表档案文献；一种是在专门期刊如《历史档案》、等上发表档案文献。其特点相对于档案汇编来说出版较及时、发行面广，能够在较大的范围内迅速传递档案信息，但同时存在的档案信息大多较零散，不系统，只能作为档案史料和文集汇编的辅助方式。

档案史料和文集汇编与报刊公布档案史料两者有一共同的特点，就是它们传递和提供的都是原始的档案信息，是未经加工的档案原文，是第一手资料。通过档案编撰工作，将精选的档案原始信息汇集起来，大大减少了利用者搜寻资料的劳苦，同时为广泛、系统地利用档案信息创造了条件。

（2）档案信息的报道

档案信息的报道与前述方式的区别在于它提供的是经过加工的档案信息，并以档案文摘、参考资料与工具书等形式报道出来，供利用者参考。

①档案文摘。它是档案文献的摘要，能够忠实地报道档案的重要信息，能在一定程度上起到档案原文的作用，但又不同于原文的节录，它是以相对独立的结构完整地将档案文献的主题内容以简练方式表述的短文。它具有以下功能：其一，提供档案信息。档案文摘是一种二次文献，它可使利用者在不阅读原文的情况下，快速地获取档案中所包含的信息。其二，检索档案原文。文摘上一般都注有档案出处，并按一定的方式组织起来，实际上也是一种检索工具，据此能检索到档案原文。其三，有利于档案信息交流。文摘文字简短、内容实在，能够快速及时的传递档案信息，便于档案信息的交流。

档案文摘可分为指示性文摘和报道性文摘两种。指示性文摘不详细报道档案具体内容，只简要描述档案基本特征，供利用者判断是否需要阅读原文；报道性文摘比较详细报道档案原文的信息内容，利用者不阅读原文就能获知其基本内容，并可作为原始资料加以应用。报道性文摘信息含量十分丰富，利用率也高。

②档案参考资料。它是根据一定的题目，对档案内容进行分析、加工编写的一种材料，其种类包括大事记、组织沿革、统计数字汇编和专题概要等。

大事记：是按时间顺序简要记载一定历史时期发生的重大事件的一种参考资料。有工作大事记、国家或地区大事记、专题大事记、个人生平大事记几种。

组织沿革：是系统记载以机关、地区或专业系统的组织机构和人员编制等变革情况的一种参考资料。主要提供档案来源方面的信息。有机关组织沿革、地区组织沿革、专业系统组织沿革几种。

统计数字汇编：是以数字形式反映一定地区或某一方面的基本情况的参考资料，它根据一定的需要将分散的统计数字集中起来，汇集成系统的数据。有综合性和专题性统计数字汇编两种。

专题概要：是用文章叙述形式，简要说明和反映某一方面工作、生产或其他社会、自然现象产生、发展变化的一种参考资料。档案参考资料中一般也注明了材料的出处，在某种程度上可起查找档案的作用，但它与档案检索工具是不同的，它的主要作用是提供经过加工的档案信息而不是提供查找手段。

档案参考资料也不同于档案文摘，档案文摘忠实地记录了档案原文的信息内容，在一定程度上可当做档案原文使用，而参考资料尽管也强调材料的真实性，提供档案素材，但它在形式上大大改变了档案的原始面貌，也可以说，它对档案信息的加工程度比档案文摘大。

③工具书。档案部门报道档案信息还可通过工具书的形式进行，这种工具书是在对档案进行定性分析研究的基础上，按一定的专题编写的，其作用与档案参考资料相似，只不过以工具书的形式出现。

（3）档案展览

举办档案展览是为了配合各项工作的开展，按一定的专题，系统解释和介绍馆藏档案信息内容的一种方式。档案展览展出的是经过选择和组织的典型档案材料，利用者可以从中获取比较集中、系统的档案信息，还可以发现从未见过或难以找到的档案材料及其线索，也是对档案信息进行传递和提供利用的一种有效手段。

（4）档案信息宣传报道体系

为能多角度、多方位积极宣传、报道、传递档案信息，建立一种有效的宣传报道体系无疑是非常重要的。

4.档案编研

档案编研是通过各种手段编纂、浓缩和加工提炼档案资料，是积极、主动、系统地开发档案信息资源的主要方法之一，是对档案信息资源进行高层次和深度开发的有效方式。档案编研成品是社会广泛流传和应用的系统、精练、可靠的新型档案信息源，与档案原件相比，它具有灵活方便的特点，有利于全社会范围内的档案信息共享。第一，它能从空间上更加广泛地提供档案信息；第二，它能从时间上更加长久地提供档案信息；第三，它能从深层次上满足利用者的档案信息需求；第四，它还可以帮助利用者克服档案信息本身的障碍。可见，档案编研成品可以从根本上改变档案信息传播功能弱的缺点，大大强化其传播功能。

（1）档案编研的性质

档案编研是一项针对社会需要的研究性的服务工作。深刻理解档案编研的性质，是做好这项工作的重要条件。

①开发性。档案编研属于信息再加工、再创造的一项工作，具有突出的信息开发性质。面对社会各个方面的多种利用需求，档案作为一种信息素材，其

状态是相对分散和原始的。档案编研的开展，可以根据实际的需要使相关的档案信息进一步系统化，提高信息的密度和精度，促使档案信息增值，加快档案信息的传播速度，实现档案信息的集约化。

②研究性。档案编研是以档案文献的分析、研究、整编为主要内容的，在档案管理的各项业务环节中，表现出较强的科学研究性。首先，对档案文献的研究，其重点就在于判断和选择与实际需求相符合的编研主题和与主题相吻合的准确而完整的档案材料。这是建立在科学的实践观和方法论基础上的，并经过对档案状况和档案内容进行长期而深入的调查、分析，才能获得理想结果的探索性工作。其次，对所选档案材料进行编辑、加工，其重点在于必须运用科学、适用的信息转换方法与技术，遵循严格的档案信息编辑加工原则和标准，使得编研成果更能满足利用者的档案信息需求。就档案编研的总体过程而言，研究和编辑是关于科学性统一体的两个侧面，离开了科学的研究就谈不上科学的编辑；离开了科学的编辑加工，就无法体现科学研究的最终成果。科研性贯穿于档案编研的始终。

③条件性。编研的条件性有两方面的含义。一方面，它是以提供档案信息资料为社会其他各项工作服务的一项条件性工作。档案部门编制出版各种编研成果，目的不是为了档案部门自己利用，更不是为了编研而编研，主要是为了科学研究、经济建设、社会发展等方面利用档案的需要。因此，编什么、怎么编，都应以客观需要为依据。另一方面，由于档案文件是一种特殊的文献，因此，对它们的选编和公布都受一定条件的制约。首先是所存档案的限制，不具备丰富的档案材料的基础条件，编研工作就难为无米之炊。其次是档案使用范围和公布权限的限制，以及知识产权、保密规定、涉外政策的制约。

（2）档案编研的原则

为了保证档案编研成品的质量并使编研工作能顺利、有效地进行，开展档案编研工作应遵循一定的基本原则。

①存真性原则。存真性原则是指档案编研工作要坚持档案工作的基本原则，保证编研材料的真实性和可靠性。档案工作是要维护国家历史真实面貌的，编研工作是档案工作的组成部分，只有坚持存真性原则，才能维护历史的真实面貌，这是档案工作的共性要求。同时，编研成品所反映的档案信息是否真实可

靠，对其作用的发挥具有重大的影响。如果编研材料失真，就会以讹传讹，贻患无穷。

在编研工作中坚持存真性原则，最根本的就是要坚持实事求是的科学态度。在任何情况下都不准以任何借口歪曲、篡改档案原文。同时，编辑过程中，每一细节都要有根有据，避免任何主观随意性。

②实用性原则。实用性原则是指档案编研成品必须适合社会各方面工作的客观需要。实用性原则应当贯穿于编研工作的全过程。从编研课题的选定、选材范围与标准、编研材料的加工方式到印制数量、发放、交流范围等，都应当在了解实际需求的基础上进行，切合实际需要，注重实用性，既包括当前的实际需要，也包括长远的客观需要，既包括社会需要，也包括经济需要，应当正确处理好这些关系。

③可行性原则。可行性原则是指档案编研工作必须在依托档案馆（室）。藏的实际状况和必须遵守相关法规的前提下进行。馆（室）藏档案是进行编研工作的物质基础，任何编研课题的选定，除了根据实际需要外，只有在馆（室）藏档案内容所覆盖的范围内才是可行的。此外，即使是馆（室）藏内容许可，由于受到档案法规制度的限制，凡属不符合开放利用规定范围内的档案，都是不可选用的。因此，档案编研工作的开展必须在馆（室）藏档案的基础上，在遵守法规制度的前提下进行。

（3）档案编研成品的分类

①根据不同的表达方式，编研成品可分为文字式、图表式和音像式等类型。文字式，即以文字叙述为主要方式揭示档案内容的编研成品，如文件汇编、专题综述等文字式编研成品，这类编研成品一般具有内容详细、全面系统等特点。

图表式，即以图形、表格为主要方式揭示档案内容的编研成品，如图集、名优成品统计表等。其特点是简明直观、条理性强、信息集中等。

音像式，即以声音和影像的形式再现档案信息的编研成品，如档案电影片、档案电视片等。其特点是生动、形象、存储信息密度高等。

②根据不同的载体形态，编研成品可分为印刷型和非印刷型两种类型。

印刷型，即以纸张为载体，通过印刷方式进行传播的编研成品，它是一种传统的也是基本的编研成品形式。

非印刷型，即以非印刷方式形成的编研成品，例如电影、电视光盘等，它可以通过屏幕显示、播放等方式进行传播。

③根据不同的内容结构，编研成品可分为综合性、专题性和系列性等类型。

综合性编研成品是指比较全面地反映某单位各项活动或某一学科领域的编研成品，如厂史、年鉴等。

专题性编研成品是指集中反映某一方面的工作、生产、现象的档案内容的编研成品，如专题汇编或选编等。

系列性的编研成品是指由若干个独立主题的编研成品组成的，具有一定的内容或专业的联系，或者各自从不同侧面反映同一主题与对象的编研成品丛书。

④根据不同的加工深度，可分为一次档案文献、二次档案文献和三次档案文献等编研成品。

一次档案文献编研成品，即在保持档案原文内容不变的前提下，根据一定的题目，将相关档案材料加以汇编所得的成品。如档案史料汇编、法令制度汇编以及样本图册等。其特点是注重向利用者提供档案文献原文，维护档案内容的原始面貌。

二次档案文献编研成品，即通过对档案的内容和形式特征进行筛选、提炼、综合、归纳等加工编写而成的编研成品，如目录、索引、简介、大事记、统计数字汇集等。其特点是具有较强的系统性、浓缩性、精练性和指引性，使用频率高等。

三次档案文献编研成品，即在对档案文献内容进行深入、系统研究的基础上编写的评述性、预见性、建议性的论文或专著，如对产品的质量分析和建议、人物传记、方志、科技发展史等。

⑤根据不同的功能，编研成品可分为参考性、介绍性和检索性等类型。

参考性编研成品是指通过对档案内容进行摘录、汇总、编排，并为利用者提供系统的参考材料和历史线索的编研成品，如大事记、年鉴、组织沿革等。

介绍性编研成品是指着重向利用者介绍和报道馆（室）藏档案情况，以及某项具体事物或活动的大致情况的编研成品，如会议简介、全宗介绍等。

检索性编研成品是指根据一定的标示类目，列举档案的题名、责任者、文号、主题词、分类号等，为利用者利用档案提供查找线索的编研成品，如各种目录、索引等。

总之，档案编研成品可从不同的角度，依据不同的标准划分为不同的类型。档案部门应根据不同的社会需求以及不同的档案类型，编制出不同的编研成品。

（4）档案编研程序

①选定编研主题。选题是编研工作的首要环节。选题合适与否，将直接关系到编研成品的使用价值。选定题目的基本依据是社会活动的客观需要，以及馆藏档案的现实基础。题目的来源有以下几种途径：第一，主管领导部门下达的课题；第二，有关部门或研究人员提出的课题；第三，档案部门自己提出的课题。选题的好坏，取决于是否具有针对性和实用性。应针对社会的需要，在馆藏档案许可的前提下，选择有现实意义的题目，从而尽快获得效益。

②拟制编研方案。编研方案是组织和协调整个编研工作，使编研工作有节奏、有计划进行的一种计划纲要。拟定好一个比较周全的编研方案，是保证编研工作顺利进行的重要一环。

编研方案的内容包括：编研成品的主题、内容；编研的目的和要求；编研成品的结构和体例形式；选取档案材料的范围；参加编研工作人员的组织分工；编研进程的时间安排和工作步骤；编研质量保证的具体措施等。编研方案应由参加编研工作的全体人员讨论，每一环节及步骤都应尽量设计得周到、细致和严密，并征求有关领导和业务人员的意见，从而保证编研计划的可操作性。

③收集编研材料。根据编研方案，紧紧围绕编研成品的主题收集档案材料，是编研工作的一项重要内容。

首先要注意档案材料的广泛性、联系性和真实性。广泛性，是指符合编研成品主题内容的材料应尽量多予收集，广采博取，力求完整；联系性，是指要保持档案材料来龙去脉的前后衔接关系，不要割断档案材料历史的、专业的或结构的联系；真实性，是指选择的档案材料应是真实可靠的，为此要对相关材料进行鉴别、核实，去伪存真，筛选出不必要的材料。

其次是要注意选准档案材料，即所选材料与编研成品的题目相切近，与编研成品的目的相适应，与编研成品的要求相一致。

与此同时，还应当考虑编研成品的发放范围、使用对象和有关的权益问题。根据这些不同的要求，选准档案编研所需要的材料。

④加工与编排。加工与编排是指对所选的档案材料作必要的加工和有序的编排，是直接关系编研成品质量的一项工作内容。加工，是在对档案材料分析研究的基础上进行的，包括选录、摘抄（或复印）、绘制图表、内容校核，以及文字、标点、图例、符号的考订和标准化审查等工作内容。其要求主要是做到精确、细致，忠实于档案原件，并在此基础上，根据不同的情况，作一些必要的删节、简化、修改或补充。

编排，是按照拟定的体例形式，对选择的档案材料进行顺序排列。编排的体例形式多种多样，其中有按时间先后进行编排的，如年鉴、史料、大事记等；有按地区进行编排的，如资源考察、市场状况分析等内容的参考资料；有按专业性质、重要程度等不同类别进行编排的，如科研成果简介等；有按系列、规格、性能进行编排的，如图册和图集等；有按生产能力或建设规模大小进行编排的，如数据统计等。

⑤审校与批准。审校，分初审和终审。初审是在对档案材料进行选录、摘抄、绘制图表等加工工作时结合进行的，可以由参加编研工作的人员自行审校；终审是对编研成品初稿的全面审查和校核，包括选材内容是否恰当，图样、报表是否准确，编排体例是否严密，文字、标点、图例、符号有无错误，等等。

经过初审和终审后的编研成品初稿，应报请有关领导审定批准。定稿后，编研成品的印刷方式、印发方式、印发范围、印刷数量、发行方式等，也需经过批准。

（二）档案信息资源开发的措施

档案信息资源的开发原则告诉我们，要想使开发档案信息资源产生更好的效益，档案信息部门尤其是各级各类档案馆（室）必须采取各种有力的措施和切实可行的办法，不同档案馆（室）还必须结合自身馆（室）藏特点，不断挖掘和总结出各自的开发措施和办法。

1.各类档案馆的开发措施

（1）综合档案馆的开发措施

随着市场经济的发展，综合档案馆的服务范围越来越宽阔，社会对综合档案馆的要求也越来越高。总结已有的经验，综合档案馆的开发措施主要集中表现在拓宽服务途径、优化馆藏、优化检索手段、优化开发程序等四个方面。

①拓宽服务途径。根据档案服务系统工作的基本要求，从已经形成和开始扩展的服务方式来看，综合档案馆拓宽服务途径应包括：接收进馆前的指导服务；接收进馆前的整理编目服务；对档案部门专用物资组织代销服务；接收档案管理和代管档案服务；加工整理与安全保管服务；鉴定与销毁服务；保密与调密服务；统计服务；编制检索工具服务；目录交流服务；调卷服务；送卷服务；复制服务；展览服务；开架服务；编纂出版服务；报刊公布服务；参与编史修志；参与文艺创作或为繁荣文化生活服务；国际交流服务等。

总之，综合档案馆的服务项目繁多，所有这些服务项目构成了一个有机联系的整体，至于具体到某一综合档案馆在某一时期内应开展哪些项目的服务，必须从实际出发，可以有所侧重，同时尽可能地兼容多项，实行多目标服务。

②优化馆藏。优化馆藏是优化综合档案馆开发档案信息资源这一服务工程的基本措施，它的内容是由综合档案馆的性质、任务和范围来决定的，包括：

第一，确定进馆界限。就是根据不同级别、不同类型的综合馆来划定接收或集中档案进馆的范围。任何一级或任何一个综合档案馆都不是孤立存在的，既有纵向联合的综合档案馆，又有横向联合的专业档案馆，如果界限不分清，分工不明确，就不可能发挥各自的优势，不可能突出各自的馆藏重点，同时也就不可避免地会陷入各自为政、各行其是的无政府状态，在这种情况下，既无法保持各档案馆档案的完整，又不能真正体现各自的馆藏特色。同时，确定进馆界限与综合档案馆的合理布局密切相关。

第二，馆藏档案数量充足。不论哪一级综合档案馆，都必须根据其收集与集中的范围，将所属部门或所属单位应进馆的档案及时接收进馆，同时按照档案的形成周期定期定向地不断进行接收工作，使应该进馆的档案都能如期进馆，这样才能保证在分管范围内馆藏档案数量充足。

第三，馆藏质量优良。馆藏质量是优化馆藏的核心内容。收集接收进馆的档案除残缺不全的历史档案无法达到完整齐全的要求外，凡现行机关档案都必须做到完整齐全，价值鉴定准确，载体与字迹材料保持良好状态，整理编目科学化、规范化、标准化。其中，完整程度和整理编目质量又是优化馆藏的关键。无数事实证明，只有在优质的基础上追求更多的数量，做到质量与数量的统一，才能真正达到优化馆藏的目的。

第四，体现馆藏特色。各级综合档案馆的馆藏尽管在某些方面难免有相同之处，但不能你有我也有，你无我也无，按照同一模式、千篇一律的内容来规划自己的馆藏，必须根据各自的接收与进馆的范围，以及所处的特定环境，来确定不同的馆藏方式和馆藏内容，以体现各自的馆藏特色。

③优化检索手段。所谓优化检索手段，实质上就是优化档案检索工具，以档案检索工具具备存储档案信息丰富，检索档案信息迅速、一准确、方便、实用为衡量其优化的标志。优化检索手段，必须要求将手工检索方式逐步过渡到电子计算机检索，将馆藏档案有计划、有步骤地按机检要求经过著录和标引，并按规定顺序排列成数据库，使用电子计算机等存储在磁带、磁盘、磁鼓以及缩微胶卷和胶片中，形成档案自动化检索系统。在开发利用档案信息资源时，运用电子计算机，按分类途径、主题途径，或按全宗构成者、责任者、年代、地区等各种途径，向利用者提供档案查找信息，开展档案检索服务。运用机检手段，可以建立区域性和全国性的检索网络，进而还可以发展成国际联机检索，从而高效能和大范围地开展检索服务。在尚无条件实施机检的综合档案馆，也必须优化手工检索系统，使手工检索现代化和标准化，一方面为提高检索效率尽职，另一方面为实施机检手段创造条件，逐步做到手工检索与机械检索结合进行，最后在条件成熟时以机检取代手工检索。

④优化开发程序。所谓优化开发程序，主要是指在一定时期内对于确立开发目标、建立开发组织、开展开发分析、制定开发方案、实施开发计划、总结开发经验等一般程序，不仅在思想上要给予足够的重视，而且在人力、物力上要保证这些工作程序的顺利进行和互相衔接、协调运转。

（2）专业性档案馆的开发措施

专业性档案馆与综合性档案馆之间的根本区别在于分管档案的范围不同。专业档案馆的档案，往往是以纵向为主，来源于一个专业系统的各个单位。其档案的内容，往往又是记述和反映一个特殊专业的性质。由于社会发展、社会分工愈来愈细，社会的各行各业日趋复杂化，这就决定了专业档案馆的种类繁多，而且每一个专业档案馆，一般隶属于国家一个专业主管部门领导，同时又接受国家档案局领导或各级档案行政机关领导。由于专业性档案馆在档案内容、服务范围和服务对象上与综合性档案馆相比有着明显的不同，这就要求各级各类专业档案馆，在开发利用档案信息资源上，除采取一般措施外，还必须根据自身特点，利用自己的优势，采取各种行之有效的措施，以充分开发利用专业档案信息资源，为社会主义现代化事业服务。

①开放型开发。所谓开放型开发，就是指专业档案馆要根据《中华人民共和国档案法》和国家的有关规定，逐步扩大专业档案的开放范围，乃至向全社会开放，充分开发专业档案信息，面向社会，为全社会公众服务。专业性档案馆，就其档案内容或性质而言，涉及到政治、外交、司法、经济、科学、技术、文化、艺术等诸多方面。不可否认，外交、高科技、涉外经济等方面的专业档案馆，其档案是重要机密，在开发与利用时，必须严格按保密制度的规定进行。但是，也应该充分看到，许多专业档案馆的档案，尤其是涉及到经济、科学、技术、文化、艺术方面的专业档案，与国家经济建设、科学研究、技术开发、社会生活的关系十分密切，相对地说，这些专业档案机密程度比较低，有的甚至没有什么机要性质，按照档案法第 19 条规定，向社会开放的期限可以少于30 年。

专业档案馆应当积极地采取开放型措施，以充分地开发专业档案信息资源，逐步实现社会公众对专业档案信息共享。具体要求是：第一，更新观念，增强开放意识；第二，处理好控制与开放的关系，不断扩大档案开放的范围；第三，对开放的档案，实行开放式的管理方法。总之，专业性档案馆，要为开发利用和开放档案信息创造一切有利条件，更好地为经济建设、科学研究、技术开发和市场竞争服务。

②网络型开发。专业档案馆是专业档案资料储存、利用、服务的中心。开发专业档案信息是专业档案馆的基本任务之一。专业档案馆的服务范围和对象，主要是全国本专业系统各个单位及其本专业的专家学者、科技人员、艺术工作者和普通公民。而建立检索工具体系，又是开发专业档案信息的关键。因此，专业档案馆应根据本专业档案的性质和利用特点，建立检索工具体系。在建立和完善手工检索工具的基础上，进一步建立计算机检索系统，并逐步向联机化、网络化过渡，为广大利用者利用一个地区以至全国不同数据库中的专业档案信息服务。

建立以计算机为主体的档案检索系统。可以做到档案信息一次输入，多样化输出。这种系统，对内能为档案管理人员进行各种编目、统计、库房管理、借阅管理等服务，以改善劳动条件，提高工作效率，加强科学管理；对外能为利用者完成多种单途径检索、组合检索及逐件筛选检索服务，并能根据利用者的需要，自动进行分类目录、主题目录、专题目录等检索工具的编制，而且能在终端上显示或打印出来，同时又能够为逐步实现联机检索打下基础。各级各类专业档案馆的档案信息，如果能逐步实现联机检索，就能更充分地开发专业档案信息资源，达到利用者对不同专业档案馆中数据库档案信息共享的目的。

③智能型开发。专业档案馆的档案信息专业性强、利用面广，因而那种单纯地接待查阅、提供复制件或出具档案证明的被动服务方式，已经难以满足各个方面利用者的需求。专业档案馆人员必须走出馆门，深入生产、科研第一线，了解需要，掌握市场信息动态，以便在开发中体现针对性、系统性和实用性。

从各级各类专业档案馆开发经验中可以看出，专业档案馆应把重点放在智能型开发上。所谓智能型开发，就是指专业档案馆对专业馆藏档案实体经过加工整理后所进行的高层次和具有深度的档案信息资源的开发过程。开展智能型开发，一方面是进行三次性文献开发，即通过对档案文献的加工、整理，编出档案参考资料，为利用者提供比较系统而精练的档案信息；另一方面是进行更深层次的开发，即对馆藏档案信息进行分析、研究后而撰写出与馆藏档案资料有关的文章与著作，为社会各部门直接提供全面而系统的知识，并为科学决策、工程设计、产品更新、影片摄制、技术开发、文艺创作等方面提供定题参考服务。

④技术型开发。所谓技术型开发，主要是指有计划、有步骤地运用各种现代化技术设备和手段来开发专业档案信息资源，具体地表现在如下几个方面：第一，电子计算机、光盘技术以及现代通信技术的应用，将改变专业档案馆传统的手工操作技术，极大地提高档案信息的传递效率；第二，电脑打印技术、静电复印技术、声像技术、缩微技术的应用，将大大地方便利用者，从而提高专业档案信息的利用率；第三，应用电子计算机，建立计算机检索体系，并实现计算机联网检索服务，有利于档案利用者全面系统利用所需要的档案信息，充分发挥档案信息的社会效益和经济效益。总之，实行技术型开发，是专业档案馆开发档案信息的一项长期措施，决非权宜之计，同时在实行技术型开发上，

各个专业档案馆都必须量力而行。

⑤转换型开发。在各级各类专业档案馆中，有相当一部分属于科技性专业档案馆，如地质、测绘、气象、交通、机械、航天、城建等专业档案馆就是如此。随着社会主义市场经济的发展，技术商品化和技术市场日益兴起，这就为科技性专业档案馆开发专业档案信息资源向产业化发展,开辟了一条新的途径。实现转换型开发，就成为专业档案馆开发的一种有效措施。所谓转换型开发，就是指专业档案馆自身或者配合科技部门,将专业档案信息投入技术交易市场,使一些可供转让的科技成果或先进工艺转让给利用者，直接转换为生产力。专业档案馆实现科技档案信息转换型开发，还要配合高新技术产业开发，而高新技术要形成产业，必须要建立科技信息、技术市场、专利转让等科技服务体系,这些都是与专业档案馆科技档案信息转换型开发密不可分的。

2.各类档案室的开发措施

（1）机关档案室的开发措施

机关档案室主要为本机关领导决策和业务工作服务，也为国家档案馆积累重要档案，并为国家各项工作服务的部门。机关档案室的室藏，一般以文书档案为主，而且具有过渡性和机要性的特点。为了充分地开发利用档案信息资源，机关档案室应该采取的具体措施是：

①抓信息存储，建设高质量的档案信息库。要开发档案信息，首先要抓好室藏档案信息的输入与存储工作。因为，增加档案信息的存储量，确保档案信息的质量，是建设档案信息库的物质基础。档案信息，离不开档案实体。因此，抓好档案信息的存储，实质上就是要抓好档案室的基础工作。

为此，机关档案室在抓好档案信息输入与存储的过程中，要做好几项具体工作：一是要监督和指导机关文书部门做好各种文件材料的归档工作，以确保档案信息量。机关档案室指导和监督机关文书部门必须严格按照《机关文件材料归档和不归档的范围》的要求，将本机关各个部门应当归档的文件材料全部完整地收集起来,不仅要把记述和反映机关主要职能活动历史面貌的文书档案、科技档案、专门档案收集集中起来，而且要把那些与本机关档案有关的资料作为档案的补充内容加以收集，做到机关档案室的室藏档案门类齐全、结构完整、内容丰富。二是要监督和指导文书人员做好归档文件材料的整理立卷工作，以确保档案信息的质量。机关档案室档案实体的基本保管单位是案卷，文书部门立卷质量的高低，直接影响档案室档案质量和档案信息的开发。为此，机关档案室工作人员必须具体地指导和监督文书人员，对归档文件材料进行初步鉴定，科学分类，并按立卷的原则和方法进行组卷，确保案卷的质量，使整理的案卷既便于保管、移交，又便于开发利用。但是，必须注意，为了各司其责，档案人员不宜包办文书部门的立卷工作。

②抓文献加工，直接或间接地开发档案信息。机关档案室的室藏档案，基本上是一种原始的历史文献信息，同时，档案信息资源是处于静态之中的。要开发档案信息资源，就必须使其处于动态之中，才能发挥它的使用价值。为此，机关档案室要对档案文献进行加工、分析、研究、综合，达到直接或间接地开发档案信息资源的目的。第一，是向利用者直接提供一次性文献，即档案原件。这是机关档案室的一种传统服务方式，而且从机关工作的实际情况来看，也是一种经常的、必不可少的服务方式。第二，是向利用者提供二次文献。即档案原始信息进行分析、加工、整理之后，综合丽成的档案信息的二次性文献。通过它向利用者进行报道，并为利用者及时准确查找系统的一次文献线索。机关档案室开发二次文献，主要是通过对档案文献的著录和标引把分散而元组织的一次文献加工整理成集中系统的二次文献，即组织成各种目录与简介、专题资料等。第三，是向利用者直接地提供三次性文献，即档案参考资料。这是机关档案室开发档案信息资源的更高一级形式。机关档案室编撰的档案参考资料主要有：大事记、组织机构沿革、专题概要、会议情况简介等。

（2）综合档案室的开发措施

综合档案室，是企业、事业单位集中统一管理单位的各类档案，主要为本单位领导科学决策、行政管理、生产管理、经营管理、科研管理、技术管理服务的综合档案部门。综合档案室的室藏档案，具有综合性与多功能性的特点。因此，应采取各种措施来开发档案信息为本单位的各项工作服务。

①转变观念、参与竞争、服务竞争。社会主义建设的全面发展，要求档案部门广泛、大量储备和迅速、系统提供档案信息为其服务。企业、事业单位的档案部门如何适应这个新形势，在改革开放中求生存、求发展呢？首要的问题是档案人员要进一步解放思想，更新观念，转变脑筋，以跟上时代发展的步伐。

当前，档案人员在思想认识上的差距，集中表现在安于现状，墨守成规，经济意识淡薄，竞争意识不强，缺乏积极主动精神。由于思想上受传统观念的束缚，在开发上措施无力，在服务上总是处于被动状态，更不是迅速、主动、系统地提供档案信息服务。要开发档案信息，首先要转变观念，树立新观念如开放观念、竞争观念、时间观念、效益观念等。也就是说，综合档案室工作要按照社会主义市场经济规律办事，参与竞争、服务竞争，结合开发档案信息为生产、工作和科研服务。

②建立集成系统，增强综合开发功能。档案是开发档案信息的物质基础。综合档案室是一个现行机关或单位全部档案的集中管理基地。因此，综合档案室一定要把本单位形成的各种门类、各种载体的档案集中统一地管理起来，否则就难以发挥综合档案室的综合开发功能。而要增强综合开发功能，就必须从本单位的各个领域、不同侧面，即全方位、多角度、多层次地收集档案，实行一体化管理。综合档案室，只有从收集档案环节入手，广泛大量地收集各种信息，建立完整的档案信息集成系统，才能更有效地综合开发档案信息为本单位的生产、工作、科研和管理服务。

③利用综合优势，进行多层次开发。综合档案室，应当抓住综合管理本单位全部档案信息资源这个整体优势，进行多层次开发，实行超前、多样、高效的服务。综合档案室最基本层次的档案信息开发，就是根据企业、事业单位管理科学化现代化的需要，为各门类档案编制一些最基本的、最实用的检索工具。在一般层次开发的基础上，根据本单位各项工作的需要，进行档案信息的深层次开发。具体说来，主要可以从三个方面来开展：一是根据客观需要，编写针对性强，具有综合性、实用性的数据资料和企业、事业单位年鉴、专业史、科技发展史及其他专题资料。二是根据技术商品化和外向型经济发展的需要，通过对室藏档案信息进行综合分析研究，将本单位可供转让的技术成果和先进工艺用见解、概要、摘编等二次文献形式报道出去，促使技术成果转让和推动技术出口，使本单位取得最佳的经济效益。三是根据需要和可能，参与经济和科研活动，进行内外信息的综合分析研究，写出有现实参考价值的论著资料，为本单位领导和各有关方面的管理人员在进行生产、经营或科研决策时，提供参考依据。

④加强领导和增加投入。综合档案室作为一个单位的服务部门，往往容易被单位领导忽视。然而综合档案室的工作涉及到本单位的各个部门，尤其是要综合开发档案信息资源为本单位的工作、生产和科研服务，没有领导的高度重视与支持是非常困难的。要进行高层次档案信息的开发利用工作，除了要有高质量的档案人才之外，还必须逐步采用现代化手段管理、传递档案信息。这就要求投入资金添置设备和增加必要的编制经费等。所有这些问题的解决，都有赖于单位领导的重视和支持，都应有适当的投入。

（3）科技档案室的开发措施

科技档案室是管理本单位形成的科技档案与科技资料的档案部门，它主要为本单位生产、科研和基本建设服务，同时在确保国家科学技术机密的前提下，组织开展科技情报交流，对外实行有偿服务，为技术转让、开发技术市场提供科技档案信息服务。其开发措施有：

①内部系统开发。科技档案室开发档案信息一主要是为本单位的生产、科研和基本建设服务，因此其开发应该以内部系统开发为主，结合对外开发。因为，在本单位的产品更新、技术改造、科研立项的过程中，既离不开利用某些零散的或单项的档案信息，更少不了利用一些成套的、系统的综合档案信息。所以，科技档案室应发挥占有全部科技档案信息的优势，通过对科技档案信息的分析、比较、筛选、综合，编写一些文摘、简介和分析、预测材料，力争用简洁的图像、符号、数据、文字，把系统信息的内容简明地表达出来，供本单位领导或主管工程技术人员吸收并应用到生产经营和科技开发的决策中去。

②参与市场开发。所谓参与市场开发，就是指科技档案室将科技档案信息直接投入技术市场，使其转化为商品，取得一定的经济效益。科技档案室在严守国家科技机密的前提下，可以将科技档案资料中蕴藏的可供转让的科技成果与先进工艺挖掘出来，进行信息的编辑、加工、综合之后，直接地投入科学技术市场，使科学技术尽快转化为生产力，以取得经济效益。

③制定合理的信息开发政策。科技档案室要参与科技市场，积极组织技术成果转让，就必须研究和制定一些相应的政策，才能有效地开发和利用科技档案信息并为经济建设和发展市场经济服务。最基本的是要在国家有关政策的指导下，制定科技档案信息进入技术市场的范围和要求，制定科技成果转让费标

准、中介收费标准，还要处理好科技保密、知识产权与档案信息开发利用的关系。

除上述机关档案室、综合档案室、科技档案室所采取的各项开发措施之外，还有专门档案室、联合档案室和一些小型企业事业单位监管档案的部门，都应将档案信息资源的形成、积累和开发利用纳入领导和管理工作的议事日程，都必须根据当前和长远的需要，采取各种有效措施进行各种形式的开发利用，使档案信息资源在发展市场经济的过程中发挥应有的作用。

四、网络环境下的档案信息资源开发

信息资源的开发利用水平是一个国家综合国力的重要标志，随着全球性信息网络化热潮的兴起，各国信息网络的纷纷兴建，一个网络化的信息环境正在加速形成网络环境的产生对档案信息资源开发利用具有双重影响：一方面，信息网络是现代信息技术的集合体，为档案信息资源开发利用提供了有力的工具和手段；另一方面，网络环境下，档案信息资源开发利用模式发生了突破性的变革，对档案信息资源开发利用产生了深刻的影响，出现了新的问题。

（一）档案信息资源网络的建设与发展

网络一般是指纵横交错而成的组织或系统。档案信息资源网络是指将处于不同地理位置、存储于不同档案机构中的档案信息，通过不同方式连接起来并加以利用，以实现网络中档案信息资源共享的系统。网络为档案事业的发展提供了新的环境。档案信息资源网络包括档案机构实体网和档案信息因特网。

1.档案机构实体网

档案机构实体网是由相互间具有某种联系的若干档案信息机构构成的具有特定功能的统一整体。档案机构实体网由低级到高级分为三个层次：档案机构组织网、档案机构协作网和档案机构信息资源网。这三种实体网络相辅相成。

（1）档案机构组织网。它是由各级各类档案机构按一定的结构形成的档案机构群体，是建立现代档案事业网络的基础，是档案机构协作网和档案机构信息资源网建立的前提。建立档案机构组织网就是要合理地设置档案信息机构，安排好档案馆（室）的布局，这是档案机构实体网建设的基本任务。它直接关系到国家的全部档案资源这一特定文化遗产的安全保管，以及最大限度地开发利用档案信息资源，为国家建设和发展服务。

（2）档案机构协作网。它是为促进组织网络中实体间的联系而建成的实体协作组织和协作关系，是对实体组织网功能的完善和发展，也是档案机构信息资源共享的一种形式。档案机构协作网络的建立和健全是档案机构网络建设的一个重要方面。协作网络的建立，可弥补档案机构组织网络中各机构之间没有直接联系与交流的不足，建立和加强各档案机构之间的联系，使档案机构实体网络真正发展成为一个紧密联系的有机整体。

（3）档案机构信息资源网。它是将处于不同地理位置、存储于不同档案机构中的档案信息，通过不同方式连接起来并加以利用，以实现网络中档案信息资源共享的系统，是建设档案信息资源网络的最终目的。档案信息资源网以档案实体组织网为基础又不受实体系统的限制，它集中于对档案信息资源本身的开发利用，向利用者提供一次、二次和三次文献，满足利用者的不同需求。

2.档案信息因特网

因特网又称信息高速公路，是指数字化大容量光纤通信网络。档案信息因特网是指将档案信息资源网与因特网相联，实现档案信息资源最大限度共享的计算机网络系统。

档案机构实体网与档案信息因特网结合起来共同构成档案信息资源网络。以因特网高效、集中、方便的特殊传递功能来完成档案机构实体网之间的信息联结，业务合作以及馆藏的互补、传送与共享，因此赋予档案机构实体网以新的意义。由于因特网技术基于现代化的数字通信技术，这就使得档案信息实体机构之间的那种组织、层次、协作、互补和共享关系以数字化的形式出现，以网络链接的方式体现出来，使各档案实体机构成为因特网上的一个个节点，这样就突破了传统的面对面的服务模式。信息用户可以拨号上网访问网上档案馆（室）的网站或网页，通过浏览器查询，从而实现档案信息的网络共享。

（二）网络环境的认识

1.网络环境的概念

所谓网络（Network）是通过互联通道进行相互通信，从而实现数据和服务共享的一些分布的、智能的计算机所组成的集合。这里的关键词是"共享"，是指对数据和服务进行的共享，既涉及相互进行通信的数据和信息，也涉及使用这些数据和信息的用户。共享的思想是网络的精髓，没有共享，就不成为网络。对于网络环境（Network Environment），我们可以从网络的硬件和软件或网络的物质实体和精神实体两方面作全面的了解。即网络环境是指在电子计算机和通信技术相结合基础上构建起来的宽带、高速、综合、广域型数字式电信网络。同时，网络环境还包括由于网络的渗透、扩张而引起的国家信息政策、信息管理体制、信息系统组织、用户信息行为和社会文化等方面的变化。网络环境的产生是网络化的结果，网络化是一种进程，与之相应的网络环境也应该是一种动态的发展的客观事实。

2.信息网络环境的特征

信息网络的基本特征是信息交流的全球网络化和信息开发利用的全程数字化。数字化信息资源不同于传统的文献资料，主要有以下特点：其一，信息组织形式从顺序的、线性的方式转变为电子计算机的直接的网络的组织方式；其二，信息存储形式从单介质走向多媒体，从模拟信号转变为数字信号，使信息的存储、传递和查询更加方便；其三，信息的传播与利用主要是通过计算机网络进行的。随着计算机和网络通信技术的进步，人们将更多地从网上检索、获取信息，通过网络来共享全世界的信息资源。传统的开发利用模式将向网络化、数字化的信息资源开发管理、利用模式转变。这一突破性变革，无论是对信息资源本身，还是对信息资源开发利用的有关主体都提出了新的挑战。

（三）网络环境对档案信息资源开发的影响

信息网络是在信息飞速增长，人们对信息的需求日益高涨的背景下，现代高新技术的产物。信息网络建设是档案信息资源开发利用的外动力，对传统的档案信息资源开发利用工作提出了严重的挑战，也为档案部门实现信息资源共享提供了可能。

1.网络环境为档案信息资源开发利用提供了有利的工具和手段

档案信息资源开发，从外延上就是发掘信息、开拓信息渠道、建立档案信息库、加速档案信息流动；从内涵上就是不断重组和加工档案信息，最终提供利用。信息网络集现代计算机技术、通信技术、多媒体技术与网络技术于一体，其强大的信息处理能力将极大加快档案信息和档案信息产品生产的速度；其巨大的信息传输能力将极大加速档案信息资源的交流与传递；现代网络技术将促使档案信息源从馆藏主体向网络信息资源主体转移，它内吸外取，实现全国乃至全球网络互联，从而便捷地实现全球范围内档案信息资源共享。总之，局域网、地区网和远程网的建设已使整个世界连成一体，为档案信息资源开发利用提供了有利条件，特别是因特网的高速发展，为人类获取社会信息资源开拓了广阔的前景。

2.网络环境改变了档案信息资源利用的方式，使利用对象发生了变化

网络超越时空界限，为异地提供利用创造了条件。千里之外万里之遥，通过联网的计算机直接读取信息，缩短了行程，方便了利用，节省了时间；与此同时，网络使社会化的信息资源共享成为可能。利用者不但是本地本国本行业，而且是所有的有权用户。换言之，交了费，上了网，只要需要，网上的信息都可以查，可以用。

3.网络环境打破了传统的档案整理方法，使公文、档案、资源一体化速度加快

在网络环境下，文件与档案资料的区分变得不再明显，传统意义上的立卷、归档方式要经受考验，大量的文件、档案、资料将实现快速存档，目前所遵循的鉴定、整理、立卷等工作规范也将随之产生变化。档案信息的快速上网，为社会提供信息资源，特别是为决策层提供信息，其社会效益和经济效益将明显展示出来，档案信息的决策支持作用将更加显著和重要。

（四）档案信息资源开发利用面临的新的挑战与课题

1.档案信息的提供方式要与网络信息服务的特点相适应

网络化的信息服务在服务范围、服务对象、服务过程、服务内容、服务质量分别呈现出社会化、个人化、一体化、集成化、精品化的特点与发展趋势。服务社会化不仅指服务范围是整个社会人群，服务的内容涉及社会生活的方方面面，还表明网络环境下的信息服务具备规模性、产业化特点，信息服务业已经成为信息产业的重要组成部分。服务个人化是指现化代信息技术已经具备满足个人化信息需求的能力，YAHOO、PointCAST、《今日美国》均已推出个人化的网络新闻，网络传递的快捷使信息服务的针对性更高。服务过程一体化克服了传统信息服务咨询、检索、提供利用的时间空间限制。利用信息网络的协

作共建，使利用者可以实现直接在网上查询信息目录、全文浏览、数据文件下载。集成化服务指在网络条件下，可以通过多媒体技术满足用户对信息需求多样化的要求，并保证网络信息资源的全面性、整体性。网络信息服务在质量上体现出精品化趋势，网络经营者越来越意识到规模效应已不再是吸引利用者上网的最主要原因，用户关心的是如何能直接、迅速、准确地找到所需信息，并保障有效利用。因此，网络信息服务应视提高信息的可获得性及信息含量作为提高服务质量水平的关键。

档案信息资源开发对利用者而言，有两个评价指标：信息的可获知能力和信息的可获得能力。信息的可获知能力是指用户对信息的存在与否、信息存在地点的知晓能力。具体到档案信息，即指它的检索体系、检索途径、目录开发程度与二次文献网络化的水平。档案信息的可获知能力取决于获知途径的多少与网络化水平的高低。信息的可获得能力是指提供可利用信息的整体水平。它专指用户直接利用信息内容的程度，因此，其水平高低既取决于档案收藏的整体保障能力（馆藏数量、质量、结构），又取决于实际获得信息的途径。

档案信息网络利用服务，不仅要做到信息的可获得性，而且要提高信息的可获得性。目前，档案信息在公共网络上的服务方式主要以馆藏介绍、目录查询为主。馆藏档案全文上网，实现档案信息的网络利用在国内的档案馆网站上还未见到。而作为保存有大量珍贵档案历史文献的美国国会图书馆，却利用网络技术，把其馆藏大事材料转换成了容易下载的记录、图像、文本。这说明我国目前档案信息网络服务还停留在可获得性服务阶段，通过揭示档案信息的外部特征为档案信息内容与利用者之间搭起沟通的桥梁。这与网络信息服务的总体特征以及利用者利用过程的"就近、省力"原则还存在明显差距。因此，档案信息网络开发利用的重点是普及信息可获得性，尽快实现档案信息全文上网为利用者充分共享。

2.档案信息进入公共网络的安全问题

Internet 作为一个开放的平台，对档案信息的安全、可靠性构成了威胁。当前网络环境下，影响档案信息安全的最主要因素有三：操作系统因素、硬件设备因素、网络黑客因素。操作系统是计算机运行最基本的要求。目前应用最广泛的 Windows 操作系统的安全性遭到众多质疑，其安全性难以保证。档案信息全文上网的实现，首先要解决操作系统的安全性问题。有识之士认识到发展我国自主的操作系统已是当务之急。硬件设备对档案信息安全的影响主要来自其核心 CPU 芯片的安全性。我国使用的计算机其 CPU 芯片主要由因特尔公司生产。因特尔公司宣布为了增强网上电子商务的安全，将在奔腾Ⅲ处理器中设置用以识别用户身份的序列码。但是，序列码却给别人提供了窥探自己机内信息的可乘之机，对含有保密性质的档案信息的安全性影响极大。我国信息产业部就英特尔公司奔腾Ⅲ处理器序列号问题提出的意见之一就是，"安装了奔腾Ⅲ处理器的 PC 机政府不得直接连互联网。各级政府机关，包括关键部门和行业如银行、军事和其他要害部门，购买装有奔腾Ⅲ处理器的计算机时，必须把序列号关闭"。网络黑客是指那些编写网上传播病毒和攻击特定网站的人。他们的破坏行为借助网络的传播，对档案信息资源的安全危害范围扩大。一方面，各种电脑病毒的大规模破坏已是时有发生，存储在联网的计算机中的重要档案信息会因病毒的侵袭而严重损毁；另一方面，无孔不入的黑客也让档案部门对档案信息上网畏缩不前。

网络环境对档案信息安全的威胁的确存在，但是档案工作者应迎难而上。网络环境下，档案保护工作要从信息、网络的特点着手，与计算机工作人员共同探索保护网上信息资源安全、可靠的问题。

3.档案信息资源共建工作依赖计算机网络管理

档案部门在实施资源共建共享时，不能单凭一个馆的力量，要相关单位协作协调，依靠群体的人、财、物优势才能顺利进行。我国档案网络化管理的推行已经有从中央到地方完整的档案馆体系作为实体基础，在此基础上进行网络管理，可以克服目前档案部门现代化工作中各自为政、自成体系的局面。为解决因追求收藏档案全宗的完整齐全而引起的各馆间档案原件的归属权纠纷，各馆多采取利用副本或档案复制件的做法，在网络档案信息共建过程中，将通过各档案部门间的协作，建立网上共享档案信息形式的"虚拟档案馆"，实现网上档案信息体系的齐全完整。

在档案网络建设中，标准化是共建共享的技术前提。档案信息资源共享的系列标准包括信息加工标准、信息记录标准、信息检索标准、信息处理和控制标准等。档案资源共建将在这些标准的制约下，以统一、规范的形式实现网上信息交流。档案信息网络管理的数据库建立，要在统一的标准模式下进行。在档案管理中，数据库管理系统主要应具有数据操作、数据库操作、检索、打印、统计功能及其他方便用户的功能。档案机读目录数据库的标准化和规范化是档案信息共享的"瓶颈"问题。美国档案界研制成功并使用的 MARC AMC（机读目录档案和手稿控制）系统，为档案目录的标准化问题提供了解决的方案。在档案信息资源共享的数据库建设中，发展我国自己的 MARC 系统势在必行。

（五）网络环境下档案信息资源开发的对策

面对信息网络化环境，档案信息资源开发必须迎接挑战，采取相应的措施和办法，让档案信息资源在网络环境中发挥其应有的作用。

1.宏观对策

（1）统一规划、制定政策

由于网络环境下档案信息资源的开发是一个复杂的系统工程，因此，防止重复建设非常必要，这就要求有关部门统一规划，按有关的政策规定协调档案信息网络的建设以及档案信息资源的共享，并由国家有关部门进行宏观调控，制定出统一的规划和相关的政策来规范网络档案信息资源开发和建设活动。

（2）强化意识、加大投入

档案信息网络化建设是时代对档案事业发展提出的新的要求，是档案工作在信息时代生存和发展的必经之路。网络化的根本目的在于拓宽信息渠道，优化资源配置，提高档案工作现代化水平和竞争能力。针对目前对档案信息网络化建设意识不强的现状，必须强化网络化意识，加强对档案信息网络化建设重要性和紧迫性的认识，思想先行。

进行网络信息资源开发，一方面国家各级管理部门要加大资金投入，同时采用招标的方式来吸纳更多的资金；另一方面也要监督资金的分配和使用。网络数据库是网络信息资源开发的主要内容，它比传统的数据库成本高，出效益也快。

（3）完善法规、健全标准

网络环境引发出一系列新的问题需要法律法规的调控和规范。如，如何确定上网档案的范围和界限。为此必须尽快制定档案信息资源开发的法律法规和条例，对档案开放原则、开发档案信息资源的组织机构及其职责等做全面详细的规定，以确保档案信息资源的开发能遵循统一的规定，确保更多的档案信息依法向社会和公众开放，确保档案信息资源建设的有效性。

对于网络环境来说，离开标准化工作的任何信息或技术都会被拒之门外。网络环境下进行档案管理和资源开发的一个重要条件是建立标准化体系。由于种种历史原因，档案工作标准化程度不高。从档案管理到目前各种软件开发，缺乏统一的规范与标准。没有标准化体系，就无法实现计算机管理，而计算机管理是在网络环境下开发档案信息资源的技术手段和重要工具，所以应该根据档案工作的特点进一步制定标准化体系。档案是一类特殊的信息资源，它是社会各方面实践活动的历史记录，其形成过程及内容涉及科技、经济、教学、实验、生产等领域，其历史使命又决定了对它必须实行集中统一保管。所以，在网络环境下档案工作的标准化问题便显得比其他类型的标准化工作更为特殊和重要。

（4）调整机制、培养人才

发展信息产业的关键在于造就信息市场，而信息市场的建立，首先要有信息需求。进行网络信息资源开发，必须以市场信息需求为导向。如何满足这些部门人员的信息需求，是网络信息资源开发的主要目标。实现这一切，关键是在信息行业中建立相适应的市场驱动机制。

档案信息网络化建设需要一支专业技术素质较高的队伍，而在档案信息机构内，职能不明确、人才缺乏和流失的现象普遍，因此要尽快建立一支能适应网络化建设的专业队伍。目前较为现实的办法是人才的补充和现有人才的再培训。教育培训设置的课程体系不能仅仅涉及计算机基础知识及计算机自动化管理，应补充计算机信息网络、现代通信技术应用基础、人工智能及经济信息研究与咨询等类课程。

2.微观措施

（1）转变观念、迎接挑战

作为档案工作者要充分认识现代信息社会科技化进程的必然性，以崭新的姿态迎接挑战。首先，作为档案管理部门，要有选择地投入，逐步实现办公自动化（OA），促进工作人员计算机操作技能的掌握和提高，从人员上做好准备；其次，要形成档案信息网络层次化的观念，增加执机人员上网访问的机会和条件，同时防止网上信息阻塞或消失，提高网上档案信息的利用率和使用率；再次，进一步形成相关网络一体化，这不仅要形成各级局馆站点、网页的互联，还要尽可能与政府、图书、文化和教育等部门的网络连接，促进档案信息网络的社会效益和专业信息利用率的提高。

（2）采集数据、丰富馆藏

各种数据的采集，是建立计算机网络系统的一项基础工作。档案信息著录、原件扫描、光盘存储工作量相当大，需要投入大量的人力、物力并加快数据采集速度，否则，实现网络化管理就无从谈起。因此，各档案部门必须想方设法加快数据采集速度，在现有条件下，尽可能购置先进的技术设备，提高档案原件的扫描速度和存储速度。同时，通过调查分析，优先选择那些价值比较大、利用率高的档案资料作为数据采集的重点。

以现有馆藏为基础，建立丰富的网络信息库。一是从计算机管理的技术出发，按照计算机著录方式编研档案信息，建立自己的网站，下载编研的档案信息，实现上网运行的可行性；二是要统一著录的规则、项目的格式，规范档案信息各站点的管理模式、工作程序、数据格式和网络规则，实现档案信息网络的标准化运行；三是加强档案信息的编研和开发，使能公开上网的档案信息，依照社会性、可用性、价值量和效益性原则，尽可能多地开发上网，保证每个局、馆站点信息的可读性和特殊性，提高访问者进入档案信息网的兴趣和几率，加大网络的利用效率；四是在建成网络的基础上，加快网上信息的存储、更新的步伐，保持档案信息网的生命力。

（3）变更方式、建立数据库

网络环境极大地改变了信息利用者的思维方式、信息摄取方式和信息摄取手段。传统的档案信息组织方式已不能满足网络环境下档案信息资源开发利用的要求。因此，必须对其加以改进。传统档案工作的信息组织大多是以人工方式进行的，其中著录、标引等前期工作，已是烦琐的手工劳动，而分类表、词表编制和维护等更是如此。而现在网上信息数量的不断增加及其对时效性的要求不允许过多的中间环节和加工环节，因此要求实现信息组织的自动化。再如过去的信息组织方法只适用于文本信息，而在网络环境下还包含大量的声音、图形、图像等非文本信息，而且全文信息的比重也在逐渐增大。这些信息不像文本信息那样易于格式化、规范化，如何提示其内容，如何对其开发利用，已对传统信息组织方法提出了改革要求。另外，在网络环境下，档案利用者成分逐渐多样化、复杂化，多数利用者缺乏必要的专业知识和技能，因此要求档案信息组织透明化、易用化，传统高度专业化的信息组织方式已不能满足需要。

建立数据库是网络信息资源组织的重要方式，这种方式就是将要处理的数据经合理分类和规范化处理之后，以记录的形式存储于计算机中。用数据库技术组织信息资源可极大地提高信息的有序性、完整性、可理解性和安全性。数据库技术与网络技术的融合极大地方便了信息资源的开发利用，提高了效率。

档案部门目前应努力建设有自身特色的信息资源数据库，并且本着资源共享的原则，建立大协作分工，避免低水平重复。如果档案信息资源数据库能不断建设和发展，拥有某一方面的系统的档案信息将成为可能。档案部门可通过网络对某一专题提供广度和深度上的服务，扩大利用者对档案资料的占有程度，提高服务质量。

档案信息数据库建设中要着重注意其内容质量。我国的数据库绝大部分是二次信息，即文摘、索引、目录等，全文数据库和图形图像数据库数量较少。诚然，二次信息也能为利用者提供必要的服务，但仅仅依靠二次信息是无法满足利用者需求的，因此应注重加强一次信息的建设。

（4）制定标准、保障安全

标准化问题是网络建设的一项基础性工作，档案部门应通过吸收和借鉴国际国内成功的网络建设经验，尽快着手制订和出台一批网络标准，如代码标准、数据格式标准、设备标准、数据库标准、通信技术标准等。规章制度是网络正常运行的保证，它规定了各个成员（节点）的职责和义务，并使各成员之间的联系固定下来。这些都是我们应该重视和抓紧完成的基础性工作。

运用技术手段，提高档案信息网络的安全性。一是开发电子文件的归档管理程序，使上网信息及时、完整、安全地保存下来，防止因网络本身故障或损毁可能造成的相关信息丢失；二是有纸化和无纸化结合的信息库，由编研局、馆归档保管，解决受病毒感染或网络本身问题可能造成的信息毁灭；三是在档案信息网络中建立加密网和开放网，属于秘密性的档案信息严禁上开放网，以防电脑黑客的袭击。

五、档案利用理论与实践

档案学可以划分为档案学基础理论和应用理论两大部分。档案利用理论既属于基础理论，又属于应用理论的范畴。它是档案应用理论中的新兴理论，是档案提供利用工作发展到一定阶段的产物。它发展到今天已明显地表现出，它是推动其他应用理论乃至基础理论与实践发展的巨大力量，并愈来愈表现出，它将替代档案整理理论而成为档案学核心理论的发展趋势。从总体来看，档案利用理论应由四部分构成：档案的作用与效益、档案服务系统、利用者研究和档案利用理论概述。

（一）档案服务与档案利用

目前我国档案利用理论，仍存在着基本概念不准确的问题，如档案利用与档案提供利用工作，档案利用与利用档案以及档案利用与档案服务等概念间相互交叉，相互混淆。明确概念的准确含义不仅是理论上必须解决的问题，而且是档案利用工作实践的需要。

1.档案利用与档案服务的概念

所谓档案利用，我们既可以把它理解为对档案的利用，即档案利用者有目的地利用档案；也可把它理解为对档案利用所做的工作，即档案部门、档案工作者围绕利用档案开展的各种活动。因此，档案利用的完整概念应该是：档案利用者为着一定的目的实际使用档案，以及档案部门、档案工作者为着利用者有效地使用档案进行的全部工作活动。

所谓档案服务，则是专指档案部门、档案工作者以加快档案信息的传播，提高档案的利用率，便于利用者获取档案信息为出发点和根本目的所进行的各项工作活动。由此可见，档案利用与档案服务是互有联系而又不尽相同的两个概念。

2.档案利用与档案服务的区别

档案利用与档案服务的区别，首先在于它们所针对的主体对象不同。档案利用从利用档案的角度看，主要是针对利用者而言的；而档案服务则是专门针对档案部门和档案工作者而言的。其次，它们所包含的内容不同。档案利用的内容包括：档案因何能被利用（档案的潜在价值），怎样才能被利用（档案价值实现的条件），以及档案利用的方式方法、利用者研究、利用效果的反馈评估、利用理论的形成和发展等；档案服务的内容则包括：服务思想的确立、服务的对象、服务的方式方法以及服务质量标准的研究等。再次，它们在档案工作中的地位与作用不同。档案利用既是整个档案工作的目的，又是实现档案潜在价值的具体活动和评价档案工作优势的标准，同时也是增强社会档案意识，提高档案工作社会地位的有效途径；档案服务既是档案工作中的具体环节，又是贯穿于整个档案工作的指导思想，它属于一个更高、更深的层次。

3.档案利用与档案服务的联系

档案利用与档案服务既有区别，又有不可分割的联系。其一，档案利用需要是档案服务产生、发展的前提和动力。有了档案，就有利用档案的需要，而有了利用档案的需要，就必然对档案服务有所要求，从而促进档案服务的产生与发展。其二，档案服务质量是决定档案利用效果的基础和条件。毫无疑问，积极主动、灵活多样的优质服务，必然促进档案的有效利用，反之，则将有碍于档案的有效利用。其三，档案利用效果又是检验档案服务质量的标准尺度。档案服务质量的高低，虽然离不开档案部门所做的工作，但又不能惟以其工作质量作判断。衡量或评价档案服务质量的根本标准应是档案利用效果，因为档案利用效果是档案工作质量的综合反映。其四，档案利用和档案服务都是档案工作与外界联系的窗口，是整个档案工作的反馈渠道。社会的利用需求信息，是决定档案服务方向和方式方法的主要依据。其五，档案利用者，既是档案利用的主体，也是档案服务的具体对象。档案利用工作离不开对利用者的研究，档案服务在着重强调服务者主观能动性的同时，也离不开对利用者的研究。

（二）我国档案利用理论的形成与发展

档案利用理论的形成和发展与档案工作、档案学的形成与发展紧密相联。纵观其形成和发展过程，大体上可划分为三个时期。

1.档案利用思想的初步形成

从档案利用演变的历史回顾中，我们可以清楚地看到，在漫长的封建社会，档案的利用无论在范围、目的、利用人员以及档案作用的发挥方面，都受到严格的限制。20世纪20—30年代，对档案的收集和整理工作的出现，推动了档案利用由静止走向变化和发展。档案开始为历史研究服务。

一般来说，我国的档案学产生于 20 世纪 20~30 年代，在初期的档案学著作中就注重了对档案有用性的阐述和研究，为档案利用理论的形成建立了基础。

何鲁成在 1938 年出版的《档案管理与整理》一书中认为，档案的有用性主要表现在"一供办理文书参考，一为备修史之用"。他将档案的作用归结为行政作用和史料作用。黄彝仲在 1947 年出版的《档案管理之理论与实际》一书中指出："档案之功用，多因观点与立场不同，持论见解，互有差异，各以其自己之主观，强调其作用。历史家视档案为史料，可供编纂史籍之根据与参考。收藏家视老档案为古物，行政家视档案为治事之工具。"显然，他强调档案对行政的凭证和参考作用。殷钟麒于 1949 年出版了专著《中国档案管理新论》一书，将档案的有用性概括为："一则供行政之参考，二则备学术之研讨，三则于国史尤为切要。"他的论述在黄、何观点基础上进一步提出了档案对于科学研究的作用，第一次将档案的利用与科学研究的发展联系起来，为建立和提出档案的科学利用的理论奠定了基础。

总之，由于旧中国的档案工作还处于档案的基础工作阶段，档案利用受政治条件及客观因素的制约，不能广泛开展。因此这一时期的档案学没有形成档案利用的理论，而只是注重了档案的整理与编目问题的研究。但是，他们已经看到了档案利用的前提，萌生了档案为科学研究服务的思想，预示了档案工作发展的广阔前景。

2.档案利用工作的发展与利用理论的形成

随着新中国的成立，我国的档案工作因社会性质的变化而进入了一个全新的时期。社会主义中国的档案学，在总结档案工作实践经验，批判继承旧档案学的历史遗产，借鉴先进档案学研究成果的基础上开始形成。档案利用理论也随社会主义档案学的形成而产生。我国的档案利用理论，形成于 20 世纪 50 年代中期至 60 年代。当时，全国档案工作虽然经过了建国初期几年的努力，取得了一定的成绩，但是很多人对档案和档案工作的重要性缺乏认识，档案工作的管理不集中，制度不统一，方法不科学，机构不健全，专业人员量少、水平低，致使档案管理不善等现象大量存在。这种状况，很不适应国家建设和科学研究对档案利用的迫切需要。之后，国务院常务会议通过了《关于加强国家档案工作的决定》，并明确指出："国家的全部档案，包括中华人民共和国成立以来各机关、部队、团体、企业和事业单位的档案，都是我国社会政治生活中形成的文书一材料，都是我们国家的历史财富。档案工作的任务就是要在统一管理国家档案的原则下建立国家档案制度，科学地管理这些档案，以便于国家机关工作和科学研究工作的利用。"这一《决定》为社会主义制度下的档案利用提供了一定的发展空间，也为我国档案利用理论的形成奠定了理论基础，从而有力地推动了我国档案利用理论的创立。尽管我们用现在的眼光来分析，该《决定》有其明显的时代局限性，譬如，它认为档案仅仅是便于为国家机关工作和科学研究工作提供服务，忽视了档案更应为整个社会生活的各个方面、各个领域、各个阶层服务的内涵，并由此在某种程度上造成了档案工作的相对被动和封闭，进而造成整个社会档案意识的薄弱。但是理论毕竟是理论，任何科学的理论都只能是一种指向真理的运动，我国的档案利用理论亦是如此，我们不应脱离特定的历史时期和背景，用挑剔的眼光武断地评判初创时期的我国档案利用理论所，不可避免地具有的局限性。

在中国人民大学举行的第七次科学讨论会上，我国著名的档案学家吴宝康教授发表了《论当前档案工作方针的正确性》一文，对我国档案利用理论的基本内容进行了积极、有益的探索。他运用马克思主义唯物辩证法的基本原理，首次明确地提出档案的保管和社会的利用是档案工作的基本矛盾，档案利用是档案工作诸环节中的主要环节，利用是中心，利用是目的，并指出这是我国档案工作发展的客观规律。

3.档案利用理论的成熟

我国档案利用理论的形成时间与欧美国家基本一致，其初期水平可以说略高于欧美档案学利用理论的同期水平。

随着党的十一届三中全会的胜利召开，我国的档案利用理论研究在"解放思想，实事求是"思想路线的指引下获得了新生。这种新生的表现之一就是1979年中国人民大学档案系召开的"档案工作路线是非座谈会"，这次会议重新提出了档案利用工作是档案工作中心的思想。从此以后，随着全国档案利用工作的蓬勃开展，20世纪80年代，我国档案利用理论也获得了空前的发展。1981年11月，中国档案学会成立，同时召开了第一次全国性的档案学术研讨会。这次会议开创了我国档案利用理论研究的新阶段，一批档案理论工作者就我国当时档案利用问题提交了具有相当理论水平的论文，从不同侧面探讨了我国历史档案的开放问题，反映出我国档案利用理论在解放思想、实事求是的思想路线指引下，以崭新的面貌出现在世人面前，实现了对档案利用工作从利用到开放这一根本转变的理性认识的飞跃和总结。

1985 年，国家档案局在北京召开了全国档案馆工作会议。会议提出了"解放思想，加快步伐，积极创造条件，开放一切应该开放的历史档案，使开放历史档案的工作向深度和广度发展。大力开发档案信息资源，为社会主义各项建设事业服务"的档案工作指导思想和方针。会议明确指出：所谓进一步开放历史档案，一方面是进一步扩大开放历史档案的范围；另一方面是进一步扩大利用历史档案的对象，即除了向团体、学校、研究部门开放以外，还要向整个社会开放，允许公民利用档案，还要在保护国家政治、经济利益的前提下，继续向外国学者开放历史档案。

1986 年，中共中央负责同志就开放历史档案问题作出批示，"档案的进一步开放（包括对国外开放），势在必行，这是繁荣我国学术事业和实行对外开放政策的必然要求，各国的通例我国不能例外"，档案工作指导思想与方针的确立，特别是大力开发档案信息资源任务的提出，极大地推动了我国档案利用理论的发展和提高。

吴宝康教授在石家庄档案学术会议上首次明确地提出了"建设档案利用理论，丰富发展档案科学"的观点。在这次会议上，他论述了档案利用理论在档案工作实践中的指导作用，利用理论的思想基础、核心内容以及理论依据和研究方法。同年 10 月，吴宝康教授说："现在，已经到了有必要、有可能提出以开发档案信息资源为中心课题的档案利用理论的时候了。对于档案利用工作从利用到开放、开发过程的演变和发展，加以科学的描述，也就构成了档案利用理论的基本线索。"大批档案工作者和学者已经开始注重研究如何开发档案信息资源，并以此作为档案学的中心课题。各地档案学会相继举行学术讨论会，在档案刊物上发表论文，研究开发档案信息资源的途径和实质，形成了档案利用理论蓬勃发展的局面，主要表现为：

·坚持以马克思主义哲学为理论基础，注重引进系统科学的较新的方法论，将档案的利用工作上升到档案信息资源的开发的高度去认识，并在注重研究利用、开放与开发的联系与区别的基础上，提出了档案信息开发系统的科学理论。

·在以定性研究为主要研究方法的同时，注重定量研究在档案学中的运用，开始研究档案利用信息的反馈及其处理。

·引进了欧美档案学关于档案价值的理论，正确地阐述档案对社会的作用。同时，由于档案价值的潜在性，必须通过提供利用才能得以实现，因而研究档案价值实现的规律性则成为档案有用性理论的重要内容。

·注重研究档案提供利用工作得以顺利进行的诸种因素，特别是开始注重研究档案工作的外部环境与条件，强调政治、经济及社会档案意识对档案利用工作发展的制约力，并将对档案利用者的研究纳入了档案利用理论的范畴。

注重研究概念科学化问题，借鉴性地吸收了欧美档案学中关于档案服务概念的合理性内容，从而使档案利用理论的概念向着科学、准确、统一的方向前进了一步。

总之，我国的档案利用理论，在20世纪80年代有了极为显著的发展并逐步形成了自己独有的特色。

1987年，全国人大常委会批准颁布了《中华人民共和国档案法》，明确规定了档案利用与公布的原则，为档案利用工作的开展提供了法律依据和准绳，促进了我国档案利用理论的进一步完善。1988年3月22日，吴宝康教授又说："对于利用问题，档案部门先提'利用'，后来提'开放'，到现在又提'开发'。我认为从利用到开放，到开发，这是对档案问题认识的深化与发展。"

之后，中国人民大学出版社出版了邓绍兴、陈智为两位教授主编的《档案管理学》高校文科教材。在该书第六章"档案的提供利用服务"中，详细地阐述了档案提供利用工作的含义、开展档案提供利用工作的理论基础、档案提供利用工作的指导思想和要求、档案提供利用的途径与方式、档案咨询服务、档案用户调研和开放档案等，为丰富和发展我国档案利用理论作出了极为重要的贡献。

接下来，南京大学出版社出版了该校文献情报学系罗辉同志编著的《档案信息开发与利用》一书。该书系统地阐明了档案信息资源开发和利用的基本理论、原理、原则和方法，内容涉及档案信息系统的构成，档案信息开发的程序、规律、条件、方式和方法，档案用户研究和信息反馈，档案利用理论概述等。

这既是我国档案理论工作者对信息时代的到来所作出的积极、敏锐的反应，又是对我国档案利用理论进行大胆探索和认真梳理的尝试。

吴宝康教授在《略论利用与编研》一文中说："最近，我在利用与基础工作的关系上，主张用三句话来概括我们的认识：这就是以管理（包括收集、整理、、保管和保护等）为基础，以利用为中心（目的、主导），以服务为根本（方向）。以此作为我们从全局出发的宏观管理的指导思想。它是辩证的、全面的，在贯彻执行时，应视各地各单位的具体情况，具体分析，区别对待。"吴宝康教授在《当代我国档案工作的重要文献》一文中说："我是以利用为纲的思想理论的坚持者，甚至可以说我是个'利用为纲论者'。""我始终认为利用为纲作为方针来说，随着实践的发展是可以改变并提出适合当时实际情况的新方针的，但作为思想理论来说，我们是不能丢弃的。'利用为纲'不能丢弃的思想理论内容主要有：（1）利用是目的，利用是主要环节，是中心，是重点，是关键，收集、整理、保管等是基础。（2）档案工作的根本性质是服务，这是档案工作本身所含的矛盾特点所决定的。（3）档案必须利用，通过利用来充分发挥其作用，为社会服务，并同社会的政治、经济、文化、科学、教育等各方面紧密联系起来，实现档案自身的社会价值。包含着上述思想理论内容的'利用为纲'是历史实践留下的思想财富，不仅不应抛弃，而且还应该随着实践的发展而发展它，丰富它，使它更完善成熟起来。"可见，吴宝康教授是何等地重视"利用为纲"这一我国档案利用理论的核心内容，他的理论及实践对于我国档案利用理论的形成和发展实为功不可没。

随着《中华人民共和国档案法》的修订、颁布和实施，国家档案局经国务院批准，适时地修改并发布了新的《中华人民共和国档案法实施办法》。修改后的档案法和实施办法针对我国档案利用工作中发生的随意公布档案造成国家秘密泄露以及构成对公民合法权益的侵害等行为，补充规定了档案公布的几种行为。补充的行为有利用电子出版物或利用公众计算机信息网络等首次向社会公开档案的内容，同时规定了公布档案记载的内容，也是公布档案的行为。这样规定，可以有效地控制档案利用工作中随意公布档案的行为，对违规者亦容易依法进行处理。

总参兵种部档案馆杜长安和李洪两位同志联合署名，发表题为《档案工作走近人民》的长篇优秀论文。该文最突出的特点是：大声疾呼我国的档案利用工作在为国家服务的同时，更应该为公民个人服务，并指出："档案为公民个人服务，并不仅仅是指维护公民个人的物质利益，它还包括关注公民个人特有的精神需求，档案要为公民提供根源感、身份感、荣誉感和集体记忆。"这是新世纪有关我国档案利用理论研究的振聋发聩之作，它引起了我国档案学界的普遍关注，并获得了几乎一致的好评。因此，可以认为，该文是我国档案利用理论研究发展史上一篇具有里程碑意义的创新之作。

中国人民大学出版社出版了刘耿生教授编著的 21 世纪档案学系列教材之一《档案开发与利用教程》。该书内容涉及开发利用档案的重要途径——编纂公布、必要措施——鉴辨真伪、最高形式——编史修志三个方面，对我国档案利用理论的发展起到了进一步丰富和完善的作用。

总之，我国的档案利用理论，从 20 世纪 80 年代以后获得了快速的发展，内容不断充实和完善，体系日益成熟，并逐步形成了我国独有的特色。同时，我们应该看到：随着现代高新信息技术的应用，特别是电子计算机的普及和网络时代的来临，我国档案利用的方式、方法正在发生革命性的变化，如何面对这种挑战，尤其是如何运用计算机网络技术提供档案利用服务，都要求我国档案利用理论工作者加强对网络技术、网上利用规律、网上利用者的特点等的研究。我们相信，对这些新挑战及时、准确的回答，将会使我国档案利用理论研究在 21 世纪处于世界领先地位。

（三）档案利用理论的基本特点和发展趋势

1.基本特点

坚持以马克思主义的辩证唯物主义和历史唯物主义为理论基础，以矛盾论为主要研究方法，引进信息论、系统论、控制论等方法论，探寻档案工作的矛盾，研究其发展规律，并以此作为档案利用理论的核心内容。

·承认理论来源于实践，并注重对理论的主观建设。提出了"建设档案利用理论，丰富发展档案科学"的观点。

·注重研究档案利用与保密的关系，注重研究保密的范围和查阅利用档案的制度与规则，协调档案利用与保密的关系。

·强调研究档案提供利用的规律和特点。只有熟悉规律，才能利用规律，掌握档案利用规律，就能从被动中争取主动，做好利用工作。注重研究档案利用工作的优化组织和优化控制。

·注重吸收相关学科的科研成果，注重学科之间的相互渗透，以提高档案利用理论的科学水平，丰富和发展档案利用理论的研究。吸收了现代系统科学的原理与方法，使系统论、控制论和信息论与档案利用理论有机地结合起来。

"取其精华，去其糟粕"，积极借鉴和吸收欧美利用理论，从而推动了档案利用理论的发展，并逐步形成独有的特色。

2.发展趋势

将档案利用工作上升到信息资源开发的高度。注重研究利用——开放——开发的联系与区别，进行档案信息开发系统的科学理论研究。进行定性研究的同时，注重加强定量研究，加强对档案利用信息的反馈及处理，注重研究反馈需求——满足需求——刺激需求一再反馈需求的良性循环。引进欧美档案利用理论，进行借鉴和吸收，正确地阐述档案对社会的作用，研究档案价值实现的规律性，使其提供利用的价值更好实现。注重研究社会环境、大小气候以及内部因素对档案提供利用工作的影响和作用，寻找突破口，减少制约因素；同时对档案利用者进行科学、系统的研究。注重研究概念的科学化，借鉴欧美档案学中关于档案利用理论的概念的合理性内容，使利用理论的概念向着科学、准确的方向前进。加强中外档案利用及其理论的比较研究，找差距、找方法途径，结合实际，建设有中国特色的档案利用理论。

（四）档案利用实践中涉及的基本关系

档案利用实践的目的是为了更好地实现档案作用价值。但档案利用价值的真正实现却是一个较为复杂的问题，它既由社会的总体文明程度、社会的档案意识水平、社会对档案的总体意义上的利用需求状况因素决定，又由档案管理工作的状况和水平、档案管理工作能够满足社会利用需求的条件程度所决定。这些因素相辅相成、相互制约，构成档案利用活动系统。这个系统功能的有效发挥，必须正确处理好下述三种关系。

1.档案利用与档案信息开发

档案提供利用工作，是档案保管部门以所收藏的档案文化财富为依据，通过一定的方式和方法，直接为用户提供档案信息服务的一项业务工作。其基本任务则在于及时、准确、全面、有效地为档案用户提供所需的档案信息材料，档案的作用也就在档案用户利用档案信息资源的过程中产生了。但由于社会用户利用目的、动机和方法的不同，档案的具体作用的发挥往往呈现出一定的倾向性和局限性，有好与坏、积极与消极之分。

　　档案信息开发工作，就是档案管理部门根据社会需要，采用专业方法和现代技术，从所收藏的档案中发掘有用的信息材料，进行选择编目或制成档案加工品，主动为社会各界及用户个人提供信息服务。

　　提供利用与信息开发工作虽然工作任务与内容不同，主动性不同，但活动宗旨是一致的，都是为了发挥档案的作用，实现档案的使用价值，为社会创造财富。两者应是同一社会活动过程的两个相互关联的环节，缺一不可，"开发"为"提供利用"创造了良好的条件，"提供利用"的成效体现着"开发"的结果。由于各方面原因，长期以来我国档案界呈现一种"重藏轻用"的状态，为保护好档案，一般仅在较小的范围内被动地提供利用。随着社会的进步、发展，这一状况逐渐发生变化。改革开放以来，档案工作切入社会生活，解决档案工作与社会生活，特别是经济生活的结合问题，一直是档案工作者不断探索的课题。从"以利用为纲"，到向社会开放服务；从"社会实践发展到哪里，档案工作就延伸到哪里"，到档案工作与生产、管理、科研"三同步"，总的方向是明确的。但是，结合与服务的方式，效益与贡献率，都与时代的发展进步不相适应。面对知识经济时代，又当如何解决这一差异呢？开发利用档案信息并使其在社会生活中真正发挥作用，实现其价值，不仅是档案管理工作的根本目的，而且应该成为推动档案管理工作发展进步的内在动力。开发档案信息资源，需要具备一些必要的物质条件和社会条件，就是说要有一个适宜的档案信息环境，包括开发的物质条件——丰富的档案信息资源，开发的专业人员，开发的物质设备与技术和国家的档案政策等，而人是信息环境的中心，人是否具有信息意识和信息开发能力，仍是开发工作的关键问题。

　　随着计算机的普及和网络技术的发展，大多数单位的大多数活动形成的大多数文件（包括文字、图表、音像）已经或即将由计算机产生，并在网上运行。计算机技术将赋予档案工作更新的形式和内容，技术的日新月异不仅便于形成和保管文件，也改变了对档案工作的传统认识，档案工作将超越传统的管理模式，像现代社会各行各业一样，建立起更加依赖计算机技术的后保管模式。未来的虚拟档案不再用收集、保管和提供现场检索的办法来管理，而是控制有关文件信息及其利用的方法来确保它们的保存、处置和利用。

同时，科技造就了掌握信息技术的新一代利用者，他们希望得到方便、快捷的"即时信息"，知识经济的发展同样造就了这种信息利用新理念。1971年，在第十三次国际档案圆桌会议上，秘书长鲍梯埃强调，现在是确定档案部门应用计算机政策的时候了，否则各行政机关的电脑室将自行保管现代文献资料，各研究中心和各大学也将设置新型检索机构，取代档案部门。"如果档案人员对技术的发展漠然置之，将会导致档案职业的衰败"。我们现在已不缺乏信息技术，缺乏的是勇气、新观念和行动。为此，档案部门的职能应从保管基地转变到控制信息、开发信息基地上来，工作重点是将有价值的信息通过档案人员的劳动开发、挖掘，及时在网上提供利用，以其快速的信息传递速度和丰富的信息资源赢得社会的青睐，为用户提供一种全新的服务方式和服务手段，这是档案工作进入信息时代发展的必然结果。

2.档案利用与档案保密

档案的作用是在档案用户利用档案信息资源的过程中产生的，它反映了档案用户需求与特定的档案功能之间的相互关系，档案的利用率正是衡量档案信息服务水平的重要标志。档案作为信息的一种存在形式，已被越来越多的人们所认识，利用档案不再是少数人的一种特权，它已逐步确立为全体公民受法律保护的基本权利，《中华人民共和国档案法》第四章"档案的利用和公布"，将公民对档案的利用与档案开放以法律的形式固定下来，在我国历史上公民利用档案第一次成为受法律保护的基本权利。

保密只是相对地把档案文件的使用限制在一定的范围内，控制档案利用对象及范围的一种限制性措施，具有较强的政策性。处于封闭期中的档案，是不允许提供给社会公民利用的。实行档案保密封闭的目的，是维护国家的机密安全及公民、集体的合法权益，防止和避免因使用有关档案而给国家、集体或个人带来消极影响，保护珍贵的及易损档案的物质安全。

从根本上讲，档案的提供利用和保密是一致的，都是为了更好地发挥档案对人类社会的积极作用。随着社会的发展和环境条件的变化，档案保密的等级、范围、对象等也在不断地发展变化，哪些档案应当保密，哪些需要开放利用，如果处理不当，会人为地造成档案提供利用与保密之间的矛盾。开放是主要的，占主导地位；保密则是对开放的一种必要限制。

让每个公民都能接触、利用档案，是法律赋予每个公民的信息权利。"信息权利"作为一种法律概念是在第二次世界大战以后提出的。1984年联合国颁布的《世界人权宣言》中第一次提到"公民有不分国界收集和传播信息的权利"。这个概念不仅把档案利用看成是进行科学研究的需要，而更重要的是把它看成是公民行使"民主权利"的一种形式。历史进入21世纪，面临"信息权利"的挑战，对档案工作者提出了怎样做才能满足利用者获得瞬间的档案信息并且使利用者享有的"信息权利"得到充分尊重的新课题。

我国至今尚未形成一个系统、完整的政策法规体系，对档案信息的管理也缺少协调和沟通，致使档案信息传播的各分系统职责不清，各行其是，随意开放或限制利用或受客观条件限制而延误开放。不仅在中国，世界其他国家也有此类问题。有些国家还因为行政当局试图让人们忘记一些事实或试图掩盖事实真相，而限制某些档案信息的利用，严重侵犯公民的"信息权利"。

进入新的世纪，有必要从政策上、法律上明确国家档案信息传播系统的模式，明确有关档案信息传播中的经济利益和知识产权规定，明确我国档案机构如何与国际档案界交流档案信息等。特别重要的是，要修正并完善我国现有的档案利用工作法规体系，为我国档案信息传播利用工作提供必要的法规保障，形成开发利用档案信息资源的良好社会环境。

3.档案利用与权益保护

（1）档案利用与知情权

知情权，又称为知的权利、知悉权、了解权。其基本含义是公民有权知道他应该知道的事情。国家应最大限度地确认和保障公民知悉、获取信息的权利，尤其是档案信息的权利。可见，知情权最初主要强调的是政治利益。

在我国，由于历史及体制诸方面的原因，有关知情权的理论并不多见。普遍认为，知情权有广狭两义。广义的知情权泛指公民知悉、获取信息的自由和权利；狭义的知情权仅指公民知悉、获取官方信息的自由和权利。知情权概念的主要贡献在于，它以简约、明了的形式及时地表达了现代社会成员对信息资源的一种普遍的利益要求和权利意识，从而为当代国家的公民权利建设展示了一个重要的、不容回避的认识主题。

知情权为档案公开利用提供了重要的理论支持。为了满足公民知情权的需要，要求信息供应方向权利人公开信息，使权利人知情，并且使得档案信息公开在一定的原则下，达到一定的透明状态。为此，满足权利人知情权需要应着力创造如下条件：①在宪法和相关法律中明确规定知情权，这是解决知情权问题的首要和关键条件；②作为档案信息的供应方应当依法主动或依申请提供所有应当提供的档案信息；③相关权利人可以轻易地发现或鉴别相关信息；④信息清楚、有条理，并为权利人所知晓；⑤信息不应被隐藏，不被人操纵，也不应提供虚假信息；⑥信息内容应便于权利人。

(2)档案利用与隐私权

隐私权的概念和理论产生于美国。布兰蒂斯和华伦两位美国法学家将之解释为："保护个人的著作以及其他智慧或情感的产物之原则。"日本学者前田雄二认为："所谓隐私权可以说是保护个人私生活秘密的权利。"在我国，对隐私权的理论研究则是 20 世纪 80 年代以后的事情。有学者认为：构成隐私有两个要件，一为"私"，二为"隐"。前者指纯粹是个人的，与公共利益、群体利益无关的事情，这是隐私的本质所在；后者则指某个事情、某个信息不为人知的事实状态。隐私有三种状态：一是个人信息，为无形的隐私；二是个人私事，为动态的隐私；三是个人领域，为有形的隐私。

在我国的立法及司法实践中，作为基本法之一的《中华人民共和国民法通则》没有对隐私权作出明确的规定，而是与名誉权、肖像权、姓名权等混同在一起，这是一个有待改进的问题。档案信息公开利用过程中保护公民的隐私权，其在理论层面上就是平衡知情权与隐私权的关系。档案信息利用中保护公民个人隐私是一个基本要求，但是应当确立以下两项原则对公民的隐私权进行公平、合理和必要的限制，以平衡保障必要的信息知情权的实现。其一是社会公共利益需要原则。其二是人格尊严限度原则。

对于档案利用中是否侵犯公民隐私权的认定应同时具备以下几个条件：一是有隐私事实存在。即受侵犯的对象必须属于隐私的内容，且处于秘密状态。如果所涉事实已被公开或令人一见就知悉的，就失去了认定侵犯隐私权的前提。

二是存在侵害行为。即在推行档案信息公开过程中公开了依法不应公开的公民个人隐私。三是造成损害事实。即公民个人确因隐私被公开而受到损害，包括造成的物质损害和精神损害。四是侵害行为与损害结果之间存在必然的因果关系。五是侵犯隐私权的主观方面不是以满足社会公共利益而涉及公民隐私。

（3）档案利用与著作权

档案利用必然涉及著作权的问题。实施著作权法，保护知识产权，为公众合理地获取档案信息创造了条件。档案利用活动中涉及的著作权益主体主要有：档案信息形成者、档案信息传播者和档案信息利用者。档案在形成过程中不可避免地涉及到他人或社会作品信息的选择和使用，这其中，对他人作品信息的利用，应尊重他人的著作权，避免侵犯他人权利；档案信息利用服务机构作为档案信息资源的重要传播者、加工者、提供者和创造者，在开展各种档案信息利用服务活动中，要求开发出具有创造性的信息产品（如各种档案信息的检索工具等），这种智力性劳动成果由于具有独创性，理应受到知识产权法的保护；对于档案信息的利用者，既要注重对其档案信息资源自由阅览、下载、复制、转摘的合法权利的保护，同时也要强调对其非法利用行为的控制。

有效地解决档案利用中著作权保护问题，必须做到：首先，增强著作权保护意识。档案信息利用服务机构及其工作人员作为信息资源的组织者和知识导航员，在开发和提供文档信息资源共享的过程中，应树立强烈的法律意识，既注重对档案利用者合法权利的保护，又注重对档案形成者和档案信息提供者自身权利的保护。其次，利用著作权法处理好档案利用与知识产权的保护。再次，通过技术手段防止未经授权非法使用受著作权保护的档案形成者的档案信息资源，保护档案信息形成者的权利，如采用加密技术、数字签名技术、访问控制技术、信息智能识别技术等，控制非法的信息利用行为。与此同时，必须防止任何个人或组织为谋取私利，借保护知识产权的名义，行信息资源垄断之实，无限度地扩展知识产权保护的范围，阻碍档案信息资源的公开共享。

（五）档案信息利用效益与评价

国家各项管理和企事业单位形成与发展的历史表明，效益是生命，效益是一切行政管理、事业管理和科技、生产、生活的总目标。开发利用档案信息资源就是为实现这一总目标而建造的一个系统工程。从宏观上看，国家和企业、事业单位所获得的各种社会效益与经济效益，都包含有各级各类档案信息机构开发档案信息资源所产生的效益，这种效益是靠档案信息机构为其提供档案信息保证实现的，同时这种效益被包含在国家机关、团体、企业、事业单位的总效益之中。从微观上分析考察，许多事实证明，各级各类档案信息机构开发档案信息资源也可明显看到其本身所直接产生的经济效益，且通过各个单位的微观测算，可以为客观效益的统计测算奠定基础。

1.档案信息利用效益

（1）档案信息利用效益的含义

效益是投入产出的对比关系，或劳动消耗与劳动成果的比较关系。因此，档案利用工作效益，应是社会对档案工作的投资和档案部门对社会信息需求的有效满足程度这两者间的比较关系。在社会对档案工作投资一定的条件下，档案部门对社会档案信息需求的有效满足程度越大，则效益越高。许多事实证明，开发档案信息资源是可以为社会带来效益的，然而，这种效益的测算却是困难的。这主要是由于：

·社会对档案工作的投资在数量上十分清晰，但提供档案为社会服务过程中给社会带来的效益却是模糊的。因而两者之间的比较关系难以量化计算。

·利用档案为社会服务，其效益并不直接体现在档案管理机构，因而档案为社会服务的效果是不能从档案部门观察到的。

·档案利用者的分布极为广泛，这使得档案为社会服务所创造的效益的统计有一定的困难。

（2）档案信息利用效益的特点

尽管档案的利用效益无法精确测算，但档案信息利用效益却是不可否认的，它具有以下特点：

①多维性

多维性是指一条档案信息可以具有多方面的作用。例如我们可以利用产品档案所提供的数据，进行再生产，也可以用于新产品开发和技术改良时的参考套用，还可以投放技术市场进行技术转让和投资等。档案信息资源的可共享性是导致档案信息效果多维性的根本原因，一这种共享性使得档案利用效益的多维性和物质产品的多用途不同，物质产品虽然可能具有多种用途，但这些用途之间是难以并存的，而档案信息在多方面的效益是可以并存，可以同时实现的。

②间接性

档案部门并不直接创造价值，但档案信息资源却是社会各方面进行价值创造过程中的一种作用因素，因而其效益具有间接性。例如通过企业的财务档案信息编制出企业的年度财务报告，报告本身的效益并不明显，但是企业的决策层据此财务报告制定出正确策略，却可为企业带来巨大的效益。

③长效性

凡是能够作为档案保存的，都是具有永久、长期或短期保存价值的文件。保存档案的目的是为了应用，因而，只要档案在馆、室保存期内，它就可以不断地、长时期地发挥作用，给社会带来长久效益。

④可扩散性

档案信息资源具有可共享性和利用效益的间接性，使同一档案信息同时为多个利用者直接或间接利用，从而导致了档案信息在空间上的可扩散性。

⑤与总体效益的不可分性

档案信息利用效益包含在各项活动的总体效益中，难以将档案信息利用效益从总体效益中分割出来。

2.档案信息利用效益分析

（1）社会效益分析

①社会效益的含义

社会效益是指人类的科技、生产、基建、管理、经贸、教育、文化、政治等各种活动中创造出来的劳动成果为社会所共同享用，或推动社会的发展和进步，造福于社会，使社会受益的一种衡量劳动效果的概念。档案利用的社会效益是指从社会总体利益出发来衡量档案利用工作的效果与收益。

②社会效益的体现

档案利用工作的社会效益，从广义上理解，它强调的不是个别利益，而是社会总体利益，它包括了档案利用工作的经济效益、政治效益、思想文化效益等。从狭义上理解，档案工作的社会效益是相对于经济效益而言的，即把档案利用工作的一切非经济效益都理解为社会效益，这样档案利用工作的社会效益的范围就缩小了，它只包括政治效益、思想文化效益等。例如，利用档案维护党和国家的根本利益，维护国家统一、领土完整、民族团结，为党和国家的重大决策，为改革开放，建立社会主义市场经济体制服务；利用档案维护社会的稳定，落实党的各项政策，为解决土地、房屋等产权纠纷以及划定地界等提供凭证；利用档案维护公民和法人单位的合法权益，利用档案为公民提供个人出生、婚姻、财产、学历、工龄等方面的公证材料，为监督合同、契约、协议的执行提供依据；利用档案为社会主义精神文明服务，利用档案出版物、档案展览等形式向各界群众，尤其是青少年进行爱国主义、革命传统教育，为历史研究、学术研究和发展科学文化事业提供档案信息服务等。

（2）经济效益的测算

①经济效益的含义

一般意义上的经济效益，是劳动消耗与劳动成果之比，档案工作并不直接创造价值，但档案信息资源却是社会各方面用来创造价值的中间体。对于档案利用的经济效益评价，必须强调从社会需要出发对其活动实效进行评价。

②经济效益的体现

一般说来，档案利用工作的经济效益包含三重意义：一是，由于利用了档案信息，节约了利用者的成本投入；二是，由于利用了档案信息，使利用者不仅节约了投入，而且增加了产出；三是，由于利用了档案信息，利用者生产出的"产品"满足了市场需要，或开辟了新的市场等。因而，利用档案信息资源所创造的经济效益，往往体现在以下方面：

·利用档案减少了劳动消耗，降低产品成本，节省生产费用。

·利用档案为企业挖潜、革新、改造、提高产品质量作出了贡献，有助于产品的更新换代。

·利用档案为新产品、新技术的推广服务，建立了技术市场，为社会创造了财富。

·利用档案信息，寻找、开拓了 1 市场，改善了经营、促进了销售，从而为个人和团体创造了效益。

③经济效益的测算

要准确计算档案利用的经济效益是困难的，但近年来，有关部门和一些学者提出了以下一些计算方式，可供参考。

3.档案信息利用评价

　　档案信息利用是档案工作的重要产出，也是档案工作的最终目的，它在整个档案工作中占有极其重要的地位。正因为如此，我们不仅要研究档案信息利用活动的过程，还要对档案信息利用结果进行评价，以便更好地做好档案信息利用服务工作。

　　（1）档案信息利用评价的概念

　　档案信息利用评价，就是以档案信息利用工作的目的为指导，系统地收集与档案信息利用有关的数据，利用科学评价理论与技术，对档案信息利用的种种状况进行分析和判断，为档案信息利用工作的决策提供依据。

　　档案信息利用评价从范围上看，有广义和狭义之分。广义的档案信息利用评价，是以档案信息利用活动全部领域为评价对象的，不仅包括对档案信息利用工作的评价，还包括对档案信息利用者行为状况的评价。狭义的档案信息利用评价，则以参与利用工作的档案工作者行为状况为评价对象。

　　档案信息利用评价从方式上看，又有评定、评估、鉴定之分。评定是指用客观的测量方法，对评价对象个体特征作出判断，如利用率、查准率、查全率、利用效益等。评估是指对评价对象的内在潜力、以往状况和发展趋势等无法直接测量的对象，根据间接条件、数据而作出推理和判断，如档案工作者的素质、潜在利用者的状况、需求趋势等。鉴定是指档案信息利用工作系统以外的机构及社会组织对该系统状况是否达到某一标准进行检查、检验，从而予以承认或认可的过程。

　　对档案信息利用中的档案工作者行为状况进行评价，要以方便、准确、迅速地输出档案信息为基本依据；对档案信息利用中的档案利用者行为状况进行评价，要以实现档案信息的使用价值的状况为基本依据。档案信息利用评价的基本依据，将贯穿于拟订评价目标、评价标准及确定评价步骤和作出评价结论的全过程。

　　（2）档案信息利用评价的意义

　　档案信息利用评价，主要是通过档案信息利用活动中的种种数据，对档案信息利用状况进行价值判断，以提高档案信息利用工作的水平。具体来看，档案信息利用评价有如下几方面的意义。

①有利于掌握档案信息利用活动的方向档案信息利用是对档案信息进行加工、输出与接收、运用的过程，其目的在于实现档案信息的使用价值。但是，档案信息的加工、输出与接收、运用，又是相分离的，是由不同的主体来完成的，并且，档案信息使用价值的实现又直接取决于档案利用者行为。因此，档案信息利用应坚持以社会需求为方向。

档案信息利用中片面追求检索工具与编研成果的数量的情况，与档案信息利用评价体系不科学、不全面有密切关系。因此，必须根据档案信息利用的目的，制订科学的、全面的评价标准，建立系统的、严密的评价制度，定期对档案信息利用各阶段的状态、水平、工作质量作出科学的判断，做到档案信息利用的努力目标与评价目标一致，充分发挥档案信息利用评价的作用。运用科学的评价标准和方法，定期进行种种形式的评价，及时了解自己工作目标的实现程度，自觉进行调控，改进自己的工作，从而自始至终坚持以社会需要为方向，为实现整体目标而共同努力。

②有利于档案信息利用工作管理科学化

无论是档案信息利用工作的行政管理还是业务管理，都必须运用档案信息利用评价来评定档案信息开发水平的高低或档案信息开发效益的高低。只有这样，才能把握档案信息开发利用的方向。在档案信息利用工作内部实行管理科学化，同样也要运用档案信息利用评价，以便组织好内部各环节和档案信息开发工作者，也就是根据档案信息利用工作总目标，分别制定各环节、各人员的工作目标即评价标准。定期根据评价标准进行评价，使各环节和各工作人员都能及时了解自己工作的达标程度，自觉改进自己的工作，共同实现档案信息利用工作的总目标。由此可见，档案信息利用评价是档案信息利用工作管理科学化的尺度，具有导向、激励和规范作用。

③有利于档案信息利用工作的改革

随着社会的发展，档案信息利用工作需要不断地进行改革。改革不仅要总结历史的和现实的经验，还要借鉴国外档案信息利用工作的成功经验。但是，对这些经验，都要经过评价，以取其精华，通过实践而推陈出新。

在档案信息利用工作的改革过程中，应坚持积极改革，定期评价，讲求实效，使改革建立在科学的基础上，防止主观随意性。对档案信息利用改革的每一项目或每一阶段，既要在改革过程中进行形成性评价，积极创造条件达到改革目标，又要在改革完成时进行总结性评价，以检验改革的成败得失。

④有利于全面提高档案信息利用活动的质量

档案信息利用活动的质量和数量，是辩证统一的。我们既要发展档案信息利用规模，又应注意提高档案信息利用的质量。档案信息利用的周期较长，最佳档案信息利用质量的取得，是广大档案工作者日积月累的集体劳动的成果。

档案信息利用评价，能够有组织、有计划地评价和指导每一个档案工作者，能够促使档案工作中的每一个环节都力求达到质量标准要求。如此，将有利于全面提高档案信息利用质量。

（3）档案信息利用评价的要求

档案信息利用评价，实质上是结果状态的评价。在评价过程中，要以档案信息利用的目的为出发点和归宿点，按照档案信息利用的规律进行评价。具体来说，档案信息利用评价应遵循以下基本要求：

①方向性

开展档案信息利用评价，应当将档案信息利用工作目标与评价目标辩证地统一起来，使评价目标真正全面地体现"以最大限度满足社会需要"。只有这样，评价目标才能真正成为功能性目标，指引评价者与被评价者始终沿着评价目标的方向，及时进行自评或他评，建立形成评价与终结评价相结合的反馈，以便进行调控，使之全面实现档案信息利用工作的目标。

②科学性

档案信息利用评价，必须实事求是，这是确保评价科学性的关键。用做评价的数据要绝对可靠，不能有丝毫的虚假或臆断；评价的内容要力求标准化和规范化；在判断过程中要认真听取和分析群众的意见。在实事求是的基础上，还要运用有关科学理论和技术，进行分析与综合，作出准确的判断。这样，不仅可以提高档案信息利用评价的科学水平，而且能够提高档案信息利用工作的水平。

③可行性

档案信息利用评价的对象，主要是各种结果状态。目前，尚无简单的方法直接测量，只能运用间接的条件作出判断。而采用间接条件进行评价时，就要从实际出发，既要坚持全面统一的档案信息利用工作目标，又要做到切实可行，将现实性和可能性结合起来。

一要做到评价适度，使档案信息利用评价有一个客观的、能达到的标准，起到鼓励和鞭策的作用；二要,做到定性与定量评价相结合，区分不同情况，采取不同方法，因事制宜，作出科学判断；三要做到不断总结、改进，各种评价对象都处于不断运动变化的过程中，档案信息利用评价标准也应该适应它们的发展规律，在评价实践中不断完善，在动态中保持相对的稳定。

④可比性

档案信息利用评价，不管是单因素或多因素评价，都必须以具有可比性的数据作为评价基础。如评价一个因素是否发展了，就既要掌握该因素过去的有关数据，即纵向可比材料，又要掌握该因素在同一系统中所处的状况，即横向可比材料，只有这样，才会使档案信息利用评价工作具有客观基础，才能作出正确的判断。要进行比较，就必须有统一的标准作衡量的尺度，才能保证评价结果的可信度。

（4）档案信息利用评价的指标体系

档案信息利用评价制度的核心，是建立科学的、全面的评价指标体系。目前，档案信息利用评价还没有一个系统的、全面的、科学的指标体系，通常人们用档案利用人次、档案利用卷次、档案利用率、拒绝率等作为档案信息利用的评价指标。由于档案信息利用效果的复杂性和隐含性，其评价指标也应是多方位的。鉴于此，我们必须加强档案信息利用评价指标体系的理论研究，并结合档案信息利用的实际情况，拟订更为科学、全面、合理的评价指标体系。

①利用规模评价指标

档案信息利用规模评价，是指对档案信息机构开展利用活动的范围及利用活动的影响面的大小进行评价。其评价指标主要有：

·接待人次与利用卷次。这是反映档案信息利用活动总量及利用活动频度的评价指标。

·输出率。它是指对外输出档案信息总量与馆（室）藏档案信息总量的比率。一方面，它反映社会档案信息需求状况，另一方面，也反映档案信息机构开展利用活动能力的大小。

·利用率。利用率是指在一定时期内，档案的利用数量（卷次）与馆（室）藏档案总量之比。既反映社会对档案信息利用的需求状况，也反映档案信息利用的效率。

·馆藏档案动用率。所谓"动用"，是对具体卷、册而言，如果在一定时间内不用，为无动用，在一定时间内利用一次以上者，即为动用。动用率即为在一定时间内，动用档案的数量与馆（室）藏档案总量的比率。档案动用率表示的实际上是馆藏档案的使用面，而不是使用次数（卷次）相对于馆藏的比例。

②服务水平与服务效果评价指标

服务水平与服务效果评价，是指对档案信息利用工作的服务质量及服务结果进行评价。其评价指标主要有：

·误检率。误检率是指误检出的目标占应检索出的全部目标的百分比。

误检率=误检的目标/应检出的全部目标×100%

漏检率。漏检率是指漏检的目标占应检索出的全部目标的百分比。

漏检率=漏检的目标/应检出的全部目标×100%

·拒绝率。拒绝率是指一定时间未能满足合理需求的档案卷次与一定时间利用者所提合理需求的总卷次之比。

拒绝率=一定时间未能满足合理需求的档案卷次/一定时间利用者所提合理需求的总卷次×100%

③利用效果评价指标

利用效果评价，是指对档案利用效益进行评价。它能反映档案信息利用活动的效果。其主要指标有：

·吸收量。吸收量是指档案利用者通过接收档案信息而产生的知识增加量。它能反映档案信息利用的有效程度。

产出与投入比。档案信息利用产出与投入比，反映了档案信息利用的效益。档案信息利用产出有经济效益，也有社会效益。社会效益无法用具体数字表示，经济效益则可以用数据表示，但是有关的数据来源和计算都比较复杂。为简便起见，档案信息利用的产出，可用档案利用卷次表示。这样，产出与投入比，可归结为利用卷次与投入金额的比例关系。

档案信息利用产出与投入比=档案利用卷次/档案利用投入金额

档案利用的投入低，利用卷次多，效益就高；反之，投入高，利用卷次少，效益就低。

档案信息利用评价，每一个具体指标都只能反映某一局部或某一方面的状况，这是因为档案信息利用受许多因素影响。在对档案信息利用进行评价时，为了能作出全面、科学的判断，就应系统地拟定评价指标。

（5）档案信息利用评价的方法

档案信息利用评价的方法，可分为定性评价和定量评价两种。对可测量的定量指标进行定量分析，对不能直接测量而只能定性的指标进行定性评价。

对于定量评价，只需根据具体公式，代人相应数据计算即可。对于定性评价，则要复杂得多。要进行比较精确的评价，一般采取二次量化法，即先定性再定量，使评价定性指标有量的概念，再以量为基础，在量化的基础上作定性描述。模糊数字综合评价法就是用得最多的一种二次量化法，这种方法比较全面、客观，但工作量较大。不过，只要事前用专家调查法作出评价细则，并运用计算机处理，它还是一种比较可靠的评价方法。

第七节　　档案资源建设

一、馆藏资源建设的原则

（一）效益原则

馆藏资源建设必须要关注所投入的成本和发挥的效益。在决定一份档案是否纳入馆藏时，不仅要看它本身是否有保存价值，还要看日后利用这份档案所发挥的社会效益和经济效益，能否超过保存它所付出的成本。效益原则是在馆藏数量急剧增长的情况下提出来的，它要求在有限的人力、物力和财力条件下，着重保管相对重要的档案材料，为它们提供更好的保管条件和更安全的保管措施。

（二）优化原则

优化原则与效益原则一样，也是在档案数量大量增长的情况下提出的。效益原则强调用较低的成本获得最大的效益，而优化原则重在馆藏的质量要求，要求在鉴选档案时严格把关，以最小的档案包容最多的信息，以维持馆藏的精练，防止无多大价值的档案混入馆内。

（三）开放原则

由于社会的进步，档案工作的发展，档案的形成环境及其内容形式是不断变化的，社会利用档案的需求也在不断变化，由此要求档案馆馆藏体系是开放性的，随着外在环境的变化而变化。在收集、鉴选和管理档案的过程中应考虑将来发展的需要，使馆藏体系具有一定的包容性、适应性和动态性，随时依社会需要调整自身的结构，以达到最佳的社会效益和经济效益。

（四）亲民原则

所谓亲民，是指公共档案馆馆藏档案的成分和内容应贴近社会，反映一般公民的生活，满足一般公民的各种需要，而不仅限于为政府机关和部门提供服务。亲民原则要求建立关系人民群众切身利益的民生档案，民生档案是社会管理活动的历史记录，是维护群众权益的原始凭证，是人民群众最关心、最直接、最现实的利益问题在档案工作中的集中体现。民生档案覆盖范围非常广泛，包括婚姻、土地承包、山林、房产、移民、知青、学籍、公证、破产企业职工等领域。建设民生档案是关注民生、保障民生、改善民生必不可少的重要环节，是维护社会和谐的重要手段。

国家综合档案馆应加大档案资源建设力度，根据法定职责，结合历史和现实需要合理确定档案收集范围，加大各类关系人民群众切身利益、有参考和凭证价值的档案材料的收集力度，有重点、有计划地征集散失在国内外的珍贵档案，进一步丰富和优化馆藏，使保存的档案资源适合社会各方面的利用需求。

二、馆藏体系的基本要求

（一）数量充足、门类齐全

应尽可能地丰富馆藏,通过各种途径将属于本馆收藏范围的档案收集齐全。

1.按照档案的内容，既要收集反映党政机关活动的文书档案，又要收集科技档案等各种专门档案；既要收集反映政治活动内容的档案，又要收集反映经济建设、科学文化等各方面活动内容的档案。

2.按照档案的性质，既要收集公共档案，又要收集私人档案，包括个人、家族乃至私人企业、社会团体等在其自身的社会活动中形成的各种记录，如信件、日记、未出版的各种手稿、家谱、照片、录像材料等。这些散碎的"民间"记忆虽然没有官方档案那样系统，但却反映了历史的某些侧面和细节。而这些材料，正是综合档案馆的馆藏体系中所缺乏的。

3.按照档案形成者主体，既要收集反映党政机关活动的党务和公务档案，又要收集关系一般公民的社会生活、维护其基本权利和利益的档案，即民生档案，包括社会保障、养老保险、工资待遇等方面的档案。

4.按照档案形成者的级别，既要收集有关领导机关在工作活动中形成的档案，又要收集下级机关及有代表性的基层单位的档案。

5.按照档案的类型，既要收集手稿、信件、照片、笔记等第一手材料，又要收集传记、方志、回忆录、考证资料、有关书报杂志等第二手材料，以弥补档案材料不全和档案内容记载不详的缺陷。

6.按照档案载体类型，既要收集纸质档案，又要收集新型档案。所谓新型档案是一个综合概念，指的是除传统的纸质载体以外的各种制成材料的档案，包括照片档案、影片档案、录音磁带档案、缩微胶片档案、计算机磁带、磁盘和光盘档案等。

7.按照档案的形成时间，既要收集现代、当代档案，又要大力收集和征集历史档案。

（二）结构合理、富有特色

任何档案馆所保存的只是国家全部档案资源的一部分，它不可能也不需要收集一切档案，满足所有利用者的需要。因此，不同层次和级别的档案馆，在收藏档案时应有所侧重，分工明确，注意形成和保持本地区、本系统或本专业的特色。根据档案的数量和成分以及服务对象的需要，将馆藏各种门类的档案按一定比例组成为一个整体，形成合理的馆藏结构。例如，地方综合性档案馆除了全面收藏反映本地区政治、经济、科学、文化等方面历史面貌的档案外，应重点建设具有地方特色的反映本地疆域沿革、地貌物产、重大历史事件和著名人物、名胜古迹以及风土人情的馆藏。而国家专门档案馆和部门档案馆则应根据国家有关规定，以及各专业系统和部门的要求，收集本系统、本部门内部的专门档案，体现馆藏的专业特色。再如地方名人档案全宗，不同级别的综合性档案馆应在自己的馆藏地域范围内建立不同层次和级别的名人档案全宗。

（三）完整精练、质量优化

要求达到馆藏数量与质量的统一。所谓完整，就是使馆藏档案在时间与空间上反映一个地区、一个系统或一个专业、一个部门乃至整个社会的完整的历史面貌，全面收集中华人民共和国成立前后的各个历史时期的档案，并保持本馆收集范围内各个进馆单位档案的完整，即全宗和全宗群的完整。所谓精练，是指馆藏档案的质量而言，即对进馆档案进行优选，选择具有较大价值的档案进馆，以免价值较低的档案进入馆内，影响真正有价值档案的充分利用。

馆藏档案质量，从宏观上指的是馆藏体系的整体质量，即内容的丰富性、门类的多样性、结构的合理性、满足社会需求的广泛性。从微观上具体到每一份档案的质量，表现为内在质量和外在质量两个方面。内在质量指档案内容的完备程度、准确程度及其包含信息量的多少。外在质量指案卷的整理加工质量及其载体质量等，如案卷格式、归档文件格式是否标准、项目是否齐全、装订是否符合要求以及载体的耐久性如何等。馆藏质量的好坏直接关系到馆藏档案信息的可利用程度及其满足社会需求的程度，必须进行控制和优化。

三、馆藏体系的优化

优化是科学研究、工程技术和经济管理等领域的重要研究工具。它所研究的问题是讨论在众多的方案中寻找最优方案。例如，工程设计中怎样选择设计参数，使设计方案既满足设计要求又能降低成本；资源分配中，怎样分配有限资源，使分配方案既能满足各方面的基本要求，又能获得好的经济效益；在人类活动的各个领域中，诸如此类，不胜枚举。优化为这些问题的解决，提供理论基础和求解方法，它是一门应用广泛、实用性很强的科学。

馆藏体系的优化，是指用最低限度的馆藏量贮存最大限度的档案信息。馆藏档案的优化可分阶段进行层层筛选和控制。一是超前控制，即在档案形成、归档过程中加以控制，只能将符合归档条件和要求的文件归档；反之，则不能归档，使馆藏来源优化。二是入口控制，即在档案进馆时进行控制，把好入口关，将价值不大的档案拒之门外。三是滞后控制，即在档案进馆后进行定期筛选，及时剔除失去保存价值的档案。

馆藏体系的优化可以从下面五个方面着手：

（一）树立优化观念，完善有关法规

长期以来，国家档案行政管理机构针对我国档案馆馆藏贫乏的现状，强调丰富馆藏，为发展档案馆事业奠定了牢固的物质基础。据统计，我国档案馆馆藏量的年递增率在10％以上。

但是，在丰富馆藏的同时，进馆档案的质量却往往被忽视。不少人把丰富馆藏单纯地理解为馆藏数量的增加，忽视了馆藏质量的提高。在工作中，主要以档案数量的多少去衡量一个档案馆的地位高低和工作优劣。另外，档案法规中的某些规定，加剧了这种观念上的偏差。过分追求馆藏档案数量的高速增长，使得不少档案馆已经面临馆藏膨胀的压力，影响了档案效益的发挥。因此，各馆在馆藏大幅度增长到一定的规模后，应着眼于优化馆藏质量，正确处理好馆藏数量与质量的关系，使馆藏建设从片面追求数量转变为两者兼顾。与此同时，相应的法规应有所修改和完善，避免对实际工作的误导。

（二）控制进馆档案的数量

各馆接收范围内的全宗，由于立档单位的职能不同、地位各异，其档案的价值也有差别。由于档案馆接收范围的扩大，不少综合性档案馆除了接收本级主管部门等一级单位的档案外，还接收二级、三级单位的档案。某些县级档案馆急于增加馆藏量，将一般工厂、普通中小学形成的档案也接收进馆，致使馆藏档案臃肿庞杂。另外，国家关于省辖市（州、盟）和县级档案馆接收长期保存的档案的规定，也是馆藏档案庞杂的重要原因。这一部分长期保管的档案在档案馆产生的效益实际上很有限，将它们接收进馆大大加重了档案馆的负担。

档案馆对接收范围内的全宗，应逐个分析和论证，评估档案的现实价值和潜在价值。一般来说，一级单位形成的全宗，只要是反映该单位主要职能活动的具有永久保存价值的档案应全部接收进馆，这是综合性档案馆馆藏的主体。二、三级单位形成的全宗，只精选少数具有代表性的、典型的全宗中有重大影响或重要凭证作用的档案进馆。对于一些具有地方、时代、专业特色的档案，应适当扩大其接收范围。总之，接收档案进馆时应打破单个全宗"小而全"的思想，从全面反映和维护本地区、本系统、本专业历史面貌出发，对进馆档案进行严格筛选，使馆藏既丰富又精练。

（三）确定馆藏档案的合理结构比例

馆藏体系是档案按一定的比例、顺序和层次组合成的一个有机整体。馆藏体系的优化要求馆藏的各个组成部分合理搭配，排列有序，具体要求如下：

1.馆藏档案门类和载体多样、比例适当

长期以来，我国综合性档案馆的馆藏成分的状况是：以文书档案为主，科技档案等专门档案所占比重偏小；以反映国家党政机关的活动为主，而反映一般公民社会生活的档案太少。随着科技的发展和社会的进步，以及公共档案馆的建设和开放利用力度的加大，馆藏档案门类和载体必然向多样化的方向发展。

（1）科技档案占馆藏档案比重将逐步增大。科技档案作为人类科技活动的记录，对于反映和促进社会科技和经济的发展具有举足轻重的作用。

（2）历史档案反映了各个时期社会历史的面貌，是档案馆大力收集和征集的对象。

（3）民生档案将是公共档案馆馆藏建设的重点。民生档案是反映一般公民的社会生活，维护其基本权利和利益的各类档案材料，包括社会保障、养老保险、工资福利等档案材料。

（4）新型档案数量占馆藏总量的比例将逐渐增加。照片档案、影片档案、录音磁带档案、缩微胶片档案、计算机磁带、磁盘和光盘档案等各种新型档案将随着档案工作现代化的发展逐渐增加。其中，占据主体的是电子文件。在数字时代，随着无纸化办公的普及，电子文件已经对纸质档案的传统地位构成了挑战，其普及程度仅次于纸张甚至在某些环节已经取代了纸张，成为与纸质档案并存的最重要的一种新型档案。

2.入藏资料与馆藏档案比例协调

在馆藏建设中，应当明确以档案为主，资料为辅的思想，资料在档案馆馆藏中应始终处于补充的地位，其比例大体以2：8为宜，即资料应控制在馆藏总量的20%左右。在补充资料时，应注意如下几点：

（1）关联性：资料在内容和形式上与档案有关。

（2）互补性：入藏资料必须对档案有补充、替代或说明作用。

（3）原生性：各单位编印出版的档案汇编、史志、年鉴以及反映某一事件或工作活动的资料实际上是由档案转化来的，这一部分与档案有"血缘"关系的资料，应是收藏的重点。

3.馆藏档案层次分明

按进馆全宗所属立档单位的级别，分为若干层次。第一层次是本级党政机关、团体等一级单位的档案，这一部分档案在馆藏中占主导地位；第二层次是各主管机关所属的分管某一方面或专门业务的单位的档案，这一部分档案只能有选择收藏，在馆藏档案中所占比重较之前者要小得多；第三层次是基层单位形成的档案，只能精选极少数有代表性的重要档案进馆，具有抽样保存的性质。

（四）清除馆藏档案的过量重复

馆藏档案的重复是难免的，适当的重复也是必要的，但过量重复，则会造成馆藏臃肿庞杂，浪费人力、物力和财力，给档案的检索和利用带来困难。因此，应消除不必要的重复。

馆藏档案的重复有三种形式：

1.形式上的重复，即同一全宗内或同一馆内档案有重份文件。这主要是由于立档单位归档范围过宽，各部门之间缺少协调造成的，特别是上级机关普发性文件材料，若下属各单位不加分工地立卷归档，必然会造成同份文件大量重复进馆。这种情形的重复现象十分严重。

2.馆藏档案内容上的重复，即某份档案的内容基本上被其他档案包括了。主要是由于文件层层转发，或用叙述、综合、资料汇总等加工形式加以转述，导致档案内容相互包含、重复。

3.同一份档案的不同稿本（正本、副本、草稿、定稿）所造成的重复。在我国，文件的定稿和正本一同立卷归档保存，特别重要的文件的各种稿本都要保存，由此所增加的馆藏量十分可观。这种情形的重复实际上也是档案信息内容的重复。

消除馆藏重复的主要方法：

（1）对进馆档案严格控制

为了减少不必要的重复，档案馆在接收进馆档案前，应会同档案室做好进馆档案的审核工作。进馆档案原则上只要求反映立档单位的主要职能和基本历史面貌，不宜追求立档单位档案的小而全。各单位之间互相发送的文件材料，一般只接收发文单位的重要文件进馆，收文单位视为重要的文件可留在本单位保存而不必进馆。这样做从单个全宗看档案不够完整，但从整个档案馆看则达到了既完整又精练的要求。

（2）选样保留法

对进馆档案的严格审查和控制只是在一定程度上减少了馆藏全宗间的重份档案，要消除同类档案的重复，可采用"选样保留法"，即从某一类型档案中，选择一部分样品保存起来，作为该类型档案的代表。选样保留法主要适用于大量的基层单位的档案和各行各业的专门档案、私人档案。这部分档案数量大、重复多、价值低，将其选样保存可用少量档案提供典型的、有代表性的信息，达到优化馆藏的目的。

（五）及时剔除失去保存价值的档案

目前我国档案馆所藏档案数量剧增，给档案馆的人力、物力和财力带来了很大的压力。在馆藏档案中有不少是价值不大或失去价值的档案，这一部分档案若不及时剔除，优化馆藏就会成为空谈。为了改变馆藏档案玉石不分的现状，档案馆应进行再鉴定工作，这种鉴定主要针对下面几种情况：

1.某些档案馆保存的档案，有些是未经鉴定就接收进馆了，存在大量鱼目混珠的现象。

2.按照国家的有关规定，短期档案是不该进馆的，但由于种种原因，很多档案馆接收了不少划为短期保管的档案,现在这部分档案基本超过了保管期限。此外，还有少数长期保管的档案也已到期，对这些期满档案须重新鉴定，对确实失去保存价值的予以剔除销毁，对需要继续保存的重新划定其保管期限。

3.随着时间的推移、历史的发展和实践的检验，有相当一部分档案的保存价值发生了变化。有些档案在当时历史条件下确定是有必要保存的，但时隔多年，随着工作重心的转移，就显得没有多少保存价值了。还有些档案原来定为定期保存的，随着形势的发展变化，有必要上升或降低其保管期限。

4.有不少档案馆为追求馆藏数量，在接收和征集档案工作中，把不少不应接收的档案也接收进馆，对于历史档案更是来者不拒。有的甚至把原来准备销毁处理的档案，又重新整理上架，造成馆藏大量重复，质量低微，玉石不分，泥沙俱下。

另外，还有一部分以前鉴定失误、划错保管期限的档案以及已决定销毁但由于种种原因没有及时销毁的大量档案，也须进行再鉴定工作。

档案经再次鉴定后，除一部分要继续保存外，另有相当数量的档案要被剔除销毁，这使原来的档案整理体系发生变化，为了减少工作量，一般情况下，特别是对案卷数量多而剔除量较少的全宗而言，可以不变更档号，剔除档案的档号可以空缺。但对于档号空缺的情况应有说明，如在全宗卷作记载，在全宗介绍中予以说明，在案卷目录的备注栏内加以注销等。对于那些剔除量比较大的全宗，或是原来编目比较混乱的全宗，可以重新编制案卷目录，与此同时，可编制一份新旧档号对应表，使其他的检索工具仍能发挥作用。

经过鉴定需要销毁的档案，应编制销毁清册，办理批准手续。按《档案馆工作通则》规定，档案馆要销毁档案，须经主管领导机关批准。

档案销毁清册至少一式两份，登记准备销毁档案的标题、起止日期、号码、数量、档案馆（室）名称、全宗名称和编制日期，一份送有关领导审批，一份留在馆（室）内。

为慎重起见，对准销档案可以搁置一段时间，观其后效，再最后决定是否执行销毁。

第六章 知识管理背景下的档案网站建设分析

第一节 知识管理背景下档案网站类型

随着信息技术和利用需求的发展，档案网站的功能和类型不断丰富，目前已建的档案网站根据其所建环境、服务对象、建设主体和技术手段的不同而分为不同类型。

一、不同网络环境的档案网站

档案网站的运行可基于外部公网、政务内网和档案局、馆局域网等不同的网络环境。

（一）基于外网的档案网站

这是最初建立的档案网站，也是目前最普遍的档案网站类型。互联网是开放式的公共信息传输平台，基于互联网络的档案网站以社会公众为服务对象，以满足广大公民形形色色的档案利用需求和相关文化需要为目标，侧重提供利用开放的档案信息资源和政府现行文件。

（二）基于政务网的档案网站

政务网实际上分为内网和外网两种类型。政务外网是政府的业务专网，主要运行政府部门面向社会的专业性服务，公民、企业可通过政府外网办理各种手续、证书、执照等，享受政府提供的各种服务。政务外网与互联网虽然逻辑上隔离，但物理上相通，基于政务外网的档案网站在定位、功能和提供的信息服务方面与基于互联网的档案网站类同，因此，可以归为基于外网的档案网站类型。政务内网是政府机关由于协同办公的需要而建立的办公专用网络，使用者限于政府机关部门，不对外开放。基于政务内网的档案网站以满足办公活动的需要为目标，"是为了更好地协调档案部门上下级问和与其他政府机关间的工作，实现工作步调和谐，以及为其他机关开展档案工作提供业务指导"。内网档案网站提供的档案信息包括在一定范围内限制使用的非开放档案信息和涉密档案信息等。

（三）基于局域网的档案网站

基于档案机构内部局域网的档案网站通常与档案机构的 OA 系统或档案管理系统集成，构成档案局、馆办公系统或档案管理系统的统一前台和用户入口。登录这类网站有严格的身份识别和权限控制，因此，其提供的档案信息和相关服务比较全面。局域网上的档案网站是档案局馆管理活动的重要组成部分。

不同网络环境中建立的档案网站虽然服务对象、功能目标和提供的信息内容、信息服务有较大差别，内容模块、栏目设置和建站技术也有所不同，但它们都"以档案信息为依托、以档案服务为目标"，可以在一个总体框架下统一规划、构建和运行，实现资源共享，以避免重复劳动，出现"信息孤岛"现象。例如，外网档案网站提供的档案信息可直接来源于内网中档案数据库的已开放档案信息资源。

在内、外网档案网站的信息上传方式上，目前部分地区正试图由原先的"物理隔离"向"物理连通、逻辑隔离"的模式发展。这一模式上的变化，"将使内网与外网的应用交互模式发生重大转变，从而在效率、内容和管理等方面有一个质的提高，形成一个统一的档案局（馆）内外网整合的信息发布管理平台和资源数据共享中心"，避免档案人员在内、外档案网站之间重复上传大量档案数据的低效率劳动。但是，这种内、外档案网站的物理连通与国家目前对政务内网的安全要求不符，存在较大的安全隐患，因此必须谨慎行事。

二、不同建设主体的档案网站

根据建设主体的不同，档案网站可以分为：国家档案局网站，地方综合性档案局（馆）网站，专业档案馆网站，基层档案馆网站，档案刊物网站，档案教育、咨询网站，个人档案网站等类型。

（一）国家档案局网站

国家档案局网站既是国家档案局的官方站点，也是全国档案信息网站的门户网站，始建于 2002 年 12 月。目前国家档案局网站发布的多是档案行政管理方面的信息，作为国家档案资源的龙头网站尚有距离。国家档案局网站上比较系统地提供了全国各省、直辖市综合性档案局（馆）网站的链接，起到了引导网站的作用。

（二）地方档案局（馆）网站

地方档案局（馆）网站是发展最快、数量最多的一类网站，这些网站依托地方档案馆的馆藏资源提供在线档案信息服务，同时在网络上实现档案行政管理和行政服务功能。因此，地方档案局（馆）网站兼具档案局政务窗口、网上档案馆和地方档案网站门户作用。地方档案局（馆）网站名称不一，如"山东档案信息网""江苏档案""天津档案网""琼兰阁"（海南省）等。

（三）专业档案馆网站

专业档案馆网站是基于各级各类专业馆藏而建立的网上专业档案利用、服务站点。如，北京城市建设档案馆网站、辽宁省地质资料档案馆网站、贵州省测绘资料档案馆网站等。城建档案馆网站是专业档案馆网站最主要的类型。

（四）基层档案馆网站

基层档案馆网站是基层企、事业单位依托本单位档案馆、室资源而建立的提供档案宣传、查询和利用的站点。目前互联网上的基层档案馆网站主要是高校档案馆网站，如苏州大学档案馆网站、中国科技大学档案馆网站等。

（五）档案刊物网站

档案刊物网站是档案杂志社或档案出版机构在网上建立的具有网络出版、网上发行功能的档案站点，是为档案学者和档案从业人员提供学术探讨、业务交流和专业资源共享的园地。现有的档案刊物网站有"档案界"（档案管理杂志社主办）、"档案学通讯"（档案学通讯杂志社主办）、"中国档案资讯网"（中国档案报社主办）等。这些刊物网站起步晚、数量少，但形式活泼，发展较快，访问率较高，在档案学术界影响较大。此外，大多数省级档案刊物在本省的综合性档案局（馆）网站上开辟了专门的版块或栏目。

（六）档案教育、咨询网站

档案教育、咨询网站是档案教育机构、档案学会、档案研究机构或档案行政机关建立的，以档案教育、培训、咨询和档案业务交流、研讨为目的的档案站点。如，"文件与档案工作者继续教育园地"网站（中国档案学会主办）、"档案在线"网站（《中国档案信息主流网站发展状况及其用户需求的调查与分析》课题组主办）、中国人民大学档案学院网站等。

（七）个人档案网站

个人档案网站是由档案专家、学者、档案从业人员或在校学生创建的，以探讨学术思想、交流工作经验、传递专业信息、分享专业体验为目的的，各种形式的档案站点（包括博客）。如，以前有较高知名度的"兰台眼"，开办在西陆社区的"中国档案论坛"，开办在和讯个人门户的"中国档案学研究"等。

三、不同技术手段的档案网站

档案网站从技术手段及其实现的功能看，可以分为以下技术类型：

（一）静态档案网站

静态档案网站由一系列静态网页构成，静态网页使用标准的 HTML 代码，用户在浏览这类档案网站时，本地浏览器通过 HTFP 传输协议向网站服务器请求提供网页内容，服务器则将原已设计好的 HTML 网页文档传送给用户浏览器。这些事先写好的网页文档在用户浏览器上显示的内容是不会因用户而变化的（最多出现 GIF 图片那种最简单的动画显示效果）。

静态档案网站制作简单、灵活性好，网站设计与网站维护合一。其致命弱点是：网站与用户的交互性差（仅限于网页上提供电子邮件链接）；维护更新效率较低，为更新网页内容，维护者必须重复制作 HTML 文档，并且所有链接都要靠手工维护。随着档案网站内容和信息量的不断增加，维护者将不堪重负。静态网站并不适合以信息查询为主的档案网站。随着技术的发展，纯粹的静态档案网站已淡出历史。

（二）动态档案网站

动态档案网站是采用 ASP、PHP 等技术将前端的静态网页和后端的数据库系统相链接，通过数据库进行架构的档案网站。所谓"动态"是指在不同用户、不同时间访问同一网址时可能返回不同的页面；用户浏览器上所显示的网页内容会根据用户的要求和选择而动态地改变和响应；网站无须手动更新 HTML 文档便会自动根据后台数据的变化而生成新的页面。动态网站除了要设计网页外，还要通过数据库编程来使网站具有动态的交互功能，例如在网页上实现自动检索；建立网上交流系统等。

动态档案网站由于以数据库技术为基础，可以实现用户登录、用户管理、在线检索、网上论坛等后台管理和实时交互功能；可以将网站设计与网站维护任务相分离，对网站维护人员的技术要求大大降低；可以由程序自动实现网页之间的链接和网页数据的更新，大大降低了网站维护的工作量。其缺点是：安全隐患较大，如果编程过程中考虑不周，网站就可能因交互性而被黑客入侵；由于每打开一个页面就读取数据库一次，一旦访问网站的人数很多，服务器的荷载会激增，网站的运行速度将下降；对网站设计者的要求较高，网站制作需要网页设计人员和网络程序的开发人员协同完成。目前，动态网站是档案网站的主要技术形式。

（三）档案网站集群

档案网站集群是将一个系统、一个地区所有的档案网站按照整体规划集中建设，在统一标准、整合资源、协同管理的基础上连接成为有机整体。网站集群以门户网站为中心，构建统一的导航、检索平台，使访问者借助平台能够方便地获得所有站点的信息和服务，同时通过站群管理软件来实现对所有站点的管理。

档案网站集群的意义在于：

通过数据资源的标准化和管理平台的同一，实现了集群内所有网站资源的广泛共享，中心网站可以实现对各子站点内的网页信息和数据库数据的快速检索，各子站点上的重要新闻和信息被自动采集、显示到中心网站，用户在访问集群系统时，只需要登录中心站点，便可访问所有网站信息，而无需关心所检索的信息将来自于哪个网站的数据库，从用户角度看，网站集群就相当于一个网站；通过统一设计、开发网站模板及其软、硬件环境，节省大量投资；通过站点维护与内容管理权限的规范化，实现了集群化管理。

网站集群建设与其说是一种技术进步，不如说是一种管理创新，因为其集约管理的理念对档案网站建设具有很强的现实意义，而其技术实现的难度并不大。目前，我国个别地区已经尝试建立档案网站集群系统。例如，湖北省档案局在"档案网站集群系统版面设计及功能研究"科研课题成果的基础上，采取统一投入，整体推进的办法，由省档案局一次性投入 15 万元，与信息技术公司合作研制、开发了"湖北省档案网站集群"系统，建立起了以省局（馆）档案网站为中心站点、各市（州）档案网站为骨干站点、县（市、区）档案网站为节点的多站点、集群式网络平台，取得了较好的成效，不足之处是该体系从技术上看离真正的网站集群系统尚有较大差距。

（四）基于 Web2.0 技术的档案网站

Web2.0 是相对于 Web1.0 的新一代互联网应用的统称。在 Web1.0 时代，网站的信息主要存储在服务器上集中提供给使用者，用户通过浏览器被动地接受信息，获得信息的质和量取决于信息提供者（网站建设者）。Web1.0 则更注重用户的交互作用，用户既是网站内容的浏览者，也是网站内容的制造者。参与性、社会性、开放性和对等性是 Web2.0 网站的重要特点。

从技术角度看，如果一个档案网站使用了博客/网志（Blog）、内容聚合（RSS）、即时通信（IM）、百科全书（Wiki）、社会网络服务（SNS）、网络书签（Tag）等手段，即可认为是基于 Web2.0 技术的档案网站。Web2.0 技术对档案网站功能和价值的拓展具有非常意义。例如，通过建立档案专题博客群，可以聚敛档案网站的人气，加强用户之间及用户与网站之间的交流与互动；利用 IM 建立公众与档案专业人士之间的对话平台，可以让公众轻松接近档案；以实名制建立 SNS，可以扩展档案从业者之间的联系等。目前，Web2.0 技术在档案网站建设中的应用刚刚起步，"档案界""档案学通讯"等刊物网站上已开辟了博客空间，相信以内容传播个性化、信息组织平民化、信息交流互动化为特征的 Web2.0 技术在档案网站的未来发展中具有广阔前景。

第二节 档案网站的功能定位

建设档案网站首先要正确定位，确定网站的对象、目标与功能。定位不准、目标不明、功能失当，必然事倍功半，造成不必要的损失。

一、档案网站的总体定位

从本质上说，档案网站是档案机构的相关职能在网络世界中的"映射"和"延伸"，是网上的"档案局""档案馆""档案室"或档案教育、出版机构。档案网站的总体定位如下：

（一）网上档案行政窗口

各级档案行政主管机关建立档案网站，旨在利用网络在政令发布、信息传递上的优势，更好地完成其行政服务职能。1999 年 1 月发布的《政府上网工程白皮书》指出：政府上网是指各级各地政府部门利用 Internet/Intranet 等技术，在信息网络上建立正式站点，推动我国政府办公自动化与政府网上便民服务，在网络上实现政府在经济、政治、社会生活等诸多领域中的管理与服务职能。档案局网站的定位与此类似，也是以便民为目的在网络上建立档案行政服务中心，公开政务信息，行使政府职能。

（二）网上档案信息中心

档案馆、档案室在不同网络环境中建立档案网站，旨在充分利用网络信息传输的优势，即时、即地地提供档案信息利用服务，使档案信息的受众面更大，档案信息的利用更加快捷、便利，档案资源的共享更加广泛、深入。目前，现行文件利用中心、档案目录数据中心正在从现实的档案馆走向网络环境。档案网站已成为档案资源与档案用户联系的重要渠道，成为档案馆藏信息流向社会公众的主要平台。

（三）网上档案文化园地

档案是历史文化的积淀，档案馆具有历史传承和文化教育的功能。档案机构建立档案网站旨在借助网络交互手段以更加丰富、多彩的形式实现其文化功能，使档案网站真正成为爱国主义教育、历史文化宣传和专业教学培训的重要舞台。

二、档案网站的具体功能

档案界对档案网站功能的探讨由来已久，在有关档案网站建设的论文中接近一半涉及到功能问题。关于档案网站的功能，"典型的有两种观点，一是苏州大学张照余认为档案网站是集服务、宣传、对话、中介和交流等五项功能于一体的开放型窗口；另一种是国家档案局的张淑霞将档案网站功能定位于'宣传、服务、交流、揭示和教育'等五项，笔者认为将综合性档案网站的功能归纳为'宣传、服务和交流'三项更为科学、合理"。显然学者们对档案网站的功能意见不一。

事实上，不同类型的档案网站由于所依托的档案资源、运行的网络环境和服务的主体对象不同，功能并不相同。在建设档案网站之前，必须针对个别需要和特定条件作具体分析。如果从理论上加以归纳的话，各类档案网站形形色色的功能主要有以下方面：

（一）档案检索

向登录网站的各类用户提供在线档案检索是档案网站最基本的功能。目前几乎所有以馆藏资源为依托的档案网站均提供信息检索功能。网上档案信息检索使用后台数据库技术，具有传统信息检索无法匹敌的优势，其检索内容包括历史档案、政府现行文件和其他文献资料，检索层次可以是目录信息、全文信息或编研成果，检索途径有题名、档号、关键词、分类号等，检索方式可有简单检索、组配检索、模糊检索等。网上档案信息检索还可采取动态检索链接机制，提供"站内检索""站外检索"或"复合式检索"，从而打破物理馆藏的界限，实现跨库检索。网上档案检索具有"全天候""零距离"的特点。通过采取适当的技术与管理机制，档案网站的信息检索可以确保安全。例如，对于内网网站，采用身份识别、权限控制、内容分级管理等机制；对于面向社会公众的外网网站，目前仅限于提供开放档案的目录查询和部分开放档案的全文查询。

（二）档案管理

档案馆（室）将其档案管理业务的某些环节或内容延伸至档案网站，以适应管理环境的网络化，提高档案管理的效率。基于外网的档案网站，除提供上述的档案检索业务外，一般兼有档案发布、档案征集、在线移交、档案展览、业务咨询、借阅服务等功能。而基于档案馆、室内部局域网的档案网站，通常是整个档案馆业务管理系统的统一前台，网站上更集成了档案管理业务的各个方面。

（三）档案行政

同样，档案行政机关将其行政管理职能拓展至档案网站。档案局（处）建立在政务外网和互联网上的档案网站，一般设有"政务公开""政策法规""业务指导""公文传输""在线审批""行政投诉"等栏目，具有政策解读、文令发布、网上办公等政务功能。而档案局在政务内网上建立的档案网站，是面向地方政府机关提供档案行政服务的重要平台，构成政务体系的重要节点。

（四）档案宣传

档案机构可利用网站这一信息平台，通过设置"档案局（馆）概况""馆藏介绍""服务指南""工作动态""行业要闻"等栏目，全方位、多角度地宣传、介绍档案机构、档案工作和档案职业，帮助公众了解已有的档案馆藏和档案服务，使档案网站成为网络环境中档案机构形象和档案职业形象的缩影，提升档案机构的社会影响力，增强社会的档案意识。

（五）交流互动

档案网站可通过设立"建言献策""用户园地"（BBS）、"统计调查"等专题栏目，开辟用户博客空间，提供联系邮箱，开通网上实时咨询（IM）等手段，收集档案用户的反馈意见，征询社会各界对档案服务的建议，答复各类用户的咨询、提问，在档案机构与社会公众之间架起双向沟通的桥梁，使档案网站成为档案用户、档案管理者、档案专家多方交流、协助互动的平台。

（六）文化展示

档案网站可设立"珍藏集萃""特藏展室""专题展览""在线参观""名人档案"等栏目，利用信息网络极强的辐射力来展示其馆藏档案中具有重要历史意义和美学欣赏价值的珍贵藏品和特色藏品。通过对馆藏的展览，提升档案网站的文化品位，展示社会的精神文明财富，宏扬民族的璀璨文化，体现档案机构文化内涵及其对保护人类文明的重要意义。

（七）专业教育

开展档案专业教学和档案文化教育是档案网站的功能之一。档案网站通过设立"教学园地""网上课堂""知识天地"等栏目，利用组合教育资源上的优势和分散式教学模式的便利，及时发布专业教学信息，上传课程教育资源，面向档案从业者和社会公众开设档案专业培训和档案文化讲座。目前，国内已开始重视档案网站的教育功能。中国档案学会还专门建立了"文件与档案工作者继续教育园地"网站。国外则更注重利用网站开展档案教育。事实上，档案网站的专业教育功能与档案文化展览功能的实现是相互交叉渗透的。

（八）研究出版

档案网站可以设立"编研成果""学术园地""档案报刊"等栏目，以电子版的形式发布档案编研作品，公布档案课题成果，在线编发档案刊物和工作通报，同时设立以学术研究为主题的 BBS、研究新闻组等，发挥学术研究平台和出版发行窗口的作用。

（九）娱乐服务

档案网站既是专业网站，也是大众文化休闲园地。档案网站的浏览者中既有为查阅特定档案而登录的学者、获取专业服务的档案从业人员，也有大量猎奇而至的随意浏览者。为此必须加强档案网站的文化性、娱乐性和服务性，可设立"历史回溯""地方风情""文化寻踪""名人佚事""古城旧影"等基于历史档案的文化性栏目，设立"地方黄页""交通地图""气象预报""车次航班""资料下载"等服务性栏目，辅以健康、体育、游戏、美食、音乐类纯娱乐性栏目，以此吸引广大公众的眼球，凝聚档案网站人气。例如加拿大国家官方档案网站上就提供了轻松活泼的多媒体游戏，这些游戏中加入了反映国家历史的档案史料，从而将娱乐与学习融为一体。

（十）信息中介

档案网站通过设立与档案导航网站、相关档案网站、地方政府网站、图书、情报资源网站、新闻传媒网站以及其他相关网站的直接或间接链接，实现了信息资源在网络空间的整合，起到了各类资源服务的中介、联结作用。

第三节　档案网站建设的原则与要求

档案网站建设需要投入大量的人力、物力，其设计、制作和维护是一个复杂的过程，受到很多因素的影响，为保证效果，档案网站建设必须遵循以下原则。

一、用户主导原则

档案网站建设的根本目的是向浏览网站的用户提供服务，没有用户访问的网站是一种资源浪费，绝对不可能产生任何实际意义，这一点与"藏""用"并重的实体档案馆并不相同。实现档案网站价值的唯一途径是"点击率"，用户是网站价值的体现。

因此，在档案网站建设过程中必须以用户为导向，不断提高档案网站的访问量：首先，在建站前要深入开展用户分析，了解用户类型和不同用户的需求特点，积极发掘潜在用户，充分考虑各类用户的不同需求；其次，网站设计要更富"人性化"，最大限度地提供个性化服务，例如增加不同语言或文字的版本，设计多途径的检索系统和完美的导航系统，提供各种档案信息利用之外的增值服务等；再次，要及时更新网站内容，定期改变网站的设计版式，以满足用户需求的变化，避免用户对网站版式的审美疲劳；最后，要注重与用户之间的互动，设立论坛、用户意见调查、博客等用户参与性栏目，将网站建设成双向交流的平台。

二、内容为本原则

档案网站是通过其提供的信息内容来满足用户需求的，用户访问档案网站的最初动机是获得所需的档案信息或基于内容的相关服务，信息内容是档案网站的"灵魂"。缺乏充足、适用的信息内容，档案网站无论设计的如何"诱人"，都不可能聚敛人气。

因此，档案网站建设必须将内容放在首位：首先，要全面收集、准备相关信息，特别是档案目录数据和全文信息，为网站内容的筛选提供充分的素材；

其次，要对上网信息进行严格鉴定，确保其内容的真实、准确；再次，要对网站内容进行分类梳理、系统组织，必要时对原始信息进行再加工和深加工，以提高上载信息的质量。

三、整体设计原则

档案网站不是封闭的、孤立的站点，而是整个网络体系的一个节点，与其他网站分享着网络环境、网络用户和网络资源。每个档案网站所提供的信息只是浩瀚网络信息的很小部分。为此，档案网站建设必须从整个网络体系出发，在大的框架背景下定位自身的服务方向和内容特色。

首先，要注重网站之间的链接，通过链接来拓展档案网站的信息含量和受众面；其次，要注重档案数据的标准化，只有采取共同的数据标准，档案网站的数据资源才有望实现基于网络整体的跨库检索，达到网络共享的目的；再次，要注重档案网站在内容和服务上的特色，避免因雷同而造成网络资源或服务上的冗余，特色是档案网站的生命力，在充分共享的网络世界具有特色的网站才可能吸引用户的"眼球"，获得存在的价值，档案网站一方面要"打档案牌"，建成以档案资源为依托的专业网站，另一方面要走地方特色路线，大力收集反映当地风土人情和历史地理的档案资料，依靠地方特色优势提升网站的竞争力。

第四节 档案网站的设计

在正确定位所建档案网站的目标、功能之后，必须全面收集实现网站功能所需的全部相关资料，并对收集的资料进行梳理、分类，设计出符合用户利用需求的内容版块和栏目结构。

一、档案网站的内容准备

综合性档案网站所需准备的信息内容包括以下方面：

（一）档案馆藏信息

档案馆藏信息是档案馆所建网站的信息主体，包括档案目录信息、档案全文信息和档案编研信息三个层次。

1.档案目录信息

档案网站提供的档案目录信息可以分为介绍性目录信息和检索性目录信息两类。介绍性目录信息有档案馆藏指南（馆藏类型、内容范围、特色的简介）、馆藏全宗名册、系列案卷目录、全引目录、特色馆藏目录、特种馆藏目录、专题档案索引等。介绍性目录信息通常以电子文本、表格的形式提供。检索性目录信息主要是文件目录、案卷目录或专题目录。检索性目录信息以数据库系统组织管理，以便于在线检索。

2.档案全文信息

档案全文信息是指数字化后的纸质档案、照片档案、音频、视频档案等。受到容量和网络带宽的限制，网站提供的档案全文信息是有选择的，一般出于展示、宣传目的而提供一部分具有珍贵价值或馆藏特色的数字档案图片或公众喜闻乐见的音频、视频档案片段。至于基于公网提供档案全文的在线利用，仍有待于档案数字化和网络安全利用机制的进一步发展。

3.档案编研信息

档案网站提供的档案编研信息包括大事记、年鉴、组织沿革、基础数字汇编、史料选编、专题汇编等各种形式。

档案馆藏信息主要来自馆藏档案的数字化和各编研部门基于馆藏的编研成果。内网与外网网站所提供的馆藏档案信息，内容范围并不相同，为安全起见，后者一般仅限于开放档案。

（二）档案职能信息

由于档案局（馆）网站兼具"档案行政"和"档案管理"功能，档案网站必须上传档案局、档案馆行使行政职能或管理职能的相关的信息。这些信息具体包括：

1.机构概况：档案局、馆的基本职能，主要领导，内设机构，岗位职责，地理位置，工作时间，联系方式（各部门联系人、电话、电子邮箱、通信地址）等；

2.机构背景信息：档案局、馆的历史沿革，发展规划，建设目标，实施项目等；

3.档案服务信息：档案局、馆的服务内容，服务对象，服务方式，服务政策，服务限制，开馆时间，查档程序，查档方法，收费标准，阅览条件等；

4.档案内容信息：档案馆馆藏概况、开放档案范围、相关检索工具介绍等；

5.档案行政信息：档案政策法规、制度标准、文令公告等；

6.工作动态信息：国家、外省市及国外档案工作动态、行业新闻、工作简报等；

7.专项业务信息：教育、科技、学会、职称、信息化建设等有关专项业务的管理信息；

8.档案基础数据：全国档案工作的统计数据、供下载的表格文件等。

（三）政府现行文件

面向政府机关和社会公众提供利用政府的现行文件已成为国家档案馆的一项重要职能，许多档案馆建立有现行文件阅览中心。这项职能延伸至档案网站就要求网站建设者通过网络手段或传统手段，系统收集、接受和审核各政府机关的现行文件，建立全文数据库，在内网和外网网站上按照《中华人民共和国政府信息公开条例》和地方政府的相关规定，在合理确定开放范围和控制权限的基础上在线提供政府现行文件的查询服务。

（四）档案文化信息

为实现档案网站的文化园地功能，网站上将提供大量源自档案馆藏或与档案利用相关的文化信息，例如，作为档案珍品展出的数字图片、音频、视频片段，档案文史资料、地方风情介绍、档案专业知识、文化知识、档案学术论文、生活娱乐性资料等。这些信息形式多样，来源丰富，其中有些是自行编写、制作的，有些是从外部信息源中采集获取的，还有一些是通过网站互动平台由用户自行提供的。无论何种来源，都需要网站采编人员精心采集、认真准备。

（五）公共服务信息

为扩大网站的社会服务功能，一些档案网站还提供与公众生活密切相关的气象、航班、车船、公交、地图、旅馆、地方黄页、相关软件下载等公共服务信息。这类信息的收集和更新颇费时间和精力，需要通过专门途径和方式获取，并要获得信息提供者的许可。

（六）相关链接资源

档案网站通过设置与站外资源或网站的超链接而间接拓展网站提供的信息

量，因此，选择拟链接的外部资源，通过适当方式获得链接许可，是档案网站内容准备的一项重要工作。档案网站链接的间接资源包括：

1.与国内外档案网站的链接，特别是档案门户网站的链接；

2.与地方政府网站和门户网站的链接；

3.与图书、情报资源网站的链接；

4.与新闻传媒类网站链接；

5.与国内主流的门户网站链接。

获得上述网站的链接地址并非难事，国内各档案网站都或多或少的提供了部分链接网址，网站建设者只要留意便能收集齐全。但要与这些网站设链，必须注意方式、方法，设置埋置链接或加框链接需要获得被链网站的许可。此外，外链时最好实现交换链接，以扩大本站的影响。

二、档案网站的信息组织

网站不是上述资料的简单堆积，而是相关信息的逻辑组合。档案网站的信息组织越来越为建站者所重视，一些学者开始运用"信息构建"（IA）理论来分析档案网站内容的选择与组织问题。信息构建是研究网络信息资源的有机逻辑关系，构建信息路径，满足用户信息需要的一门科学，信息构建理论强调网站信息的可理解性、信息组织过程中的体系结构，强调用户需要和用户体验，并认为通过信息构建，网站将生成内容组织系统、标识系统、导航系统和检索系统。根据信息构建理论，"一个网站如果想要提高点击率，拥有更多的用户，必须选用最适合于表现本站点信息内容的信息组织和表达方式，同时要提供简单、便捷、高效的检索工具，引导用户深入访问网站"。

基于信息构建理论，一个优秀的档案网站在信息组织上应具备：

（一）基于用户群分析而确立的网站内容范围；

（二）合乎逻辑和用户习惯的内容分类体系，一般采取自顶而下的树状分类结构；

（三）友善的信息导航系统，提供站点地图、站内检索引擎、必要的内链、常见问题解答等，通过技术设计使网站结构清晰显现，浏览便捷；

（四）完备的信息检索系统，提供多种途径的档案检索和现行文件检索体系；

（五）良好的网站标识系统，能够准确、简明反映网站及其版块、栏目特征的名称，设计出符合网站特征的徽标（Logo）。

三、档案网站的栏目设计

网站栏目实质上是网站所提供信息的分类大纲，通过栏目设计可以将档案网站的内容体系固定下来，为此后的网页设计提供框架结构。

通常主页设立若干主栏目，每个主栏目再细分为若干子栏目。栏目的层次不宜太多，一般设 2～3 层。栏目层次过多，会使档案网站的结构过于庞杂。

档案网站常设的栏目如下：

局馆概况：介绍档案局、馆基本职能和日常事务处理流程等，使访问者对档案局、馆有一个总体认识；给出档案局、馆的所在地址、开放时间、电话、传真、E—mail 等联系方式，便于联系；

业界新闻：放置国内外档案工作方面的新闻及学术动态，并及时更新；

最近更新：列出网站内最近更新内容的列表，便于经常访问者利用；

馆藏介绍：馆藏档案内容简介；

珍档荟萃：对馆藏珍贵档案进行介绍；

档案展览：对特色馆藏、声像档案进行图文并茂的展览、宣传；休闲档吧：提供基于档案的掌故、名人逸事、城市变迁、族谱等，满足使用者休闲、消遣猎奇的需要；

档案查询：设置档案搜索引擎，可设置简单查询和高级搜索等不同查询方式；

现行文件查询：设置现行文件搜索引擎，并提供全文浏览；

电子阅览室：功能与档案查询、现行文件查询栏目类似，提供各级档案目录、全文，档案编研成果的目录、全文的在线浏览；

档案下载：提供各级档案目录、全文的打包下载；

档案政务：介绍档案行政服务的内容、对象、流程、手续、费用等信息，提供网上服务；

政策法规：上载档案法律法规、行政规章、档案工作标准和相关的规范性文件；

业务指导：介绍档案管理的基本知识、业务操作流程等，公布国家、地区有关档案管理方面提出的新要求，对基层档案工作进行业务指导；

档案征集：发布网上档案征集的原则、范围及相关信息，在线收集档案线索；

出版发行：档案出版物、档案编研成果介绍，档案刊物的网上发行或推介；

公共服务：提供面向普通公众的信息服务和信息咨询，如地方黄页、软件下载等；

娱乐天地：提供趣味性的网络游戏等；

BBS 留言版：浏览者在此留下相关信息，如对网站建设的意见、对有关学术问题的观点、求助信息等，方便相互交流；

论坛：可分成不同版块，如档案学术讨论、信息交流和 HTTP 下载、常见问题解答、灌水区（非学术讨论区）等，用户通过简单注册即可登录论坛，在论坛上各抒己见，寻找自己感兴趣的内容，论坛为网站吸引一批较固定的注册用户；

博客空间：为网站的访问者提供展示自我、分享感受、参与交流的园地；

网站指南：包括网站地图、各版块介绍、特色推荐等，帮助网站访客找到想要的内容；

站内搜索：站内主要版块及内容的在线搜索，方便初到者利用；

在线咨询：邀请各方面档案专家提供全天或固定时段的在线咨询活动；

常见问题解答：栏目站长将经常收到的用户关于某些方面的问题加以解答，以方便其他用户在遇到类似问题时快速解决；

链接：与相关资源的链接列表。

以上只是对现有档案网站设置栏目的归纳，栏目相互之间可能存在交叉，仅供档案网站建设者在设计档案网站栏目及栏目名称时参考。由于定位不同，不同类型的档案网站在栏目设置上有一定差异。设计档案网站栏目时，一般要注意以下几点：

（一）主栏目要重点突出，逻辑清晰

档案网站所提供的内容与服务有主次轻重。在设计栏目时，要从网站总体定位和基本功能出发，仔细分析网站信息与网站服务的相对重要性，在此基础上归纳、组合，确定出档案网站的主栏目。主栏目要反映网站的主旨，突出网站服务的重点。然后，根据需要将主栏目进一步细分成子栏目。各栏目要涵义鲜明，栏目与栏目之间在内容上要避免重叠，整个栏目体系要有较强的逻辑性。

（二）栏目名称要简洁明了

栏目名称首先要准确，与栏目所提供的信息或服务相吻合，不可故弄玄虚，使访问者不知所云；其次要简短，名称太长不便于记忆，在制作主页的栏目菜单时会占用过多空间，显得拥挤；再次，要有规律，最好字数相同，目前大多数采用四字结构；最后，要在涵义明确的前提下尽可能地具有人文艺术韵味，如"古都寻踪""兰台掠影"等栏目名称就很有品味。

（三）建立导航性栏目和互动性栏目，并尽量置于首层

档案网站一般内容层次较多，因此有必要建立网站地图、站内搜索引擎等导航工具。为方便利用，这些导航栏目要尽量放在首页，或至少在首页建立内链。BBS、留言版、博客、在线咨询、问题解答等互动性栏目对网站的意义不言而喻，这些栏目应置于网站"浅层"，以便用户参与。

四、档案网站的网页设计

网页是网站内容的实际"载体"，众多相互关联的网页构成网站。设计精良的网页不仅便于阅读，而且将带给浏览者美好的视觉感受，吸引用户深入浏览网站内容。设计、制作档案网页应注意以下几点：

（一）内容简练

考虑到目前网站运行的实际环境，如网络传输速率、服务器性能指标、大多数人连线状况、客户端浏览模式等，档案网页的设计应简洁、精湛，切忌为单纯追求页面美观而过分牺牲网页的传输速度。有研究显示，如果一个网站页面的主体在 15 秒之内显现不出，访客会失去进一步等待的耐心。因此，单页页面容量不要超过 500K，其长度原则上不超过 3 屏，宽度不超过 1 屏，综合各种因素，一屏大小定义为 779×600 像素比较适宜。网页上所用图片要进行优化，以求精巧，每页置图的数量必须控制，图片采用 GIF 或 JPEG 格式，动画采用 GIF 或 SWF 格式，主页中广告图片可设定 470×60 像素，LOGO 采用 88×31 像

素（GIF 格式），每张图片最大不超过 100K，以提高网页下载、上传的速度，避免因传输超时而使网站失去访客。

（二）布局合理

档案网站内容丰富，因而网页上内容的布局十分重要，如果将内容毫无章法地堆砌一气，会降低信息读取的效率，影响到访客的浏览兴趣。网页布局的目的是以最适合浏览的方式将网页的各种构成要素（文字、图片、图像、菜单、图表等）排放在页面的不同位置。合理的页面版式应突出重点、协调平衡。一般网站标志、菜单、特色内容等模块放在显眼、突出的位置，其他模块放在次要位置。档案网页常见的页面版式有"T"型布局、"口"型布局、"同"型布局、"国"型布局、"三"型布局、对称对比布局、POP 布局等几种，每种版面布局都有其优点和缺点，档案网站在参考版面布局样式的同时应将平衡、呼应、对比、疏密的布局原则贯穿其中，并先绘制出版面布局的草图，然后在不断推敲、修改中使布局越来越有个性，越来越合理。

（三）标题鲜明

网页的标题显示在网页顶端，概括了网页的主要内容，是每个网页的中文标识。在网页浏览者或网络搜索引擎收藏或抓取网页时，网页标题将作为默认的名称。因此，对网页标题的拟定设计不可马虎。一个好的网页标题对于网页的宣传、推广具有重要意义。网页标题一要准确，二要简明，要有特色，体现一定的内涵，字数不宜太长，以便于识记。

（四）色彩协调

网页色彩是树立网站形象的重要因素。色彩设计的关键是颜色的协调，产生视觉美感。为此，网站一般要确定不超过三种颜色组成的网站主色，用于网站的标题、LOGO、主菜单和主色块，使网站给人以整体统一的感觉。主色调应体现档案网站的形象和内涵。当然，除主色调外，也可使用其他色彩作为点缀和陪衬，使网站更加生动活泼。档案网站色彩的选择和色系的使用并没有固定模式，但颜色的选择要符合色彩搭配规则和用色技巧，具有艺术美感。在阅读部分使用对比色，以方便用户浏览；在标题、超链接等重要信息部分使用功能性色彩，以突出、强调这些要素。原则上说，只要色彩的运用能给人以整体、协调、鲜明的感觉，适合档案网站的文化性、专业性特点，能给人留下较为深刻的印象，就不失为成功的色彩方案。

（五）风格一致

档案网站所有页面的设计以及页面中的图像、背景颜色、区分线、文字、标题、注脚等要素的设计要风格统一，贯穿全站，以便浏览者看起来顺畅、舒服，对网站留下系统、独特和专业品级的良好印象。

（六）注重首页设计

首页是档案网站给人的第一印象，起到"门面"和"目录"的作用。好的首页设计能吸引使用者的注意力，激起访问者继续点击网站内容的兴趣，相反拙劣的设计将掩盖甚至葬送站点中较好的信息内容。首页通常包含以下构成要素：网站名称、网站标志（Logc）、主菜单、广告条、重要链接、网站导航（站内搜索）、邮件列表、网上调查、计数器、版权信息等。

网站标志虽然很小，但将浓缩网站的内涵与特色，提升网站的艺术品位，因此十分重要。网站标志要置于网页显眼位置，并使它们像主色调一样贯穿始终。网站中的业界新闻、最近更新、特色档案、珍贵档案等重要内容的简介可采用广告条的形式放在首页，以激发浏览者进一步点击的兴趣二主贞的设汁以醒目为上、结构布局要清晰，使人一目了然，切勿堆砌太多不必要的细节，使画面过于复杂。

第五节　档案网站的域名注册

域名是 Internet 上识别和定位一个网站的一串字符，与网站的 IP 地址相对应。域名具有网上"品牌"的意义，应当加以重视。

一个完整的域名由两个以上部分组成，各部分由若干字母、数字和连接符（一）组成（我国目前已可以申请中文域名，提供中文域名解析），部分之间用英文句点"."来分隔。域名自右至左分别称为顶级域名、二级域名、三级域名……如，"www.dajs.gov.cn"的顶级域名是"CH"、二级域名是"gov"、三级域名是"dajs"。使用域名表示 IP 地址，不仅便于记忆，而且在网站 IP 地址发生变化的情况下，可通过改变解析时的对应关系而保持网站域名不变。

我国现有的档案网站域名可谓五花八门，形形色色，各种顶级域名和各类二级域名都有，从域名上难以判断出网站的性质。大部分档案网站的三级域名采用拼音缩写，也有部分用拼音全称或英文全称。

上述状况如不加规范，不利于档案网站的宣传，影响到档案信息网络的整体形象，有碍于在全国范围内对档案信息的查询。

一、档案网站域名的命名要求

档案网站域名的命名，首先要遵循我国有关域名的规范，并遵守以下要求：

（一）准确选用顶级域名和二级域名

档案网站的顶级域名应该选用中国国别顶级域名".cn"。".cn"是互联网上的中国标志，以".cn"作为顶级域名"可以避免注册国外域名面临的国际诉讼风险，因为如果注册由国外机构负责管理的国外域名，可能面临来自世界各地的域名纠纷，甚至法律官司"。从安全角度考虑，注册国外域名，一旦外国的域名服务器不再为我国用户提供域名解析服务，这些网站将从网络上"失踪"。

档案网站的二级域名应根据网站建设主体的类型来确定。如果是档案局、馆合一的网站，二级域名应选用".gov"或".org"，分别表示政府网站或事业机构的网站；档案出版社或刊物杂志社单独建立的档案网站，则应使用".org"为二级域名。

（二）尽量表征档案网站的性质

档案网站在低级域名上要尽量反映出其档案专业特征和建设主体。常见的是用机构名称的汉语拼音缩写来作为网站的低级域名。

目前国家已出台规定要求所有政府网站均使用"中文.cn"域名，国际上许多域名服务开始支持中文域名的解析。档案行政机关的档案网站必须依照这一规定同时注册中文域名。

（三）逻辑清晰、简单易记

档案网站域名必须逻辑清晰，层次分明，域名层次一般应尽量控制在四层以内，最好采用三层结构。低级域名要简短，我国域名规范规定每层域名的最长长度不得超过 20 个字符。域名要有规律，便于记忆，比如使用大家已知的词汇或词汇缩写等。

二、档案网站域名的申请注册

国内域名需要向 CNNIC 授权的国内域名注册商申请，每家注册商都有不同数量的代理商，无论是档案机构自己申请还是请人代理注册，都要选择有实力的注册服务商，以免一些域名注册服务商或其代理商因业务转移或关闭而造成不必要的麻烦。如果对域名注册商的身份有疑问，可以到 CNNIC 网站上公布的域名注册商名录上去核对。

注册域名时，可以通过联机注册或发送电子邮件等方式向域名注册服务商递交域名注册申请表，并且与域名注册服务商签订域名注册协议。申请域名前，必须先查询所需的域名是否已被注册，由于互联网域名注册采取的是"先申请先注册"的原则，如果欲注册的域名已被他人注册，档案机构可以对原定域名做细微的调整，如调整个别字母，尽量使原定含义不变。

一旦国家出台档案网站域名规范，已有的档案网站域名应根据规范重新申请注册，并将新的域名及时反馈到国家档案局，由国家档案局网站备案公布。为保持连贯性，网站的原有域名可根据需要继续沿用或保留一段时期。

第六节　档案网站的技术构建

档案网站建设和运行需要依托一定的软、硬件环境，根据网站的数据规模和预期的用户访问量等因素选择、配置软、硬件环境是档案网站建设的重要任务。网站软、硬件环境的配置要在功能需求和建设费用之间权衡，寻求最大的性价比。

一、档案网站的软件平台

档案网站运行的软件环境包括：网站服务器操作系统、Web 服务器软件、数据库管理系统等。

（一）网站服务器操作系统

目前，网站服务器操作系统以微软的 Windows 系统和 Linux 占大多数。Windows 的优点是操作简便，配置和管理服务器比较方便，缺点是费用较高，对硬件配置方面的要求也较 Linux 系统高。Linux 操作系统平台的优点是免费提供，可供配套的免费软件丰富，缺点是操作复杂，需要专门的技术人员维护。

（二）Web 服务器软件

Web 服务器也称 WWW（world wide web）服务器，其主要功能是提供网上信息的浏览服务。主流的 web 服务器软件有两个：微软的 IIs 和 Apache。IIS 是集成于 Windows 操作系统中的组件，只能在 windows 下运行，其优点是安装、使用相对容易，缺点是有时会出现假死现象，稳定性不及 Apache。Apache 是开源的免费软件，稳定性好，支持 Windows、Linux、Unix 等多种操作系统，缺点是配置、使用比 IIS 复杂。两种系统的安全性能都比较好。目前 Apache 占据了市场的大部分份额。

（三）网站数据库管理系统

作为档案网站后台的数据库管理系统也有各种选择，如 SQL Server、Access、MySQL 等。一般档案网站使用的多为 Access、MySQL 等小型数据库管理系统，SQL Server、Oracle 虽然比 Access、MySQL 性能更好，但代价较大。

二、档案网站的开发工具

网站的制作工具有很多种类，常用的有：

（一）FrontPage

FrontPage 是微软公司推出的网页设计、制作、发布、管理软件。FrontPage 简单、易用，具有"所见即所得"的特点，并集可视化设计、HTML 编辑器、预览三种模式于一体，是公认的优秀初级网页制作工具，缺陷是对数据库支持不足，无法直接插入 Flash 文档等，难以实现复杂功能。

（二）Dreamweaver

Dreamweaver 是由 Macromedia 公司开发的网站开发工具，具有 HTML 编辑器。Dreamweaver 支持 ActiveX、JavaScript、Java、Flash、ShockWave 等特

性，支持动态 DHTML 设计。Dreamweaver 不仅是一款优秀的网页制作和编辑工具，同时还可以作为网站文件管理的工具。借助 Dreamweaver，用户可以使用服务器语言（如 ASP、ASP、NET、PHP 等）生成支持动态数据库的 Web 应用程序。

（三）ASP

ASP（Active Server Pages）是微软公司开发的运行于服务器端的脚本编写模型，它可以与数据库和其它程序进行交互，是一种简单、方便的编程工具。利用 ASP 可以很容易地把 HTML 标签和文本、脚本命令以及 ActiveX 控件混合在一起实现动态网页，创建交互式的 WEB 站点，而不需要进行复杂的编程。

（四）ASP.NET

ASP.NET 是 ASP 的升级开发语言，比 ASP 高级，是未来网站开发的主流平台。使用 ASP.NET 可在 Web 服务器上建立强大的 Web 应用程序。ASP.NET 的语法在很大程度上与 ASP 兼容，但它将程序在服务器端首次运行时进行编译，比 ASP 即时解释程序速度上要快很多。ASP.NET 可以无缝地与可视化 HTML 编辑器和其他编程工具一起工作。使用 ASP.NET 开发的网站必须使用支持 ASP.NET 运行的网站空间。

（五）PHP

PHP（Hypertext Preprocessor）是一种在服务器端执行的嵌入 HTML 文档的脚本语言，功能与 ASP 相似，被网站编程人员广泛运用。与其他的编程语言相比，用 PHP 做出的动态页面执行效率较高。PHP 功能强大，能实现所有 CGI 和 JavaScript 的功能，支持几乎所有流行的数据库以及操作系统。

第七章 知识管理背景下的档案信息安全保障与人才保障管理

第一节 知识管理背景下的档案信息安全保障管理

一、档案信息安全的涵义

（一）信息安全

信息安全概念等同于计算机信息系统安全概念。国际标准化组织（ISO）曾将计算机信息系统安全定义为："为数据处理系统建立和采取的技术和管理的安全保护，保护计算机硬件、软件和数据不因偶然和恶意的原因而遭到破坏、更改和显露。"《中华人民共和国计算机信息系统安全保护条例》则规定："计算机信息系统的安全保护，应当保障计算机及其相关的和配套的设备、设施（含网络）的安全，运行环境的安全，保障信息的安全，保障计算机功能的正常发挥，以维护计算机信息系统的安全运行。"

可见，信息安全在逻辑上包含信息系统安全和系统中的数据安全两个递进的层次，其中信息系统安全是数据安全的前提，数据安全是信息系统安全的目的。由于信息系统是由硬件、软件和数据组成的动态系统，因此，信息安全从静态构成上可以分解为硬件安全、软件安全和数据安全，从动态过程上可以分解为实体安全、运行安全、通信安全、存储安全等。而从实现方式出发，信息安全义可划分为管理安全和技术安全两大手段。

信息安全概念随计算机技术的发展而动态变化，一方面安全手段在与安全威胁的不断对抗中发展延伸，另一方面社会活动对信息防护的要求也不断提高。目前信息安全已从安全保护发展到信息保障阶段，从单一的被动保护向全面并动态的防护、检测、响应、恢复等整体防御方向发展。20 世纪 80 年代后，基于网络的信息安全保障，除了要求保证信息的保密性、完整性和可用性以外，还要求保证信息的可控性、抗抵赖性等。

（二）档案信息安全

档案信息安全的目标在于实现档案信息及其管理系统的安全，因此，必须与安全威胁和安全技术的发展相同步，上升到全面的、主动的档案信息安全保障层面。档案信息安全的概念应定义为：构建动态的档案信息安全保障体系，确保档案信息的真实性、完整性、保密性、可用性、可控性和抗抵赖性。

档案信息的保密性，是指确保涉密档案在存储和利用过程中只为合理授权的用户所利用，而不泄密给非授权的用户。

档案信息的可控性，又称可核查性或可审计性，是指档案信息始终处于受控状态，对其流转过程进行严格的前端控制和过程追踪，以确保访问档案信息的主体、内容、方式和过程的合理性。"系统需要能够控制谁能够访问系统或网络上的数据，以及如何访问，即是否可以修改数据还是只能读取数据"，"系统还要将用户的所有网络活动记录在案，为系统进行事故原因查询、定位、事故发生前的预测、报警以及为事故发生后的实时处理提供详细可靠的依据或支持"。

档案信息的抗抵赖性，又称不可否认性，是指在档案信息的流转过程中，确保参与者的身份及其交互行为的真实性和不可否认性，所有参与信息流转过程的人员均无法隐匿或抵赖曾经发送的档案信息或曾经接收过的档案信息，从而使档案信息的发送和利用行为具有可信度。

二、档案信息安全涉及的要素

就具体对象而言，档案信息安全涉及到硬件、软件、数据、人员、物理环境、人文环境等要素。

（一）硬件

硬件是信息系统的物质基础，硬件设施在运行过程中不可避免地存在物理性能的涨落和损耗，因而发生故障在所难免。统计显示，硬件故障目前仍是触发系统故障最主要的因素。

（二）软件

软件是信息系统的灵魂，系统运行的各个层面都需要相应软件的支持。软件系统极其庞大，从硬件主版中的微程序、操作系统到应用软件系统，任何层面软件的错误都可能导致整个系统的瘫痪。由于软件是人们编程设计的结果，绝对完善、可靠的软件并不存在，特定情况下，每个软件都可能存在意想不到的缺陷，即便 Windows XP 这类"完美"的商业软件，也难免发生死机现象，何况还存在设计者在软件中有意埋藏"陷阱"的现象。因此，提高软件的安全可靠性，通过各种手段防止可能存在的软件"漏洞"，是档案信息安全防护的一项重要内容。

（三）档案数据

档案数据是档案的价值所在，因而也最易遭受安全威胁。软硬件的正常运行并不等于档案数据的安全，系统的安全运行仅仅保护了系统服务的可用性，即提供了档案数据存储、处理和传输的必要条件，至于能否保证合法用户以授权形式操作信息，确保档案数据的安全可靠，则是档案信息安全维护的又一重要方面，这方面需要更多地借助于管理等其他手段来实现。

（四）人员

系统运行所涉及或可能面对的人员也是档案信息安全维护必须考虑的对象。人们在重视系统软硬件安全的同时往往忽视了人在保护信息安全中的重要作用。事实上，在软件故障所造成的数据丢失事件中，75％是由于用户误操作所造成的。就系统内部来看，人为因素往往比其他因素更值得重视。

（五）物理环境

信息系统在一定的物理环境中运行，这一时空环境的状态，如电磁干扰、光辐射、大气污染、温湿度、防盗体系，等对档案数据和档案信息系统的安全运行产生影响，因此，成为档案信息安全的关注对象。

（六）人文环境

人文环境包括组织管理环境、法制标准环境、观念意识环境等。档案信息安全的人文环境是构建档案信息安全保障体系的"保障"，良好的人文环境对档案信息安全具有积极的促进作用，反之则起到阻碍、破坏作用。

三、档案信息安全的基本策略

（一）构筑立体化的安全保障体系

档案信息系统的复杂性、开放性及其面临威胁的多面性，决定了其安全防护是一项整体性、综合性的系统工程，必须尽量使用各种安全保护措施。"系统的安全是系统的安全，应该用系统论的眼光来看待计算机系统的安全问题，从计算机系统的每个元素出发，全面、认真、细致地考察安全问题，提出系统化的解决方法。"

根据管理学的"木桶原理"，档案信息的安全水平将由档案信息安全所有环节中最薄弱的环节决定。在安全体系中，任何一个环节出现漏洞，都可能导致整个安全体系的崩溃，带来灾难性的后果。拥有500台大中型计算机的美国国防部的MILNET的安全防护体系可谓极其严密，但仅因为其中一台计算机的网关偶然出现问题而被黑客抓住，致使系统遭受巨大损失。

（二）技术与管理并重

技术与管理是档案信息安全综合防护的基本手段。一段时间内，档案信息安全曾被视为单纯的技术问题，归于技术部门单独处理，网络环境下"防火墙决定一切"的观点曾经十分流行。而实际上，档案信息安全保障体系是由档案信息安全法规标准、安全管理体系和安全技术三部分组成的。安全技术及安全产品的应用只是档案信息安全的内容之一，而安全风险的评估、安全策略的确立、安全制度的制订、安全措施的组织实施等管理性内容，同样是档案信息安全保障体系构建的重要内容。调查显示，在我国公安部门破获的网络入侵案件中，90％以上都可以通过加强管理来避免。因此，档案信息安全必须技术和管理并重，从系统设计、人员管理、制度规范、技术手段等各个方面进行综合保障。

（三）主动防御

在档案信息保护的初期阶段，对产生的档案信息主要采取杀毒、载体保护等被动保护措施。随着安全威胁类型的扩大和程度的不断加深，档案信息安全的"事先控制"越来越重要。只有事前分析各种安全风险，采取全面防范、主动防御的办法建立起预警、保护、检测、反应、恢复的闭环反馈，主动发现和及时消除安全隐患，才能有效保障档案信息的安全，将各种安全危险"拒之门外"。

　　主动防御的目的和意义在于提前防范和化解各种风险。因此，对安全体系的建立必须从风险分析出发，及时预测和适应环境与技术的变化，并随环境与技术的变化主动采取各种防御措施，构建起整体的、动态的信息安全防御体系。

　　（四）分级防护

　　安全体系的构建需要相当的经费投入，并且往往以牺牲运行性能为代价。例如，在信息网络的内外之间加置防火墙，安全性能要求越高，价格就越贵，对内外信息流的滞延就越大。因此，对档案信息安全性能的要求不是无限度的，必须以风险系数为依据，确定适宜的安全等级，设计相应的安全体系。

　　所谓"安全等级"，是为规范对计算机系统安全状况的认定而统一规定的计算机系统安全保护能力的若干等级。在国际上，比较通行的是美国国防部发布的《可信计算机系统评价准则》，该准则将计算机系统及其产品的安全可信程度划分为 D、Cl、C2、B1、B2、B3 和 A1 七个层次。1987 年，美国国家计算机安全中心在此基础上制定了《可行指南》，从安全角度解释了准则中的要求。为区分安全层次，我国国家标准则将计算机信息系统的安全保护能力设定为用户自主保护级、系统审计保护级、安全标记保护级、机构化保护级、访问验证保护级五个安全保护等级。

　　为此，在构建档案信息系统时，应当认真分析各种故障和事故发生的概率及其可能造成的损害，根据档案的实际价值及其风险系数确定其体系和设备的安全等级。这样做，不仅经济节约，而且能够在保证安全的基础上最大限度地减少安全系统的规模和复杂性，提高系统的运行性能。

　　（五）长治久安

　　档案信息安全目标的实现并非一日之功，也不能一蹴而就，必须基于整体考虑、长期规划和持续运作，由此实现长治久安。档案信息安全体系的构建在过程上可遵循 PDCA（Plan—Do—Check—Act）模式：即先做规划，明确需求，制定应对方案；实施解决方案；通过检查，巩固成果，发现不足；采取后续措施，改进不足。PDCA 模式是一种通用的信息安全管理模式，体现了持续改进的思想。

（六）立足国内

国外的信息技术产品在设计初衷里可能已包含了政治目的，进口产品中可能存在嵌入式固件病毒、隐性通道等。档案信息系统的设计和信息安全产品的应用应尽可能采用国有技术，实现安全产品的国产化。当然，要做到这一点，需要整个民族软硬件产业的大力发展和全国信息技术界和信息服务界的通力合作。

（七）采用最新技术

在构筑档案信息安全保障体系时，必须采用最先进的防护技术（不一定是最高档的措施）。安全威胁与安全防护是相互对抗的动态过程。随着技术的发展，危害安全的手段越来越高明，工具越来越先进，与之对峙的安全技术必须相应地发展。例如，曾经号称需要 4 亿亿年才能破译的"绝对安全"的 RSA128 密码，由于计算机运算速度的提高和分布式运算办法的采用，有人仅用了 8 个月的时间即告破解，令世人震惊。"魔高一尺，道高一丈"。档案信息的安全防护技术只有不断升级，安全措施不断改善，才可能适应日趋严峻的安全问题。

（八）重视内部安全

档案信息安全往往将防护的重点置于系统外部，如外部病毒入侵、黑客攻击等，国家档案局的安全规定中也明确要求"档案管理部门的内部局域网要切实与一切外网实行物理隔离""非公开的档案信息一律不得上外网；在因特网上提供已公开档案目录查询服务的，要认真采用身份认证、防火墙、数据备份等安全防护措施，确保档案信息和系统安全"。但实际上，"祸起萧墙"却是很普遍的现象。调查显示在已有的安全事件中 70％来自网络内部，如内部人员泄漏网络结构、安全管理员透露其用户名及口令、个别内部成员在内网上传播破坏程序或者通过某种方式盗取他人涉密信息对外传播等。由于内部管理人员跟系统接触的最多，他们有意、无意造成安全事故的几率最大，一个能进入办公室打开电脑的普通员工对内网安全的潜在威胁要远远超过技术一流的网上黑客。因此，信息安全的头号对象是内部人员。重视内部安全，加强内部管理十分关键。

四、威胁档案信息安全的主要因素

档案信息的安全受到众多因素的威胁。根据安全威胁的来源，可分为内源威胁（源于单位内部的各种威胁因素）和外源威胁（如外来黑客对系统资源的非法占有）；根据安全威胁的性质，分为人为威胁和自然威胁，意外损害和蓄意破坏等。就安全威胁的对象看，有对数据的安全威胁，对硬件设备的安全威胁和对软件系统的安全威胁；从安全威胁的层面看，有来自物理层的威胁、来自操作系统层的威胁、来自应用平台层的威胁和来自档案应用软件系统层的威胁等。

归结起来，对档案信息安全构成威胁的主要因素有以下 8 个方面：

（一）载体损害

档案信息虽然具有流动性、虚拟性，但并非虚无的概念，在任一时刻都必须寄存于某种实体，处于某种外部环境，因而会受到各种物理因素的制约。损害数字档案载体的主要原因是：

1.载体自身的损耗。电磁讯号存储的不稳定性是损害数字档案安全的元凶，现有的磁电介质尚未有效解决这一问题，即使是存储性能最好的磁光介质，安全保存信息的寿命远不及纸张，难以担当起长久保管的重任。

2.不良环境的影响。环境是影响数字档案载体安全不容忽视的物理因素。数字档案所处环境的电磁干扰、光辐射、大气污染、温湿度等都可能对敏感的数字载体构成威胁。在传输过程中，数字档案以通讯设施为临时性载体，更易受环境涨落的影响而发生信号的"跳变"，即便系统进行自动校验，也难免造成信息错乱现象。

3.自然灾害的破坏。对数字档案载体构成威胁的还有来自然界的各种灾害，如水涝、风暴、地震等灾害对数字档案载体带来毁灭性破坏。

（二）设备故障或破坏

存储和传输数字档案信息的环境是极其精密、复杂的电子、电气系统，运行过程中任何设备都可能因质量、损耗和操作等原因发生故障，导致文件信息的丢失或破坏，造成不可挽回的损失。因各种动机而对设备的蓄意破坏，更是安全的一大威胁，这种威胁的可怕之处是其危害往往不被察觉。如出于谍报目的，国外设备制造商可能在各种硬件设备上做手脚，使我们使用的设备成为发报机、传真机，不知不觉中泄露了档案机密，给国家造成巨大损失。

（三）操作失误

信息系统是人机交互系统，需要操作者给予指令，输入数据，因而存在误操作的可能。许多误操作是可以被系统校出并自动纠正的，但更多错误处理请求会造成系统运行错误，甚至导致系统瘫痪。造成误操作的主要原因是档案技术人员或管理人员安全观念淡薄、技术不熟练、责任心不强、不遵守操作规程等。事实证明，误操作是安全威胁因素中的头号触发因素。

（四）程序缺陷

无论应用程序还是系统程序都可能包括未被发现的缺陷或错误，尤其是那些编程方法低劣或未经认真测试的档案应用程序。这些缺陷或错误在运行过程中可能引起意外修改、泄露，或使敏感的档案信息遭到破坏。

值得关注的是，有一类程序缺陷是系统开发者故意设置的系统漏洞，其目的是在程序中留下一个不为用户所知的"后门"，以获得对用户系统的非法访问权。有媒体报道，微软公司 Windows NT 和 Windows 2000 在标准系统程序、标准应用程序和扩展应用程序中都可能存在这类"漏洞"。由于其系统的源代码不开放，人们无法对其问题和"机关"进行分析，因而其安全性难以保证。

（五）病毒

病毒已成为数字世界的一大公害，它是利用软件完整性的缺陷，在正常程序中附加了某种病毒程序代码，在系统程序或应用程序的运行过程中进行繁殖、传染，改写系统参数，最终导致系统瘫痪、数据丢失。迄今世界上已有上万种病毒或其变种，并且正以每年上千种的速度增加。病毒对网络系统的危害远大于单机系统：首先，网络是各种设备协同工作的整体，任何组成部分受到病毒侵害都可能引发整个网络运行的故障；其次，病毒一旦进入网络，可以借助通信传播蔓延，感染大量的计算机以及工作站等终端设备，影响面和损失比单机大得多；再次，网络中清除病毒比单机环境下更加困难，如果不能同时将网络中所有节点上的各种病毒全部清除，它们还可能继续在网络中传播。

（六）窃听与篡改

自古以来，窃听一直是获取情报的有效手段，在信息网络环境中，由于信息传输过程中存在电子信号的流动和相应的电磁辐射，窃听更成为对档案信息保密的重大威胁。在档案局馆局域网（大多采用以太网）和档案站点接入的互联网上，信息的传输采取的是广播型方式，任何一台机器通过调节接收模式都有可能接收其他主机发往别处的信息，被传送信息要经过众多中间设备的转发，因此，就存在信息被非法窃听和篡改的可能。

终端显示器和线路工作时泄露的电磁辐射，也为非接触式窃听提供了可能。实验证实，采用特定设备在 1000 米以外接受显示器所产生的电磁辐射，可以清晰复现显示器的内容。

（七）黑客攻击

黑客可能利用系统配置与软件上的漏洞，或者通过圈套、猜测等手段获取口令后强行攻入档案网络，窃取机密信息，篡改档案内容，破坏网站运行。黑客行为带有一定的普遍性。目前，黑客的攻击方法已达数千种，而且很多种都是致命的，互联网上有 20 万个黑客网址，可以轻易地学习和获得黑客攻击方法。黑客侵入档案，无论是否恶意攻击，都将给档案信息带来巨大威胁。攻击者可以窃听信息，窃取用户口令，改动档案数据库数据，伪造档案内容，更有甚者删除档案数据库内容，摧毁节点，释放计算机病毒。

（八）技术淘汰

日新月异的计算机技术导致软、硬件频繁升级。为保证数字档案的可用性，必须不断将馆藏的数字档案迁移，转换成新的格式，迁入新的技术环境。频繁的迁移不仅费时费力，而且增加了文件失真的危险。此外，对某些形成于无法或没有必要升级的大型应用软件包之上的数字档案（电子数据库），如何长期保持其可用性仍是棘手课题。

保证档案信息的安全就是要通过各种措施尽可能克服上述的各种安全威胁。但需要指出的是，无论采取何种防范措施，都不可能保证档案信息系统的绝对安全。安全总是相对的，不安全才是绝对的。只要档案信息的安全保障体系能够满足档案管理和服务的基本要求，在可能的经济技术条件下将安全威胁的风险系数降至最小，便可认为是安全有效的保障体系。

五、档案信息安全保障体系的构建

信息安全保障体系是由信息系统、信息安全技术、管理者和管理环境等元素有机结合,对信息系统进行综合防护,保障信息系统安全运行,保障信息"保密性、完整性、可用性、可控性、抗抵赖性"的具有预警、保护、检测、响应和恢复(WPDRR)能力的综合性信息系统防护体系。

档案信息安全保障体系应从档案信息安全法制建设、档案信息安全管理体系建设和档案信息安全技术实现三个方面进行。

(一)档案信息安全的管理体系

档案信息安全是一项基于技术的管理工程。从管理层面上讲,要确保档案信息的安全,必须在风险分析的基础上确立档案信息安全的策略、方针和目标,成立相应的管理机构,确立合理的管理机制,制定安全管理计划,分解安全管理职责,执行安全管理制度和管理标准,建立并实施完善的档案信息安全体系。档案信息安全管理体系的建立在管理策略、环境控制、组织结构、人员责任规范、操作程序以及技术手段上都提出了一系列指导性规范。

(二)档案信息安全的技术手段

目前,档案信息安全在技术方面主要采取信息加密技术、信息确认技术、访问控制技术、病毒防治技术、审计技术、防写技术、备份复制技术等。

第二节　知识管理背景下的档案信息人才保障管理

信息化人才是推动档案信息化发展的动力,是档案信息化建设最宝贵的资源。重视档案信息化人才的培养,提高档案从业者的信息素养和信息技能,是档案信息化建设的迫切任务。

一、档案信息化人才现状

人才资源始终是我国信息化建设的瓶颈。信息化人才的压力较大。近年来,档案界人才队伍建设有了长足进步,从业者的总体素质迅速提升,但由于受原有基础、总体环境、财政状况和工作条件等的限制，与其他行业相比，档案信息化人才依然紧缺，信息化素养总体偏低，人才形势比较严峻。

（一）信息化素养总体偏低

档案信息化建设不是一项局部性的技术工程，它是从档案职业目标和社会需求出发，利用现代信息技术对档案管理模式的改革创新，是涉及到所有环节的系统工程，其成败受制于全体档案人员的信息化素养，即档案从业者的信息化意识、信息化知识和信息化技能等。

调研显示，目前档案职业队伍的信息化素养远不能适应档案信息化发展的需要。尽管从业者或多或少地经过了档案信息化方面的培训，档案信息化意识已大大加强。但由于缺乏系统的教育和专业技能训练，在技术基础和操作技能方面十分欠缺，"三不会"（不会打字、不会上网、不会发电子邮件）的人员不在少数，个别档案人员甚至不会使用计算机。在档案局、馆中，具有信息技术专业背景的领导干部凤毛麟角。

（二）技术型人才严重不足

信息化建设是信息技术手段在档案管理领域的应用，因此，需要有计算机专业背景的技术人才参与。调研发现，技术人才的缺乏已成为档案信息化建设的瓶颈。目前，档案从业者中具有信息技术专业背景（大、中专以上学历）人员的比例还不到5%。如，某经济发达的省会城市档案局，90多个在编人员中只有2人具有计算机专业背景，很多地市档案局甚至没有信息技术专业人员。因为缺乏自己的技术人才，很多局（馆）在开展与技术有关的信息化工程时，不可避免地使用外包策略，在方案论证和工程设计过程中被边缘化，对工程的进度和效果缺乏必要的技术监控，其结果是受制于人，影响到信息化的整体效果。

（三）"中间性"人才+缺失。

对信息化项目失败案例的分析表明，导致失败的原因通常是信息技术与应用需求之间的脱节，而这种系统设计上的脱节往往是由管理方不熟悉技术，技术方不了解管理，技术系统和业务应用不能有效融合所造成的。因此，信息技术与档案管理业务能否有效结合，决定着档案信息化工程的成败。那些既熟悉档案管理业务，又精通信息技术应用的"双料人才"成为档案信息化建设的"枢纽"。

目前，档案局、馆专职从事信息化工作的人员大致分两种：一种是具有档案专业背景的档案人员，通过多年的工作实践和自学而成为了解一些信息技术的管理型人才；另一种是信息技术类专业毕业，通过培训和工作接触而了解档案专业知识的技术型人才。一般情况下，上述两类人才加上分管领导，构成档案局、馆信息化工作的基本力量。这种人才结构的问题在于这些"半路出家"的管理型人才由于受知识基础的限制，要做到精通并能够正确应用日新月异的信息技术决非易事；而技术型人才由于受到人才市场的冲击，往往不能潜心于档案工作。因此，在档案信息化建设中，最缺乏的是那种处于档案专业和计算机专业中间地带，精通计算机同时又非常了解档案专业，在档案信息化工程规划、系统分析、功能设计和技术实现中能够起到"主导""沟通"作用的双料人才。

（四）人才引入、激励政策有待完善。

由于受发展空间和经济条件的限制，档案部门尤其是基层档案局、馆存在着高素质技术人才引不来、留不住的问题。面对经济待遇或发展前景更好的外资企业、实权性政府机关、高校等的竞争，"清水衙门"的档案局、馆对高素质技术人才显然缺乏吸引力。信息技术专业的毕业生很少将档案部门作为首选单位。尽管各高校档案专业近年来针对档案信息化建设的需要培养了一大批管理与技术"双料型"人才，但这些"定制"的档案信息化人才毕业后选择档案职业的并不多。一些目前在档案工作岗位上的专业人才也"见异思迁"，心存离念。"事实上，恰是现代技术的掌握为他们跳出档案馆，另谋高就创造了条件。"

档案信息化人才引入中存在的另一个问题是现有的招聘机制存在一定问题。由于档案局、馆是公务员或参照公务员编制，其人才引进必须遵循公务员、公勤人员的招聘机制。在招聘过程中受制于文化考核、专家面试等严格、规范的考核程序，作为用人单位的档案局、馆对录用人员的选择权很小，最后录用的专业技术人员往往不是最理想的人选。，因此，这种严格的公务、公勤人员招聘机制在强调操作公平性、透明化的同时，影响到了被录用专业人员的适用性。此外，由于政府将招聘门槛定的过高，导致政策性的人才引入困难。例如，某市考虑到档案信息化建设的实际需要，在编制紧张的情况下同意市档案馆引进信息技术人才，要求是计算机专业毕业的硕士研究生，但因门槛过高，至今未能招到合适的人选。

二、档案信息化人才需求总量分析

档案信息化建设需要数量充足的专业人才。在分析档案信息化人才需求总量之前，需要明确两个前提：人才的口径和总量分析的方法。就人才口径而言，由于对人才概念存在认识上的差异，不同行业在做统计预测时"人才"的指称范围不尽相同。

为实现科学决策，人才总量分析应立足于需求，而不是趋势。尽管现在和过去的人才状况是十分重要的基础数据，但由于现有档案信息化人才状况相对于实际需求存在很大缺口，政策性调整十分必要。而人才政策的改变会使档案信息化人才的发展趋势发生"跳变"，从而使一般预测所采用的"回归分析法"失去意义。因为回归分析的各种影响相对于政策性调整而言是无足轻重的。

三、档案信息化人才结构分析

档案专业人才需求不仅体现在数量上，而且体现在人才结构及素质上。不同工作性质、工作对象和工作内容需要不同类型、各个层次的专业人才。分析档案信息化建设人才需求的类型、层次及其知识结构，是进行档案信息化人才规划，制定科学人才发展战略的基础。

档案信息化人才的结构包括类型结构、层次结构和知识结构等方面。

（一）人才类型

就类型而言，档案信息化人才分为管理型人才、技术型人才、技能型人才和研究型人才四种。

1.管理型人才

管理型人才是档案信息化项目的组织推动、战略规划、工程策划和标准制定者，也是档案信息化工程设计的主要参与者，包括档案局、馆中分管信息化工作的领导、技术负责人、信息化部门主管、项目责任人、信息系统分析人员等。档案信息化建设是一项由总到分、由远而近、南管理到技术的系统工程，其组织策划者必须高屋建瓴，科学确立发展思路，务实设定建设目标，正确设计工程规划，合理制定运行机制，并有效开展管理协调工作。

　　档案信息化管理型人才具有不同的层次，不同层次管理型人才的职能与工作内容不同，对其知识结构和专业水平的要求也有差别。但无论哪一层面的管理型人才，都要求了解国内外档案信息化建设的现状，熟悉档案信息化建设的内容和要求，做到既精通档案管理业务，又熟悉信息技术应用。在管理方面，具有良好的档案学理论基础，通过实践熟谙档案管理业务的各个环节，了解档案工作的实际要求和趋势；在技术方面，除具有计算机软、硬件基础知识和基本操作技能外，根据工作需要还要对信息网络技术、数据库技术、程序设计知识和多媒体技术有一定程度的认知，了解技术发展动态。高层管理型人才由于具有较大的决策权，还需具备较高的政策水平和组织能力，了解社会信息化发展的宏观背景，了解国家的信息化政策、法规和战略。

　　目前，由于受专业背景的限制，大多数档案信息化建设的管理者，尤其是高层决策性管理者普遍存在"管理强，技术弱，管理与技术相脱节"的知识结构，这已成为档案信息化顺利发展的一大障碍。

　2.技术型人才

　　技术型人才是档案信息化项目的工程设计、系统分析和技术实现者。档案信息化建设是一项知识密集、技术精深的信息工程，其建设目标的设计和实现建立在现代信息技术之上。技术型人才通过应用各种信息技术来设计、开发和维护档案信息系统，构造文档一体化的办公管理环境，建设、管理电子文件中心和数字档案馆，实现档案信息化的既定目标。

　　档案信息化技术型人才必须具有信息技术专业背景，具备较为深厚的信息技术功底，精通并能熟练应用信息技术某一领域的知识和技能，并具有档案管理基础知识，了解文件档案管理的信息流程。档案信息化技术型人才同样具有不同层次和不同方向，如可进一步细分为系统的设计、开发人才和系统的支持、维护人才；侧重于硬件的人才与侧重于软件的人才；通信网络专家、信息系统专家、软件编程人员等。

　3.技能型人才

　　技能型人才是档案信息化工程中具体承担日常操作和管理维护的人才。随着档案信息化工程的展开，档案馆、室的办公自动化及文档一体化程度进一步提高，电子文件的运转、归档和档案信息的管理、利用都将在网络环境中进行，馆藏档案的数字化也成为档案机构的日常工作。因此，能够熟练使用、维护文件档案管理系统，胜任文档存储、编辑、检索、利用等工作的操作性人才，乃是档案信息化建设的基础力量。

档案信息化技能型人才必须具有档案管理专业知识和信息技术基础，掌握特定岗位所需的知识和技能，如网页制作与网站维护技术、网络管理与存储技术、档案数字化技术等。

4.研究型人才

研究型人才是档案研究机构、高等院校和档案管理部门中从事档案信息化建设理论和应用技术研究的高端人才。档案信息化建设面临一系列的理论、技术难题，诸如电子文件的原真性与法律价值问题、数字档案的长久保管与迁移策略问题、档案数字化规范与标准问题等。档案信息化研究型人才需要在实践的基础上构建档案信息化建设的理论，研究新技术、新方法在档案领域的应用，提出电子文件和数字档案管理的标准建议，从理论与技术上指导档案信息化建设的开展。

在档案信息化建设过程中，上述四类人才相互合作，互为基础，共同担当起档案信息化建设的重任。其中，研究型人才起着咨询、指导的作用，管理型人才起到主导与核心的作用，技术型人才是信息化建设的主体，而技能型人才则是信息化建设的基础力量。

（二）人才层次

档案信息化是一项由总体战略到局部规划，由宏观建设到微观实施的综合性、长期性工程。宏观上，需要由上到下、由总到分地进行总体设计和整体部署，需要通过组织手段来优化资源配置，共享标准规范，建设起全国性的档案资源共享网络；微观上，各行业、各地区、各局馆、各部门需要通过方方面面的工程项目来实现档案信息化的预定目标。因此，档案信息化人才可根据工作层次和工作内容的不同粗略划分为宏观层次人才和微观层次人才两大类。

宏观层次人才是全国或区域范围内档案信息化战略的确立者，档案信息化政策、标准与规范的制定者，以及档案信息化规划的制定、组织、管理与监控者。宏观层次的人才以管理型为主，要求有较高的专业素养和学历层次，最好是业务与技术并重的复合型人才，并有较高的政策水平和组织管理能力，能够洞察信息技术发展趋势，统揽档案信息化发展全局。

档案信息化微观层次人才是具体实施各项信息化工程的专业技术人员和管理人员，包括文件档案系统的功能分析与系统集成人才、硬件、软件设计人才、文件档案系统的运行维护人才、项目管理人才等。档案信息化微观层次人才是档案信息化工程的基础力量，其专业性较强，技能性较高，需要具有与其从事工作相对应的专业技术背景。

（三）人才群体知识结构

作为一个整体，档案信息化人才队伍应当由多学科知识背景的各类专业人才综合构成。这些人才主要来源于大专院校的档案学、计算机技术、信息类或管理类专业，或者接受过相关专业的认证培训，取得了诸如系统分析师、软件工程师等资格。就群体知识结构而言，无论哪一层面的档案信息化建设，至少需要具备以下方面的专业知识：

1.档案业务知识，包括文件工作与电子文件管理、档案学理论与档案管理业务、文件保护与信息安全知识等，特别是档案信息化和数字档案管理方面的知识和技能。

2.信息技术知识，包括硬件技术、软件编程技术、系统分析与系统集成技术、通讯网络技术、多媒体技术等知识和技能。

3.工程管理知识，包括工程项目决策与管理的基本理论、方法，工程项目建设的方针、政策和法规，工程技术知识等。

4.行政管理知识，包括行政学理论和行政管理、行政法规、行政体系与公务员制度、政治学和领导科学等方面的知识与技能。、

（四）档案信息化人才建设的若干建议

针对档案信息化人才建设的现状与要求，根据档案信息化发展的实际需求，信息化人才建设应从以下几点出发：

1.树立正确的档案人才观

档案信息化人才建设首先要树立大人才观。人才，就广义而言，是所有具有专门知识和专业技能，在各种社会实践活动中能够以其创造性的劳动为社会做出贡献的人。尽管在具体管理中对人才可能有不同的评判标准，但人才建设必须立足于"人人皆才""人人皆可成才"的大人才观，这样，人才政策才可能

具有广泛的覆盖面，人才资源才不至成为无源之水，人才管理才可能取得人尽其才、才尽其用的效果，人才建设必须树立整体观念。在档案信息化人才的培育、选择、使用、评价时，要坚持德才兼备；在制定人才规划时，一方面要从群体结构出发，注重发挥人才队伍的整体优势，另一方面，要从社会人才政策与人才环境出发，注重内部人才资源与外部人才环境之间的互动关系，整体设计人才规划，系统配置人才资源。

人才建设必须树立动态观念。人才需求不断变化，人才标准不断发展，人才个体也在不断进步，因此，档案信息化人才建设是一个渐进过程，人才培育制度和人才管理政策必须与时俱进、适时调整，以适应人才状况的变化和信息化建设发展的需要。

2.依托高等院校培养档案信息化的高级人才

高等院校是档案信息化专业人才的培养基地，具有较强的师资力量、较高的科研水平和完备的教学设施。目前，全国有档案学专业的高等院校28所，年招收档案学在校本、专科学生一千余人（未包括全国和地方的档案专业自考生和成教生），设立档案硕士点的高校17所，每年培养档案专业研究生百十余人。然而，按照前面的总量预测，这些院校现有的教学规模仍不能满足档案信息化人才发展的需要。因此，必须进一步扩大招生计划，积极发展成人学历教育，尽早实现一级学科范围内的宽口径教学，并尝试推进网络远程教育。

高等院校要根据档案信息化建设的需要调整人才培养目标，加大课程改革力度，在教学计划中增加信息技术和信息化课程的比重，档案研究生教育中要增设档案信息化研究方向。通过专业方向上的变化和课程体系改革，使高等院校的档案学专业真正成为档案信息化高端研究型人才、宏观层次人才、管理型人才和技术性人才的摇篮。

3.建立起制度化、多元化的档案信息化继续教育体系

继续教育是档案从业人员不断调整知识结构，适应信息化建设要求的重要手段。面对档案信息化建设的紧迫形势，大部分在职人员是不可能有时间和机会到高校进行系统学习的，采取专题讲座、实习培训、现场研讨等继续教育方式，具有时间短、效率高、内容专一、形式灵活的特点，因而成为在职档案人员学习新知识、新技术，掌握新技能、新方法，探讨新情况、新问题，及时提

高信息素养，培养信息技能的有效途径。

继续教育必须制度化、全员化。所有在职人员都要定期参加各种类型的继续教育，并要将参加继续教育的情况列入考绩、评审的范围。《全国档案信息化建设实施纲要》中明确提出，要"坚持各级档案部门领导干部进修制度"，"档案业务人员参加档案信息化等知识培训的时间应多于20课时"。这些制度的贯彻落实将有力推进档案信息化人才的培养。

继续教育必须多元化、规范化。一方面要因材施教，充分利用各种教学资源灵活、多样地开展各种形式、各个层次的档案信息化继续教育；另一方面要严格审批和监管开展档案信息化继续教育的机构，杜绝不满足条件的机构获得办学资格；统一档案信息化继续教育的内容体系、教学材料及实验环境，制定规范统一的分级、分类考评体系，建立学考结合的专业考核制度。

4.完善从业资格制度，全面开展上岗前档案信息化培训

信息化素养已成为所有档案从业者必须具备的基本素养。为提高档案职业队伍的总体素质，保证所有从业人员胜任所从事的档案工作，应逐步实施档案从业资格制度，对拟从事档案职业的人员进行岗前培训和上岗资格考试，取得从业资格证书后方能从事相应的工作。

其中，档案信息化基础知识和基本技能应作为培训考核的基本内容之一。从业资格制度的实施，不仅提高了档案干部的信息化整体水平，而且可克服用人上的随意性，起到稳定专业队伍，避免人力资源浪费的作用。

岗前培训的基本内容应包括计算机基础、网络基础、文字处理、数据处理、电子邮件使用、电子文档管理等基础知识与技能。上岗资格考试应当具有权威性，考核范围与考核要求必须规范化，考核工作由档案行政管理部门会同地方劳动人事机构组织进行，考核过程必须严格，考核结果及证书颁发必须公开透明。

5.构建档案信息化研讨、交流的平台

研讨和交流是人才培养的基本手段。档案部门要积极营造档案信息化专题研讨和经验交流的氛围，为档案从业者创建研讨与交流的平台。研讨和交流的形式可不拘一格，如专题会议、网上讨论、现场观摩、联合研究、访问交流等。通过开展各种形式的、定期或不定期的研讨、交流，可拓展视野，推广经验，

解决问题，统一认识，起到提高档案职业队伍的信息化素养，培育档案信息化人才的作用。

6.实施合理的档案信息化人才政策

人才政策对人才的培养、使用和流动具有重要影响。档案信息化人才政策包括人才引入政策、人才使用政策和人才激励政策等。

在档案信息化人才的引入方面，要建立有利于人才引进的软硬件环境，制定一系列切实可行的人才吸纳政策，采取灵活、多样的人才引进、招聘办法，克服户口、档案、社会保险、子女就学等对人才引入的阻碍，增强人才引进的动力，在档案信息化人才的使用方面，要实行科学的人才考评政策，建立起规范、合理的人才评价体系和人才选拔机制，切实改变重学历、职称，轻能力、业绩，重人才使用，轻人才投入的传统观念，实行评聘分开，强化职务聘任制度，让相应的人才处于相应的职务岗位，获得相应的待遇，营造发挥人才潜能的良好氛同。要制定合理的人才流动政策，推动人才资源的有序流动和科学配置。

在档案信息化人才的激励方面，要坚持精神奖励与物质奖励相结合、短期激励与中长期激励相结合、激励和约束相结合的原则，推行协凋、统一的多元奖惩制度，完善突出贡献人员重奖政策，建立起适合本行业、本单位情况的绩效考评和薪酬分配机制，积极营造档案信息化人才的合理竞争和"自激励"氛围。

第八章　知识管理背景下的人事档案管理模式

第一节　人事档案的基本概述概述

人事档案是组织、人事、劳动（或人力资源管理）部门在人事管理活动中形成的，记述和反映人员经历、德能勤绩和工作表现的，以个人为单位集中保存备查的各种方式和载体的历史记录。人事档案是历史地、全面地考察了解和正确选拔使用职工的重要依据，是国家档案的重要组成部分。我国的干部（公务员）、职员、工人、学生（从中学开始）、军人都建立了人事档案，其主体是干部和工人档案。人事档案工作是人事管理工作的一个组成部分，又是一项专门档案的管理工作，有着特殊的管理要求和内容。

一、人事档案的内涵

（一）人事档案的内容

我国在 20 世纪 50 年代初产生人事档案以来，作为一项常规性的公共管理工具，在中国的信用建设、干部职工管理、国家安全、福利分配等方面做出过不可磨灭的制度性贡献。但是，随着社会主义市场经济体制的建立，人事档案制度的身份性和制度性弊端也显露无遗，在人才自由流动中造成了人档脱节的现象。人事档案虽然"光辉不在"，但并非是可有可无的"鸡肋"。首先，要通过广泛宣传，树立档案意识；其次，人事档案工作者要有时代感，坚持以人为本，以民为本，树立人性化的管理理念。高校档案馆要想真正使自己具有科学与文化性质，就应该在指导观念上由为少数人服务转变为面向普通大众服务，也就是说应该多一些"平民"色彩、"百姓"色彩；要促进人事档案尽快从封闭型向开放型转变，从手工操作型向现代化管理型转变，从实体档案管理向虚拟档案管理转变，使传统的档案工作者向信息管理工作者转变。

人事档案属于一种专门档案，包括干部档案、工人档案、学生档案和军人档案四大类。根据中共中央组织部、国家档案局颁发的《干部档案工作条例》的规定，人事档案的类别及内容包括以下几类：第一类，履历材料；第二类，自传材料；第三类，鉴定、考核、考察材料；第四类，学历和评聘专业技术职务材料（包括学历、学位、学绩、培训结业成绩表和评聘专业技术职务、考绩、审批材料）；第五类，政治历史情况的审查材料（包括甄别、复查材料和依据材料，党籍、参加工作时间等问题的审查材料）；第六类，参加共青团等的材料；第七类，奖励材料（包括科学技术和业务奖励、英雄模范先进事迹）；第八类，处分材料（包括甄别、复查材料，免予处分的处理意见）；第九类，录用、任免、聘用、转业、工资、待遇、出国、退（离）休、退职材料及各种代表会代表登记表等材料；第十类，其他可供组织上参考的材料。按照规定，人事档案以个人为单位组成专卷，分为正本和副本。正本由全面反映一个人的历史和现实情况的全部人事档案材料所构成；副本是人事档案正本主要材料的复制件，其具体内容由正本中以下主要材料的复制件（或重复件）构成：第一类的近期履历材料；第三类的主要鉴定、考核材料；第四类的学历、学位和评聘专业技术职务的材料；第五类的政治历史情况的审查结论（包括甄别、复查结论）材料；第七类的奖励材料；第八类的处分决定（包括甄别、复查结论）材料；第九类的任免呈报表和工资、待遇、出国审批材料。其他类别如有重复的材料，也可归入副本。正本主要供主管干部的组织部门保管使用；副本主要供协助管理干部的人事部门保管使用。

（二）人事档案的特点

1.真实性

人事档案是组织了解和使用干部、职工的重要依据。真实性是人事档案的生命，也是发挥其作用的基础和前提。人事档案的真实性是指档案从来源、形式和内容等方面都必须是完全真实的；人事档案记述的内容必须符合客观情况，不得有虚假、夸张、想象的成分，要能够真实地反映一个人的面貌。人事档案材料主要由人事、组织、劳资等部门在人事管理活动中形成，它是个人经历、学历、社会关系、思想品德、业务能力、工作状况以及奖励处罚等方面的原始记录，是个人参与社会方方面面活动的记载和个人自然情况的真实反映。因此，真实性是档案的生命，任何不真实的档案都会误国误民，贻害无穷。然而，出于档案当事人自身利益考虑，近些年来人事档案材料内容失真情况比较普遍，突出的是"三龄一历"的造假问题，即有些人在自传和履历表中，年龄填得越来越小。

2.动态性

人事档案的动态性表现为两个方面：第一，人事档案随着个人社会实践活动的发展变化，其数量不断增加，内容日益丰富。例如：在工作中，各单位的人事部门需要对人员进行培训、考核、任免、奖惩等，在这些活动中必然会形成相应的人事档案。第二，人事档案会随着人员的流动或人员主管机关的变动发生转移，以实现对人员不间断的管理。

3.机密性

人事档案的内容记载了人员不同时期的各方面情况，包括自然状况、个人素质、工作情况、兴趣爱好、成绩错误等，其中会涉及一些国家机密、单位的内部情况或个人的隐私，因此具有机密性。为了维护国家的安全、单位的利益以及个人的权益，人事档案管理要严格遵守国家的有关规定，防止失密和泄密。

（三）人事档案的知情权

人事档案是在组织人事管理活动中形成，并经组织审查或认可的，记录、反映人员经历和德才表现等原貌，以个人为单位立卷归档保存的文字、声音、图像、照片等形式的档案。简言之，人事档案是记录和反映个人德能勤绩等方面情况的，经组织认可归档保存的个人材料。由于人事档案是个人情况的全面反映，里面记录了很多个人需要保密的信息，所以在人事档案管理中一直存在并延续着"传统神秘观"的思想，实行本人回避制度，认为对人事档案的管理应该严加保密，忽视了利用。同时，在这层神秘面纱的掩护下，一些人事档案中也出现了虚假的信息，使得一些人事档案形同虚设，妨碍了对人事档案的利用。

1.现代人事档案的性质及特点

人事档案主要具有集合性、认可性、专门性、真实性、机密性、现实性、动态性、权威性等属性。真实性是人事档案的基本性质，也是最重要的性质，虽然所有的档案都讲求真实性，可是，人事档案尤其要强调这一点，没有真实这个基础，人事档案的管理以及利用都将无从谈起，甚至还会给使用者和当事人带来巨大的损失和极大的痛苦。而且，只有真实的人事档案才具有权威性。另外，人事档案由于是人的活动和经历的真实记载，所以，随着时间的推移，总是处在不断完善和发展之中，所以，人事档案体现出很强的动态性特征。与传统的人事档案相比，在当前社会主义市场经济条件下，人事档案还体现出一些新的特点。

首先，流动人员人事档案已形成一定规模，并进一步呈上升趋势。在传统的计划经济体制下，人们从求学到就业，都没有太多的自主权，主要由组织安排，加上严格的户籍制度和人事制度的限制，人员流动相对很少，所以，没有专门保存流动人员人事档案的部门。社会主义市场经济体制建立以后，应聘者和用人单位实行双向选择，加大了人员流动的速度和范围，使得流动人员大量增加，为了给用人单位提供详尽的人员素质及其他基本情况，也为了应聘者有一份完整的个人档案，各级人才流动服务中心应运而生，它成为保管流动人员人事档案的专门机构。

其次，人事档案内容更加丰富全面。传统的人事档案主要关注对人的思想品德、家庭社会关系等方面的记载，内容比较贫乏。随着市场经济的发展，人事档案的使用者更关注当事人的素质和能力等方面的信息，所以，现代人事档案当中更多的加入了工作业绩、技能优势、专业特长、创造发明等相关方面的材料。全面、真实地反映个人面貌，为人才开发使用打下良好的基础。

第三，人事档案的作用范围更广。传统的人事档案的使用者主要是党政组织机构，大多为政治目的服务，使用范围狭窄。在市场经济环境下，不仅党政组织机构把人事档案用做考核的基础性材料，公司、企业，尤其是外企更是通过查阅人事档案了解应聘者的素质、能力及各方面的信息，帮助企业寻找到真正需要的人才。

2.我国人事档案管理的现状及存在的问题

在我国，从西周开始有人事档案的雏形，到隋唐已经形成较完备的专门人事档案。然而，人事档案管理工作真正开展起来，还是在新中国成立之后。我国现行的人事档案管理体制是一种分散式的管理体制，有的人事档案由组织部门管理，有的由人事部门管理，有的由劳动部门管理，有的由科研处管理，有的由学生工作处管理，有的由卫生部门管理。没有一个统一的管理机构和统一的管理办法，同时，还有可能出现重叠和交叉。这就给我国的人事档案管理带来了很大的麻烦，造成了一定程度的混乱，为虚假档案的滋生提供了土壤。

我国现行的人事档案管理中由于管理体制以及管理思想方面的原因，存在着一系列的问题，主要体现在下面几个方面：

首先，人事档案的内容存在空泛、不真实等问题。现在的人事档案中，成绩多是千篇一律的政治套话，缺点极少提及，偶有提出，也是千人一面的希望之词。从个人的人事档案中，看不出干部因为什么业绩提升，技术人员因为什么专长被聘用，严重影响了对人事档案的利用。更为严重的是，现在的人事档案中有不少不真实的虚假材料和信息。在同一份人事档案重复多次出现的个人履历中，参加工作的时间越填越早，学历越填越高，工作经历也不尽一致，有些评语鉴定材料还存在严重失真现象，这就动摇了人事档案的权威性，加之现行的人事档案管理实行本人回避制度，个人无法了解自己人事档案中的内容，失真的人事档案将对个人的一生产生深刻的影响。

其次，死档、弃档现象严重。正是由于人事档案存在着严重失真的现象，致使出现了一种"现代淡泊观"的思想，认为人事档案可有可无，只要个人有专长，没有档案一样可以走遍天下，这就出现了"弃档一族"。主动"弃档一族"主要是大专院校和科研院所的人员和企业中的专业技术人员，这些个人能力比较强的专才为了需求更好的发展机会和发展空间，在原单位不同意放人的情况下，主动放弃人事档案，接受一方为了吸引人才，也对人事档案不去计较，甚至会重新为其建立一份人事档案。然而，人事档案是用人的一生来填写的，是随着人的成长过程和经历而完善和丰富起来的，很多东西是只在档案中保存一份的，那么，这种擅自建档行为就严重地削弱了人事档案的真实性与权威性。另外，由于人事档案的内容空泛失真，有些企业在招聘人才的时候并不强调人事档案，致使一些人主动放弃对自己不利的人事档案。人事档案内容的不真实造成了死档、弃档，死档、弃档又使人事档案的内容变得更加不真实，这就进入了一个恶性循环。

第三，人事档案信息开发利用程度较低，未发挥应有的作用。由于人事档案具有机密性，加之在人事档案管理中"传统神秘观"的思想一直占据主导地位，利用人事档案的审批手续比较严格，限制也比较多，因此使得利用率很低，许多人事档案除了在职称评定、工资晋升时利用外，长期沉睡在档案箱里。同时，人事档案内容的不真实性使得更多的人不相信档案中的信息，在选用人才的时候，更多的是通过考试等真实可信的方法来决定取舍。综合这些因素，使得我国现在人事档案的利用程度较低，人事档案根本不能发挥其应有的作用。

3.合理利用人事档案，重视知情权的赋予我国人事档案

管理中存在的这些问题，当然是由很多原因造成的，但最重要的，是人事档案管理和利用当中的知情权的缺失。为了更好地解决这些问题，提高对人事档案的管理和利用，我们就必须加强对人事档案知情权问题的研究。所谓人事档案的知情权，主要是指当事人合法拥有的对人事管理部门保管的有关自己的档案材料状况及其利用情况等进行知晓的权利，用人单位合法拥有的对其员工人事档案记录内容的客观真实程度的知晓的权利。很显然，人事档案的知情权，不仅是指给予当事人自己的知的权利，同时也是给予单位对其员工的人事档案的知的权利。第一层意思很好理解，因为我们一直在"传统神秘观"的指导下实行本人回避制度对人事档案进行管理，所以，知情权的赋予，首先是要赋予当事人以本人人事档案的知情权；第二层意思似乎不是很好理解，人事档案中的很多材料都是在工作单位形成的，而且，人事档案很多都是由工作单位来保管，单位天然的就具有知情权，可是，由于大量虚假不实的档案内容的存在，使得单位无法了解到真实的个人信息，给人事档案的利用造成很大的障碍。这就需要赋予单位以真正意义上的知情权，使得他们可以了解到真实可信的信息。为了合理利用人事档案，真正赋予这两类主体以知情权，我们要从以下方面着手进行。

首先，从思想上解决人事档案知情权缺失的问题，摒弃人事档案管理中长期存在的"传统神秘观"和"现代淡薄观"，从思想上解放。我们既不能把人事档案神秘化，对其遮遮掩掩，也不能视如废纸，弃如敝屣。正确的做法是，对那些涉及地国家机密的部分，严格实行保密制度，不允许任何个人和单位查阅，除非政治需要；对那些本人应该知道的部分，允许本人查阅，充分给予个人对本人人事档案的知情权，这样不仅可以让本人很好地了解自己的档案资料，也可以从另一个角度监督人事档案内容的真实性，防止一些恶意损害他人名誉的

虚假信息出现在人事档案中，还给用人单位一份真实可信的人事档案，更好地赋予用人单位以人事档案的知情权。我们强调知情权的赋予，并不是否定人事档案的保密性质。对于人事档案中的一些需要保密的个人信息，还应该实行严格的保密制度。除非有特殊情况（如司法需要），其他个人或单位无权查看他人人事档案，也就是说，档案保管部门有为当事人人事档案保密的义务，不能随意移交和利用被保管的人事档案，对他人公开被保管的人事档案必须经本人同意。档案的知情权仅仅是对个人档案的知情权，而不是窥探别人隐私的权利，不能借实现人事档案知情权这一顶大帽子来达到某些个人和单位随意查看人事档案的目的。所以，在赋予人事档案知情权的同时，我们要更好地保护个人的隐私权。知情权揭去了长久覆盖在人事档案上的那层神秘的面纱，让人事档案在阳光下变得更真实；隐私权让人们在了解自己的同时得到保护，呼吸得更自如。由此看来，知情权和隐私权是相生相长的。

其次，赋予用人单位知悉本单位员工真实档案的权利，这是人事档案知情权当中非常重要的一部分内容。随着人事档案内容的不断丰富，利用范围的不断扩大，用人单位在选用人才的时候，开始更多地关注人事档案中反映的信息，这就要求有一份真实的人事档案。要想获取真实的人事档案，首先就要求人事档案的内容真实可信，不存在虚假成分。

人事档案中的很多材料都是由本人填写而形成的，由于存在信息不对称的情况，用人单位无从知道这些由本人填写形成的材料是否真实。由此，可能造成个人不诚实填写个人信息的情况，如，有些人事档案中的学历越填越高，年龄越填越小；另外，一些写评语材料的人，由于种种原因考虑，有时会夸大其词地表扬或者批评某个人，这些都会造成用人单位无法了解到员工的真实情况，使用人单位的知情权受到严重限制。为了解决这一问题，可以建立档案复核制度或审核制度，保证本人所填写的材料的连贯性、一致性及真实性，同时，建立公开评议制度，把评语等对个人的评价材料经公开评议并经本人签字认可之后再存入档案。

第三，解决个人查看本人档案的问题，从根本上真正赋予个人对本人的人事档案的知情权，提高人事档案的利用效率。这并不是说任何人任何时间都可以随意查阅，这样会大大加大档案管理者的工作量，也没有现实意义。可先提出申请，说明正当理由，然后安排时间及查阅内容来查阅本人的人事档案。档案管理部门应尽量及时免费地满足公民合理的查阅要求，不应让一道道关卡及高额收费把公民挡在查阅范围之外，使查阅本人档案形同虚设。另外，可以实行部分档案公开制度，把一部分不需要保密的但又是本人需要了解的档案内容放到互联网上，仅给本人查阅权限，方便当事人查阅。随着社会主义市场经济的进一步发展，人事档案的内容将不断得到充实和完善，现代人事档案不仅体现出一个人的政治面貌，更体现出一个人的专业素质、能力等多方面的信息，政府、企事业单位对人事档案的利用范围和利用程度也在加大加深，这就要求我们更科学合理地对人事档案进行管理，赋予各个层次的主体以人事档案的真正知情权，让人事档案更好地发挥其应有的作用。

二、人事档案工作的内容和要求

（一）人事档案工作的内容

人事档案工作是用科学的原则和方法管理人事档案,提供档案信息为组织、人事、劳动（或人力资源管理）工作服务的一项工作。它是贯彻执行人事工作路线、方针和政策，选贤举能，知人善任，为社会主义现代化建设服务的。我国目前人事档案工作的组织体系是：各级组织、人事劳资部门同时又是人事档案管理部门，按照统一领导、分级管理的原则，对人事档案实施具体的管理。人事档案工作的内容主要有：

1.登记人员变动和工资变动情况；

2.收集、整理和鉴别人事档案材料，充实人事档案的内容，为国家积累档案史料；

3.保管人事档案，保证人事档案的完整与安全；

4.办理人事档案的提供利用和咨询工作；

5.转递人事档案；

6.定期向档案室（馆）移交死亡人员档案。

（二）人事档案工作的要求

人事档案的管理在总体上要贯彻档案工作的基本原则,其具体要求如下所述。

1.根据人事管理的权限，集中统一管理人事档案

我国人事档案实行集中统一、分级管理的体制，即一个单位的人事档案管理部门必须将属于本单位管理的人员的人事档案全部集中起来，按照有关规定统一管理。单位人事部门和其他部门形成的人事档案，都要交由本单位人事档案管理部门集中进行鉴别、立卷等工作。根据这一原则，不允许将在一级人事管理权限内的人事档案分若干处保存，也不允许非组织人事部门或非档案管理部门管理人事档案，任何个人都不得私自保存入事档案。

2.维护人事档案的真实、完整与安全

人事档案管理部门在收集、鉴别人事档案时，应认真执行有关规定，严格把关，保证归档材料的真实、完整；在管理中必须执行党和国家的保密制度；同时加强技术保护，防止人为和自然因素对档案的损坏，确保人事档案的秘密与安全。

3.便于人事工作和其他有关工作的利用

人事档案管理工作的目的是为单位人力资源的管理、开发服务，以充分地调动干部、职工的积极性；这是人事档案工作的基本指导思想。为此，人事档案管理工作应以本单位的发展目标和工作需要为中心，积极做好各项工作。

第二节　人事档案的收集、鉴别与整理

一、人事档案的收集和鉴别

（一）人事档案的收集

收集人事档案材料，充实人事档案内容，是贯穿于人事档案工作始终的一项经常性工作。收集人事档案材料，政策性强、涉及面广，难度较大。它不仅是人事档案部门的任务，也是形成人事档案材料部门的任务，必须得到各方面的密切配合才能做好。人事档案的收集是指人事档案管理部门根据本单位人事管理权限及人事档案的收集范围，将有关部门形成的人事档案集中接收、统一保管的工作。

应该注意的是人事管理工作和其他工作中形成的人事文件很多，但并不都需要归档。为了使人事档案达到"完整、真实、精练、实用"的要求，应将属于反映个人政治思想、品德作风、业务能力、工作表现、业绩贡献等情况的人事档案作为收集重点。

1.收集的途径

人事档案材料的形成不仅仅局限于组织、人事、劳动部门，凡是与人事管理活动有关的部门都有可能产生人事档案材料。摸清人事档案材料的来源，才能做到有的放矢。当前，人事档案材料主要通过以下途径收集：

（1）通过组织、人事部门收集人事工作中形成的人事档案，例如：各种履历表、简历表、登记表，鉴定、考核、考绩、任免、调动、晋升技术职称、提干、调整工资级别、出国、离休、退休等方面的材料。

（2）通过员工所在党团组织收集材料。

（3）通过群众团体代表会议的筹备部门或临时机构收集代表登记表、委员登记表和个人政绩材料。

（4）通过教育、培训部门收集学生（学员）登记表、成绩单、毕业登记表、授予学位的材料、学历证明或证书（复印件）、鉴定等材料。

（5）通过纪检、监察、司法及有关部门收集处分或免予处分的决定、查证核实报告、上级批复、个人陈述或检查、法院判决书等材料。

（6）通过本人或报纸杂志及有关部门收集发明创造、科研成果、著作、译著和有重大影响（如获奖）的论文等的目录。

（7）通过卫生部门收集工作人员因病、工伤及其他事故致残的体检表或有关材料，通过治丧部门或临时机构收集去世者的悼词（生平）、公开报道、非正常死亡的调查报告（遗书）等材料。

2.收集的方法

（1）建立、健全人事档案收集制度

人事档案的形成单位分散，形成时间不固定，这给及时、全面地收集人事档案,增加了难度。为此，必须建立收集工作制度，使之制度化，以保证人事档案的齐全、完整。人事档案收集制度包括：

①索要制度。应确定与本单位人事档案形成有关的部门，经常与其保持密切的联系，采取电话、发函或登门等方式索要应归档的人事档案。

②检查核对制度。应根据本单位人事档案数量情况，确定检查核对的周期。例如：每季度、半年或一年对人事档案进行一次检查。对缺少的材料进行补充；不符合要求的材料要重新制作或补办手续；对不属于归档范围的材料进行清退等。

③登记制度。包括收文登记和送交单位填写移交清单，作为转出或接收的底账。建立登记制度是为了掌握人事档案的数量、成分和去向，避免遗失和散落。

④补充材料的制度。为了及时掌握干部和职工有关的情况变化，组织、人事或劳资部门应不定期地对人事档案进行补充，如统一布置填写履历表、登记表等。

（2）根据中心工作，集中收集人事档案

各单位的人事部门在不同时期有不同的中心工作，如每年的职工录用、年末的干部和职工考核、每年一定阶段的职称评定等，这时应把握时机，及时地收集在这些中心工作中形成的人事档案。

（3）疏通收集渠道

人事档案管理部门应注意与有关单位保持经常的联系，向它们宣传人事档案的收集范围和收集工作的意义。同时，通过会议或业务指导的形式，使有关单位熟悉人事档案收集范围，增强责任心，主动协助人事部门做好收集工作。

（4）跟踪收集

在收集、整理和鉴别人事档案的过程中，有时会发现缺少文件的情况，这时人事部门要根据有关线索，索取补充档案材料。

（二）人事档案的鉴别

人事档案的鉴别是指人事档案的管理部门根据人事档案的归档范围和要求，对收集起来的文件进行审查甄别，判定文件真伪和保存价值，确定能否归档。它是维护人事档案真实性和完整性的重要手段。鉴别是系统整理的基础和前提，也是保证人事档案材料完整、精练、真实的重要手段。鉴别工作的好坏直接决定着人事档案质量的优劣，对能否正确贯彻人事政策也有一定的影响。它是一项非常重要的工作，在人事档案工作中占有特殊的地位。

1.人事档案鉴别工作的内容

（1）判定文件是否属于人事档案

由于各种原因，在人事档案管理部门收集来的材料中，有些是人事档案，有些则属于行政文件或业务文件等。鉴别工作的任务之一就是将人事档案和非人事档案区分开来，各归其位。

（2）判定是否属于同一对象的人事档案

人事档案是以员工的姓名为标志进行整理和保管。因此，在确定文件是否归档时，应核实清楚人事档案的对象，避免因相同姓名而张冠李戴，或一人多名而将档案材料分散的现象。

（3）判定归档的文件是否为处理完毕的正式文件

未经办理或未经查证核实的文件材料不得归档。

（4）判断材料是否真实、准确

人事档案的内容必须真实、准确。如果在鉴别中发现内容不实、观点不明、表达含混或相互矛盾的材料，都应退回形成单位进行核实或修改。

（5）审核文件是否手续完备

凡规定经组织盖章的文件，须有组织的印章；组织鉴定、政审结论、处分决定、考核文件等须经本人见面或签字的，必须有本人签字或组织注明已经本人见面；任免呈报表、录用或聘用审批文件，必须注明批准机关名称、时间和文号。

（6）核查归档文件的质量

核查的内容有：归档文件是否内容完整、文字清楚、对象明确，是否注明作者（单位）、时间。如果发现文件不完整，要补充收集；对于文字不清、对象不明、无作者和时间的文件，要退回形成单位，进行更换。

（7）判定文件是否有保存价值

第一，一般情况下，凡属于归档范围的办理完毕的正式文件，对象清楚、内容真实完整、文字清楚、手续完备的都具有保存价值。第二，还要审查文件是否有重复。一般来说，重复文件可不加保存。第三，审查文件是否具有查考使用价值，凡使用价值不大或没有使用价值的文件不归档。

2.对不符合归档要求的材料的处理

（1）转出

经鉴别凡属于非人事档案或非员工本人的材料，均应将其转给有关单位保存或处理。文件转出时，应填写转递材料通知单。

（2）退回

对于内容需要核实或手续不够完备的文件，均应提出具体意见，退还有关单位，待修改、补充或完备手续后再交回。凡退还本人的材料，要经领导批准后退还本人；退还时应履行清点和签字手续。

（3）留存

对于不属于人事档案归档范围而具有参考价值的文件，经过整理后，可以作为组织、人事部门的业务资料予以保存。

（4）销毁

无保存价值和重复无用的材料,应按有关规定履行相应手续后作销毁处理。销毁时要认真审查，逐份登记，并说明销毁的理由，经主管领导批准后，进行销毁。

二、人事档案的整理

人事档案管理就是将人事档案的收集、整理、保管、鉴定、统计和提供利用的活动。人事档案是人事管理活动中形成的，记述和反映个人经历和德才表现，以个人为单位组合起来，以备考察的文件材料。主要是由人事、组织、劳资等部门在培养、选拔和使用人员的工作活动中形成的，是个人经历、学历、社会关系、思想品德、业务能力、工作状况以及奖励处罚等方面的原始记录。是个人参与社会方方面面活动的记载和个人自然情况的真实反映。将人事档案收集起来并经过鉴别的人事档案，按照有关要求，以个人为全宗，进行分类、排序、编号、登记、技术加工等，并在此基础上不断地对档案内容进行补充的活动。人事档案整理工作的作用是使文件条理化和系统化，以清晰地反映一个人的经历、工作业绩和工资待遇等情况。

人事档案的整理方法分为集中整理、经常性整理和补充整理三种情况。集中整理是指对本单位管理的全部或批量人事档案集中时间、集中人力所进行的整理工作；经常性整理是指档案管理人员在日常工作中对新收集的未经过整理或整理不合格的个别人事档案进行的整理；补充整理是指将零散的人事档案材料归人相应的类别，并补充填写目录的工作。

全面加强高校人事档案管理，促进档案管理尽快从封闭型向开放型转变，从手工操作型向现代管理型转变，从实体档案管理向虚拟档案管理转变，使档案管理者向信息管理者转变，这样，才能更好地推动人事档案工作更好的发展。

（一）人事档案整理工作的要求

按照《干部档案整理工作条例》的规定，人事档案整理工作应做到："认真鉴别，分类准确、编排有序、目录清楚、装订整齐。通过整理使每卷档案达到完整、真实、条理、精练、实用的要求。"

1.完整

所谓完整，是指整理工作要做到以下几点：第一，一个人的材料要全部集中在一起，以反映其全貌。第二，档案中的每件材料要有头有尾；如果是系列材料，如外调材料、审查结论、上级批复等，则必须齐全。

2.真实

真实是指人事材料必须经过组织认可方可归档，材料的内容应符合客观实际。对冤假错案的文件、不实之词的文件和未经查证核实的文件，都必须进行清理，将之剔除。

3.条理

条理是指整理人事档案时要按照有关文件的规定分门别类，有序排列、编号，并编制目录，使每一个人的人事档案构成一个便于管理和利用的有机整体。

4.精练

精练是指人事档案中的文件必须具有保存价值。重复的材料和不属于人事档案的材料均不能归人人事档案。

5.实用

实用是指整理工作要从人事管理的需要出发，对档案内容的分类、排序和技术加工等都要以方便各项工作的实际使用为原则。

（二）人事档案整理工作的步骤

1.分类

在对人事档案分类时，首先要对前期鉴别过的材料进行复核，防止不符合要求的材料进入人事档案；然后按照《干部档案工作条例》所规定的十大类别，对材料进行归类。

2.复制

在人事档案中如果存在用铅笔、圆珠笔、复写纸书写的情况，为了防止日久字迹褪色或模糊，应该对原件进行复制，以便于人事档案内容的长久留存。此外，还要通过复制形成人事档案的副本。

3.技术加工

技术加工是指对那些存在破损情况的档案进行修复，以使档案实体恢复正常的状态；同时还要对规格不符合要求的档案材料进行剪裁、折叠或托裱等，以使档案外观规范、便于保管。

4.排序编号

人事档案归类后，每一类中的材料均应按照一定的顺序进行排列。在排序时，应注意保持材料本身的系统性、连贯性，以便于查找利用和补充新的材料。具体的排列方法有以下三种。

（1）按时间顺序排列

适于按时间顺序排列的材料有履历类、自传类、鉴定类、考核类等人事档案。采用这种方法，便于掌握员工的经历、成长和变化情况，也有利于新材料的补充。

（2）按问题结合重要程度

适于按问题结合重要程度排列的材料有加入共产党或共青团组织的材料、政审材料、奖励或处分的材料等。

（3）按问题结合时间顺序排列

按问题结合时间顺序排列适于反映职务、工资等方面的材料。排列时先分为职务、职称、工资、离休、退休等问题，每一问题内再按材料形成的时间顺序排列。

按照一定的方法对文件排序后，应进行编号，以固定排序的结果。

5.编制卷内目录

卷内目录是查阅卷内文件的索引，应置于案卷的首页。在编制卷内目录时，应注意以下几点：

（1）文件标题简洁准确。

（2）材料的形成时间一般填写最终时间。例如：《干部履历表》有个人填写时间和组织审查盖章的时间，在登记该材料的形成时间时，要以组织认可的时间为准填写。

（3）登记后要认真检查校对，保证准确无误。

6.打孔与装订

整理好的文件应按照规定的规格打孔和装订，打孔时要防止损坏档案的内容。

7.书写卷名

人事档案的卷名，即档案涉及对象的姓名，应书写现用名，并书写档案涉及对象的籍贯和档案号。

8.检查验收

检查验收时，应对档案卷皮的书写、目录登记情况、分类排序的准确程度、技术加工的质量以及外观的整洁美观等逐项进行检查，不符合要求的要重新整理，以保证案卷质量。

第三节　人事档案的保管、检索与提供利用

一、人事档案的保管和检索

（一）人事档案的保管

人事档案的保管是指采用科学的方法，对人事档案实施日常管理，确保档案的秘密与安全。我国人事档案保管工作的范围是由各个单位的人事管理权限决定的。根据规定，具体范围划分如下所述。

1.在职人员人事档案的保管

（1）在职人员人事档案的管理与人员管理的范围相一致。即由哪一级组织或人事部门管理的人员，其人事档案的正本也就由该部门保管。

（2）人事档案的副本由主管或协管该人员职务的部门管理。所谓协管部门，一般是指人员所在的单位或主管部门指定的有关部门。

（3）军队人员兼地方职务的，其档案正本由军队保管；地方人员兼军队职务的，其档案正本由地方有关部门保管。

（4）干部档案由各级单位的组织、人事部门保管。

（5）职工档案一般由劳资部门或单位政工部门保管，也有的由人事部门保管。

（6）学生档案一般由学校设立的专门部门保管，也有的由学校人事部门保管。

2.退（离）休人员人事档案的保管

离休和退休人员的人事档案，一般由原保管部门保管。如果人员退（离）休后，易地安置而未转关系的，其档案仍由原单位保管；如果将组织关系转到安置地，则其人事档案应转交接收单位的人事部门保管。

3.其他人员人事档案的保管

（1）退职、自动离职、辞职（解聘）的人员，其人事档案转至有关组织、人事部门或所属的人才服务中心保管。

（2）被开除公职而未就业人员，其人事档案由原单位保管；已就业者，其人事档案由有关的人事、劳动部门或所属的人才服务中心保管。

（二）人事档案的检索

人事档案的检索工具是记录档案线索、查找档案原件的手段。目前，单位人事档案检索工具主要有两种类型：第一，卡片式检索工具。以人为单位，每人一卡；卡片正面登记人员的自然情况、档案号等，背面记载该人员档案的接收和转出情况。第二，名册式检索工具。即在簿册上记录档案编号、人员姓名等情况。

人事档案的检索方法主要有如下几种：

1.笔形编号法

笔形编号法是根据人员的姓和名字的笔形，按照笔形编号的规则，依次取角编制档案的卷号。这种方法有两种编号规则：一种是四角号码编号法；另一种则是由人事部门自行制定的类似四角号码的"笔形编号法"。笔形编号法的特点是：简便，易学，效率高，误差少，存放档案位置稳定。这种编号方法对于管理档案数量多、档案流动性大的单位比较适宜。

2.姓氏笔画编号法

姓氏笔画编号法是按照人员的姓氏分类，然后按名字的笔画的多少为序来编制档案号。这种方法的优点是易学，存放位置稳定，较易查找；其缺点是编制号码时要数笔画，比较烦琐。由于每个姓氏都编制一个序列号码，在检索时，档案工作人员要先查姓氏，然后再查档案的号码才能取到档案，因此，人事档案数量大的单位不宜采用这种编号方法。

3.汉语拼音字母编号法

汉语拼音字母编号法是根据汉字"音序检字法"的原理，按人员姓名的汉语拼音字母次序排列编号。采用这种编号法的优点是：档案存放比较集中且位置稳定，查阅档案也较快。

4.部门编号法

部门编号法即按人员所在的部门集中存放档案，编制顺序号。这种方法的优点是：单位内每一部门的档案集中在一起，便于了解和研究各个部门人员的情况；缺点是：如果人员调动则会打乱原来的顺序号，在管理上比较烦琐。

除了上述的编号方法外，还有"职务编号法""大流水编号法"等，各单位可以根据实际情况加以选择。

二、人事档案的提供利用和转递

（一）人事档案的提供利用

人事档案的提供利用是指人事档案管理部门根据有关规定向利用者提供有关人员的人事档案或情况的工作。

1.人事档案提供利用的要求

人事档案提供利用的基本要求是：在维护人事档案秘密和安全的前提下，积极稳妥地为利用者提供优质服务。具体要求如下：

（1）单位的人事部门应根据有关规定和本单位人员的职务级别情况，制定查阅人事档案的范围、批准权限、登记手续以及查阅注意事项等制度，保证利用工作有章可循。

（2）查阅、借用人事档案必须是因工作需要，并按规定办理查阅或借用手续。未经组织授权，任何人不得查阅人事档案。

（3）严格限制查阅、借用人事档案人员的政治身份。

（4）查阅人事档案人员应遵守保护个人隐私的规定。

（5）不允许本人查阅、借用自己和直系亲属的人事档案。

2.人事档案提供利用的方式

（1）档案室或阅览室提供阅览

档案室或阅览室提供阅览是人事档案的主要利用方式。利用者要按规定办理查阅手续，到人事档案主管部门借出档案，在阅览室阅读。

（2）外借

人事档案一般情况下不外借。当利用者确需外借时，档案部门必须严格办理借用手续，并采取限期归还和定期催还等措施加以控制。

（3）出具证明材料

当利用者需要某些人事档案作为凭证时，档案部门可以按规定向利用者提供相关的证明材料。提供证明的档案材料以复印件为主，也可以采用拍照或摘录等形式。

（4）提供综合整理的材料

当利用者需要了解某些人员的多方面情况时，档案部门可以按规定撰写综合材料以提供利用。

（5）咨询服务

当有关部门就某一人员多方面情况提出咨询时，档案部门可以按照规定给予答复。在解答咨询时档案部门应注意准确、适度和保密。

（二）人事档案的转递

人事档案的转递是指人事档案管理部门之间、人事档案管理部门与人事档案的形成部门及利用部门之间转出和接收人事档案的活动。在实际工作中，由于人事管理权限变动、人员调动、人事档案管理需要、查阅利用需要等，人事档案经常发生转递的情况。进行人事档案转递工作时主要应注意如下几项：

1.人事档案或人事材料必须通过单位内部派专人取送，或通过机要交通转递，不允许公开邮寄或让本人自带。人事档案转递时，应包装严实，按规定的密级发出，保证档案的安全。

2.转递档案必须办理转递手续。转递单位必须按规定填写"档案转递通知单"，通知单的项目包括档案涉及人姓名、转递原因、正本册数、副本册数等。

3.县级以上的组织、人事部门才能直接转递人事档案。

4.收到人事档案的单位应在核对无误后签名、盖章，并及时退回回执。

5.转出的人事档案必须保持完整，不允许分批转出或留存部分档案。

第九章　知识管理背景下的会计档案管理模式

第一节　会计档案的基本概述

会计档案是指各类机构在经济管理活动中产生的会计凭证、会计账簿和会计报表等具有保存价值的并作为历史记录保存起来的会计核算专业材料；会计档案工作则是财会部门和档案部门按照有关法规保管和提供利用会计档案的活动。会计档案的管理既是财务会计工作的一个重要组成部分，也是专门档案管理工作的一部分。

一、会计档案内涵

会计档案是指会计凭证、会计账簿和财务报告等会计核算专业材料，是记录和反映单位经济业务的重要史料和证据，是在会计核算过程中通过设立账户、复式记账、填制和审核凭证、登记账簿及编制会计报表等一系列专门方法，进行连续、系统、完整地记录、计算、反映和监督而形成的有别于文书档案、科技档案的专门档案之一，是一个单位（国家机关、社会团体、企业、事业单位、按规定应当建账的个体工商户和其他组织）应必备的档案种类。我国对会计档案工作作了如下明确的法律规定：《中华人民共和国会计法》第二十三条规定：各单位对会计凭证、会计账簿、财务会计报告和其他会计资料应当建立档案，妥善保管。会计档案的保管期限和销毁办法，由国务院财政部门会同有关部门制定。《会计档案管理办法》第四条规定：各单位必须加强对会计档案管理工作的领导，建立会计档案的立卷、归档、保管、查阅和销毁等管理制度，保证会计档案妥善保管、有序存放、方便查阅，严防毁损、散失和泄密。

（一）会计档案

1.会计档案的范围

（1）会计档案的来源

会计档案是指会计凭证、会计账簿和财务报告等会计核算专业材料，是记录和反映单位经济业务的重要史料和证据。会计档案主要是由各类单位的财务会计部门或财务会计人员在会计核算的工作中形成的。会计核算就是对会计对象进行连续、系统、完整的记录和计算。整个会计核算方法是一个完整的体系，它以原始凭证为依据，以会计科目为分类标志，以记账凭证和账簿为工具，按照一定的程序完成整理、计算和登记工作。原始凭证、记账凭证、各种账簿和各种会计报表等在处理完毕后就转化为会计档案。

（2）会计档案的主要成分

会计档案的成分主要是指会计凭证、会计账簿和会计报表。除此之外，其他的财务会计管理文件一般不应属于会计档案的范围。例如：财会部门的预算计划、制度、规定等不属于会计档案的范围，应随同财会部门的其他档案定期按时归档。

①会计凭证：是记录经济业务、明确经济责任的书面证明，是登记账簿的重要依据。各类单位处理任何一项经济业务，都要办理凭证手续。会计凭证分为原始凭证与记账凭证两种。记账凭证是会计部门根据原始凭证编制的，是登记账簿的依据。记账凭证又分为收款凭证、付款凭证和转账凭证。

②会计账簿：是以会计凭证为依据，全面、连续、科学地记录和反映各项经济业务的账册。会计凭证数量很多，又很分散；每张会计凭证只能各自反映一笔经济业务，说明个别经济业务的内容，不能全面、系统地反映一个单位同类和全部经济业务的完成情况。因此，有必要对会计凭证所提供的大量而分散的具体经济核算资料加以归类整理，登记进入账簿。账簿是保存记录的工具，有了账簿才能把单位每一天发生的交易事项分类记载，并据此制定报表。会计账簿分为总账、日记账和各种明细账。

③会计报表：是用统一的货币计量单位一总括地反映各类单位在一定时期内的经济活动和财务收支情况的报告文件。会计报表是根据账簿记录加以归类、整理和汇总而编制出来的一套完整的指标体系；它是会计工作的最后成果，表

达了各种业务活动的实际情况。会计报表分为日报、旬报、月报、季报和年报。

会计凭证、会计账簿和会计报表既在作用上有区别，又是一个密切联系的会计核算体系。会计凭证是经济活动、资金运转的合法证明；会计账簿是会计凭证的系统分类核算记录；会计报表是会计账簿记录的更概括、更全面、更系统的定期的综合指标反映。会计报表中的年度决算，则是年度国家预算、单位预算和各项财务收支计划执行结果的总结。

2.会计档案的特点

与其他类型的档案相比较，会计档案具有如下特点。

（1）产生与使用的普遍性

从形成会计档案的部门和单位来看，凡是具备独立核算资格的单位，都会产生会计档案。全国具有独立核算资格的单位有几百万个，会计从业人员也有几百万人，这些单位每天的运转都离不开资金流动与经济往来，因此，每天都要发生大量的会计事项，随之必然产生数量巨大的会计档案。

（2）形成过程的连续性

从会计档案的形成过程看，会计凭证最先产生，然后依据会计凭证填写会计账簿，最后根据会计账簿编制会计报表。可见，伴随着会计工作的进展，三种形式、内容的会计档案依次形成，具有环环相扣的连续性。

（3）形成程序的严密性

会计工作有严密的法规和制度作为规范和保障，因此，会计档案的形成是严格依照有关的规定和制度进行的。从会计凭证的项目书写、审核、签字，会计账簿的设置、填写、核算，到会计报表的完成，不仅程序密切相连，而且都必须执行国家规定的标准、方法和手续，以监督和保障经济活动的合法性以及会计档案内容的真实性。

（4）基本成分的稳定性

会计系统有很多门类，如工业会计、农业会计、商业会计、银行会计、行政会计等，因此，会计档案涉及的内容和对象种类繁多。尽管如此，会计档案的基本成分也只有三种类型，即会计凭证、会计账簿和会计报表。这种成分的稳定性是会计档案区别于其他类型档案的重要标志之一。

（二）会计档案工作

会计档案管理制度是会计制度的一项重要内容。财政部和国家档案局联合制发了《会计档案管理方法》，进一步充实和完善了会计档案工作制度。会计部门和档案管理部门应严格执行相关的法律、法规，对于违反会计档案管理制度的行为，要依法予以纠正，情节严重的应报告本单位领导或财政、审计机关处理。

1.依法管理会计档案

各单位对会计凭证、会计账簿、财务会计报告和其他会计资料应当建立档案，妥善保管。会计档案的保管期限和销毁办法，由国务院财政部门会同有关部门制定。将会计档案的管理用法律的形式规定下来，既说明了会计档案对于国家建设和管理的重要意义，也为会计档案的管理明确了法律的依据。我们在会计档案的形成和管理活动中必须依法办事，保证会计档案的真实、完整和安全。

2.按照《会计档案管理办法》的规定，制定具体实施办法

由于各地区、部门、单位的具体情况不同，在会计档案的具体管理上不可能完全一致，因此，允许各地区、各部门参照国家的会计制度，自行制定会计档案的具体管理办法。

3.适应形势发展的需要，不断完善会计档案管理办法

形势的发展，会对会计工作提出新的要求；计算机技术在财务会计工作中的应用，也使会计档案的载体形式发生了很大的变化，会计档案管理工作面临着一些新的问题。为此，我们应该根据现实的情况，不断补充和完善会计档案的管理办法，使会计档案的管理工作始终处于科学的规范之中。

二、会计档案的收集与保管

（一）会计档案的收集

会计档案的收集是指按照规定将会计凭证、会计账簿和会计报表集中归档、统一保存的活动。会计档案的收集工作要认真贯彻"统一领导，分级管理"的原则，各单位的会计档案要实行集中统一管理；同时，会计档案的收集工作要

符合会计工作的规律，遵循会计档案的形成规律，要保证会计档案的齐全、完整和安全。

1.会计文件材料的归档

（1）归档范围

归档的会计文件材料主要来源于财政机关总预算会计、单位预算会计、建设银行会计、机关经费会计、税务机关的税收会计、企事业单位会计及建设单位会计等。会计文件材料的归档范围主要包括会计凭证、会计账簿和会计报表等会计核算专业材料。财务部门经办的有关财会工作的方针、政策、制度、预算、计划、总结、报告以及往来文书都不属于会计文件的归档范围，应按照文书档案管理办法执行归档。

（2）归档时间和方式

按照会计制度的统一规定，单位在年终办理决算以后，会计凭证、账簿和报表应一并归档，集中保存，以备查询。

《会计档案管理办法》第六条规定："各单位每年形成的会计档案，应当由会计机构按照归档要求，负责整理立卷，装订成册，编制会计档案保管清册。当年形成的会计档案，在会计年度终了后，可暂由会计机构保管一年，期满之后，应当由会计机构编制移交清册，移交本单位档案机构统一保管；未设立档案机构的，应当在会计机构内部指定专人保管。出纳入员不得兼管会计档案。移交本单位档案机构保管的会计档案，原则上应当保持原卷册的封装。个别需要拆封重新整理的，档案机构应当会同会计机构和经办人员共同拆封整理，以分清责任。"对于会计文件材料的归档，通常是本年度的会计凭证、账簿、报表由本单位会计部门保管；但在年终决算报上级批准后，会计部门应编造清册，将会计档案移交本单位档案室统一保管。究竟采用哪一种方式归档，各单位的财务会计部门和档案部门可根据本单位的实际情况，协商决定。

（3）归档职责

各单位应将会计文件的积累和归档列入会计人员的职责范围，建立归档制度并明确归档范围和登记办法。根据会计文件形成的具体情况，应将归档或收集渠道落实到人，以保证会计档案的收集质量。

2.收集分散的会计档案

在正常情况下，会计档案的收集是通过执行归档制度完成的，但是，出于某些原因，有些会计档案未能及时归档而分散于各处。针对这种情况，应采取措施，将分散的会计档案收集齐全。例如：各单位应清楚地掌握历任会计的任职情况，必要时，逐人逐年地收集会计文件；如果发现会计文件丢失或损毁的问题，要出具说明材料，并报领导审核。

（二）会计档案的保管

1.选择适当的档案包装材料

会计凭证、账簿和报表的规格、形式、材质不同，为了有效地保护档案，便于管理和利用，应该为其选择和制作适当的包装材料。会计档案的包装材料（档案盒）的一般制作要求是：用2509的牛皮纸印制、折叠而成，要坚固耐用、存取方便、整齐美观、利于搬动。

2.会计档案的排放

接收入库的会计档案经登记后，即可排放于档案装具之上，固定其存放位置。会计档案排放要做到整齐一致；如果有规格不一的会计档案，应适当分类，尽可能排放整齐。

会计档案的排放一般有两种方法：第一种是会计黏附排放法，即将一个会计年度形成的全部会计档案分为凭证、账簿、报表、其他四大类，按保管期限依次排放；这种方法适用于会计年度形成档案较少的单位。第二种是会计档案形式排放法，即先将全部会计档案按凭证、账簿、报表、其他四大类分别排列，在四大类内再按会计年度排列；这种方法适合于会计年度形成会计档案数量较多的单位。

为了掌握会计档案的数量和存放情况，需要建立会计档案的保管登记制度，按照档案入库的顺序，由管理人员进行登记。

（三）会记档案的质量监控途径

由于会计档案主要对财务收支进行价值量的记录和描述，反映经济活动的质的变化，涉及单位和个人的经济权益，所以，如果会计文件的形成、制作、管理不标准，产生的会计文件内容或形式不完整、不准确、不规范，就会势必影响各项业务的开展，甚至发生各种纠纷，造成经济上的损失。

目前，尽管会计档案不断技术化、知识化和信息化，然而，不论传统方式形成的会计档案还是在会计电算化条件下产生的现代会计档案，真实、准确和安全始终是会计档案的生命所在，是对会计工作和会计档案工作提出的最基本的质量要求。因此，采取必要的手段，通过一定的途径，对会计档案的质量实施控制就显得十分必要。

1.会计档案质量的内涵及要求

会计档案质量通常包括两个方面：一是内容质量，二是案卷质量。内容质量是会计档案的内在质量，主要指会计档案所反映的经济业务活动的重要性，内容的真实性，制作的严密性，以及数据信息的准确性。案卷质量是会计档案质量的外在形式，主要指案卷中会计文件材料的齐全性、系统性和规范化程度，它在一定程度上影响会计档案的内在质量。会计档案质量总的要求是成分充实，质量优化。具体说就是：内容真实、数据准确、制作严密、材料齐全完整、组卷规范有序、项目标识完备。

2.影响会计档案质量的因素

（1）内在因素

会计档案是财务人员在会计核算过程中形成的。因此，财务人员的素质在很大程度上决定了会计档案的质量，其专业水平、职业素养、工作态度以及档案意识等都直接影响着会计档案的质量。虽然大多数财务人员能够认真履行岗位职责，负责地把好会计文件材料形成的质量关，但也有少数财务人员由于档案意识不强，忽视会计档案质量；有的财务人员出于保护本单位、本部门经济利益的需要，将记载经济活动核心内容或关键数据的会计记录、会计文件保存在自己手中，给其他部门的利用带来不便；甚至有一些项目只记录和保存财务工作的最终结果，对过程中的原始数据以及变化缺少记录和保存。这些都对会计档案的内在质量构成严重影响。

（2）外在因素

档案管理制度不够完善或落实效果不好是影响会计档案质量的外部因素。目前，很多机构虽然建立了档案质量管理体系及配套的规章制度，但在实际工作中，却忽视了规章制度的贯彻落实。由于缺少了质量监督机制，会计档案质量很难有保障。此外，随着科学技术的飞速发展，计算机的普遍运用，如会计管理系统的应用，产生了大量的电子文档，同时带来了新型载体的保管缺乏统一标准、同一种载体形式规格不一、纸质文件材料不够规范等问题，成为影响会计档案质量的外在因素。

（3）控制会计档案质量的途径

现存会计档案质量的差别，提醒我们应当有意识地控制会计档案的质量，以达到科学管理和有效利用的目的。多年来，特别是 21 世纪以来，各单位的会计机构和档案机构，始终坚持以严密为主、质量为本的管理理念，不断总结经验和教训，探索研究提高会计档案质量的新思路和新方法，形成与会计档案特点相适应的管理模式，并通过前端、过程、后端三大环节为途径，实现对会计档案质量的有效控制。

①前端控制。把握源头前端控制即超前控制，是档案部门在会计文件归档以前，根据会计文件材料的形成规律，抓会计文件材料的形成、积累和质量的一种措施。会计文件的形成和积累贯穿于经济活动的全过程，同经济活动是同步进行的。因此，档案部门必须做好提前介入工作，从多方面了解信息，掌握第一手材料。在经济活动开展之初，档案人员就应针对项目特点，及时介入指导，并且对会计档案的收集范围、归档制度、保管、修改、利用、编研等各个环节提出明确具体的要求，指导建档人员的工作，从根本上保证会计档案的来源和质量。前端控制是会计档案质量控制的首要环节。会计档案由会计凭证、会计账簿、会计报表和其他会计资料四大类别组成。要保证上述会计档案的质量，必须加强前端控制，也就是从各类会计档案形成的源头进行控制，梳理归档流程、加强协同管理、超前培训指导等均为控制源头的有效措施。

会计档案主要形成于财务部门，财务部门的会计人员是会计档案的制成者、最初的管理者以及未来的重要利用者。因此，档案管理部门应重视对会计人员的培训，将对其超前培训指导作为控制源头的一项重要工作来抓。有针对性地开展培训指导工作，可采用讲座的形式进行全面的培训和讲解，分期分批轮训；也可以通过媒体公布有关法律、法规、标准、规章，使会计人员不仅能正确理解会计档案管理者对会计文件编制、归档的具体要求，而且能认识到从会计文件形成的源头进行文件积累和质量控制的必要性。通过归档人员质量意识的提高带动会计档案完整性和准确性的提高。可见，会计档案质量控制必须从源头着手，加强前端控制，强化协同管理，超前培训指导，方能达到事半功倍的效果。

②过程控制，实时管理。过程控制包括两个阶段，即对会计文件、会计记录的归档控制和对会计档案的管理控制。归档是会计文件向会计档案转化的过程。这个过程包括两部分工作：一是对会计文件材料的审查、鉴定；二是对会计文件材料的整理、加工。审查、鉴定的第一项任务是鉴别真伪，确认会计文件材料的真实性和可靠性。审查、鉴定的第二项任务是检查会计文件材料是否根据档案工作要求进行制作。如果不能反映经济活动的状况和财务工作的过程，或原始材料缺乏，这样的文件材料就要返回形成部门加工修改；审查、鉴定的第三项任务是内容质量的鉴别，这也是重要且难度最大的一项工作。由于会计文件内容的多样性和技术上的复杂性，会计文件内容质量的鉴别一般采用间接鉴定法。首先是通过鉴定委员会和有关专业领导对相应文件进行评价，判定会计文件的重要程度，然后是请教有关专业人员提出评价意见。审查、鉴定的第四项任务是对案卷格式和所填表格的正确性进行审查。会计文件材料归档时的基本表格有案卷目录、卷内目录、备考表等，这些表格是案卷内容的外在形式，必须填写齐全准确。如果会计文件在归档时能够进行上述四项审查，会计档案的质量也就基本得到保证了。至于会计档案的整理、加工就得由档案人员的专业素质来保证了。

过程控制是会计档案质量控制的重要环节。会计档案的科学管理除了通过前端控制解决会计文件、会计记录的规范问题，还需通过流程控制，实现管理过程的标准化、规范化。这一控制渗透于会计档案管理的收集、整理、鉴定、保管、统计、检索、利用、编研等各个环节。由于各机关、团体、企事业单位对会计档案的管理方式不同，产生不同的管理组织机构类型或指定专兼职人员负责管理会计档案，仅靠档案管理部门或人员的努力是万万不够的，必须有会计、出纳等财务人员的大力支持与配合，共同研究实施方案，联合行动、合理推进才可得以有效实施。

③终端控制，及时反馈。会计档案经过超前控制、过程控制后，其质量可以得到基本保证。但是检查和评价超前控制、过程控制的成效，以及做到有的放矢地指导超前控制和过程控制工作，还必须通过终端控制——反馈控制环节。所谓反馈控制是以归档会计文件的实际质量为依据，对建档、归档工作进行的

调整工作。纠正偏差，改正方向，使之更有成效性，是反馈控制的基本任务。会计档案质量的优劣，是通过整个管理过程特别是利用环节评价的。利用者在具体利用过程中，经常会发现会计档案这样那样的缺陷，这些往往是形成者和管理者所容易忽视的。反馈控制的首要任务是发现问题，发现问题可以通过两个途径来实现。第一个途径是从档案利用中发现问题，例如，会计档案中数据的准确性问题，往往通过利用才能确认。第二个途径是对档案进行抽查、评价。通过抽查案卷及时发现问题，再分析问题，明确改进方向，最后采取积极有效的措施解决问题，从而使会计档案质量的整体水平得到提高。

会计档案质量控制的上述三种途径，在实际工作中都是富有成效的。超前控制是从源头上控制档案的质量最为根本；过程控制是在管理环节对档案材料进行查漏补缺、去伪存真以及评价等质量把关，从而保证进入档案管理程序的文件材料的质量都在一定标准之上；终端控制则是发现并纠正超前控制和过程控制中的失误和偏差，使之趋于完善。总之，三者相互联系，相辅相成，共同构成了会计档案的质量控制系统，在有效提高会计档案质量的过程中，使会计档案工作更适应时代的需要，为经济发展发挥更大的作用。

第二节　会计档案的整理与鉴定

一、会计档案的整理

会计档案的整理是指按照会计工作的基本环节对会计档案进行分类、立卷、排列、编目等工作，使会计档案构成有机的体系。整理工作对于会计档案的保管、查找利用具有重要作用。

（一）会计档案的分类

分类是系统组织会计档案的重要方式，目前主要有如下几种方法。

1.会计年度形式（凭证、账簿、报表）保管期限分类法

这种分类方法是首先将会计文件按照会计年度分开，再将一个会计年度的会计文件按凭证、账簿、报表分为三大类，在三大类内再按永久、25 年、15

年、10 年、5 年的顺序排列；按会计年度顺序编制流水号。这种分类方法适用于单位的预算会计、企业会计。

2.会计年度一保管期限组织机构分类法

这种分类方法是首先将会计文件按会计年度分开，再将一个年度的会计文件按保管期限分开，然后，在同一保管期限内，按照单位的内部组织机构的顺序进行排列，同一内部组织机构的会计文件则先排报表，后排账簿与凭证；按会计年度顺序编制流水号。这种分类方法适用于各级总预算会计单位。

3.会计年度会计类型一形式一保管期限分类法

这种分类方法是首先将会计文件按会计年度分开，再将一个年度的会计文件按税务部门的税收计划、税收会计、经费会计等会计类型分类，在各会计类型下再按报表、账簿、凭证顺序结合保管期限进行排列。这种分类方法适合于专业性强的各级税务机关的会计档案。

（二）会计档案的立卷与调整

会计档案的立卷应遵循经济活动和财务收支的规律，由财务部门办理终结后，将凭证按照现金、银行存款、销售往来等会计科目装订成册；各类账簿也按科目成册形成案卷，作为会计档案的基本保管单位。在立卷时，可将一本凭证或账簿作为一个保管单位。会计报表是将年报、季报和月报分开立卷，同时根据报表数量的多少组成保管单位。

在整理加工过程中，对账簿的处理有两种方法：第一，对固定式的账页，为了保持原貌，不需拆除空白页；填写账簿启用表，并在账皮上贴账簿案卷封面。第二，对活页式账页，填写账簿启用表，拆除空白页，编好页码，加账簿案卷封面和备考表后，进行装订。对于凭证、账簿、报表封面上原有项目没有填写完整或清楚的，要由会计部门的经办人补填；对于破损、缺页、装订不牢固的案卷，应由财会部门负责修补和装订，对不符合要求的会计档案，档案部门不予接收。

（三）会计档案的编目

编目是指为会计档案编制案卷目录。会计档案案卷目录通常按会计凭证、会计账簿、会计报表和其他会计资料分别编制，尤其是永久保管的会计档案，应单独编制案卷目录。

会计档案案卷目录的项目及填写方法如下所述。

1.顺序号

顺序号指会计档案在案卷目录中顺序排列的序号，用阿拉伯数字填写。

2.案卷号

案卷号指每个案卷在该目录中的流水号。一本目录内不能有重复的案卷号。

3.原凭证号

原凭证号指记账时按科目赋予的凭证编号。无原始凭证号的，可填写该凭证册上的编号。

4.案卷标题

案卷标题指案卷封面上的标题。应写成：XX 单位 XX 年度报表，XX 单位 XX 年度经费总账。

5.起止年月日

起止年月日指案卷最早形成年、月、日至最后形成年、月、日。

6.件数和页数

件数指卷内会计档案的份数，页数指填写案卷的总页数。

7.保管期限

保管期限指会计档案的保存时间，分为永久、25 年、15 年等几种。

8.存放位置

存放位置指会计档案存放库房号以及柜（架）、格、盒的编号。

9.备注

备注部分填写需要说明的事宜。

二、会计档案的鉴定

会计档案的鉴定是指划分会计档案的保管期限，对其进行初步鉴定、复查鉴定和对丧失价值的会计档案予以销毁的工作。

（一）会计档案的保管期限

会计档案的保管期限分为永久和定期两种。永久保管为 50 年以上；定期保管分为 25 年、20 年、15 年、10 年、5 年等几个层次。各单位划分会计档案的保管期限原则上按照《会计档案管理办法》《财政总预算、行政单位、事业单位和税收会计档案保管期限表》《建设银行会计档案保管期限表》和《企业会计和建设单位会计档案保管期限表》的规定执行；如有特殊情况，可以适当延长保管期限。

在立档单位会计核算中形成的，记述和反映会计核算的，对工作总结、查考和研究经济活动具有长远利用价值的会计档案，应永久保存。属于永久保管的会计档案有：年度决算报表，涉及外事和对私改造的会计凭证、账簿等。在一定时期内具有查考作用的会计档案，应定期保存。属于定期保管的会计档案主要有会计账簿、凭证和月报表等。会计凭证一般情况下保存 15 年左右，不需要永久保存。其中，对于涉及外事和对私改造的会计凭证应当永久保存。对于未了结的债权、债务的原始凭证，涉及林、地、房产产权的有关货币收支凭证，精简下放、退职回乡、落实政策的支付凭证，工资支付单，对处理历史遗留问题有参考价值的原始凭证等，应适当延长保管期限。会计账簿保存 15 年～20 年即可，也不需要永久保存。这主要是因为会计账簿中的一些项目和数字已被会计报表所代替，会计账簿保存一段时期后查找率就会很低。

会计报表，特别是其中的年度会计报表（决算），需要永久保存。季度报表、月份报表保存 3 年～5 年。如果年度报表过于简略，或年度报表遗失，需要季度报表、月份报表辅助，则季度报表、月份报表可酌情适当延长保管期限。

（二）会计档案鉴定工作的组织与方法

1.会计档案鉴定工作的组织

各单位鉴定会计档案必须有组织、有领导地进行，任何个人不得擅自处理会计档案。单位在鉴定会计档案时，应成立由主管领导、会计部门与档案部门负责人参加的鉴定工作领导小组，制定鉴定工作方案，明确鉴定工作的要求、步骤和方法，确保鉴定工作的质量。

2.会计档案鉴定工作的步骤

（1）初步鉴定

在会计核算材料的整理过程中，初步鉴定由会计人员完成。会计部门在每年的会计年度终了时，对需要归档的会计材料进行整理、编目、装订，并根据《会计档案管理办法》确定各类会计档案的保管期限。

（2）复查鉴定

档案部门接收会计部门移交的会计档案后，要定期会同会计人员对已到保管期限的会计档案进行复查鉴定，确定其是否延长保管期限或销毁。

（3）销毁鉴定

对保管期满、可以销毁的会计档案，由档案部门提出意见，再由会计部门与档案部门共同鉴定，确认可以销毁的档案；然后编制销毁清册，经批准后，对档案实施销毁。

（三）会计档案的销毁

1.编制会计档案销毁清册

会计档案销毁清册是对经鉴定认定无保存价值的会计档案进行登记的目录名册，是销毁会计档案的依据。《会计档案管理办法》规定：会计档案保管期满需要销毁时，由本单位档案部门提出销毁意见，会同财务会计部门共同鉴定，严格审查，编造会计档案销毁清册。

2.编制会计档案销毁审批报告

会计档案销毁审批报告是对需要销毁的会计档案情况的书面说明。它要上报单位的领导、上级主管部门以及上级财政部门和档案部门审批；销毁工作完成后，还要由监销人员和销毁人员在报告上签名盖章。

各单位在实施对会计档案的销毁时，应由档案部门和财务会计部门共同派员监销。各级主管部门销毁会计档案时，还应有同级财政部门、审计部门派员参加监销。集体所有制单位销毁会计档案时，必须由主管部门派员监销。各级财政部门销毁会计档案时，由同级审计机关派员参加监销。

第三节　会计档案的检索与编研

会计档案记录着单位资金运行和管理情况，是单位的一个重要信息资源。有效地开发利用会计档案信息，可以为单位制定发展目标、改善经营管理、提高经济效益提供可靠的数据。因此，做好会计档案的开发利用工作十分重要。

一、会计档案的检索工具

（一）案卷目录

案卷目录的编制方法有：第一，编制会计凭证、账簿、报表三者合一的会计档案案卷目录；第二，分别编制会计凭证目录、会计账簿目录、会计报表目录；第三，分保管期限编制不同的会计档案的案卷目录。其中第三种编制方法与会计档案的排列、编号一致，比较有利于档案的保管、移交和销毁。

（二）专题目录

专题目录是根据国家经济建设和编制长远规划的需要，将历年案卷目录中有关生产、基建、供销、经费的内容以及财务决算及说明等按照专题编制的目录。

二、会计档案的编研工作

会计档案编研工作的主要内容是根据档案的内容和本单位的需要编制一定形式的档案参考资料。通常会计档案管理部门以编制数据性档案参考资料为主。

（一）基础数字汇集

基础数字汇集是利用会计档案中各方面的数据信息，将立档单位经济管理活动的数据按若干项目编辑而成的一种档案参考资料。其作用是供单位领导和业务人员全面、系统地掌握情况。

（二）重要数据汇集

重要数据汇集是按照时间顺序，将资金、产值、利润、利税、工资、奖金、成本等分项制成表格而形成的档案参考资料。

（三）阶段性资金分析表

阶段性资金分析表是按时期对比和反映企业资金运转使用情况的参考资料，主要供单位领导掌握单位经营情况、总结经验教训和研究发展方向。

第十章　知识管理背景下的特殊载体档案管理模式

随着科技的发展，以声、光、磁为介质的声像档案的产生越来越普遍，数量也越来越多。我们要开发利用这些生动、形象的特殊载体档案信息资源，以此为高校发展提供更加全面的服务。特殊载体的档案是指单位在工作中形成的照片、录音、录像、影片、电子档案等，它们与纸质档案相辅相成、共同记载了一个单位工作活动的面貌，具有独特的价值。由于它们的制成材料、记录方式和形成规律与纸质档案有很大差别，因此在管理上也有其特殊的要求与方法。

第一节　照片档案的管理

照片是运用摄影技术记录人们工作活动情况所形成的图片，目前分为传统照片和数码照片。传统照片是将被拍摄物体成像于感光材料上获得的图像；数码照片则是运用计算机与数码影像技术拍摄物体获得的图像，属于电子文件。在体裁上，照片档案分为新闻照片档案、单位活动现场照片档案、自然现象照片档案、艺术照片档案等。

照片档案是通过静态的形象记录活动现场的情况，保留了真切的历史画面，具有能够直观、鲜明、生动地再现历史场景的特点，在帮助人们掌握事实真相、了解历史面貌、提供法律证据等方面具有独特的作用。因此，照片档案是单位和个人记录历史活动情况的一种重要方式，在形式和内容上也成为纸质档案的一种重要的补充。

一、照片档案的构成

传统的照片档案主要由底片、照片、文字说明所构成。

（一）底片

底片是照片档案最原始的材料和最重点的部分，分为原始底片和翻版底片。原始底片是照片在形成过程中最初产生的底片，为防止磨损一般不外借；翻版底片是原始底片的复制品，又称复制底片，作用是保护原版底片，用于外借或补充原始底片的缺损。

（二）照片

照片是通过底片洗印而成的图片，它直接再现被拍摄物体的形象，是人们利用照片档案的主体。

（三）文字说明

文字说明是对照片的事由、时间、地点、人物、背景、摄影者等情况的简短介绍性文字，对于档案管理人员和利用者解读照片档案的内容具有重要的作用。因此，照片档案必须编写文字说明，两者相辅相成，是不可分割的整体。

作为档案保存的数码照片，在结构上除了原始的图像及其元数据外，也需要编写说明词，标明照片所反映的事由、时间、地点、人物、背景、摄影者等情况供查考。

二、照片档案的管理

（一）照片档案的收集

照片档案的收集工作应按照国家颁布的《照片档案管理规范》和有关规定，通过例行的档案接收制度和征集办法，将单位在工作中形成的和分散在个人手中的具有保存价值的照片档案集中到单位档案室和各级各类档案馆。

1.建立照片文件归档制度

为了保证照片档案的完整和安全，应建立照片文件的归档制度，对归档范围、时间和质量要求做出专门的规定，并认真贯彻执行。

2.明确照片档案的归档范围

照片档案的归档范围应以反映本单位工作活动，具有查考利用价值为原则，具体归档范围应是：

（1）记录本单位主要职能活动和重要工作成果的照片。

（2）领导人和著名人物参加与本单位、本地区有关的重大公务活动的照片。

（3）本单位组织或参加的重要外事活动的照片。

（4）记录本单位、本地区重大事件、重大事故、重大自然灾害及其他异常情况和现象的照片。

（5）记录本地区地理概貌、城乡建设、重点工程、名胜古迹、自然风光以及民间风俗和著名人物的照片。

（6）其他具有保存价值的照片。

如果是传统照片，要求底片、照片和说明文字一同归档；如果是数码照片，则要求原始图像、元数据和说明文字一同归档。

3.档案室（馆）对照片档案的接收

档案室（馆）应按照《机关档案工作条例》和《档案馆工作通则》的规定接收照片档案。在接收照片档案时，要建立验收制度，注意检查照片的质量，尤其是对于底片应仔细检查，发现问题及时修补或进行补救。同时，为了更好地反映本地区和本单位的历史面貌，对于个人收藏或书刊、画报中的具有历史价值的有关照片，可以组织人员进行翻拍或补拍，以弥补照片档案的不足。

（二）照片档案的整理

按照《照片档案管理规范》的要求，照片档案的底片应单独整理和存放，照片和说明文字应一同整理和存放。

1.照片档案的分类

（1）底片的分类。底片的分类方法有三种：第一，按规格、尺寸分类；第二，按年度或历史时期分类；第三，按内容分类，如会议、活动、项目、产品、事件等。对于底片数量较少的单位，也可以不分类，按收到底片的先后顺序进行流水编号。

（2）照片的分类。照片一般是以全宗为单位，按年度内容/专题进行分类；有时也可以与相关的文书档案的分类方法一致。如果单位的照片档案数量较多，还可以从摄影的目的、记载的内容和表现形式等出发将照片分为记录性照片和艺术性照片。

数码照片的分类方法与传统照片的分类方法基本相同，按照年度一内容/专题/事件分类，建立文件夹。例如：×X 建筑咨询公司归档的 2006 年的数码照片，按照活动专题建立了"业务研讨会""业务考察""客户访问""业务指导"等文件夹；当"业务研讨会"类中包含若干个会议时，可以按照会议的时间顺序再建立下个层次的文件夹。

2.文字说明的编写

照片档案的文字说明是反映照片内容和相关情况、帮助人们利用照片的重要信息，通常应包括事由、时间、地点、人物、背景和摄影者六个要素。单张照片的文字说明置于照片的下方或左右两侧；大幅照片的文字说明可另纸书写，与照片一同保存。

成套的数码照片应该编写总说明词，简要介绍活动的情况；所包括的每张照片下则需按照六个要素写明具体情境。

3.照片档案的立卷

照片档案的案卷一般按照内容进行立卷；照片档案数量较少的单位，一年的照片也可以组合成一卷。卷内照片档案一般按照重要程度或时间顺序排列；成套的照片档案应排列在一起。

照片档案的编号方法是：案卷按顺序编制流水号码；卷内顺序编制页号；每套照片编一个总号；一套中各张分别编号；每张照片档案的底片、照片、说明词应同编一号。例如：一套照片档案的总号为 15，其所含各张照片的编号依次为 15—1、15—2、15—3……照片的分类号、底片号、参见号应在文字说明栏中注明，以便于查找。各类别数码照片的编号宜采取总号一分号的编号方法。

4.照片档案的编目

应按照《照片档案管理规范》的要求，填写照片档案案卷的卷内目录、卷内备考表和案卷目录。

对底片进行分类、编号后，要对其进行登记。一张底片或一组底片为一个保管单位，编一个底片号。底片号按收到或发出的顺序编号。底片目录登记簿包括的项目有：分类号、底片号、照片号、简要内容、拍摄者、拍摄时间、拍摄地点、底片数量、技术状况、底片来源、收到或发出日期、备考等。其中底片号为最重要的一个项目，它编写在胶片乳剂面的右上角。由于底片保存在纸袋中，因此，要在纸袋外面同时写明底片号。

（三）照片档案的鉴定

对于形成时间较为久远的照片档案，为了准确判定其内容、背景、人物、事件以及可靠性等，我们需要对其进行考证鉴别工作。考证鉴别的主要途径和方法有：通过文字档案和史料考证鉴别，通过调查走访考证鉴别，实地考察鉴别，以及照片之间进行比较鉴别等。

照片档案价值的鉴定，应遵循档案价值鉴定的原则和要求，参照照片形成的年代、内容、技术质量等因素来判定。

照片档案的保管期限一般划为永久或长期保存比较合适。如果某些照片的内容与本单位、本地区的工作没有直接的关系，只是用于学习、宣传、交流情况，则作为资料保存。

（四）照片档案的保护

照片档案中的底片和照片应分别存放保管；底片单独存放入底片夹，照片与文字说明一起存放。保存底片适宜的温湿度为：温度13℃～15℃，相对湿度35％～45％；保存照片适宜的温湿度为：温度14℃～24℃，相对湿度40％～60％。同时注意防火、防尘、防污染、防霉变。

为了保证照片档案的完整与安全，照片档案数量较多而有条件的单位，应按照《照片档案管理规范》建造专门的库房保管照片档案；照片档案数量较少或不具备条件的单位，也应购置专门的装具保存照片档案，并采取一定的库房温湿度控制、防尘、防污染等措施，为照片档案的安全保管创造适宜的条件。

三、照片档案的提供利用

照片档案提供利用的方式包括借阅、复制、展览与宣传、咨询、编辑画册等。其中照片档案的展览和编辑画册的方法及程序如下所述。

（一）展览

照片档案展览是指根据工作的需要，按照一定的主题，将照片档案进行系统编排、陈列，供利用者参观的一种提供利用的方式。举办照片档案的展览能够充分发挥照片形象生动、场景真实的特点，起到良好的宣传教育作用。

对于照片档案，可以根据本单位的条件，与其他档案一起设立长期的展览，陈列本单位保存的珍贵照片；也可以结合本单位和本地区的现实活动，如重要纪念日、庆祝日、重要会议等，举办照片档案的展览。

举办照片档案展览的程序主要有选题，选材，进行展示设计，对选用的照片进行放大、缩小、剪裁、标记、装饰等加工工作，编写前言、说明、结束语，展品布置等。

（二）编辑照片档案画册

照片档案画册是按照一定的专题，将有关的珍贵照片集中，并经系统编辑所组成的文献形式，如《毛泽东纪念画册》《北京旧城》画册等。照片档案画册既是宣传教育的一种方式，又是文化传播和交流的一种载体。

编辑照片档案画册的基本程序如下：

1.选题。照片档案画册的选题要适合馆藏和现实工作活动的需要，具有长远的利用价值。

2.编制编辑方案。编辑方案的内容包括：照片档案画册的主题内容、编辑目的和要求、选材范围、人员分工、时间安排、工作步骤、质量保证措施等。编辑方案要充分征求意见，并经有关领导的审核批准。

3.选材。照片档案画册的选材要围绕主题，对所选的照片的价值要进行正确的判定，保证选用照片的真实、典型。

4.加工和编排。加工是围绕题目并根据画册的要求，对所选用的照片进行校对、编写文字说明和对标点进行考订等。

编排是指根据画册的编辑体例和设计要求，对照片逐件排列，固定照片在画册中的位置。

5.审校。为了保证画册内容的准确无误，应严格做好照片档案画册的审校工作。审校一般分为初步审校、全面审校和最后审校三步进行。经审校合格后照片档案画册即可出版。

第二节　录音、录像档案的管理

录音、录像档案目前有两种形式：一种是采用录音机和录像机在磁带上记录单位或个人现场工作活动情况所形成的档案；它在形成以后，需要利用音像视听设备才能收听和观看。另一种是采用数码录音、摄像技术来拍摄单位或个人工作活动情况，成像于磁盘上的数字化信息；它属于电子档案，需借助于计算机设备才能收听和阅览。录音、录像档案分为纪实性和制作性两种类型。纪实性录音、录像档案指在本单位工作活动过程中录制的材料。制作性录音、录像档案指经过策划、录制、编辑而有目的地制作的作品。

录音、录像档案的特点是可以再现当事人讲话、现场的各种声音，以及动态的历史活动景象，具有很强的现场感，生动、直观，因此，它是人们了解真实的历史面貌、证明历史事实的可靠凭据。

一、录音、录像档案的收集

对于纪实性录音、录像档案，我们应按照归档范围的要求，将反映本单位工作活动、具有查考利用价值的材料随时接收归档，由档案室统一保管。为此，我们要向有关人员说明录音、录像档案收集工作的要求和目的，使其在完成录制任务后，及时将有关的音像资料移交档案室进行审查、鉴定和归档。

对于制作性录音、录像档案，有关的广播电台、电视台，以及记者、编辑等采编人员，应将采访录制、编辑加工的各种音像资料进行登记，填写送审表，并送交有关领导审定。送审表的项目包括节目来源、内容、录音或录像地点、原录日期、复制日期、录音或录像效果、机速、播放时间等；只有经过审批后的材料才能归档。与音像材料有关的文字材料应与其同时归档。

在接收录音、录像档案时，需要进行验收，其目的是检查音像材料的质量。验收的程序和内容是核对录音、录像登记表，检查登记簿的各项内容是否填写完整清楚，手续是否完备；随后，根据登记簿的内容听音或观看，核对录音、录像档案内容的技术状况。为此，单位的档案部门应备有视听设备，以便对录音、录像档案进行技术性能的检查。

二、录音、录像档案的分类与编目

录音、录像档案可以按照内容和时间分类。在分类时，应该将机密录音、录像档案与非密的材料区别开来，将原版、复制版等不同版种的材料区分开来。

录音、录像档案应装入特制的封套中，并在封套外面粘贴上标签；标签上应注明题目（内容）、讲话人、录制日期、盘（卷）数、编号、磁带长度、播放时间等项目。文字材料随同装入封套内，统一编号。

对经验收并需入库的录音、录像档案，应按收到的先后顺序进行登记；登记的主要项目有：编号、收到日期、录制日期、内容、责任者、录制单位、录制地点、技术状况、播放时间、数量、备注等。

三、录音、录像档案的保护

（一）专用的库房或装具

录音、录像档案的载体材料是磁性介质，其对磁场的干扰比较敏感；如果较近距离内有磁场，会导致磁记录信号的丢失，使录音、录像档案遭到破坏。为此，大量产生和保存录音、录像档案的单位，应该修建专用的防磁档案库房，以彻底隔绝外界磁场对录音、录像档案的干扰。而一般的单位档案室或保存录音、录像档案数量不多的档案馆则应购置专用防磁装具，以存放录音、录像档案。不具备上述条件的单位，亦应避免在录音、录像档案保管场所同时放置电动机、电视机、变压器等设备，或避免将录音、录像档案存放在这类电器附近。

（二）库房温湿度控制

录音、录像档案适宜的库房温度是 15℃～25℃，相对湿度应保持在 45％～60％之间。库房温度过高易使磁性介质变脆；湿度过大，则易导致磁性装置受潮变形。为此，录音、录像档案库房应备有温湿度测量仪器和调节设备，以便随时记录、监测和调整库房的温湿度，保证录音、录像档案的安全。

（三）存放方式正确

录音、录像档案应避免平放保存，其正确存放方式为竖放，这样可使其受力均匀，避免磁带变形。

（四）定期重绕与复制

长期保存的录音、录像档案，应每隔 6 个月或在雨季、高温季节对磁带进行重绕，以释放磁带内的压力，并进行定期检查。重绕磁带应注意采用正常转速，卷绕的松紧度要适当，边端要平整，不能出现褶皱、弯曲，防止带体损坏。

为了使录音、录像档案信息长久保存，还应该根据磁带的保存情况，每隔 5～10 年时间，进行信息转录的工作。

第三节　实物档案和内部资料的管理

一、实物档案的管理

实物档案是指单位在工作活动中形成的，有凭证和查考价值的印章、证章、锦旗、奖状、奖杯、匾额等物品，它们是一个单位历史发展的重要见证，因此，各单位应该把实物档案纳入归档范围，档案室每年要按时接收这类档案，并进行科学的管理。

由于实物档案的种类很多，载体形态各异，保管方式和要求不尽相同，因此，一般是对其进行分类收集、登记和保管。

（一）证书类档案的管理方法

证书类档案包括证书、奖状、奖杯、奖牌、奖章、锦旗等，主要反映单位工作、生产、科研或产品研发等获奖的情况。有时上述物品各自独立地反映一个事件；有时证书会与奖杯或奖章为同一事件的证物。

1.编号和登记方法

证书档案在归档移交前，需要由移交部门进行整理、分类和编制说明材料。证书类档案的编号宜采取年度组号一分号的编号方法，即先分年度，再把属于同一事件的证书、奖杯、奖章或奖牌作为一组，给定一个组号，组号下面再编分号。例如：某年某一组奖励证书档案组号为 1，它所包括的证书和奖杯分别为 1—1、1—2。

证书类档案登记要按照"年度一事件一品种"的顺序进行。

证书档案的说明材料应该与实物一起移交，其内容包括：奖项名称、奖项级别、颁奖单位、颁奖时间、归档部门、载体类型。

2.保管方法

大多数的证书、锦旗（折叠）、奖章和奖牌等可以采用 A4 大小的档案袋包装保存，一件或一套装入一个档案袋，作为一个保管单位。在档案袋封面上需要标明：档号、奖项题名、奖项级别、颁奖单位、颁奖时间、归档部门、载体类型，以及档案实体存放位置等。

奖杯和有些幅面大的锦旗，不能装入档案袋；有些奖杯和锦旗被长期陈列在单位的宣传橱窗和展室里，为了保持证书之间的历史联系，需要对这些实物拍照，以照片的形式存档。拍摄的实物照片的编号应与实物的编号相一致，并应与配套的证书存放在一起。有条件的单位，可以对所有证书类档案进行拍照存档，形成一套完整的电子照片档案。

（二）印章类档案的管理方法

印章档案是一个法人单位行使职权的象征，不少单位由于名称、隶属关系的变化，印章相应地随着变更，于是积累下来一些过期、报废的印章。这些印章虽然不具现行效用，但却是客观证明单位历史存在的一种重要证据，应予以收集保存。

1.整理方法

对过期作废的印章应该进行鉴定。一般来说，独立法人单位的印章具有长远的保存价值，单位内部重要职能部门的印章也需要长期保存。由于目前绝大多数印章采用橡胶材料制作，经过较长的岁月后，会发生软化和字体模糊的现象。因此，经鉴定需要归档的印章，应留取印模并拍照，连同原件一起按照年度级别分类、编号。所谓级别是指是法人单位印章，还是内部机构印章。印章的编号宜使用胶带纸粘贴于印章柄的位置，印模和照片上标明相同编号。

2.保管方法

一些档案部门的做法是：使用 5.5 厘米厚的塑料档案盒作装具，盒内用纸板隔成"#"字格，将印章置于格内，周围可用纸团固定位置，在盒盖内侧粘贴印章摆放示意图注明印章名称、编号，以便于根据编号所对应的位置直接提取印章。

印模和照片可以装入档案袋存放，封面需要标明印章的名称、编号、存址等信息。

（三）礼品类档案的管理方法

除了上述实物档案外，单位在社会活动中还会收到一些知名人士及外单位赠送的具有纪念意义的字画等纪念品，以及在外事活动中外宾赠送的具有纪念意义的纪念品。单位的有关部门在接收礼品后，应编写文字说明，指出档案的来源、获得时间和缘由、件数，填写礼品类实物档案接收登记簿，一并移交档案室。

档案部门对接收的礼品类档案应逐件拍照，照片要编写说明词，标明原物品的编号，存档保存。礼品类档案一般按时间类型分类整理、编号登记造册，按照其不同的类型实施管理。

以上各类实物档案应放置在专用柜中保存，注意防火、防盗、防潮。经鉴定无保存价值或已经丧失保存价值的实物档案应编制销毁清册，写明销毁原因，经本单位领导审批后，方可销毁。

二、内部资料的管理

内部资料通常指本单位在工作中编写或编辑的，反映主要职能活动的情况文字及统计材料，它们有的是公开出版物，有的是内部出版物。内部资料是单位工作中形成、创作的一种宝贵的精神产品或信息资源，也是档案的重要补充成分。那些能够反映本单位主要职能活动和历史状况的，具有保存价值的内部资料需要归档保存。

（一）内部资料的收集

内部资料通常包括：大事记、组织沿革、工作年报、工作手册、政策法规汇编、分析与统计资料、产品图集和介绍等原稿以外的印刷文本。内部资料在单位内的形成渠道比较分散，由于不属于正式文件，管理难度也比较大。因此，需要由单位的办公室牵头建立内部资料的管理制度，有效地收集已经编印的内部资料。

按照归档制度，单位组织编写或编辑的出版物和内部资料的原稿应作为档案，按规定的程序归档；已经印制成公开或内部出版物的印刷品，则应按年度向档案部门或档案人员至少移交两本（套）作为资料保存；移交工作应于次年六月底前完成。

（二）内部资料的整理

内部资料的分类方法主要有两种：一种是按照年度类型分，如政策法规汇编、工作年报、统计资料、产品图集等；另一种是按照年度一编写部门分，如办公室、技术部、人力资源部等。资料分类后，应按照印制的先后顺序排列、编号、加盖单位印章和登记目录，然后入库上架。

（三）内部资料的利用

由于单位一些内部资料的内容涉及技术或经济秘密，因此，在利用上需设定利用权限，经单位领导批准后执行。同时，在档案室查阅内部资料均应进行登记，履行借阅与归还手续。借阅、复制内部资料者无权擅自公布资料的内容或数据；如果发生此类情况，公布者将承担所造成后果的全部责任。

第四节　电子档案的管理

电子档案，是指通过计算机磁盘等设备进行存储，与纸质档案相对应，相互关联的通用电子图像文件集合，通常以案卷为单位。在行政管理和商务活动中，由于信息处理技术的应用，出现了电子政务和电子商务等管理和经营方式，由此产生了大量的电子档案。加大对电子文件的形成、积累、鉴定、归档及电子档案的保管的管理力度，统一协调，指定专门机构或人员负责，方能确保管理工作的连续性。同时，还要明确规定归档时间、归档范围、技术环境、相关软件、版本、数据类型、格式、被操作数据、检测数据等，以保证电子档案管理的科学性和档案质量完整性。电子档案是具有保存价值并归档保存的电子文件。在计算机网络系统中，电子文件和电子档案是在同一个信息处理系统中进行管理的。

虚拟档案是用来区别于一些客观存在的档案实体，是将实体档案信息以字节、比特方式表示并使之在电脑网络上流动，只有引入正确的软件，硬件与足够的背景细节，这些字节与比特方可随机定位到用户所在的网络终端，以可被理解的文字、数字、图像、图表、符号等到显示用户所需求的档案实体的真实信息。

目前，电子文件所采用的介质主要有磁盘、磁带和光盘。电子档案归档主要用磁带和光盘。

一、电子档案的特点

在单位的计算机信息处理系统中，电子档案是作为管理或经营信息而被保存起来的。它的作用主要表现为两个方面：第一，对于管理或经营活动来说，它是重要的原始凭证，是单位工作目标实现情况的记录，是单位历史面貌的一个组成部分；第二，对于单位的信息系统来说，电子档案是这个系统信息资源的组成部分，它可以直接转化为数据库、资料库中的信息，它是各种信息补充、更新或再生产的重要来源，是系统正常运行的信息保障。主要包括：文本文件、命令文件、图像文件和数据文件。

电子档案是电子文件的转化物，具有电子文件的所有技术特性。因此，在管理上它与传统档案有很大差别。电子档案的特点如下所述。

（一）保管位置较分散

传统档案实行实体集中统一管理形式，单位的档案集中于本单位档案室，国家档案集中于各级各类档案馆。而电子档案则不可能按照上述方式集中管理，它的相当一部分是通过档案部门掌握其逻辑地址而进行控制；有些部分是通过下载将信息转移到保存介质上而集中于档案部门；还有一些电子档案是采用在线集中，即将信息转移到档案部门指定的地址中进行管理。电子档案管理相对分散且形式多样的特点，加大了管理的复杂程度。

（二）保管技术程度高

电子档案的生命是由载体、信息和系统三个部分所构成的。这三个部分的存在和影响因素不一致，也不同步。它们之所以能够构成完整的电子文件或电子档案，是人们通过一定的技术手段将其联结在一起的。电子档案的载体——磁盘是化工制品，老化、污染、磁场等都会影响它的质量，从而破坏信息记录；电子档案信息易受误操作、恶意更改或病毒的侵害；计算机软、硬件系统的升级换代会造成原有环境下生成的文件无法识读和利用。对上述三个方面因素进行管理和控制的艰巨性远远超过了传统档案的管理方式，是信息化环境下原始记录保管的重大课题。

（三）信息再利用及时

电子档案信息在计算机网络系统中再循环的即时性强。传统档案信息在现行活动中的转化方式有两种：一种是在单位使用档案的过程中将有关信息提取出来，融入现行文件当中；另一种方式是档案部门编辑一些档案参考资料，提供给单位使用。前一种方式的信息使用过程具有一次性；后一种方式的信息虽专题性、系统性强，但转化过程慢，时效性较低。在计算机网络系统中，电子档案信息可以同时以不同的形态分流，即电子档案归档的同时，那些具有数据价值的信息被数据库采集，有资料价值的进入资料库，又成为新的电子文件的来源。

（四）可以在线利用

电子档案的利用可以采用非在线方式，但是更多情况下是采用在线方式。电子档案在线利用的方式对于用户来说基本上摆脱了地域和时间限制，调阅文件的主动性强、批量大和表现方式多种，使文件查找速度快，可以实现信息或数据的共享，因此这种方式能够充分发挥信息系统的优越性。由于在线利用是一种信息管理者与用户非接触式利用方式，所以，利用过程中的信息真实性证实方式、信息复制和公布的权限、信息拥有者及内容涉及者权益的保护等问题等，都是在管理中需要加以解决的。

二、电子档案的归档

（一）归档范围

国家档案局发布的《电子公文归档管理暂行办法》规定：电子公文的归档范围参照国家有关纸质文件的归档范围进行归档并划定保管期限；电子公文的收发登记表、机读目录、相关软件、其他说明等应与相对应的电子公文一同归档保存。电子公文形成单位应指定有关部门或专人负责本单位的电子公文归档工作，将电子公文的收集、整理、归档、保管、利用纳入机关文书处理程序和相关人员的岗位责任。机关档案部门应参与和指导电子公文的形成、办理、收集和归档等各工作环节。

（二）归档方式

1.物理归档方式

物理归档包括介质归档和网络归档两种方式。介质归档是指文书部门将电子文件下载到存储介质上移交给档案部门；网络归档是指将电子文件通过网络直接传输给档案部门进行存储。物理归档可以实现电子档案的集中管理。

2.逻辑归档方式

逻辑归档是指文件形成部门将归档电子档案的逻辑地址通知档案部门，从而使档案部门实施在网络上控制与管理电子档案的归档方式。经逻辑归档后，一方面，电子档案的物理存在位置不会改变；另一方面，文件形成部门可以利用该文件，但是却不能对其进行修改和删除。

3."双套制"归档

《电子公文归档管理暂行办法》规定，电子公文形成单位必须将具有永久和长期保存价值的电子公文,制成纸质公文与原电子公文的存储载体一同归档,并使两者建立互联。这种做法就是我们所说的"双套制"归档。采取"双套制"归档主要是为了应对计算机或网络系统出现意外故障时，确保电子档案信息的完整性和真实性。

（三）归档时间

电子档案的归档时间分为实时归档和定期归档两种情况。实时归档是指电子文件形成后即时归档；定期归档是指按规定的归档周期归档。一般情况下，通过计算机网络归档的电子档案应采取实时归档；介质归档可以采取定期归档。

（四）归档要求

1.齐全完整

电子档案归档的齐全完整指除了文件内容之外，还要接收生成电子文件的软、硬件环境信息，如电子档案的设备、支持软件、版本、说明资料；需要永久和长期保存的电子公文，还应在每一个存储载体中同时存有相应的符合规范要求的机读目录。

2.真实有效

真实有效是指归档的电子档案应该是经签发生效的定稿，图形文件如果经过更改，则应将最新的版本连同更改记录均予归档。

3.整理编目

在电子档案归档前，文件形成部门应对文件载体进行整理，并在其包装盒表面粘贴说明性标签；对文件的形式和内容进行著录、登记等。归档时，应将有关的目录和登记表同时移交给档案部门。

4.安全可靠

重要部门或有条件的单位，最好对电子档案实行双套异地保存，以便于在突发灾难性事故发生时，确保单位核心文件的完整与安全。

（五）归档手续

1.进行技术鉴定

电子档案在归档时要进行技术鉴定，鉴定的内容包括档案的技术状况是否完好、支持软件、配套的纸质文件和登记表格是否完整等。《电子公文归档管理暂行办法》规定，电子公文形成单位应在电子公文归档时对相关项目进行检查，检查项目包括与纸质公文核对内容、签章，审核电子公文收发登记表、操作日志及相关的著录条目等，确认电子公文及相关的信息和软件无缺损且未被非正常改动，电子公文与相应的纸质公文内容及其表现形式一致，处理过程无差错。通过存储载体进行交接的归档电子公文，移交与接收部门均应对其载体和技术环境进行检验，确保载体清洁、无划痕、无病毒等。检验的结果应填写《电子档案接收检验登记表》。

2.履行归档手续

采用介质归档方式的电子档案，在对归档文件检验合格、清点无误后，移交的双方应在《归档电子文件登记表》《归档电子文件移交检验表》和《电子档案接收检验登记表》上签字盖章。移交文件均一式两份，交接双方留存备查。

采用逻辑归档或网络归档方式的电子档案，首先由文件形成部门为文件赋予归档标识，然后提交给档案部门；档案部门再给已经归档的文件赋予档案管理标识。实行逻辑归档或网络归档时，计算机系统可自动生成《归档电子文件登记表》，打印输出后，移交双方签字盖章、留存备查。

采用"双套制"归档的纸质文件履行与纸质公文相同的归档手续。

三、电子档案的管理

有效的电子档案管理是实现人类社会原始历史记录在信息时代得以真实、完整、可靠保管的有力保证，是档案学、信息科学以及管理学的交叉融合。计算机支持的协同工作、信息时代的档案领域、电子档案的形成机制、电子档案管理模式、电子档案管理规范、电子档案全文检索工具——EAD，以及数字档案馆系统工程等是在社会信息化的大背景下构建电子档案管理的理论体系，尤其是网络化、数字化环境下电子档案管理手段、管理模式的变革使得目前电子档案管理尚处于探索阶段，根据国内外的有关理论与实践，电子档案的管理主要涉及如下方面。

（一）电子档案的管理模式

1.单位内部的文档一体化管理模式

单位内部的电子文档一体化管理主要是通过计算机管理软件来实现。这样的文件和档案管理软件通常是一个包括文件发文处理环节、收文处理环节、分类、鉴定、立卷、归档、接收、著录、标引、检索、调阅、登记、统计等全部文书处理与档案管理环节的系统。该系统在运行时，单位日常管理和经营活动中生成的数据、文件、表格、单据等均在计算机网络上进行传递、交换、处理和管理；同时，电子档案的目录、索引自动生成，并可以实现即时归档。各种信息的用户及管理者通过身份验证系统得到使用权限的确认后，才能进入系统进行操作。

2.档案馆电子档案的管理模式

档案馆管理阶段的电子档案管理模式有两种：第一种是"集中保管的模式"，即立档单位将失去现行效用，并具有长远保存价值的电子文件移交给档案馆集中保管；第二种是"分布保管的模式"，即电子文件始终由立档单位自己负责保存，档案馆对电子文件具有一定的控制权利，并对其管理进行指导。

3.数字档案馆的管理模式

数字档案馆是利用计算机网络远程获取文件信息并进行管理的一种档案机构；它是运用网络技术在逻辑上组织存储于不同地址的电子档案信息，构成档案信息资源共享的环境，为用户提供便利的利用服务。数字档案馆的信息源是各个机构的电子档案。数字档案馆对电子档案实行的是虚拟的管理方式，即电子档案可以存储在立档单位的地址中，也可以存储在档案馆指定的地址中，档案馆对电子档案的管理和存取都在计算机网络上进行。

（二）电子档案的保管

电子档案的特性不同于纸质档案，决定其在保存与维护方面的复杂性。如何保存、维护电子档案，使之安全、可靠并永久处于可准确提供利用的状态，是档案工作者急需解决的问题。具体要求如下：

1.要保证电子档案载体物理上的安全。一般情况下，电子档案是以脱机方式存储在磁、光介质上，所以，要建立一个适合于磁、光介质保存的环境，诸如温湿度的控制，存放载体的柜、架及库房应达到的有关标准的要求，载体应直立排放、并满足避光、防尘、防变形的要求，远离强磁场和有害气体等。

2.要保证电子档案内容逻辑上的准确。电子档案的内容是以数码形式存储于各种载体上的，在以后的利用中，必须依赖于电子计算机软硬件平台将电子档案的内容，还原成人们能够直接阅读的格式进行显示。这对于电子档案而言是一个较为复杂的过程。因为，电子档案来自各个方而，往往是在不同的电子计算机系统上形成的，且在内容的格式编排上也不尽一致，这种在技术和形式上的差异，必然导致在以后还原时，所采用的技术与方法的不同。而电子档案在形成时所依赖的技术，往往是已经过时的技术，这是科技进步所带来的必然结果。因此，除对电子档案本身进行很好的保存外，还必须对其所依赖的技术及数据结构和相关定义参数等加以保存，或采用其他方法和技术力加以转换。

3.要保证电子档案的原始性。对于一些较为特殊的电子档案，必须以原始形成的格式进行还原显示。可采用以下三种方法：一是保存电子档案相关支持软件，即在保存电子档案的同时，将与电子档案相关的软件及整个应用系统一并保存，并与电子档案存储在一起，恢复时，使之按本来的面目进行显示；二是保存原始档案的电子图像；三是保存电子档案的打印输出件或制成缩微品，因为这是最为稳妥的永久保存方法。

4.要保证电子档案的可理解性。对一份电子档案的内容来说，常常有不被人完全理解的情况。为了使人们能够完全理解一份电子档案，就需要保存与档案内容相关的信息。这些信息应包括：元数据；物理结构与逻辑结构的关系；相关的电子档案名称、存储位置及相互关系；与电子档案内容相关的背景信息等。

5.要对电子档案载体进行有效的检测与维护。电子档案载体，特别是磁性载体，极易受到保存环境的影响。因此，对所保存的电子档案载体，必须进行定期检测和拷贝，以确保电子档案信息的可靠性。定期检测，应每年一次，采用等距抽样或随机抽样的方式进行，样品数量以不少于10％为宜，以一个逻辑卷为单位。首先进行外观检查，确认载体表面是否有物理损坏或变形，外表涂层是否清洁及有无霉斑出现等。然后进行逻辑检测，采用专用或自行编制检测软件对载体上的信息进行读写校验。通过检测发现有出错的载体，须进行有效的修正或更新。应每四年拷贝一次，且原载体继续保留的时间不少于四年。对于电子档案的检测与维护，必须进行严格管理，因为任何一次误操作，都可能使保存的电子档案遭到人为损害，甚至造成难以弥补的损失。必须建立相应的维护管理档案，对电子档案的检测、维护、拷贝等操作过程进行记录，避免发生人为的误操作或不必要的重复劳动。

对电子档案的有效保存与维护，是一项极其重要而复杂的工作。因而，在对电子档案的保存与维护过程中，应充分考虑环境、设备、技术、人员及电子档案的特点等综合条件，来制定技术方案和工作模式，并采取有效措施，以确保电子档案的安全可靠，能够永久地处于可准确提供利用的状态，使其在社会生活中发挥更大的作用。

此外，与纸质档案相比较，电子档案信息的完整性和真实性面对着来自于载体自身和计算机网络环境中一些不安全因素的威胁，因此，应利用现有的电子信息安全防护的技术手段，如信息加密、电子签名、身份识别、防止计算机病毒、信息备份、信息迁移技术等，维护电子档案信息的安全。有条件的单位应该采取对重要的电子档案异地备份保存的方式，以防止突发性灾害事故对档案的危害。具体讲，包括以下几方面：

1.照片档案主要由底片、照片、文字说明所构成。底片是照片档案最原始的材料和最重点的部分；文字说明是对照片的事由、时间、地点、人物、背景、摄影者等情况的简短介绍性文字。

2.照片档案的归档范围应以反映本单位工作活动、具有查考利用价值为原则，档案室（馆）应建立照片档案的归档、验收与接收制度。

3.底片的分类方法包括按规格、尺寸分类，按年度或历史时期分类和按内容分类三种。

4.照片一般是以全宗为单位，按年度一内容/专题进行分类；有时也可以与相关的文书档案的分类方法一致。

5.照片档案的案卷一般按照内容进行立卷；照片档案数量较少的单位，一年的照片也可以组合成一卷。

6.照片档案价值的鉴定，应遵循档案价值鉴定的原则和要求，参照照片形成的年代、内容、技术质量等因素判定。照片档案的保管期限一般划为永久或长期保存。

7.保存底片适宜的温湿度为：温度 13℃～15℃，相对湿度 35%～45%；保存照片适宜的温湿度为：温度 14℃～24℃，相对湿度 40%～60%。同时注意防火、防尘、防污染、防霉变。

8.照片档案的提供利用的方式包括借阅、复制、展览与宣传、咨询、编辑画册等。

9.对于纪实性录音、录像档案，单位的档案部门应按照归档范围的要求，将反映本单位工作活动、具有查考利用价值的材料随时接收归档。接收录音、录像档案时要进行验收，其目的是检查音像材料的质量。

10.录音、录像档案可以按照内容和时间分类；在分类时，应该将机密录音、录像档案与非密的材料区别开来，将原版、复制版等不同版种的材料区分开来。

11.录音、录像档案适宜的库房温度是 15℃～25℃，相对湿度应保持在 45%一 60% 之间；其正确存放方式为竖放；长期保存的录音、录像档案每隔六个月或在雨季、高温季节，应对磁带进行重绕，并进行定期检查。

12.实物档案是指单位在工作活动中形成的，具有凭证和查考价值的物品，主要包括证书类、印章类、礼品类实物档案。它们是一个单位历史发展的重要见证，因此，各单位应该把实物档案纳入归档范围，档案室每年要按时接收这类档案，并进行科学的管理。

13.证书类档案的编号宜采取年度一组号一分号的编号方法，即先分年度，再把属于同一事件的证书、奖杯、奖章或奖牌作为一组，给定一个组号，组号下面再编分号。证书档案的说明材料应该与实物一起移交，其内容包括：奖项名称、奖项级别、颁奖单位、颁奖时间、归档部门、载体类型。

14.独立法人单位的印章具有长远的保存价值，单位内部重要职能部门的印章也需要长期保存。经鉴定需要归档的印章，应留取印模并拍照，连同原件一起按照年度级别分类、编号。

15.档案部门对接收的礼品类档案应逐件拍照，照片要编写说明词，标明原物品的编号，存档保存。礼品类档案一般按时间类型分类整理、编号登记造册，按照其不同的类型实施管理。

16.内部资料通常包括大事记、组织沿革、工作年报、工作手册、政策法规汇编、分析与统计资料、产品图集和介绍等原稿以外的印刷文本。内部资料的分类方法主要有两种：一种是按照年度类型分，另一种是按照年度编写部门分。内部资料的利用应根据有无涉密设定权限。

17.电子档案的特点是：保管位置较分散、保管技术程度高、信息再利用及时和可以在线利用。

18.电子公文的归档范围参照国家有关纸质文件的归档范围进行归档并划定保管期限；电子公文的收发登记表、机读目录、相关软件、其他说明等应与相对应的电子公文一同归档保存。

19.电子档案的归档方式包括物理归档、逻辑归档和"双套制"归档；归档时间分为实时归档和定期归档；归档要求是齐全完整、真实有效、整理编目和安全可靠。

20.电子档案的各种磁带、软硬磁盘和光盘均应垂直放置，以防止变形和被重物挤压。

21.电子档案各种磁性载体库房的温度应为15℃～27℃，相对湿度应为40％～60％；光盘档案的保管温度应为14℃～24℃。

22.文件信息下载的提供利用是指档案部门向用户提供电子档案软硬磁盘、光盘等版本的利用方式，包括阅览、出借和复制。

23.电子档案的互联网提供利用是指通过计算机网络系统为用户提供档案信息。在线提供利用分为办公自动化的单位内部网络提供利用和互联网向社会提供利用两种方式。即利用者使用电脑，通过网络直接查询档案查询系统上的档案数据。其特点是：与网络传输相比减少了大量的管理工作；可以使更多的用户同时利用同一份电子档案；也可根据利用者的需求，定期向系统加载数据并将加载的内容或时序向利用者通报；还可建立利用者预约申请文档，通过系统对这些申请进行处理，及时将相关的档案数据加载到档案查询系统，供利用者使用。

（三）电子档案的提供利用方式

1.文件下载的提供利用方式

文件下载的提供利用是指档案部门向用户提供电子档案软硬磁盘、光盘等版本的利用方式，一般包括如下方式：

（1）阅览室阅览。一般情况下，不便在计算机网络上阅览的以及具有机密性的电子档案，应在档案室（馆）的阅览室中提供利用。为此，档案室（馆）一方面应在阅览室中配备专用的计算机阅览设备；另一方面要建立相关的阅览制度，对用户阅览、拷贝、摘抄档案信息的手续、权限等做出明确的规定，保证电子档案信息的安全利用。

（2）出借。出借是指在单位内部，因工作需要将电子档案磁盘和光盘借给有关人员在工作岗位上利用的方式。电子档案的出借必须建立严格的审查与借阅制度，手续要严密；同时，对利用者所承担的不得摘抄、复制责任和保密责任应予以规定。

（3）复制。复制是指档案室（馆）依照有关的法律法规向用户提供复印文件和图纸以及拷贝的胶片、光盘等各种载体的电子档案复制件的提供利用的方式。采用复制的方式提供电子档案，有利于充分发挥其作用、保护原件。

2.档案在线提供利用方式

档案在线提供利用的方式是指通过计算机网络系统为用户提供档案信息。由于档案信息的特殊性，在线提供利用又分为办公自动化的单位内部网络提供利用和互联网向社会提供利用两种方式。

办公自动化的单位内部网络通常用于提供开放期限未满和暂时不宜公开的档案信息。因此，在提供利用中要对上网的信息进行选择，并对利用者的权限加以限定。

互联网用于开放档案的提供利用，其具体形式包括：提供开放的档案目录，公布档案原件，举办网上档案展览，介绍档案馆馆藏等。利用互联网提供利用档案信息可以实行无偿服务，也可以实行有偿服务。

（四）电子档案的销毁

对保管期限已满失去保存价值的电子档案需要实施销毁。电子档案的销毁工作程序与纸质档案的销毁程序相同，档案室（馆）需要组成档案价值鉴定小组或鉴定委员会，组织对保管期满的电子档案进行价值复审，对确认已经丧失保存价值的档案编制销毁清册和编写销毁报告，报请有关领导或上级部门审批，然后方可实施销毁。

电子档案的销毁方式分为软销毁和硬销毁。采用数据等软件方法（如覆盖、删除等）销毁电子档案的方法称为软销毁，适用于非密或密级不高的电子档案；采用理化方法（如粉碎、溶解等）直接销毁存贮介质及其承载信息的方法称为硬销毁，适用销毁密级高的电子档案。无论采用哪种销毁方式，都需要执行双人监销，检查、签字确认的制度，以保证档案信息安全。

电子档案的销毁工作程序与纸质档案的销毁程序相同。采用数据等软件方法销毁电子档案的方法称为软销毁，适用于非密或密级不高的电子档案；采用理化方法（如粉碎、溶解等）直接销毁存贮介质及其承载信息的方法称为硬销毁，适用销毁密级高的电子档案。无论采用哪种销毁方式，都需要执行双人监销，检查签字确认的制度，以保证档案信息安全。具体程序为：

1.成立档案鉴定小组，负责对电子档案的鉴定领导和组织实施工作，任何组织和个人不得擅自对电子档案进行鉴定；

2.电子档案的鉴定根据《档案法》、档案行政管理部门有关规定及《本单位电子文件归档范围和保管期限表》逐卷或逐件进行；

3.鉴定方法是由鉴定人员对每卷（或每件）电子档案进行审阅，写出鉴定意见，然后送鉴定小组复审鉴定；

4.需销毁的电子档案，由档案室提出建议，编写销毁清册，由电子档案鉴定小组写出书面报告后，经分管领导批准并备案后方可执行；

5.监销人员在销毁电子档案前，认真核对销毁清册的内容与需销毁的档案是否一致。具体销毁根据国家有关规定执行。销毁后，在销毁清册上签字，销毁清册由街道综合档案室归入全宗卷；

6.属于保密范围的归档电子文件，如存储在不可擦除载体上、应连同存储载体一起销毁，并在网络中彻底清除。不属于保密范围的归档电子文件可进行逻辑删除。

第十一章 知识管理背景下的档案管理技术与应用

第一节 计算机档案管理技术与应用

计算机技术从 20 世纪 70 年代末期开始引进到我国的档案部门。从 20 世纪 70 年代末至今，我国计算机档案管理经历了调查论证、初步实验、技术攻关、推广应用、网络化管理、数字档案馆等阶段，在档案信息处理领域逐步得到普及，并在辅助档案实体管理的业务工作中也发挥了重要作用。计算机档案管理已经由单机、局域网环境向联机、广域网环境和数字档案馆的方向发展。计算机技术应用于档案管理的主要领域有：档案计算机著录和自动标引、计算机档案编目和检索、计算机辅助立卷、文档管理一体化、档案原文存贮与检索、计算机档案业务工作辅助管理、档案资料的自动编辑、档案保管环境的自动控制、字迹褪变档案的信息增强和恢复性处理、多媒体档案信息存贮和管理、档案管理网络化和信息化等。本章主要对其中的部分内容进行论述。

一、计算机档案著录和自动标注

（一）计算机档案著录

计算机档案著录就是由计算机辅助人工来完成对反映档案文件外部和内部特征的各种信息，包括文件编号、档号、题名、责任者、分类号、主题词、密级、保管期限、规格的采集和编排，使之有序化的过程。

1.计算机档案著录的一般流程

（1）档案信息的采集。档案信息的采集是指对将要著录的档案收集其手工著录卡片、案卷目录或文件目录、档案原件等相关的原始材料，为档案信息著录做好准备。

（2）档案目录数据库的建立和项目设置。具体包括：建立档案目录数据库、设置档案著录项目、定义项目类型和长度等。目前，很多文档管理软件已经设置好了文书档案数据库著录项目格式，向用户提供其他种类档案（如会计档案等）数据库的建立、著录项目的增、删、改功能。档案部门应按照《档案著录规则》和《中国档案机读目录标准》的要求，并结合本单位档案工作的具体情况设置著录项目、定义项目类型和长度。

（3）数据输入与保存。数据输入是指将手工著录卡片、案卷目录、文件目录、档案原件等按照数据库设置的项目格式输入计算机的过程。

2.著录项目

档案计算机著录项目必须按照《档案著录规则》（DA/T18.1999）和《中国档案机读目录格式》（GB/T20163-2006）的要求来设置。例如，在文件级档案目录著录中，必须著录的项目包括：档案馆代码、全宗号、年度、件号（馆编）、正题名、并列题名、责任者、文件形成时间，选择著录项目有：件号（室编）、组织机构、问题、附件、稿本、密级、保管期限、文件编号、分类号、关键词（主题词）、载体类型、数量和规格、附注等。

（二）档案自动标引

档案自动标引，是指采用计算机技术自动对档案文件（案卷）的题名、摘要或正文进行扫描和词频统计，直接抽取关键词或对照机内主题词表和分类表将抽取的关键词规范成主题词或分类号的过程。从标引的深度来看，档案自动标引有全文主题标引和题名主题标引；从标引技术的应用来看，包括抽词标引和赋词标引；从选用的标引词来看，包括关键词标引和主题词标引。由于受到汉字输入、存储容量及软件技术的限制，目前档案部门大多采用题名关键词自动标引，有的单位已经开始了全文主题自动标引和全文自动标引系统的研制工作。

二、计算机档案编目和检索

计算机档案编目是在对档案机读目录进行处理的基础上，利用计算机的检索、排序和打印技术，将计算机内的档案目录信息按照一定的规则体系集合排列，自动编辑和打印各种档案目录的过程。

（一）计算机档案编目的基本功能

（1）自动提供档案标准目录格式的编目，如案卷目录、卷内目录、全引目录、归档文件目录等的编辑和打印。

（2）自动提供各种档案自由目录格式的编目，如专题目录、分类目录、科技档案目录、人事档案目录等的编辑和打印。

（二）计算机档案编目的过程

（1）按照用户的需求，在档案目录数据库中检索、收集相关的目录信息，保存在一个临时的数据区域里。

（2）对临时区域里的档案目录信息按用户的要求进行排序处理。既可以按照单一条件排序，也按照两个以上的组合条件进行排序，前者如"卷内目录"编目按照"文号"进行排序，后者如"革命历史档案目录"编目就可以按照"时间"和"档号"两个条件组合来排序。

（3）输出不同格式的目录。包括标准格式输出、自动生成格式输出、输出到文件再排版输出等方式。

（三）计算机档案编目的输出版式

档案计算机编目的输出版式主要有薄册式和卡片式两种。薄册式目录又称书本式目录，是以表册的形式，将案卷或文件目录的条目按一定的规则编排，打印在纸上，形成目录薄册。薄册式目录的编辑须遵循档案工作国家标准《文书档案案卷格式》（GB/T9705—1988，2009年修订）和行业标准《归档文件整理规则》（DA/T22.2000）有关规定。卡片式是将一个案卷或一份文件的目录信息按一定的规则编排，打印在纸上，形成卡片式目录。

（四）计算机档案检索

计算机档案检索，是指利用计算机及网络和配套设备，根据利用者的要求，制定相应的检索策略，从计算机档案数据库中获得所需档案信息的过程。

计算机档案检索从不同的角度划分，具有不同的类型。例如：按档案数据库的性质，分为目录型、事实与数值型和全文型检索；按计算机处理方式，可分为脱机检索和联机检索；按检索服务的方式，可分为定题检索和追溯检索；按检索语言，可分为受控语言检索和自然语言检索。

三、计算机辅助立卷

计算机辅助立卷，是指文件的归档立卷参数自动进行立卷。主要步骤有：

（1）设置案卷的有关参数，包括：案卷题名、案卷日期、案卷密级、保管期限、案卷主题词（分类号）等。

（2）进行逻辑组卷。一般有两种逻辑组卷方式：自动组卷方式和手工组卷方式。自动组卷时，用户可输入相关组卷条件，如档案类型、时间、保管期限、密级、主题词（分类号）等，由计算机自动将符合条件的文件添加到卷内，还可对自动组卷的结果进行处理，包括移出、添加文件，按某一特征对卷内文件进行排序等。手工组卷是指不通过系统批量组卷，而是利用键盘或鼠标"手工"拖动文件到指定案卷内，从而实现灵活组卷。

（3）案卷编辑。包括编辑案卷题名、生成卷内目录、编制案卷备考表等。

（4）打印输出。根据国家有关案卷格式和规格的规定，打印输出案卷封面、生成案卷目录、编制案卷备考表等。

（5）物理组卷归档。物理组卷归档以逻辑组卷为基础。具体有以下几种情况：完全按照逻辑组卷结果进行物理组卷；借助逻辑组卷简化立卷工作，物理组卷与逻辑组卷结果不完全一致，如一个逻辑卷可以对应多个物理卷，或者几个逻辑卷构成一个物理卷；按照大流水号对归档文件进行排列，不进行物理组卷而实行逻辑组卷，在逻辑组卷的基础上进行档案检索。

四、文档管理一体化

文档管理一体化既包括文件、档案实体管理的一体化，也包括文件、档案管理体制、组织机构、管理规范等方面的一体化。文档实体管理的一体化是指在文件的生成、流转、归档保存、销毁或永久保管的整个生命过程中实现统一控制和全面管理。

文档管理一体化管理软件的主要功能是：利用计算机技术起草文件、完成文件的收发、运行管理、自动组卷、归档、著录标引、编目（编制案卷目录、卷内文件目录、全引目录）、检索、借阅、统计，等等，融合了文件管理和档案管理的主要业务工作，极大地提高了档案工作的效率。文档一体化管理系统一般包括四个子系统，即文件管理子系统、归档子系统、档案管理子系统、系统维护子系统。

五、档案业务工作计算机辅助管理

档案业务工作计算机辅助管理，是指利用计算机技术对档案的收集、整理、鉴定、保管、利用（借阅）、统计等档案业务工作进行辅助管理。如档案自动借阅管理包括：利用计算机系统进行借阅登记、归还登记、提供借阅预约登记、打印催还通知单等，提供档案库存、借出、归还等信息。档案自动统计可以实现对馆藏档案数量、利用情况等进行数据统计和分析。

六、档案保管环境的自动控制与档案信息增强、恢复

档案保管环境的自动控制，是指利用计算机技术对档案保管环境的温度、湿度、防火、防盗等进行自动监测和管理。此外，可通过计算机图形处理技术对发生字迹褪色、字迹扩散和污染覆盖的档案进行信息增强和修复性处理。

第二节　档案信息存贮技术与应用

一、档案缩微存贮技术

档案缩微技术是利用摄影的原理，把档案原件的信息按照缩率摄影记录在感光材料（如缩微胶片）上，形成依靠缩微阅读器等放大设备阅读信息的一种档案复制和信息存贮技术。缩微技术的使用，可以大幅度地节省保管空间，节约大量的经费，对于需要长期保存的保单、病历、传票、珍贵手稿、文件、图纸等档案资料，均可使用缩微胶片处理。

摄影技术已经有100多年的历史,但利用它复制书刊资料始于20世纪20～30年代。1928年美国出现了缩微阅读器，1930年美国国会图书馆开始应用缩

微胶卷复制珍贵资料。我国从 20 世纪 40 年代开始引进这一技术。我国档案部门从 20 世纪 80 年代中期开始应用缩微技术，全国省级以上的档案馆基本都配备了缩微设备，制作了大量的档案、资料缩微复制品。

（一）缩微技术在档案管理中的作用

（1）节省存贮空间

缩微品的存贮密度大，体积小。利用摄影的方法将原件的缩小影像记录在缩微胶片上，普通缩小比率范围为 1/7～1/48，超高缩小比率范围可达 1/90～1/250。

（2）具有法律凭证作用

由于缩微模拟影像保真度高，更改困难，许多国家（包括中国）规定，按一定标准拍摄的缩微胶片具有法律凭证作用。

（3）记录效果好，寿命长

与光盘存贮技术相比，缩微复制和存贮技术更为成熟且稳定性好。缩微品的保存寿命相当长，在适当的保管条件下，缩微胶片可保存近百年甚至更长时间。即使在使用中损伤胶片如划痕、断裂等，也只是损失有限的画幅，大部分信息不受影响。用缩微摄影技术拍摄档案、图书和资料时，可将原件的形状、内容、格式、字体以及图形等原貌忠实地记录在缩微胶片上，形成与原件完全相同的缩小影像。

（4）抢救重要档案，保护档案原件

利用缩微摄影技术方法，将那些年代久远的濒临破损的珍贵档案原件制成缩微品，原样保存其中所记录的信息。以缩微品代替原件提供利用，不仅可以减少对原件的使用和磨损，妥善地保管好原件，而且还可以利用缩微品作为它的副本保存和使用。

（5）开展档案文献的收集和交流

由于种种原因，我国不少档案分散保管在档案馆、图书馆和博物馆等不同的机构，给利用者查档造成了不便。此外，近代以来我国散落或者被掠夺到国外的珍贵历史档案的原件难以收回，而采用缩微摄影技术的方法，可以方便地将散失的档案文献拍摄成缩微品，进行文献信息的收集和交流，可以用缩微品的形式对档案文献进行出版、发行和交换，以便广泛地提供利用。

（6）标准化程度高，便于广泛应用

国际上，缩微技术已经有了 30 余种 ISO 标准。我国关于档案缩微品制作和保管的国家标准和行业标准也逐渐完善，已经出台了一项国家标准《缩微摄影技术用 35ram 卷片拍摄技术图样和技术文件的规定》（GB/T15021.1994），以及多项档案行业标准《缩微摄影技术在 16mm 卷片上拍摄档案的规定》（DA/T4-1992）、《缩微摄影技术在 A6 平片上拍摄档案的规定》（DA/T5-1992）、《档案缩微品保管规范》（DA/T21-1999）、《档案缩微品制作记录格式和要求》（DA/T29-2002），《数字档案信息输出到缩微胶片上的规定第 1 部分数字档案信息输出到 16mm 卷式黑白缩微胶片上的规定》。

缩微档案也有其缺点，如不能直接阅读，必须借助阅读放大机才能阅读；使用不方便、不自由，容易使眼睛疲劳等。

（二）档案缩微品的种类

（1）片式缩微品。片式缩微品可分为条片、封套片、开窗卡片、缩微平片等，宽度有 16、35、70、105 毫米等几种，标准尺寸有 75X125 毫米和 105×148 毫米等。缩微胶片的普通缩小比率范围为 I/7～1/48，超高缩小比率范围可达 1/90～1/250。

（2）卷式缩微品。卷式缩微品用成卷的胶片连续拍摄而成，可分为盘式、盒式、夹式等几种。每卷胶卷的长度因存贮文献资料的数量与篇幅长短而定，适用于复制成套的文献资料，如过期的丛书、多卷书、期刊、报纸及其他连续出版物等，便于长期保存和提供复印件。我国档案部门常用的卷式缩微品为 16mm 卷片和 35mm 卷片两种，70mm 和 105mm 的卷片使用较少。16mm 卷片一般拍摄幅面较小（A3 幅面以下）的档案文献，35mm 卷片一般拍摄技术图纸、地图、报纸及幅面较大和影像质量较高的档案文献。

（三）数字缩微技术

数字技术与缩微技术的结合使用，使古老的缩微技术在数字时代焕发出新的生命力。缩微品数字化的工作原理是：用数字扫描系统对缩微胶片按一定的标准格式进行扫描，将胶片上的模拟图像转化成数字化的图像文件存贮在计算机中，并与原有的档案目录数据库建立关联，实现对缩微档案信息的计算机检索。传统缩微制品是原件的忠实图像，主要适用于具有法律证据和其他需要忠实于原件的缩微制作；数字缩微品则以代码形式来记录信息，可以对已存贮的信息进行追加和更改，适用于需要经常变动的文献缩微制品。

利用数字缩微技术对缩微胶片进行数字扫描和处理，为实现档案缩微品的计算机检索和上网提供了便利，可以通过网络远程检索和利用缩微档案信息，极大地提高了档案缩微品的利用范围和利用效率。

二、光盘技术与档案原文存贮和检索

光盘是一种海量存贮载体，其体积小而信息存贮容量极大，为档案原文存贮与检索提供了条件。光盘技术在我国得到迅速发展和广泛应用，至今已经在档案部门得到普遍应用。

（一）光盘的性能、种类和结构

光存储技术是一种通过光学方法存储数据的技术，一般情况下使用激光作为光源，所以也可称为激光存储。光盘技术的基本物理原理是：改变一个存储单元的某种性质，其性质的变化反映被存储的数据，识别这种存储单元性质的变化，就可以读出存储的数据。光存储单元的性质（如反射率、反射光极化方向等）可以改变，它们对应于存储二进制数据 0、1，光电检测器检测出光强和光极性的变化，从而读出存储在光盘上的数据。由于高能量的激光束可以聚焦成约 1um 的光斑，因此它比其他存储技术有更高的存储容量。光盘的特点是容量大、寿命长、价格低、携带方便。CD 光盘的容量一般为 650MB，DVD 盘片单面 4.7GB（双面 8.5GB），蓝光光盘的容量很大，其中 HD DVD 单面单层 15GB、双层 30GB；BD 单面单层 25GB、双面 50GB。光盘技术适用于档案文献的原文存贮和检索，以及多媒体档案信息系统的开发和利用。

此外，光盘用于档案信息存贮和检索系统具有如下优点：可提供相当于联机系统功能的软件，同时，免除联机检索的费用，并避免远距离通信传输可能出现的失误；能够随机存取，检索速度快；可以将文本、图像、声音结合在一起，开发多媒体档案信息数据库；输出质量好，可改善字迹模糊档案文件的可读性。

根据光盘的记录方式，可将光盘分成两类，一类是只读型光盘，用户只能从光盘中读取数据，不能向光盘中写人数据，光盘中的数据是在光盘生产过程中从母盘中复制过来的。这种光盘制造工艺简单、成本低、价格便宜。包括CD-Audio、CD-Video、CD-ROM、DVD、Audio、DVD、Video、DVD、ROM等；另一类是可擦写光盘，可将已写入的信息擦除，重新写入新的信息，并可反复擦写，包括 CD-RW、DVD、DVD-RW、DVD、RAM、MO、PD 等各种类型。根据光盘的结构、材料和制造工序、的不同，光盘主要分为 CD、DVD、蓝光光盘等几种类型，这几种类型的光盘的主要结构原理是一致的，它们的主要区别在于材料的应用和某些制造工序的差异。

以 CD 光盘为例，光盘的结构主要分为五层，包括：基板、记录层、反射层、保护层和印刷层。

基板是各功能性结构（如沟槽等）的载体。一般来说，基板使用的材料主要有玻璃盘基、环氧树脂盘基、聚甲基丙烯酸甲酯（PMMA）盘基和聚碳酸酯（PC）盘基，要求盘基材料的冲击韧性极好、使用温度范围大、尺寸稳定性好、硬度高、无毒性。

记录层，也称染料层，是记录信号的地方。其主要的工作原理是在基板上涂抹专用的有机染料，以供激光记录信息。由于烧录前后的反射率不同，经由激光读取不同长度的信号时，通过反射率的变化形成"0""1"信号，借以读取信息。一次性记录的 CD-R 光盘主要采用有机染料（如酞菁染料），利用激光对基板上涂的有机染料进行烧录，直接烧录成一个接一个的"坑"，这样有"坑"和没有"坑"的状态就形成了"0"和"1"的信号，这一个接一个的"坑"是不可变动的，意味着光盘不能重复擦写。一连串的"0""1"信号组成了二进制代码，表示特定的数据。对于可重复擦写的 CD-RW，所涂抹的就不是有机染料，而是某种碳性物质，激光烧录时，通过改变碳性物质的极性来形成特定的"0""1"代码序列。这种碳性物质的极性是可以重复改变的，因此此类光盘可以重复擦写。

反射层是光盘的第三层，它是反射光驱激光光束的区域，借反射的激光光束读取光盘片中的资料。其材料一般为铝、银和金等金属材料。

保护层用来保护光盘中的反射层及染料层，防止信号被破坏。光盘的腊克保护层可对摩擦和较轻划痕进行防护。为了进一步保护光盘的金属反射层，一些光盘除了腊克保护层以外，还有一个附加保护层，其材料主要有三种：陶瓷保护层、白色半水溶性保护层、合成树脂保护层。

印刷层是标明印刷盘片的容量和客户等相关信息的地方，也就是光盘的背面。它不仅可以标明信息，还可以起到一定的保护光盘的作用。

（二）光盘原文存贮和检索

光盘的海量存贮功能，为档案原文存贮和检索提供了可能。其原理是，对档案原件进行数字扫描，形成图像文件，存贮在计算机硬盘或光盘中，对图像文件进行压缩和管理；利用全文检索技术对档案原文中任何一个字、句、段、章、节进行检索，而且还可以完成档案编目、统计及其他功能。一般情况下，光盘存贮的是对档案原文进行扫描处理后形成的图像文件，而数据库管理软件、检索软件、目录信息和其他的辅助文件则存放在计算机中。为了方便光盘的使用，也可以将数据库管理软件、检索软件、辅助文件和图像文件都刻录在一张光盘上，这样就可以利用光盘独立进行检索了。

为了避免检索多张光盘所带来的手工换盘的不便，可使用 CD-ROM 光盘塔，配备数十个光区，或者使用 CD-ROM 光盘库，放入数百张光盘，同时检索多张光盘，达到快速检索的效果。光盘塔和光盘库技术可以解决档案全文、照片、录音、录像等多种载体的档案数字化存贮、管理和利用的难题，而且通过网络可提供各类档案信息的远程存取。

第三节　多媒体档案管理技术与应用

多媒体技术是指利用计算机对文本、数字、图形、图像、声音等不同媒体的信息进行综合集成管理的技术。即通过计算机将多种媒体信息进行综合，使它们之间建立起逻辑连接，并对它们进行采样量化、编码压缩、编辑修改、存储传输和重建显示等处理。多媒体技术的研究领域非常广阔，涉及计算机硬件、软件、计算机网络、人工智能、数字出版等，其产业涉及电子工业、计算机工业、大众传播和通信业等多项产业。

一、多媒体技术的特点和内容

多媒体技术具有如下特点：

（1）媒体的多样化和媒体处理方式的多样化。

（2）集成性。在数字化处理的基础上，对各种媒体信息的集成管理。

（3）交互性。与传统媒体信息传递的单向性和用户接受的被动性不同，

多媒体系统与用户之间具有良好的交互性。用户通过与系统的交互和沟通，能有效的引导学习和思考，进行系统的信息查询和统计，增进知识和解决问题。

（4）实时性。用户与多媒体信息检索系统之间的交互可以实时进行，能够及时更改查询条件，调整检索策略，提高信息检索的效率。多媒体技术的主要内容包括：多媒体数据压缩和图像处理；音频信息处理；多媒体数据库及基于内容的检索；多媒体著作工具，包括多媒体同步、超媒体和超文本等；多媒体通信与分布式多媒体，包括 CSCW（Computer Support Cooperative Work）、会议系统、VOD（Video on Demand）和系统设计等。

二、与多媒体技术有关的关键技术

（1）数字信息处理技术。包括模拟信号与数字信号的相互转换，文本、数值、图像、音频、视频的编码和解码技术。

（2）数据压缩和编码技术。数据压缩是通过数学运算将原来较大的文件变为较小文件的数字处理技术，它实际上是一种编码，即对数据表达式的一种压缩式编码。数据压缩的基本特征就是把某些表达式中的字符串（如 ASCII）转化成包含相同信息但长度尽量短的一个新串，其目的是减少数据的冗余度，提高数据密度的有效性。图像、视频、音频等媒体信息量巨大，必须通过压缩和编码才能方便传输和存贮，如在遥感技术中，各种航天探测器采用压缩和编码技术，将获取的大量信息送回地面。与数据压缩和编码相关的国际标准有静态图像压缩标准——JPEG（Joint Photographic Expels Group）标准和动态图像压缩标准——MPEG（Moving Picture Expels Group）标准。

（3）媒体同步技术。媒体同步技术是指协调媒体流的实时演示以及维持媒体间时序关系的技术。同步（synchronization）一般指多媒体系统中媒体对象间的时间关系，广义上则包括内容、空间和时间关系。时间关系是指媒体对象出现的时序关系，在此，应考虑媒体对象间通过消息传递或状态访问产生进一步动作的"制约关系"，以及多媒体演示过程中"用户交互"对媒体对象活动的影响。

媒体对象包括时间相关的媒体（如音频、视频、动画）和时间无关的媒体（如文本、图形、图像）。媒体对象间的同步由时间相关的媒体对象和时间无关的媒体对象之间的关系组成。如电视中视觉信息和听觉信息问的同步，属于连续媒体间的同步；幻灯演示中画面显示与音频流之间的同步，则属于时间相关的媒体和时间无关的媒体之间的同步。

（4）多媒体数据库技术。传统的数据库管理系统主要适应于格式化和结构化的数据，而文本、图像、语音、动画、视频等都是非结构化的数据，而多媒体数据库管理系统需要解决对非结构化数据的集成管理问题和交互性问题。

（5）多媒体网络技术。多媒体技术与网络技术、多媒体通信技术的结合使多媒体信息服务和应用拥有了广阔的发展前景。多媒体网络技术和服务的主要领域包括：多媒体远程会议、超高分辨率图像系统、VOD（视频点播）系统、数字图书馆等。

三、多媒体技术在档案信息存贮与检索中的应用

档案材料中既有大量的纸质文件，还有大量的照片、录音、录像和工程图纸。随着多媒体计算机技术的发展与成熟，计算机档案管理可由对档案目录信息的管理深入到对图、文、声、像等一次档案文献的直接管理，使用户获取生动、直观、全面的多种媒体的档案信息。利用多媒体技术，将本地区、本部门举行的重大活动及召开的重要会议的实况录像、录音等存贮在多媒体数据库中，可随时调用查阅。而且，对于利用者而言，档案由枯燥的文字形式变成了集声频、视频和动画于一体的立体信息，可提高档案的利用率。另外，多媒体档案信息查询可避免利用者查阅整本案卷时翻阅其他文件的可能性，减少了对档案原件的磨损，并能够起到一定的保密作用。

多媒体档案管理系统的功能主要包括：

（1）档案全文影像扫描、存贮和检索。利用数字扫描技术将档案原文输入到计算机，进行全文检索。

（2）照片档案的数字扫描、存贮和检索。采用扫描仪对照片档案进行扫描，形成数字文件保存在硬盘或光盘上，利用多媒体档案管理软件，提供数字照片的浏览检索、打印输出等功能。

（3）录音档案的数字化处理、存贮和利用。计算机通过声卡对播放的录音进行采集和压缩处理，存贮在光盘上，实现录音档案的数字化。利用多媒体档案管理软件对声音文件进行管理、检索和利用。

（4）录像档案的数字转换、存贮和利用。利用视频采集压缩卡由计算机连续捕获播放的录像档案信息，并转换、压缩成录像数字文件存贮在光盘上。利用多媒体档案管理软件进行管理、检索和利用。

1993 年清华大学开发的《THDA—MIS 多媒体档案及办公管理信息系统》，实现了对图、文、声、像档案的全方位管理，并具有各类多媒体档案数据库自动生成功能，在我国多媒体档案管理技术的应用方面具有典型性。

第四节　网络技术与档案管理网络化

当前，档案机构内部的局域网已经普遍建立，而且各级档案机构纷纷建立了自己的档案网站，档案管理的环境已经由模拟环境向数字环境过渡。档案管理的数字化和网络化推动了档案事业信息化发展的整体水平。

一、计算机网络概述

网络技术是计算机技术和通信技术高度发展、密切结合的产物，计算机网络是将不同地理位置具有独立功能的多台计算机终端及其附属设备，用通信线路连接起来，并配备相应的网络软件而组成的计算机系统的集合。

（一）网络的组成、结构

1.网络的组成

计算机网络由数据传输系统和数据处理系统组成。数据传输系统又叫通信子系统，包括通信传输线路、设备、通信传输规程、协议及通信软件等，其任务是进行数据传输、交换和通信处理等。数据传输系统包括计算机、大容量存贮器、数据库、各种输入输出装置及软件等，其任务是进行数据输入、存贮、加工处理和输出等。

2.网络的结构

网络的结构主要有如下几种基本形式：

（1）总线形。即各节点设备与一根总线相连。这种结构的网络可靠性高，单个节点出故障时，对整个系统影响不大。另外，节点设备的插入或拆卸十分方便。

（2）环形。这种结构采用点对点式通信，将各节点连接成环状。网络中各主计算机地位相等，通信线路和设备比较节省，网络管理软件比较简单，但网络的吞吐能力差，只适于在较小范围内应用。

（3）星形。即每个节点通过连接线与中央节点相连。中央节点是控制中心，相邻节点之间的通信要通过中央节点。这种结构的网络比较经济，但可靠性较差，若中央节点出故障，整个网络将瘫痪。

（4）树形。即各个节点按层次展开，由各级主计算机分散控制，各主计算机都能独立处理业务，但最高层次的主计算机有统管整个网络的能力。这种结构的网络通信线路连接比较简单，网络管理软件也不复杂，维护方便，但各个节点之间很少有信息流通，资源共享能力较差。

（5）网状形。即各节点通过通信线路连接成不规则的形状，网络中没有统管整个网络的主节点，通信控制功能分散在各个节点中，具有较高的可靠性，某一个节点发生故障不会影响到整个网络。这种结构资源共享方便，但网络管理软件比较复杂。

大型计算机网络系统结构更为复杂，往往是上述几种基本结构中某几种的结合。

（二）网络的类型

1.按网络结构，分为集中式网络和分布式网络

集中式网络是由中央主机统一控制整个网络的一种网络形式。它的优点是：网络资源、人员和设备可以集中管理、使用，比较经济。但如果中央主机或通信线路出现故障，整个网络的功能都会受到影响，网络的可靠性不高。

分布式网络没有统管整个网络的中央主机，而由各个节点分散控制。资源共享能力强，网络可靠性高。但网络控制软件复杂，网络的协调性较差。

2.按网络连接区域范围，分为广域网、局域网和城域网

广域网（Wide Area Network，简称 WAN），在地理覆盖范围上很广，通常包括一个国家或洲，甚至是全球范围，如 Internet 网络。主机通过通信子网连接。子网的功能是把消息从一台主机传到另一台主机，就好像电话系统把声音从讲话方传到接收方。

局域网（Local Area Network，简称 LAN），是在一个局部的地理范围内（如一个学校、工厂和机关内），将各种计算机、外部设备和数据库等互相连接起来组成的计算机网络。它可以通过数据通信网或专用数据电路，与远方的局域网、数据库或处理中心相连接，构成一个大范围的信息处理系统。局域网常被用于连接机关内部各个部门、公司办公室或工厂里的个人计算机和工作站，以便共享资源（如打印机）和交换信息。

城域网（简称 MAN），是一种大型的 LAN，与 LAN 技术相似。它是在一个城市范围内建立的计算机通信网，或者在物理上使用城市基础电信设施（如地下光缆系统）的网络。

3.按所用的通信线路，分为专用网络和公用网络

专用网络是专门建立的通信网络，通信线路由网络成员拥有。这种网络规模不大，建设耗资巨大。公用网络是借助公用通信线路建立的网络，如借用电话网、卫星通信等。这种网络的建设成本低，可进行远距离传输，但其建设速度和应用范围依赖于国家通信设施的完善和通信技术的发展。

（三）网络的作用

（1）便于信息资源交换和共享。计算机网络中各个节点之间可以很方便地互相通信，用户可以分享网络中的硬件、软件和数据资源，可以避免重复劳动，

加快系统开发和应用的进程，大大提高系统的总体效益。

（2）可以充分发挥计算机的功能，均衡计算机的负荷，提高工作效益。计算机网络能使联网的计算机平均分配负荷，网络中的设备可以相互替代，使得系统的可靠性及其效率大大提高。

（3）计算机网络为用户创造了一个更方便的使用环境，能满足用户的多方需求。用户通过计算机终端与多台计算机联系，可利用网络中存贮的各种信息，方便、迅速地获取自己所需要的信息。用户还可以上传信息，实现与其他网络用户的信息交互。

二、档案管理网络化

档案管理网络化是网络技术应用于档案管理系统的结果，也是适应社会信息化发展的必然趋势。档案管理网络化的基本前提是档案管理的计算机化以及档案资源的数字化。档案管理网络是由多个计算机档案管理系统通过通信线路连接起来的复合系统。各个大型档案机构的计算机成为网络中的节点，每个节点连接许多终端，各个节点通过通信线路连接起来，形成了一个纵横交错的档案管理网络系统。

档案管理网络化的基本目的是实现档案信息资源共享，克服单个计算机档案管理系统传递速度和存贮空间的限制，使用户能够远程存取所需的档案信息。

档案管理网络化是推动档案事业信息化发展的重要基础，档案事业信息化的水平依赖于档案管理网络化的广度、深度和发展水平。《全国档案信息化建设实施纲要》明确规定："适应国家信息化建设和档案事业发展的要求，把档案信息化纳入国家信息化建设的总格局，以档案网络建设为基础，以档案信息资源建设为核心，以扩大档案信息资源开发利用为目标，加快推进档案资源数字化、信息管理标准化、信息服务网络化的进程，促进档案事业持续快速健康发展，为改革开放和现代化建设服务"。

（一）档案管理网络化的条件

1.资金与设备条件

档案管理网络化建设需要投入大量的资金和设备，这是首要条件。我国经济发达地区，如珠三角、长三角、环渤海湾等地区的档案事业发展有扎实的地方经济实力作为后盾，档案工作的现代化程度较高，档案管理计算机化、网络化和信息化水平领先于全国其他地区。而我国中、西部地区的地方财力十分有限，制约了当地档案管理网络化的发展。因此，档案部门除了争取各级政府的支持以外，还需要广开渠道，争取社会各界的支持、企业投资和私人捐资等。

2.技术与人员条件

档案部门需要引进国内外先进的技术，培养既通晓档案业务又掌握现代技术的专业人才。目前我国在进行档案管理网络建设，推进档案事业信息化发展的过程中，应对现代信息技术和人才的引进持积极、开放的态度，并善于借鉴图书情报部门网络化建设的成熟技术和成功的经验，培养、吸引具有创新意识、具备现代技术技能和复合知识背景的现代档案管理人才。

3.数据库的建设与发展

数据库的建设与发展是档案管理网络化的基础，网络资源共享的主要形式是对数据库中档案信息资源的共享。我国档案数据库标准化程度差，数据规模不大，质量有待提高。根据《全国档案事业信息化建设实施纲要》的规划，到"十五"末，我国省级档案馆的全部馆藏档案案卷级目录都要实现机检，重要全宗档案逐步实现文件级目录机检。

我国需要进一步加强档案目录数据库、档案目录中心的建设，提高数据库的质量和标准化水平。"十一五"期间，应规范档案数字化与网络化建设，按照共建共享、互联互通的要求，建立和完善国家档案信息目录数据库、纸质档案全文数据库和多媒体档案数据库等各类档案数据库。

当前，各级档案行政管理部门要抓住电子政务建设的契机，积极参与当地政府上网工程和电子政务建设，加强档案数据库的入网工作，使档案数据库作为重要信息资源库纳入到各地电子政务资源建设体系，发挥档案数据库的公共信息服务功能。

4.通信网络和电子政务网的支持

我国通信网络发展迅速，至"十五"规划末，我国信息网络实现了跨越式发展，成为支撑经济社会发展重要的基础设施。我国基础信息网络和重要信息系统已达到64个。公共电信网、广电传输网、互联网等基础信息网络和银行、民航、税务、海关、证券、电力等关系国计民生的重要信息系统建设规模和管理水平进一步提高。我国广电传输网建成由无线覆盖网、卫星传输网、微波传输网、光缆干线网、有线接入网和互联网组成的广播电视传输信息网络，成为世界上覆盖人口最多的广播电视信息网络。

我国通信网络的高速发展、上网人数的激增、电子政务网络建设为档案管理网络化提供了充分的通信网络条件，奠定了档案网络服务和利用基础。

5.标准化与各个部门之间的协作

档案管理网络化的实现必须以标准化为保障。要使各个独立的档案管理系统通过通信网络连接起来，必须首先实现机读数据记录、软件设计以及各种硬件设备的标准化，标准化是网络资源共享的基础。

此外，各个部门之间的协作也很重要。合作者之间一致同意并遵守的约定和协议是网络建设的前提。档案管理网络建设中的合作包括地区性、行业性等各个领域的协作，须有高效的管理手段和协调手段才能取得令人满意的效果。

（二）网络档案管理信息系统的运行模式

1.Client/Server（客户机/服务器）运行模式

Client/Server 模式（C/S 模式）即客户机/服务器模式是 20 世纪 90 年代初期继终端/主机运行模式之后出现的一种普遍应用的网络应用系统结构。该模式克服了原来只有主机执行操作、计算和存贮数据的数据集中管理方式所带来的弊端，使客户机能承担一部分计算和操作功能，大大减轻了服务器的运行负荷，具有分布式系统分担负荷的优越性，结构简单，对外部网络不具有依赖性，主要用于机构内部局域网。

C/S 模式的工作原理是：将应用系统的任务进行分解，服务器（后台）负责数据管理和处理，客户端（前台）完成档案管理业务处理和与用户的交互。在运行过程中，客户端向服务器发出请求，服务器将数据进行处理后传回客户端。该模式的缺陷是在处理复杂任务时客户端的负荷较重，使用单一服务器且以局域网为中心，软硬件组合及集成能力有限。

2.Browser/Server（浏览器/服务器）运行模式

Browser/Sever 模式（B/S 模式）即浏览器/服务器运行模式是基于 Web 的运行模式。该模式是在 TCP/IP 协议支持下，以 HTTP 为传输协议，客户端通过

Browser（浏览器）访问 Web 服务器以及与之相连的后台数据库的技术结构和运行模式。

B/S 模式由浏览器、Web 服务器、应用服务器和数据库服务器构成，其工作原理是：客户端浏览器通过 URL 访问 Web 服务器，Web 服务器请求数据库服务器，并将获得的结果以 HTML 的形式返回客户端浏览器。

B/S 模式的优点是：①简化了客户端，只需要装上操作系统、网络协议软件以及浏览器即可。②服务器集中了所有的应用逻辑，减轻了系统维护与升级的成本与工作量。③系统的可操作性增强，同时减轻了系统的培训任务。④提高了系统数据的安全性。所有用户只对应用服务器进行直接访问，减少了数据库登录点的数目。⑤具有广泛的信息发布能力。B/S 模式的主要缺陷是其运行速度直接受到网络带宽和网络流量的限制。

3.C/S 模式与 B/S 模式比较

C/S 模式与 B/S 模式在结构、功能、系统维护等方面有所不同。

4.结合 C/S 和 B/S 两种模式的网络档案管理信息系统结构

为了保证档案部门内部局域网的安全，提高档案部门接收外部数据和向外传送数据的效率，可结合使用 C/S 和 B/S 两种模式，扬长避短。档案机构内部局域网可采用 C/S 模式，连接档案馆的各个科室，实现硬件和软件资源共享，提高工作效率。档案机构接收外部数据和发布数据，提供远程档案信息检索，则适合采用 B/S 模式。

（三）档案部门内部局域网

随着计算机技术、网络技术的发展和普及，20 世纪 90 年代中后期以来，我国档案部门逐步建立了局域网，实现了机构内部硬件资源和软件资源的共享，以及档案信息的综合管理和利用。

1.档案部门内部局域网的模式

档案馆内部局域网连接档案馆的各个科室，实现办公自动化和文档一体化，提供计算机档案检索服务，实现档案借阅管理和库房管理的自动化，提高档案工作的效率。

对于企事业单位的档案管理而言，一般通过局域网使档案管理系统与本单位的其他信息管理系统进行连接，实现企事业单位的档案与其他各类信息资源的综合管理。这种模式可称为集成管理模式,即将档案管理系统纳入到企事业单位的信息管理系统中去。根据集成的方式不同,可分为横向集成和纵向集成两种方式。

横向集成,是将属于同一组织级别的若干个部门的数据进行集成,实现数据共享和综合管理。如将档案管理系统集成到企业管理信息系统(MIS)和办公自动化系统(OAS)。

纵向集成,是将属于不同组织级别的档案数据进行集成,实现综合管理。如建立档案目录中心或信息中心。档案目录中心就是以国家综合档案馆馆藏档案目录为主体,将本地区、本系统各级各类档案部门所形成的档案目录,按照统一的著录格式和数据规范进行集中并形成统一的目录检索体系,利用局域网或广域网进行查询。建设目录中心的目的是将分散保存的档案目录进行联网,供用户了解其所在位置,便于提供利用,这是档案信息化建设的一项基本任务。信息中心是指在一个企业或事业单位内部,实行图书、情报、资料、档案等文献资源的综合管理,从而实现对各类信息资源综合利用的目的。

2.档案部门局域网的结构及功能

局域网的结构一般以总线形结构为主,因为总线形网络结构连接简单,增加或减少节点方便。

档案管理系统网络版的业务功能包括:

(1)文件流转管理(文件起草、批转、收发文登记等)。

(2)辅助立卷和鉴定。

(3)档案编目和检索。

(4)档案借阅和统计。

(5)档案的库房管理。

(6)系统管理(用户管理、安全防护、备份与恢复等)。

(四)基于国际互联网的档案信息远程传递和利用

互联网(Internet)是世界上规模最大、用户最多的计算机互联网络,互联网技术的出现和应用深刻地改变了信息产生、传递和利用的方式,推动了整个社会信息化发展的进程。20 世纪 90 年代后期以来,档案部门越来越多地应用互联网技术,建立档案网站,发布档案信息,提供档案信息的远程传递和利用。

1.档案网站的功能及现状

档案网站的出现是互联网时代的产物，它是各级国家档案馆在互联网上发布公开档案信息资源的重要窗口和提供在线服务的综合平台。档案网站建立在馆藏档案数字化、计算机档案管理和档案机构局域网的基础之上，其目的是集成档案信息资源，宣传档案事业，通过互联网向社会提供远程档案信息服务。国家档案局在《全国档案信息化建设实施纲要》《关于加强档案信息资源开发利用意见》等重要文件中都对档案网站的建设提出了明确的要求。根据《全国档案信息化建设实施纲要》的规定，各省、自治区、直辖市档案行政管理部门应建立链接本地区各级各类档案网站的门户网站，积极探索实现馆际互联的路子。在逐步推进地区性馆际互联的基础上，不断促进全国范围内的档案信息资源共享。以国家档案局网站为龙头，逐步与各地档案网站实现链接，最终构建全国档案工作信息网，为全社会提供方便、快捷、优质的档案信息服务。

我国三个中央级档案馆都建立了档案网站。省级档案馆中，除青海省以外，全国32个省、自治区、直辖市和特别行政区都建立了自己的档案网站，此外，大多数地市级档案机构也建立了自己的网站，由此基本形成了全国档案网站结构体系。档案网站的普遍设立，对于档案部门充分利用公共网络向社会提供优质档案信息服务，进行信息交流和资源共享，宣传档案事业，发挥了重要的作用。

2.我国档案网站的发展策略

（1）丰富档案网站的信息内容。我国档案网站经过十多年的建设和发展，无论在形式还是在内容上都有了明显的改观。但档案网站的内容仍然比较单一，所能够提供的档案信息有限。对于上网查询的利用者而言，大多数档案网站只能提供馆藏介绍、公开档案的目录信息检索，只有少数网站能够提供全文检索和专题检索。当前，档案网站的最大功能是宣传和报道档案机构以及馆藏档案信息，对于档案利用者来说，通过档案网站远程获取所需要的档案信息，交流、共享档案信息的实质性功用还未实现。

（2）集成档案网站资源。我国各级、各类档案部门和档案机构纷纷建立了自己的档案网站，但网站资源分散，缺乏有效的组织和控制，对于利用者而言，不利于全面、准确、快速地查询和检索所需要的档案信息。因此，集成各级、各类档案网站的资源，针对全国的档案网站建立有效的档案信息检索机制和定位机制,是组织和优化我国档案网站资源,提高档案信息检索效率的有效途径。

(3)加强档案网站的服务性功能。当前,我国档案网站很好地发挥了宣传和报道档案机构的作用,但网站的信息服务意识还比较薄弱。这通过网站的外观设计、栏目设置,以及检索界面、所提供的信息内容等诸多细节都暴露出了这个问题。因此,我国档案网站应该提高档案信息资源服务的功能,改进服务的方式,丰富服务的内容,并结合利用者的特定需求提供个性化的档案信息服务。

(4)建立档案网站与电子政务的密切联系。我国档案网站大多数挂靠于政府网站,与政务活动关系密切。电子政务活动中所形成的电子文件和档案是记录电子政务活动的原始文献,在电子政务信息资源建设和开发利用中发挥着重要作用。档案网站以电子政务网为平台,具有广阔的发展前景,因此,有必要建立起档案网站与电子政务之间的密切联系,使档案网站能够成为展示电子政务活动,进行信息交流和互动的一个平台。

第五节　数字档案馆技术与应用

一、数字档案馆的特征和功能

数字档案馆是一个数字档案信息系统,它通过网络将分散异构的数字化档案信息联结,实现资源共享。

(一)数字档案馆的主要特征

(1)信息存储的数字化。数字化档案信息是数字档案馆的资源基础,它有两个来源:一是馆藏档案的数字化。主要体现为将存储于不同载体的模拟档案信息如纸质档案、声像档案信息等通过数字化处理转换成数字形式。二是直接接收归档的电子文件。电子文件是基于网络生成的原生数字信息。将这两个来源的数字化信息进行组织和管理,建立数据库系统。

(2)信息存取的网络化。网络是数字档案馆存在和运行的保障。数字档案馆赖以网络而生存,网络出现故障,数字档案馆的运作就要受到影响。是网络将用户端、Web 服务器、检索系统、对象数据库等数字档案馆的各个组成部件连接，实现对数字档案信息的网上发布、查询和检索。

（3）信息资源的分布式管理。对各个分布式的数字对象资源进行收集、存储、发布和检索。它要求各个数字档案馆遵循统一的高层协议，对基于不同系统平台和应用软件产生的异构数字档案信息进行整合，建立一个全面的数字资源库，并提供统一的检索入口。

（二）数字档案馆的主要业务功能

（1）数字档案信息的收集和存储。通过数字化技术将现有的馆藏数字化，并通过在线和脱机方式接收各个立档单位归档的电子文件及其元数据。在此基础上，将不同格式和类型的数字化档案信息转换成统一格式，进行压缩处理和存储。

（2）数字档案信息的组织和管理。对数字化对象进行标引和著录，建立目录和索引，并对电子文件及元数据进行组织，分解出元数据和对象数据，集成为元数据库和对象数据库。

（3）数字档案信息的发布和查询。提供目录级和文件级查询服务，以及基于内容的多媒体信息检索服务。

（4）数字档案信息的安全和权限管理。由于档案本身的保密性，所以数字档案馆的安全和权限管理尤为重要。可利用身份认证、数据加密、数字水印、数字签名以及防火墙等技术实现对用户身份的识别及权限控制，以及数字档案馆的安全管理。

数字档案馆是传统档案馆的未来发展趋势，但数字档案馆建设必须以传统档案馆为基础和依托。一方面，传统档案馆的实体馆藏是数字档案馆的资源基础；另一方面，数字档案馆是传统档案馆向网络空间的延伸。传统档案馆的资源在网络环境中可以被更多的人远程获取。此外，数字档案馆是收集和管理电子文件的重要方式。传统档案馆以纸质档案为主要管理对象，它的一套管理机制和方法适用于纸本文件而不适用于电子文件，而数字档案馆则可以实现电子文件的在线归档、组织和利用，完成对电子文件整个生命周期的控制。

二、数字档案馆关键技术

数字档案馆是以计算机硬、软件技术为基础，以网络通信技术为支撑，并辅以各种高新技术而建立的一种集成信息系统。数字档案馆在信息的收集、存储、组织、管理和利用的过程中，必须借助各种高新技术。具体包括：

（1）档案数字化过程中的主要技术：文字图像扫描技术、光学字符识别（OCR）、视音频捕捉、多媒体信息压缩等技术。对于音频、视频以及静态图像、活动影像等多媒体信息必须确定数字化的规范格式。

（2）数字档案信息加工、组织和管理过程中的主要技术：应该以标准化方式对数字化资源进行加工和组织。在传统档案著录和标引的基础上，根据规范的元数据标准，抽取相应的元数据，并建立元数据集。在此过程中，需要采用多媒体信息标引技术、信息抽取技术、海量信息存储和组织技术、数据挖掘技术、数据集成技术、超大规模数据库技术等。

（3）数字档案信息发布和查询过程中的主要技术：多媒体数据压缩和传输技术、分布式资源与运行管理技术、图像与视频数据检索技术、基于内容的信息检索技术等。

（4）数字档案馆的安全和权限管理中的主要技术：防火墙技术、密钥技术、身份认证技术、数字签名技术、数字水印技术等。

需要指出的是，在数字档案馆的建设过程中，对于维护档案信息的真实性、完整性和可靠性，以及保密性方面有着很高的要求。如果档案在数字化和利用过程中丧失了其完整性和可靠性，那么数字图书馆存在的基础将会动摇。这需要在数字化过程中采用最佳技术尽量减少信息失真，并在信息传输和利用过程中采用各种安全保障技术。

三、数字档案馆的发展阶段

数字档案馆建设必须以档案馆业务工作自动化为基础，我国数字档案馆建设一般需要经历以下三个阶段：

第一个阶段：档案馆自动化阶段。实现档案实体管理和档案信息组织的自动化。具体包括：档案登记、借阅、催还以及库房管理等日常业务和实体管理的自动化，以及档案信息的自动分类、自动编目和自动标引，信息检索计算机化，建立内部局域网。

第二个阶段：单个数字档案馆建设阶段。主要包括馆藏数字化、档案网站建设，以及接收电子文件进馆并提供利用等内容。目前中国很多数字档案馆项目正处于这个阶段。而大规模接收电子文件进馆工作还没有真正展开。

第三个阶段：多个数字档案馆互联阶段。实现多个数字档案馆之间的互操作，以各个数字档案馆共同遵循的高层协议为基础，整合各个档案馆的资源并提供统一的检索人口。

我国大部分省级以上的综合档案馆，国家专业系统和大型企业的档案馆，以及有关高校的档案馆已经具有档案自动化的基础，馆藏数字化工作正在持续进行，目录型和全文型数据库也在纷纷建立。全国90％以上的省市档案机构已经建立了档案网站，经国家档案局批准，中国档案报社主办的中国档案信息门户网站——"中国档案网"已经开通。

总体上，我国东部发达地区的数字档案馆建设处于第二阶段即单个数字档案馆建设阶段，而中西部地区的数字档案馆建设还处于由第一阶段向第二阶段的过渡期。

四、我国综合性数字档案馆的典型模式——深圳数字档案馆

深圳数字档案馆是中国建设的第一个综合性的数字档案馆，深圳数字档案馆在功能上属于电子政务系统，并把它作为政府信息的综合发布平台，主要完成以下几个方面的建设任务：

（1）基础设施的构建。建立档案馆内部网、与政府连接的政务网、与互联网连接的公众网三个层次，并实行三网物理隔离，形成三个相互独立的网络。

（2）档案信息资源建设。包括馆藏档案的数字化、各立档单位档案文件材料的接收、各种具有档案性质的专题信息资源库里的档案信息的采集，以及互联网上具有档案价值的信息的搜集。

（3）应用系统的开发。主要是建立信息的采集、管理、利用和维护模块。深圳数字档案馆应用系统的建设目标是建成一个可扩展的网络应用系统，其功能涵盖档案数字化加工、电子档案信息的采集、处理、存储、归档、组织、发

布、利用及数字资源管理全过程。采用的关键技术包括：大量并发查询、数据仓库、数据挖掘、海量数据存储、网络安全、图像分类、智能检索、人工语言向自然语言转换、视频点播、虚拟现实技术，等等。

（4）标准规范建设。在数字档案馆建设过程中制定各类管理性、业务性和技术性标准规范。深圳数字档案馆的标准规范体系包括管理、业务、技术三个层面。管理性标准规范包括计算机安全法规与标准，数字档案馆工作人员、用户及设备管理规范，利用管理规定，以及数字档案馆信息资源合法性的确认等。业务性标准规范包括术语标准以及相关的电子文件和电子档案管理的标准、规范。技术性标准规范包括数字档案馆软硬件基础设施建设技术标准，软件系统工作平台技术标准，数据存储压缩格式规范，数据长期保存格式规范，数据加密算法规范，网络数据传输规范和数字水印标准等。目前深圳市档案馆已经完成了《电子邮件公文归档与管理规则》《电子文件元数据标准》《电子文件生命周期表》《通用电子文件保管期限表》等标准和规范的起草工作。

（5）人才队伍建设。深圳数字档案馆的人才队伍建设贯彻以管理型人才为基础，以复合型人才为重点的指导思想。根据数字档案馆业务工作的划分，所需人才的类型有：档案采集、处理与数据库加工人才；信息技术及计算机系统和网络设计与开发人才；档案信息分析、研究与咨询人才；数字档案馆理论与方法研究人才；数字档案馆系统运营与服务的管理人才。

在中国数字档案馆建设过程中，电子文件的在线接收和管理是一个难题，令人鼓舞的是，深圳数字档案馆（二期工程）在该领域迈出了重要的一步。深圳数字档案馆系统（二期）以电子文件为管理对象，将 ISO15489 文件管理规范、ISO14721 数字资源长期保存参考模型（OAIS 模型）、ISO23081 文件元数据总则与中国国情相融合，以电子文件元数据标准为核心，以 OAIS 模型为依据，设计了一套全程控制电子文件真实、完整与长期可读的管理系统，并具有可扩展性，为中国电子政务公文管理与文件归档创建了可操作性平台。深圳数字档案馆系统（二期）具有三个特点：一是设计电子文件数据与相关元数据组成的信息包，保证电子文件的凭证性；二是通过数字签名信息固化技术使电子文件凭证性固化，为今后的法律需要提供凭证；三是设计电子文件全程管理控制软件，保证电子文件的真实性、完整性，同时可迁移数据，有助于保证电子文件的长期有效与可读。

参考文献

[1] 樊建麟.农业分析测试服务档案数字化管理模式探析[J].兰台世界,2017(S1):54.

[2] 胡文莉.浅谈知识管理环境下的企业档案管理[J].兰台世界,2017(S1):110-111.

[3] 尹宝君.PPP 项目建设模式档案管理问题及对策研究[J].兰台世界,2017(S1):126-127.

[4] 朱英.高校教学档案管理的创新模式思考[J].当代教育实践与教学研究,2017(6):124.

[5] 仇娟.农业科研档案电子管理模式构建[J].农业与技术,2017(12):174.

[6] 刘曼.航天科技产业背景下固定资产投资项目档案管理模式分析与探讨[J].科技与创新,2017(12):80-81.

[7] 胡爱兰,熊珊珊.构建医学院校友档案信息化管理模式[J].中国社区医师,2017(15):166-167.

[8] 陈新征.浅析信息化技术对医院档案管理新模式的影响[J].办公室业务,2017(10):48.

[9] 叶晓红.大数据时代档案管理模式的转变[J].办公室业务,2017(10):65，92.

[10] 胡爱兰,熊珊珊.构建医学院校友档案信息化管理模式[J].中国社区医师,2017(15):166-167.

[11] 张晓霞.档案管理模式改革在医院档案管理中的应用[J].经营管理者,2017(14):284.

[12] 刘鑫.高校基本建设档案管理模式研究[J].中国管理信息化,2017(10):168-169.

[13] 黎明.企业档案数字化外包管理模式研究[J].中国档案,2017(5):40-42.

[14] 姚勇.医院档案管理与档案管理模式改革分析[J].人力资源管理,2017(5):294-295.

[15] 孙艳华,冯嘉雯.加强知识产权档案管理的制度设计[J].中国国情国

力,2017(5):14-15.

[16]张雪涛,刘晓.以知识管理为导向数字化构建科研单位教育培训档案[J].办公室业务,2017(9):76-77.

[17]吴淑静.大数据时代下档案管理模式分析与研究[J].办公室业务,2017(9):95.

[18]王宗泉,李建华,林爱华等.地方医学院校教学档案校院两级管理模式的构建[J].兰台世界,2017(9):56-58.

[19]许德斌,裴友泉.针对"互联网+档案"理论与实践的三点思考[J].档案学研究,2017(2):40-44.

[20]谢淑英.基于项目管理的工程档案管理模式探讨[J].现代国企研究,2017(8):88.

[21]王冬梅.现行档案行政管理模式存在的问题与对策[J].民营科技,2017(4):85.

[22]侯蕾.论档案管理工作内容与模式分析[J].民营科技,2017(4):103.

[23]张苇.关于工程项目档案管理新模式探索[J].经营管理者,2017(11):268,280.

[24]刘俊庆,杨秋皓,张文海等.基于数字单轨制的航天产品档案知识管理转型升级[J].航天工业管理,2017(4):85-87.

[25]衣英强,王楠楠.浅谈提升基层医院档案管理水平的对策[J].管理观察,2017(11):154-155.

[26]李红.基于知识服务的档案管理模式的理论探究[J].才智,2017(11):259.

[27]邓新梅.新常态下高校图书馆知识服务的管理模式转型[J].重庆科技学院学报社会科学版,2017(4):96-98.

[28]王克群.基于知识管理下的档案信息化建设[J].山东档案,2017(2):49-50.

[29]张妍.智慧档案室建设的几点体会[J].山东档案,2017(2):57-59.

[30]谢锋.从知识管理角度分析数字档案馆建设[J].黑龙江档案,2017(2):53.

[31]麻亚楠.基于知识管理的图书馆管理模式探究[J].科技资讯,2017(11):231-232.

[32]钱艳艳.高校学生档案数字化创新管理模式构建策略[J].兰台内外,2017(2):39.

[33]祖关秀.高校图书馆知识管理模式研究[J].才智,2017(10):78.

[34]王建勋.利用大数据创新档案管理模式和提升服务能力[J].黑龙江科技信息,2017(10):265.

[35]武晓艳.新时期高校档案管理模式的电子信息化[J].办公室业务,2017(7):41，43.

[36]高智洁.档案信息化建设之浅析与实践[J].机电兵船档案,2017(02):7-10.

[37]王丽.大数据时代下档案管理模式变化及有效路径研究[J].办公室业务,2017(7):68，70.

[38]朱朝晖.图书档案一体化管理探讨[J].办公室业务,2017(7):124.

[39]崔荣星.新时期企事业单位人事档案管理模式创新思考分析[J].办公室业务,2017(7):141.

[40]王巍.知识视角下的企业档案管理[J].办公自动化,2017(6):42-46.

[41]余明红.运用数据库管理技术提高档案整理与保护的研究[J].教育现代化,2017(13):165-166，194.

[42]刘少德.档案管理模式改革在医院档案管理中的应用分析[J].办公室业务,2017(06):154.

[43]胡琦.浅谈档案管理在湖北林业知识产权保护中的应用[J].办公室业务,2017(6):138.

[44]朱晓东.数字档案资源云存储服务中的法律合同问题研究[J].档案学通讯,2017(2):38-43.

[45]王灿,杜慧玲.陕西省农民专业合作社档案管理模式研究[J].杨凌职业技术学院学报,2017(1):86-88.

[46]杨辰毓妍,赵旭."图书馆、情报与档案管理"学科知识结构布局分析——基于国家基金项目计量分析视角[J].情报科学,2017(3):63-68.

[47]杜振全.基于大数据技术的档案管理创新工作模式探讨[J].办公室业务2017(5):84.

[48]薛仙凤.电力工程建设项目声像档案的管理模式与策略[J].办公室业务,2017(4):120，137.

[49]林燕.自来水公司基建档案管理体系的创新模式建设[J].城建档案,2017(2):43-44.

[50]谭燕萍.高校学生档案管理模式探讨[J].城建档案,2017(2):52-54.

[51]宁惠玲.现代企业档案管理体制与模式探讨[J].城建档案,2017(2):96-97.

[52]董妍芳.信息化手段管理医务人员专技档案模式探究[J].办公室业务,2017(4):83,89.

[53]刘纯洁,邱莉霞.校园文化视域下高职商科类二级学院档案管理有效模式探索[J].办公室业务,2017(4):136-137.

[54]陈思宇.高速公路建设档案信息化管理的基本方法模式与加强对策[J].办公室业务,2017(4):79.

[55]杜晶.大数据时代档案管理模式变化研究[J].办公室业务,2017(4):169-170.

[56]胡顺红.建立不动产登记档案管理新模式的几点思考[J].浙江国土资源,2017(2):42-44.

[57]陈泊羽.运用微课开展医院档案培训工作初探[J].云南科技管理,2017(1):54-55.

[58]邢建民.数字化时代高校档案管理信息化建设模式初探[J].中国管理信息化,2017(4):183.

[59]顾君秋.知识经济环境下企业的档案管理工作[J].企业改革与管理,2017(3):41-42.

[60]郑彩云,郑青云,向少华.在多层教学测评下地方本科院校二级学院档案内容和管理模式转变的研究[J].经营管理者,2017(5):284.

[61]魏金明.企业档案管理创新与服务模式研究[J].赤子(上中旬),2017(4):169.

[62]李杨,韦广纯.论游客档案管理1+1模式[J].科技创业月刊,2017(3):125-126.

[63]宋懿.知识管理视角下档案文化创意产业分析[J].兰台世界,2017(3):11-15.

[64]陈苏琪,刘雨娇.以合同为主线的国定资产投资项目档案管理模式的探析[J].机电兵船档案,2017(1):11-12.

[65]李艳.知识管理背景下企业档案部门人本管理问题探析[J].机电兵船档案,2017(1):13-14.

[66]刘泽韡.知识管理环境下企业档案资源开发利用的思考[J].机电兵船档案,2017(1):36-37.

[67]王婷,段岩.基于知识管理的档案管理系统的构建研究[J].机电兵船档案,2017(1):49-52.

[68]范晓棠.档案管理模式改革在医院档案管理中的应用观察[J].办公室业

务,2017(3):83，85.

[69]孙朝霞.大数据时代档案管理模式革新研究[J].办公室业务,2017(3):148.

[70]黄芳.知识经济时代下档案管理面临的挑战与对策研究[J].低碳世界,2017(4):283-284.

[71]张红艳.健康档案管理模式在2型糖尿病自我管理中的应用[J].糖尿病新世界,2017(3):183-184.

[72]冯雪,王英玮.全局性档案管理体系与参与式档案管理模式研究——基于英国社群档案管理经验的思考[J].浙江档案,2017(1):28-30.

[73]陈桂芬.中职学校档案信息化建设探究[J].科技与创新,2017(2):129-130.

[74]刘艺.流动人员档案管理模式创新研究[J].办公室业务,2017(2):151.

[75]张光辉.信息化背景下如何加强数字档案管理[J].办公室业务,2017(2):174.

[76]钱明,孟旭,丁艳霞.技术创新导向下的知识管理模式研究[J].企业改革与管理,2017(2):20.

[77]张帆.浅析建立文书档案数字化管理模式的必要性[J].现代经济信息,2017(2):444.

[78]李月娥,周晓林,贾玲等.物联网环境下智慧档案馆的档案实体管理与服务模式研究[J].北京档案,2017(1):20-23.

[79]丁海斌,顾雪晴,梁仙保.中国古代科技档案及其管理知识积累初论[J].档案学通讯,2017(1):24-27.

[80]陈海英.大数据时代背景下高校档案管理模式的变革和优化[J].辽宁经济,2017(1):59-61.

[81]马山雪.高校音乐档案管理模式研究[J].兰台世界,2017(2):64-65.

[82]郑元清.应用兰台系统规范哈飞档案管理模式[J].兰台世界,2017(2):82-85.

[83]徐红梅.建一流地铁创金牌档案——无锡地铁——无锡地铁"互联网+档案"全过程管控的实践与探索[J].档案与建设,2017(1):80-82.

[84]李宏娜.探析档案信息管理与知识管理之融合[J].黑龙江科技信息,2017(2):179.

[85]臧春喜,王卫军,王雪梅.基于系统思维的军工企业知识产权管理模式研究[J].中国航天,2017(1):37-40.

[86]江志华.以知识管理为导向构建医院档案管理体系[J].办公室业务,2017(1):72.

[87]李巧兰.如何做好高校纸质档案扫描工作[J].办公室业务,2017(1):54-55.

[88]张文华.信息数字化管理模式在高校学生档案管理中的应用[J].办公室业务,2017(1):124.

[89]赵文玉.优化机关档案信息化管理模式的相关探索[J].办公室业务,2017(1):34.

[90]张红春.浅谈现代档案管理的创新[J].办公室业务,2017(1):87.

[91]童大鹏.浅析如何做好档案管理工作[J].办公室业务,2017(1):102.

[92]王勍.大数据时代档案管理模式变化研究[J].办公室业务,2017(1):116.

[93]蔡梅玉.大数据时代下档案管理模式的探究[J].经营管理者,2017(1):280.

[94]孔祥宇.以知识管理为导向构建医院档案管理体系[J].中外企业家,2017(1):269.

[95]刘慧,法奕.基于 GIS 的城建档案图文双向可视化管理模式[J].城市建设理论研究(电子版),2017(1):37-38.